JN093327

Hardcore Techno Guidebook

まえがき

　Thunderdome、Dominator、Masters of Hardcore、Hardshock、Ground Zero、Defqon.1 など、国際的に有名なハードコア・フェスティバルには複数のエリアがジャンルごとに用意されている。オールドスクール、テラー、アップテンポ、ハードスタイル、メインストリーム、テクノなどがあり、その中でインダストリアル・ハードコアのエリアは大抵のハードコア・フェスティバルに用意されており、ハードコア・シーンにおいてインダストリアル・ハードコアは商業的にも欠かせない要因の一つである。ここ日本でも、インダストリアル・ハードコアをサポートする DJ やファンがおり、海外からインダストリアル・ハードコアのアーティストを招いたイベントも開催されている。

　ハードコア・フェスティバルでのインダストリアル・ハードコアのエリアは、他のエリアと比べるとラインナップの幅が広く、一見すると別のジャンルと思えるような DJ も出演しているが、インダストリアル・ハードコアというジャンル自体がハードコア・テクノのサブジャンルの中でも自由度が高く、その定義づけが難しい。アーティストとレーベルごとにインダストリアル・ハードコアの定義がある訳だが、ある程度一環したものも存在する。ビートだけではなく、シンセやサンプリングされた素材にディストーションを掛けたノイジーなサウンドが特徴的で、ハードコア・テクノのサブジャンルの中でも特に歪みを重要視している。BPM は 120-160 前後のミドルテンポのタイプと、170-220 前後の高速なタイプの二つにざっくりと分けられる。メロディに関しても、キックを潰して作ったフレーズやシンセを変調させたフレーズを駆使したダークなメロディやノイジーなフレーズがメインであり、無機質な機械音を軸とした音の世界観が好まれる。

　ある一定のテンプレート的なものがあっても、インダストリアル・ハードコアの音作りは簡単ではなく、技術力とセンスが必要とされ、職人的な部分とアーティスティックな世界観が望まれるので、自身のシグネチャー・サウンドを持っているアーティストが生き残れる実力主義的な世界といえる。ゆえに、無駄を省き計算され尽くしたトラックがリリースされ、クラブや Rave、フェスティバルの空間には最適であるが、それに反応する事が出来る人も限られている。

　本書を執筆するにあたって、ハードコア・テクノを長年に渡って追い続けているマニア達や、実際にインダストリアル・ハードコアを製作しているアーティストとそれらのトラックをプレイしている DJ 達に話を聞いたが、それぞれが微妙に違った意見を持っており、国や時代で別々のインダスリアル・ハードコアが存在していた。本書では、Ophidian や The Outside Agency といったシーンの重鎮達がインダストリアル・ハードコアの起源や定義について話してくれているが、彼等の意見も多くの中の一つの解釈として捉えるのがいいだろう。

　まず、インダストリアル・ハードコアの起源はいつだったのかというと、世界で最初のハードコア・テクノとされている Marc Acardipane による Mescalinum United 名義の「We Have Arrived」には既にインダストリアル・ハードコアといえる部分があり、とても長い歴史がある。『ハードコア・テクノ・ガイドブック オールドスクール編』で Marc Acardipane が自身のルーツについて語っているのだが、Einstürzende Neubauten、Klinik、Front 242 などのバンドの名を挙げ、80 年代のインダスリアル・ミュージックからの影響を認めている。Marc Acardipane は Mescalinum United だけではなく、彼の多くの別名義で自身のルーツを反映させた実験的な作品を Planet Core Productions、Cold Rush Records、Acardipane Records などに残している。

　Marc Acardipane 以外にも、フランスのハードコア・シーンを代表するレーベル Epiteth のオーナーであり、Ingler 名義でも活躍していた Laurent Hô はエレクトロニック・ミュージック以前に、リズムやメロディの無いノイズやインダストリアル・ミュージックを聴いていたと発言しており、90 年代に Laurent Hô がリリースしたレコードにはインダストリアル・ミュージックからの影響を強く感じさせるハードコア・トラックがある。さらに、Liza 'N' Eliaz や Technohead など、最初期ハードコア・テクノに関わったアーティストにはインダストリアル・ミュージックと強い繋がりがあり、インダストリアル・ミュージックの要素は、その文脈的にも出生の段階からハードコア・テクノに流れ込んでいた。ハードコア・

テクノの先駆者達の音楽的ルーツや表現方法にインダストリアル・ミュージックの影響が深く入り込んでいた為、その後展開されるスピードコア、フレンチコア、UK ハードコアといったジャンルにも自ずとインダスリアル的な要素は引き継がれていった。

　だが、現在インダストリアル・ハードコアをクリエイトするアーティスト達で実際に、「インダストリアル」の文脈を意識したアーティストや DJ は少ない。今日我々がインダストリアル・ハードコアと認識するものは、2000 年代初頭のオランダのハードコア・シーンを拠点に作られていったものであり、そこには直接的なインダストリアル・ミュージックとの繋がりはほとんど無いと思われる。2000 年代以降のインダストリアル・ハードコアには、その元となったインダストリアル・ミュージックなどの音楽的背景は反映されていないが、それが悪い訳ではまったくなく、それによって的を絞った研究が進んで技術力が向上し、時代や環境によって不必要になった部分が切り離され、インダストリアル・ハードコアは進化し、アンダーグラウンドなジャンルであるが、一部は商業的にも成功している。本書では、サブジャンルとしてカテゴライズされてからのインダストリアル・ハードコアを軸として、その源流も辿っていく構成としている。

　ここ数年、興味深い現象が起きており、それはインダストリアル・ハードコアとインダストリアル・テクノの関係が密接になったのもあり、最近のハードコア・シーンのアーティスト / リスナーの一部が純粋なインダストリアル・ミュージックに引き寄せられているらしい。このタイミングで、ハードコア・テクノとインダストリアル・ミュージックの関係性について振り返るのは良いタイミングかもしれない。可能な範囲で広義的に分析し、その根本にある歪みの美学を皆さんと共有したい。

　そして、本書はインダストリアル・ハードコアと密接に関係しているクロスブリードにもフォーカスしている。クロスブリードを通して、ハードコア・テクノとドラムンベースの関係性を掘り下げており、クロスブリードの生みの親である The Outside Agency にはその誕生の背景を語って貰った。フランスやオーストラリアで巻き起こっていた異端なハードコア・シーンを中心に、スピードコアを筆頭としたハードコア・テクノの中でもエクストリームなものや、IDM やブロークン・ビーツといったジャンルと交配していったエクスペリメンタル・ハードコアもピックアップしている。国内でのハードコア・テクノの発展に迫った日本ハードコア史や、ドラッグとハードコア・テクノ /Rave ミュージックの関係について踏み込んだコラムもあり、海外メディアでも中々語られる事のない貴重な話が今回も多く載せられた。ゲストコラムにはC-TYPE 氏と RoughSketch 氏をお招きし、『ハードコア・テクノ・ガイドブック オールドスクール編』よりも更に濃いハードコア・テクノの魅力をお届けする。

目次

002 まえがき
004 目次

007 Chapter 1 Industrial Hardcore

008 **インダストリアル・ハードコア解説**
022 美メロとノイズで芸術性の高いインダストリアル・ハードコア **Ophidian**
026 **Ophidian インタビュー**
032 メインストリームとアンダーグラウンドの架け橋的レーベルのボス **DJ Promo**
036 クロスブリードを生み出しトレンドを作ってきた最強ユニット **The Outside Agency**
040 **Eye-D(The Outside Agency) インタビュー**
056 メインストリームのトップでも活躍するインダストリアルの鬼才 **N-Vitral**
060 視覚的なハードコア・スタイルでテクノ界隈でも人気 **[KRTM]**
064 **[KRTM] インタビュー**
067 インダストリアル、テラーコア、テクノまでクリエイトする玄人殺し **Tripped**
071 **Tripped インタビュー**
077 ストイックにダンスミュージックとしてのハードコアを追求 **Tymon**
080 ブレイクコア、メタルのブルータリティをハードコア・テクノに **DJIPE**
084 **DJIPE インタビュー**
087 インダストリアル・ハードコアからメインストリームに仲間入り **Dither**
090 オルタナティブ・ハードコアを牽引する注目の US アーティスト **Kilbourne**
093 **Kilbourne インタビュー**
100 複雑で攻撃的なビートを駆使したメカニカルなハードコア **Igneon System**
103 伝統的なインダストリアル・ハードコアの美学をアップデート **Somniac One**
105 **Somniac One インタビュー**

113 Chapter 2 Crossbreed/Hardcore Drum'n'bass

114 **クロスブリード / ハードコア・ドラムンベース解説**
135 New Frames として活動するハードコア・ドラムンベースのパイオニア **The Panacea**
139 音響仙人といえるマスタリング / ミックス技術を持つパイオニア **DJ Hidden**
143 ドラムンベースを落とし込んだパンクメンタリティのレーベルボス **Thrasher**
146 **Thrasher インタビュー**
153 **Crossbreed/Hardcore Drum'n'bass Disc Review**
153 The DJ Producer / Throttler / eRRe & Dr. Chekill / Cooh / Dr. Chekill & eRRe
154 Mystification / Unabomber / Broken Note / Cooh / V.A.
155 Donny & Current Value / B-Soul & Dextems / Propaganda / V.A. / I:Gor
156 Of God & Itzokor / Dub Elements / DJ Hidden & Switch Technique / The Outside Agency / SPL / Cooh

157 The Outside Agency / Counterstrike / Donny / The Outside Agency / Current Value / Switch Technique / Noize Punishment / Switch Technique & Forbidden Society / V.A.

158 Igneon System vs Lowroller / Current Value / Switch Technique / Machine Code / Katharsys & Forbidden Society

159 Gancher & Ruin Feat. Triamer / Cooh & Counterstrike / I:Gor / Forbidden Society

160 Zardonic / Current Value / Bryan Fury / Dub Elements / C-Netik

161 Human Resource / The Hard Way / C-Netik & eRRe / Fragz / Fragz

162 Hardlogik & eRRe / eRRe & Hardlogik / Noizeskill / Lowroller + AK-Industry

163 AK-Industry / V.A. / Sinister Souls / Sinister Souls

164 Gancher & Ruin / Thrasher & Limewax / Cooh / Cooh & Counterstrike / Memtrix & Mathizm

165 Bong-Ra / Goldberg Variations & Gancher & Ruin / Endymion & the Viper Featuring FERAL is KINKY / Bratkilla

166 Micromakine / N3AR / YmB / The Clamps

167 DKaos / Dr Mathlovsky / eRRe / Hardlogik / High Rankin

168 Noizeskill / Lowroller / Ruffneck / Gancher & Ruin

169 Counterstrike / Micromakine & Sei2ure / Switch Technique & Cooh / Gore Tech / BSA

170 Lucy Furr / Acid Diaper / Bratkilla / Hallucinator

171 Hallucinator / C-Netik & Switch Technique / Sa†an / Limewax

172 Detest / Fragz & Erre / eRRe / Triamer & Nagato

173 Freqax & Ogonek / Sinister Souls / Sinister Souls / Gancher & Ruin

174 Counterstrike / Bong-Ra / V.A. / Hallucinator

175 Sa†an / Sa†an / Dr Mathlovsky / eRRe

176 Switch Technique / Sinister Souls / BSA / Deformer

177 Hallucinator / eDUB / Goldberg Variations / Triamer & Nagato

178 Cooh / Bratkilla / Katharsys / Fragz

179 High Rankin / Switch Technique / End.User / The Sa†an

180 Ulcerium / Lowroller / Brainpain / Gancher & Ruin

181 Gein, Synthakt & East Kingdom / Rogue / Broken Note / Razat

182 番外編 ハードコア・テクノ /Rave ミュージックとドラッグ

201 Chapter 3 Extreme Hardcore

202 エクストリーム・ハードコア・テクノ解説

210 日本国内におけるガバからスピードコアに至るまでのミッシングリンクの考察
DJ C-TYPE(殺人ヨットスクール)

212 UVC としてもスピードコアのクラシックを作った元祖　Disciples of Annihilation

215 壮絶な怒りと皮肉を込めたブレイクコアの源流でもあるユニット　Nasenbluten

218 オランダのハードコア・フェスティバルには欠かせない職人 DJ　Akira

221 Akira インタビュー

226 Extreme Hardcore Disc Review

226 DJ Skinhead / Stickhead / V.A. / Temper Tantrum
227 Amiga Shock Force / Auto-Psy / DJ Tron / V.A.
228 V.A. / Jack Lucifer / No Name / Syndicate
229 DJ Freak vs Noize Creator / Bazooka / Erase Head / Sonic Overkill
230 V.A. / Fraughman / The Goatblower Makes the Aquaintance of Anal Intelligence
/ Aftermath
231 Template / The Berzerker / Passenger of Shit / Nihil Fist
232 DJ Floorclearer / Acid Enema / Master Mind vs. D.O.M. / Save
233 DJ Balli / Ralph Brown / Sa†an / Fragment: / Mouse
234 The Kotzaak Klan Feat. DJ Skinhead / Drokz / Noisekick / DJ Narotic

235 Chapter 4 Japanese Hardcore Techno

236 日本ハードコア・テクノ史
245 日本とオランダのハードコア・シーン RoughSketch
249 アシッド対談
254 OZIGIRI インタビュー
258 DJ Myosuke & RedOgre 対談
266 Hardcore Top3
269 Japanese Hardcore Techno Disc Review
269 V.A. / Yam Yam / DJ Ishii Ver.10.25 & Crystalboy / Sieste
270 Absolute Terror Field / DJ Buzz Master & the Hellscreamers / DieTRAX
/ The Raverz Project
271 谷町 65535 丁目 / Sonic Dragolgo / m1dy / DJ Sharpnel
272 Warst / V.A. / DJ Technorch / RoughSketch and 臨界モスキー党
273 Unuramenura / OZIGIRI / DJ Chucky / V.A.
274 Dustboxxxx / RedOgre / DJ Myosuke / M-Project

275 Chapter 5 Experimental Hardcore

276 エクスペリメンタル・ハードコア解説
286 アシッドサウンドが特徴的でブレイクコア・シーンで尊敬をされる Somatic Responses
290 Somatic Responses インタビュー
294 Experimental Hardcore Disc Review
294 Scaremonger / Metatron / The Caustic Window / Rat of Doom
295 Zenith / Xylocaine / Memetic / DJ Torgull
296 EPC / Kid606 / Senical / Biochip C
297 Unibomber / Doormouse / Venetian Snares vs Stunt Rock / Noize Creator
/ Aphasia
298 Y.Dub / The Wirebug / Low Entropy / Pure
299 De-Koder / Le Talium / Toecutter / Fifth Era / ▲ NGST
300 Diagnostic / Gabber Eleganza / Gabber Modus Operandi / E-Saggila
301 Slave to Society / La Peste / Lizzitsky / Neurocore

302 あとがき

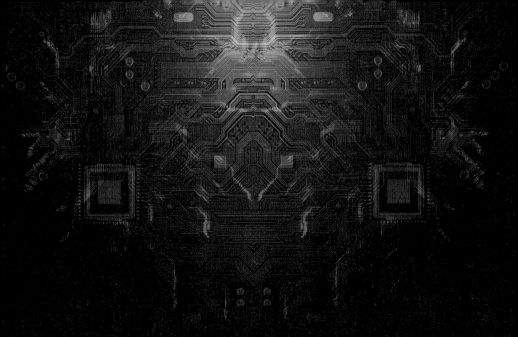

Chapter 1
Industrial Hardcore

インダストリアル・ハードコア解説

Throbbing Gristle – 20 Jazz Funk Greats

Chris & Cosey – Technø Primitiv

Psychic TV Featuring Jack The Tab – Tune In (Turn On The Acid House)

　まずは、インダストリアル・ハードコアの「インダストリアル」の部分について掘り下げてみよう。インダストリアル・ハードコアにおける「インダストリアル」とは、その単語の意味 (工業的) から連想されるイメージを持ったハードコア・テクノのサブジャンル、という認識が一般的だと思われる。現在のインダスリアル・ハードコアにはインダストリアル・ミュージックとの直接的な関係は薄いが、その原点であるハードコア・テクノとインダストリアル・ミュージックには長く深い繋がりがある。まず、インダストリアル・ミュージックとハードコア・テクノにどういった繋がりがあるのかを紐解いていく。70 年代後半から 80 年代初頭に出現したインダストリアル・ミュージックの第一世代とされる作品は、シンセサイザーやドラムマシーン、テープ・エコーなどの電子楽器を用いて作られる電子音を多用し、不協和音とディストーション (音以外の部分でも) が渦巻く作りが特徴的だ。

　インダストリアル・ミュージックというと、ノイズと金属音が鳴り響くのを連想されるかもしれないが、インダストリアル・ミュージックの代表的な存在である Throbbing Gristle が自主レーベル Industrial Records からリリースしたアルバム『The Second Annual Report』や『D.o.A. The Third and Final Report』、そして『20 Jazz Funk Greats』を聴くと、ノイズと金属音がインダストリアル・ミュージックを定義する要因ではなく、それらの要素の無いものでもインダストリアル・ミュージックと呼べるのが解る。『20 Jazz Funk Greats』はインダストリアル・ミュージックの名盤アルバムとして度々メディアで紹介され、LP と CD が頻繁に再発されている事もあって、インダストリアル・ミュージックについて調べれば必ずといっていい程、『20 Jazz Funk Greats』に辿り着く。これだけ知名度のあるアルバムなので、ハードコア・テクノをクリエイトしているアーティストの中にも彼等の影響下にあるアーティストもいるはずだ。『20 Jazz Funk Greats』は素材としても優れており、収録曲「What a Day」は The Future Sound of London もサンプリングしており、2017 年には日本のラッパー Elione の「此処ニハナイ」という曲でサンプリングされ、MC バトルでのビートにも使われていた。他にも、J Dilla と Madlib も Throbbing Gristle をサンプリングし、彼等と縁のあるビートメイカー /DJ も Throbbing Gristle をレコメンドしていたのもあってか、2000 年代には意外な所でも Throbbing Gristle の作品が広がっていた。

　Throbbing Gristle の Genesis P-Orridge は Psychic TV としてアシッド・ハウスも制作し、DJ Doktor Megatrip「Joy」、Jack the Tab『Acid Tablets Volume One』などのアシッド・ハウスの作品を発表。Psychic TV のメンバーである Fred Giannelli は The Acid Didj、The Kooky Scientist、Deneuve といった名義や Richie Hawtin とのユニット Spawn でも、ア

シッド・ハウスやテクノのレコードを制作していた。Throbbing Gristle のメンバーであった Chris & Cosey は、80 年代後半に Play It Again Sam Records からシングルとアルバムをリリースし、EBM とニュービート文脈とも繋がり、2018 年にリリースされたニュービートの 4 枚組コンピレーション CD『Belgian New Beat』には、Chris & Cosey の「He's an Arabian」が収録されている。この様に、Throbbing Gristle のメンバー達はインダストリアル・ミュージックだけではなく、その後のダンスミュージック・シーンにも深く関係していた。

Greater Than One – All The Masters Licked Me

　ハードコア・テクノの大まかなルーツを辿っていくと、テクノ、ニュービート、アシッド・ハウス、EBM、そして、インダストリアル・ミュージックという順番になっていくはずだ。もちろん、ここにヒップホップやメタル、パンク、ニューウエーブなどもあり、さらに細かいルーツも存在するはずだが、大部分での流れはこんな感じではないだろうか。そうなると、インダストリアル・ハードコアはハードコア・テクノの始まりとなる根っこの部分を無意識にでもアップデートさせ続けている様にも見える。

インダストリアル・ミュージックからハードコア・テクノへ

　実際に、ハードコア・テクノを作る前にインダストリアル・ミュージックを作っていたアーティストもいる。フランスとベルギーのハードコア・シーンに多大な影響を与えた Liza 'N' Eliaz は、80 年代に幾つかのインダストリアル・バンドでキーボードをプレイしていた経歴があり、1987 年には The Neon Judgement のオープニング・アクトとして初のソロ・ステージを披露。Liza 'N' Eliaz が Provision Records や Epiteth からリリースしたレコードには、ハードコア・テクノに実験的な電子音楽やインダストリアル・ミュージックの要素も溶け込んでおり、その点からも彼女がインダストリ

Liza 'N' Eliaz

アル・ハードコアのルーツの中で重要な存在として名を連ねているのが理解出来る。2001 年に Uwe から発表されたベストアルバム『Liza 'N' Eliaz』(現在ストリーミング・サービスでは内容を変えて配信されている) には彼女の貴重な音源がまとめられており、シンセポップ、ハウス、ハードコア・テクノ、ガバ、スピードコアなど彼女が歩んできた革新的な音の旅とハードコア・テクノとインダストリアル・ミュージックの深い繋がりを感じられる。収録曲はどれも素晴らしいが、特に「Hi Romance (Romantic Mix)」は必聴だ。知名度的な部分で最も知られているのは、Technohead や Church of Extacy でハードコア・テクノ / ガバの名作を多数リリースしている Lee Newman と Michael Wells のユニット Greater than One だろう。SPK の作品をリリースしていたレーベル Side Effect から Greater than One はアルバム『All the Masters Licked Me』を 1987 年に発表しており、その後 Wax Trax! Records からもアルバムとシングルを発表。サンプリングをベースとした作風であったが、インダストリアル・ミュージックからの影響を感じさせる電子音やビートもあり、80 年代のインダストリアル・ミュージック史の中で、Greater than One はインダストリアル・ミュージックのダンスミュージック化を推し進めた重要なユニットであったのではないだろうか。ドゥームコアのパイオニア的存在である Fifth Era の中心人物 Rob Lurker は、Concrete と 400 Blows というバンドでインダストリアル・テイストのある作品を 80 年代初頭に発表しており、90 年代からハウスやテクノを制作し、ドゥームコアへと進化している。ハードコア・テクノ・レーベル Crapshoot の主宰者である pHönki も、ハードコア・テクノを制作する前はインダストリアル・ミュージックを作っていたそうだ。彼等全員がイギリスで

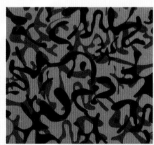

Bourbonese Qualk – Autonomia

活動していた事から、インダストリアル・ミュージックが如何にイギリスという国と密接に結びついている
かが感じ取れる。

　同じく、80年代初頭にイギリスで活動を始めたユニット Bourbonese Qualk はインダストリアル・ファ
ンク的なアプローチから、アシッド・ハウスやテクノにフォーカスしていき、1992年に『Knee Jerk
Reaction EP』を実験的ハードコア・テクノの代表的なレーベルの一つである Praxis から発表。その後、
同レーベルから1993年にリリースした『Qual EP』とアルバム『Autonomia』では、Rave色を強めたアッ
パーなアシッド・テクノとハードコア・テクノ/ガバ・テイストな曲も作っていた。

　そして、Praxis のオーナーであり、DJ Jackal、Noface、Metatron といった名義でハードコア・テ
クノにインダストリアル・ミュージックを付け足した Christoph Fringeli は、80年代から Vision とい
うレーベルでアヴァンギャルド・ロックとインダストリアル・ミュージックを扱っていた。彼の音楽には
一貫して、インダストリアル・ミュージックとノイズ・ミュージックの要素が反映されており、DJ プレ

Front 242 – Geography

イにおいてもアヴァンギャルドな電子音楽やインダストリアル・
ミュージックを使っている。1992年に Praxis の第一弾作品とし
てリリースされた Christoph Fringeli の Scaremonger 名義での
『Scaremonger EP』は、EBM とインダストリアル・ファンクと
ハードコア・テクノを掛け合わせており、『Scaremonger EP』は
当時の Christoph Fringeli にとってのハードコア・テクノを定義
づける作品であったと『ブレイクコア・ガイドブック 上巻』で発言
している。翌年にリリースした Metatron 名義での『Speed and
Politics EP』は、より攻撃的なアプローチでインダストリアル・
ミュージックとノイズミュージックをハードコア・テクノに落とし
込み、インダストリアル・ハードコアの最初期作品の一つともいえ
る。

　1994年にリリースされた Praxis のコンピレーション CD
『Paraphysical Cybertronics - Volume One』は、Bourbonese

V.A. – This Is Electronic Body Music

Qualk、Noface、
Metatron といった Praxis
のアーティストに、The
Bitniks(Atom Heart)、
The Mover、Lagowski、
GTO、Deadly Buda が参
加。実験的なハードコア・
テクノを主体としており、
1994年という時代を考
えると非常に挑戦的であっ
た。Praxis はロンドンで
Dead by Dawn というパー
ティーをオーガナイズし、

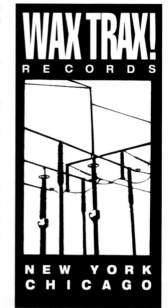

エクストリームなハードコア・テクノとインダストリアル、ノイズ・
ミュージックを扱い、彼等が発行していた雑誌『datacide』では
Cosey Fanni Tutti(Throbbing Gristle/Chris & Cosey)のイン
タビューを載せ、レコード・レビューでもインダストリアル・ミュー
ジックを積極的に紹介していた。インダストリアル・ハードコアの
文脈で Praxis が紹介される事は少ないが、彼等の活動はインダス
トリアル・ハードコアの発展にも影響を与えているはずだ。

EBMの重要性
　インダストリアル・ミュージックから派生した EBM は、ニュー

ビートと共にハードコア・テクノの誕生に欠かせない。EBM は Electronic Body Music の略とされており、アメリカの一部ではインダストリアル・ダンスとも呼ばれていたそうだ。Throbbing Gristle と Cabaret Voltaire などのインダストリアル・ミュージック、Kraftwerk や D.A.F. といった初期テクノ / ジャーマン・ニューウェーブ、Giorgio Moroder のディスコ・ミュージック、さらに、ポスト・パンクの要素が土台となって形成されたジャンルであり、80 年代初頭にベルギーとドイツを中心に展開されていく。EBM を提唱したとされるバンド Front 242 を筆頭に、à;GRUMH... や The Neon Judgement をリリースしていたブリュッセルの Play It Again Sam Records などのベルギー勢や、イギリスの Nitzer Ebb などが EBM の代表的な存在として知られている。まずは、Front 242『Geography』と『No Comment』、Nitzer Ebb の『That Total Age』、Play It Again Sam Records のコンピレーション『This Is Electronic Body Music』を聴けば EBM がどういったもので

Nitzer Ebb – Let Your Body Learn

あるかが感じられるだろう。

　ベルギーの Luc van Acker と Richard23(Front 242)、アメリカの Al Jourgensen(Ministry) が結成した Revolting Cocks をリリースしたシカゴの Wax Trax! Records の功績もあり、EBM はインダストリアル・ロック / メタルの進化にも欠かせない。今では世界的に有名なバンドとなったインダストリアル・ロックのカリスマ・バンド Nine Inch Nails の 1st アルバム『Pretty Hate Machine』にも EBM のテイストが強く出ている。ドイツのテクノ雑誌『Frontpage』の初期には Front 242、Nitzer Ebb、KMFDM のインタビューが載り、チャートには Skinny Puppy や Wax Trax! Records 関連が取り上げられ、Nine Inch Nails の『Pretty Hate Machine』も紹介されるなど、当時のテクノ・シーンでは EBM やインダストリアル・ダンスも取り扱われていた様であり、PCP は Nine Inch Nails と KMFDM のサポート・アクトも務めていた。

Final Cut – I Told You Not To Stop

　EBM とテクノの強い繋がりを証明する様に、Jeff Mills と Anthony Srock のユニット Final Cut が 1989 年にリリースしたアルバム『Deep in 2 the Cut』は、Front 242、Nitzer Ebb、Ministry からインスパイアを受けたと Jeff Mills が発言している。その時期、デトロイトではインダストリアル・ダンスとテクノの境界が曖昧であったとも発言しており、Final Cut が生まれた背景にはそういった事情もあったらしい。1990 年にリリースされた Final Cut『I Told You Not to Stop』には Ministry や Pigface のアルバムにも参加している Chris Connelly がボーカルで参加していた。他にも、Richie Hawtin の Mix CD『Decks, EFX & 909』には Nitzer Ebb の「Let Your Body Learn」が使われており、発売時のインタビューで Nitzer Ebb は 80 年代後半にデトロイトでもヒットし、Derrick May もプレイしていたと Richie Hawtin は話していた。オランダではガバの発祥地の一つである Parkzicht で 90 年代初頭にニュービートやテクノと共に Nitzer Ebb がプレイされている音源が残っている。

ハードコア・テクノとEBMの架け橋的存在The Horrorist

　Marc Acardipane も EBM からの影響を公言しており、彼のユニット Trip Commando でも EBM テイストの作品を作っていた。Marc Acardipane 以外でも、ハードコア・テクノ・シーンで EBM に影響を受けたと公言していたアーティストは少なくない。特に、90 年代初頭に活躍していた第一世代のハードコア・テクノ・

The Horrorist – One Night In NYC

The Horrorist - Body To Body

Satronica - Last Caress

アーティストの作品には EBM からの影響が如実に現われている。

　EBM とハードコア・テクノを結びつけるアーティストで最初に思い浮かぶのは、アメリカの Oliver Chesler だ。テクノと EBM ファンには、The Horrorist 名義で知られているだろう。1992 年から Disintegrator、DX-13、Koenig Cylinders、Temper Tantrum などのユニットや DJ Skinhead、DJ Cybersnuff といった名義でハードコア・テクノのクラシックを発表し、アメリカのハードコア・シーンを形作った重要人物でもある。1992 年に Disintegrator としてリリースした Oliver Chesler の初期作品『Lock on Target』を聴き返すと、この時点で EBM やインダストリアル・ダンス的なダークでフェティッシュなフィーリングをハードコア・テクノに持ち込んでおり、彼の核となる部分には EBM が大きく存在していると思われる。

　90 年代中頃にソロプロジェクト The Horrorist をスタートさせ、1996 年にリリースした「One Night in NYC」が 2000 年にドイツの Superstar Recordings から再び発表され、ドイツのダンス・チャートで一位に輝く。その後、スペインやフランスのレーベルからも「One Night in NYC」は リリースされ、Pascal F.E.O.S. や Ricardo Villalobos のリミックスも制作された。同時期に、Acardipane Records から Marc Acardipane feat The Horrorist 名義で『Metal Man』という EBM とハードコア・テクノを融合させたクラシックも残している。その後も、Nordcore Records や Acardipane Records からのシングルや Neil Landstrumm とのコラボレーション作、そして、2005 年には自主レーベル Things to Come Records から 80 年代の EBM クラシックをオマージュした『Body to Body』を発表。今に至るまで EBM 〜エレクトロ〜テクノ〜ハードコア・テクノを独自のバランス感でミックスし続けている。

　そして、The Horrorist のライブのサポートや楽曲に参加していた Matt Moran のソロプロジェクト Satronica も、ハードコア・テクノに EBM やシンセ・ポップをミックスしたネオ・ゴシック感のある作品を発表している。The Horrorist よりも、パンクなスタイルでインダストリアル・ハードコアをクリエイトし、ボーカリストとしても Unexist と Radium の作品に参加。最近では Hard Electronic や Industrial Strength Records から Satronica としてのシングルをリリースしている。他にも、ベラルーシの Ambassador 21 は伝統的な EBM/インダストリアル・ロックにハードコア・テクノやブレイクコア、ドラムンベースをミックスしたスタイルで人気である。

　Oliver Chesler とその周辺によって、ハードコア・テクノと EBM の繋がりは保たれてきたが、ここ数年でその二つは以前よりも強く惹かれ合ってきている。VTSS と New Frames は EBM とハードコア・テクノを現代的な視点で組み合わせたトラックをクリエイトし、EBM とハードコア・テクノの双方のファンを取り込もうとしている。

インダストリアル・メタルとハードコア・テクノ

　80 年代後半から 90 年代頭に掛けて、インダストリアル・ミュージックはポスト・パンクや EBM に加えて、スラッシュ・メタルやデスメタルなどのバンドミュージックと結びつき、インダストリアル・メタルという形態が生まれる。以前からクラブ文化との繋がりが強かった Wax Trax! Records の影響からか、インダストリアル・メタル界隈のバンドには、テクノやトランスを取り入れたダンサブルな作風が目立つ。インダストリアル・メタルとハードコア・テクノは、同じ様なルーツを共有しているが、インダストリアル・メタルとハードコア・テクノの融合は意外にも多くはない。

　その稀なケースとして、アメリカのインダストリアル・メタル系バンド Prong が 1993 年に発表した

リミックス EP『Snap Your Fingers Break Your Back (The Remix EP)』では、Exit 100(Thomas P Heckmann) がインダストリアル・テクノ、Atom Heart はノイジーなブレイクビーツ・ハードコア、そして、G 104 がガバのリミックスを披露している。実際に、ハードコア・テクノを取り入れていたバンドとしては、スイスの Swamp Terrorists が真っ先に思い浮かぶ。1996 年に発表されたアルバム『Killer』では、インダストリアル・メタルと初期 Meat Beat Manifesto 的なインダストリアル・ファンクにガバキックを交えた楽曲を制作。収録曲「Full Killer」は、よりストレートなハードコア・テクノとなっていて、この曲は Swamp Terrorists の世界観をストレートに表現している。

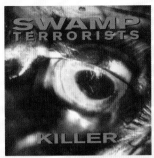

Swamp Terrorists – Killer

そして、インダストリアル・メタル・シーンで高い人気を誇り、90 年代の Roadrunner Records の看板バンドの一つであった Fear Factory が、1997 年に発表したアルバム『Remanufacture (Cloning Technology)』には Mokum Records からシングルをリリースしていたオランダの DJ Dano がリミックスで参加している。同年、Mokum Records から Fear Factory のリミックス・レコード『The Gabber Mixes』もリリースされ、Technohead、Chosen Few、DJ Dano & Liza 'N' Eliaz が Fear Factory を素材にハードコア・トラックを制作している。

Fear Factory – The Gabber Mixes

逆に、インダストリアル・メタルが素材としてハードコア・テクノに使われる事もある。代表的な例では、インダストリアル・メタル界の代表的な存在であるアメリカの Ministry の楽曲「TV II」は、ハードコア・テクノで頻繁にサンプリングされている。Influid II「Push the Button」、Vitamin「De Woeste Man (Geb. 101 Mix)」、Wendy Milan「Push the Button」、Vince & Promo「Lyin' Through Your Teeth」、Detest「2 Obscore」、ハードコア・ドラムンベースでも Raiden & The Panacea「Connect the Dots」で「TV II」は使われており、Pantera「Fucking Hostile」と並んで「TV II」は、ハードコア・テクノ周辺では頻繁に使われている。その他にも、DJ Skinhead「Extreme Terror (The Pain Mix)」では Ministry の「Just One Fix」がサンプリングされていた。

インダストリアル・ハードコアのレーベル

　冒頭でも触れたが、インダストリアル・ハードコアにも様々なタイプがあり、アメリカ、オランダ、フランス、イギリス、ドイツ、イタリアなどで国ごとの特徴もある。その中でも、オランダのインダストリアル・ハードコアは規模も大きく、アーティスト / レーベルの数も多い。The Third Movement、Meta4、Genosha Recordings、Noisj.nl、Dark. Descent. といったオランダのレーベルが 2000 年代のインダストリアル・ハードコアを代表するレーベルの一部であるが、それらの先駆けとなったのがオランダの Enzyme Records だろう。

　2001 年にスタートした Enzyme Records はサブレーベルの Enzyme K7 や Enzyme X と合わせて、Ruffneck、Endymion、Ophidian、DJ Nosferatu、Sei2ure、Synapse、そして、複数のアーティストが参加したプロジェクト Enzyme X によってインダストリアル・ハードコアの名作を世に送り出している。無機質で攻撃的なスタイルから、クラシックやアンビエントの要素を取り入れたダークでメロディアスなスタイルなど幅広く制作し、実験的な側面も大きかったが、オランダという地の利を活かしてインダストリアル・ハードコアをオランダのハードコア・シーンの中枢にまで押し上げた。特に、Enzyme X の活動はプロダクション面においても、インダストリアル・ハードコアの可能性を大きく広げた。Enzyme Records がリリースした作品によって、インダストリアル・ハードコアのある一定のイメージは出来上がったのではないだろうか。

Industrial Hardcore

Enzyme X

お国柄という点でいえば、Manu le Malin と Torgull 主宰レーベル Bloc 46 はフランス特有のアーティスティックで実験的な作風のインダストリアル・ハードコアをリリースしていた。Manu le Malin がテクノのバックグラウンドを Bloc 46 に反映させたのか、彼等のリリースはテクノ的な要素が強く、MadBack Records に通じるものがある。

その他では、過去の記録や証言、音源を辿ってみるとフランス の Dead End Records と Epiteth、 ドイツ の Napalm と Kotzaak Unltd.、 イタリアの Head Fuck Records、 イギリスの Crapshoot や Hard of Hearing などが、インダストリアル・ハードコアの歴史には欠かせないレーベルとされている。さらに付け加えれば、活動初期は特に実験的な挑戦も怠らなかった Mokum Records や、Enzyme Records へと続く道を作り上げた Ruffneck Records と Gangsta Audiovisuals もインダストリアル・ハードコアのルーツではないだろうか。そして、ドイツの Noize Creator と彼のレーベル Brutal Chud、Active Underground、Suburban Trash Industries もインダストリアル・ハードコアの発展に影響を与えているはずだ。

これらの 90 年代のインダストリアル・ハードコアはアヴァンギャルドな側面も感じられ、80 年代のインダストリアル・ミュージックにも通じる無機質さや、反骨精神が大きく表れている。現代のインダストリアル・ハードコアとは違った機械的であるが生々しい歪みは、インダストリアル・ミュージックが好きな人も引き付ける魅力がある。現行のインダストリアル・ハードコアのファンにも、ルーツを辿る意味でも是非チェックしてみて欲しい。

インダストリアル・ハードコアとUKハードコアの邂逅

インダストリアル・ハードコアが進化する過程で、UK ハードコアとフレンチコアとの関わりは重要であった。Hellfish と共に UK ハードコアを形成した The DJ Producer は、フランスの Manu Le Malin との出会いが彼のキャリア上で非常に重要なポイントであったと発言しており、フランスのハードコア・シーンからの影響が、彼の初期 Deathchant のリリースに反映されているらしい。当時、Manu Le Malin が Bloc 46 で開拓していた実験的なインダストリアル・ハードコアや彼等周辺のインダストリアル・ハードコア (その一部はフレンチコアへと変化していく) が The DJ Producer を通してイギリスのハードコア・シーンにも流れていき、双方のスタイルが混ざり合う。

さらに、フレンチコア・シーンを代表する Radium と Al Core のユニット Micropoint の存在も重要だろう。1998 年にリリースされた Micropoint の名盤アルバム『Neurophonie』は、The DJ Producer も当時からプレイしており、1999 年に Micropoint は Deathchant から『My Computer』という 12" レコードを発表。Micropoint はイギリスのハードコア・シーンとも強く共鳴していた。

Micropoint - Neurophonie

この様に、フランスのインダストリアル・ハードコア / 初期フレンチコア勢と、イギリスの UK ハードコア勢が邂逅した結果、Deathchant、Rebelscum、Psychik Genocide を中心に UK インダストリアルの原型が作り出されている。彼等がリリースした初期 UK インダストリアル・トラックは、当時のオランダ産インダストリアル・ハードコアよりもミニマルで速く、ストロングなキックとベースをサイケデリックにミックスさせており、トラックの深い部分にはフリーテクノの背景も埋め込まれていた。イギリスとフランスには偉大なフリーパーティー文化の歴史があり、その二つも昔から国を超えて繋がっていた為、UK インダストリアルにもその歴史が反映されていた。この頃の UK インダストリアルの作品は、彼等の必要な物を必要なだけ取るという制作プロセスと、DIY で反骨精神のあるフランスとイギリスのハードコア・スピリッツが交わった歴史的な瞬間であった。

2000 年代になると、イギリスとフランス以外の国からも UK インダストリアル的なトラックが生まれる様になっていき、その流れは Rebelscum と Deathchant に集約され、この二つのレーベルは 2000 年代に優れたアーティスト達を輩出した。
　そして、Hellfish と The DJ Producer は DJ Promo と The Third Movement ともリンクしていき、オランダのインダストリアル・ハードコアとイギリスの UK ハードコアの配合も増す。

UKインダストリアル

　その一方、オランダのテラーコア / スピードコア・シーンで活躍していた DJ Akira は自身のレーベル Hong Kong Violence を通して、エクストリームな UK インダストリアルを提示し始め、自身の楽曲においても Rebelscum からリリースした『Beatdown Anonymous』などで、その方向性を表現していた。DJ Akira と同じく、テラーコア・シーンのカリスマ・アーティストである Drokz も UK インダストリアルの発展には大きく関わっており、Coffeecore 名義で 2002 年と 2007 年に Rebelscum からレコードをリリースし、DJ ミックスではテラーコアと UK ハードコアを混ぜてプレイしていた。2006 年に Hong Kong Violence からリリースされたコンピレーション『Competition Is None Vol. 2 (A Sequel That Makes Sense)』は、The DJ Producer&Drokz、Deathmachine、Bryan Fury が参加しており、現代の UK インダストリアルに通じるスタイルを作り上げている。オランダのハードコア・フェスティバルでも、UK ハードコア勢とテラーコア勢が同じステージで共演する事も増え、その二つはより密接に繋がっていった。

Hellfish Vs Micropoint – Motordog / Healing Mod

　実際、UK インダストリアルというカテゴライズは古いものではなく、ハードコア・シーンの中では、比較的新しい部類に入ると思われる。スタイルとしては 90 年代後半から存在はしていたが、それらは 2000 年代までは UK ハードコア、もしくはインダストリアル・ハードコア (場合にとってはフレンチコア) と呼ばれていたのを記憶している。2010 年代に入ると、アーティストとレーベル側も積極的に UK インダストリアルという用語を使い始め、そのスタイルを定義し始めている。

　だが、単純にハッピーハードコア文脈の UK ハードコアとの区別化で使われている可能性もある。2010 年代になると Gammer や Darren Styles によって UK ハードコアはヨーロッパだけではなく、アメリカや日本でも広く知られるようになっていた。その為、まったく違うが、ハードコアという単語の元でフェスティバルやパーティーを運営していくとなると、やはり区別化は必要であったと思われる。その為、Hellfish や The DJ Producer の UK ハードコアを UK インダストリアルと呼ぶようになったのかもしれない。

　それでも、細かく分析していくと UK ハードコアと UK インダストリアルには確実な違いも感じられる。例えば、Rebelscum と Deathchant は UK ハードコアを代表するレーベルであるが、Rebelscum はより多くの音楽的要素を貪欲に取り入れ、UK インダストリアルといえるトラックを当初から展開。Deathchant も様々な音楽要素を取り込んでいるが、ヒップホップのサンプルとメンタリティをメインに、シニカルで毒々しいスタイルで伝統的な UK ハードコアを更新しており、この二つのレーベルの違いがそのまま UK ハードコア / インダストリアルの違いに通じるのかもしれない。

V.A. - Competition Is None Vol. 2 (A Sequel That Makes Sense)

インダストリアル・ハードコア・シーンのカリスマOphidian

　インダストリアル・ハードコア・シーンで人気実力共にトップの座に君臨しているのがオランダの Conrad Hoyer こと Ophidian だ。デビューから 20 年以上経っているが、今もハードコア・シーンの最

Ophidian – Between The Candle And
The Star

Ophidian – Bring On The Orchestra
(Official Harmony Of Hardcore Anthem
2019)

前で活躍しており、独創的な作品を発表し続ける生粋のアーティス
トである。

　インダストリアル・ハードコアの真髄とも言えるダークでノイ
ジーなトラックに、表現豊かなメロディを乗せた楽曲はメインスト
リーム・シーンからも支持され、ハードコア・シーン以外でも、
Ophidian の作品は様々なジャンルのリスナーから評価を得てい
る。それでも、やはりインダストリアル・ハードコア・シーンから
の支持が強く、Ophidian に影響を受けたと公言するインダストリ
アル・ハードコアのアーティストは後を絶たない。

　Conrad Hoyer は 10 代後半に Gangsta Audiovisuals と契約
し、Trypticon 名義で 12" レコード『Technological Era EP』と
『Abducted Soul』を 1999 年にリリース。この頃は Ruffneck
からの影響が強いトラディショナルなハードコア・トラックで
あったが、徐々にダークで壮大な Ophidian のハードコア・スタ
イルが出来上がっていく。2001 年に Ophidian 名義でのシング
ル『Rhythmic Philosophy』 と『Absolute Evil / Black』 を
リリースし、今の Ophidian に通じるスタイルを確立。Enzyme
Records を拠点にシングルとアルバムを定期的にリリースしてい
き、Ophidian の作品は実験的な要素を広げ、作曲面においても深
みを増した彫刻品の様な美しさと精密さを追求し始める。

　2005 年に自身のレーベル Meta4 をスタートさせ、Forsaken
Is Dead、Tieum & Ophidian、Omkara Techichi、Moleculez
の作品を発表。Meta4 での活動を通して、Ophidian は自身のサウ
ンドとスタイルを更新させながら、ハードコア・シーンにその名を
強く刻んでいった。また、Ophidian と並行して Meander 名義で
の制作も進めていき、IDM やドラムンベース、ブレイクコアなどを
取り入れた作品も制作。Meander 名義では、Conrad Hoyer の独
創性がより自由な形で表現されていて、ある意味ではインダストリ
アル・ハードコア / ハードコア・テクノのフォーマットやルールか
ら外された事により、本領を発揮している部分も感じられる。

　Ophidian と Meander は対極でありながらも重なる部分もある事から、度々 Ophidian の作品に
Meander 名義の楽曲も収録され、その二つが重なって一つの世界観が完成している。2005 年にリリース
された Ophidian & Meander『Tomorrow Is a Promise』は、まさにその二つの世界観が一つの作品の
中で共存しあっていた。

インダストリアル・ハードコアとメインストリームの接点

　2010 年に発表された Meta4 のコンピレーション『Monophobia』で、Ophidian は IDM/ エレク
トロニカ系電子音楽家 Eigenheimer の別名義 Deceiver とダークステップ / ハード・ドラムンベース・
アーティスト SPL とのコラボレーション・トラックを制作。同年に Rotterdam Records から『Lost in
the Forest』と Enzyme X から『Abandon / End the Earth』というシングルをリリースし、Tieum
とのコラボレーション作『Distorted Information』も Altern-Hate からリリースした。2011 年には、
William F. DeVault とのコラボレーション作『The Violence of Indifference』で、ポエトリーリーディ
ングをフィーチャーした実験的な作品も発表。2010 年から 2011 年に掛けてリリースされた作品を聴き
返すと、挑戦的な姿勢を見せながら自身のハードコア・スタイルを改めて再構築していたと思える。この時
期は、Ophidian がアーティストとして進化する重要な期間であったのかもしれない。

　その後、The Outside Agency や Endymion とのコラボレーション・トラックや、集大成的な内容の
アルバム『Between the Candle and the Star』、そして、Enzyme Records と Meta4 からのシングル・
リリースによって、インダストリアル・ハードコア並びにメインストリームのハードコア・シーンでも不動

の人気を築き上げていく。

　Ophidian のトラックには昔も今もクラブ・トラックだけではない、トラックを構成する世界観を重視したストーリー性があり、それによって生まれるメロディとビートに人々は魅了されているのだと思う。ダークでありながらも、どこかエモーショナルさを感じさせる Ophidian のメロディは、時に壮大でスタジアム級なものから、シンプルなフレーズのループで催眠的な作用を引き起こさせるものまで様々。だが、メロディを支えるビート部分にこそ、Ophidian の音楽の本質がある。ハードコア・シーンでは、キックの音作りが何よりも重要とされ、キックにアーティストとしての個性を活かせるかがポイントとなるのだが、Ophidian のキックはクラブからフェスティバルの空間、家のスピーカーやヘッドフォンで聴いた時にでも、そのクオリティの高さとインパクトは十分に発揮されている。ハード・テクノやシュランツ的とも言える強靭なビートとグルーブによって、クラブ・トラックとしても優れており、Ophidian のトラックは DJ 達に重宝され、インダストリアル・ハードコア以外でも、ハードコア系の DJ ミックスで Ophidian のトラックは頻繁に使われている。メロディとビート、そしてトラックの世界観、この三つがしっかりと調和している事によって、Ophidian の音楽はダンスミュージックという枠だけには収まらないものになっているのだろう。ビートだけでも素晴らしく、メロディだけでも素晴らしい。これが、Ophidian を特別な存在にさせ、彼のアーティストとしての才能と技術者としての才能の凄さを証明している。

Meta4

　さらに、ノイズを自由自在にコントロールし、メロディやフレーズにしたり、ビート感を持たせてグルーブを作り出す事にも長けている。インダストリアル・ハードコアにおいて、Ophidian のノイズ / ディストーションの使い方はかなり個性的で、この部分に影響を受けているインダストリアル・ハードコア・アーティストも多いはずだ。これらの要因によって、Ophidian がインダストリアル・ハードコアのトップ・アーティストとして活躍し、そして、インダストリアル・ハードコアのアイコン的な存在ともなっている。アンダーグラウンドとメインストリームを行き来するそのスタイルも、実力のある Ophidian だからこそ出来るのであろう。

　Ophidian の YouTube では「Challenge」シリーズという動画が公開されており、Roland TR-909 のサンプルのみを使った曲、一つの音だけのモノフォニックの曲、ラジオからサンプリングした音源のみを使った曲など、特定の条件の中で曲を制作していく過程を公開している。これらの動画を見れば、Conrad Hoyer の凄まじい技術力と発想力に衝撃を受けるだろう。最近では、リスナーから送られてきた音 (猫の鳴き声、食器を叩く音、電気の発電音や様々な機械音など) だけで作った曲を公開していた。

The Third MovementとDJ Promo

　DJ Promo、Catscan、N-Vitral、Armageddon Project、Peaky Pounder、D-Passion、Void Settler、DJIPE といったインダストリアル・ハードコア・シーンの人気アーティスト達の作品をリリースするレーベル The Third Movement は、名実ともにインダストリアル・ハードコアのトップレーベルの一つだ。90 年代のインダストリアル・ハードコア系レーベルと同じく、ノイジーで機械的なサウンドであるが、よりダンスミュージックとしてのハードコア・テクノを追求しており、実験的な要素もあるがダンスミュージックとしての枠の中でしっかりと収めた質の高いトラックをリリースしている。

　そして、一部のアーティストを除いて、The Third Movement には初期ハードコア・テクノ / ガバやミレニアム・ハードコアのファウンデーションを活かしたトラディショナルなハードコア・サウンドがあり、Enzyme Records や Gangsta Audiovisuals の流れにも沿った、ハードであるがキャッチーさもあるトラックでメ

Rude Awakening + Amok – Divine
Ignorance

インストリームからも支持されている。The Third Movement の
傘下レーベルには、r_AW Records と Men in Motion、Tommy
Pulse がマネージメントを手掛ける Stealth Industries、Igneon
System がオーナーを務める Heresy などがあり、インダスト
リアル・ハードコア以外のリスナーも知らないうちに The Third
Movement 関連の作品を聴いているはずだ。

そして、The Third Movement を代表するアーティストであり、
レーベルのオーナーでもある DJ Promo はメインストリームでも
人気があり、90 年代後半から今までに多くの名作を発表している。
Thunderdome や Hardshock のアンセム・トラックを手掛け、
The DJ Producer と Hellfish とのコラボレーションで UK ハード
コア・シーンとも繋がるなど、時代と共に自身のサウンドを変化さ
せながら、シーンのトップで活躍している。

インダストリアル・ハードコアとテクノの融合が進む昨今である
が、DJ Promo はテクノ的な観点から、インダストリアル・ハードコアに取り組んだトラックを昔からク
リエイトしていたのも見逃せない。2001 年にリリースされ、後に変名プロジェクトの名前ともなる『Rude
Awakening』や、2006 年リリースの Armageddon Project との共作『Diamonds for the Pigs』などは、

Rude Awakening – Fragments Of The
Future

インダストリアル・ハードコアとテクノ双方の良い部分を絶妙なバ
ランスでミックスしており、今最も再評価されるべき作品の一つだ
ろう。80 年代のインダストリアル・ミュージックにも通じる無機
質さとマシーンビート感もあり、ハードコア・テクノ以外のリスナー
も楽しめる。

これらの方向性は、2004 年に立ち上げた Industrial Strength
Records との共同レーベル Industrial Movement でさらに深く
追求している。このレーベルは Lenny Dee と DJ Promo のユニッ
ト Electronic Pig、Armageddon Project の Matteo Delgrano
による Life Runs Red、そして、Dep Affect、Broken Rules、
Murmure、Acrosome、D-Passion、Deathmachine のシング
ルをリリース。その中でも、Electronic Pig は Promo の作品の中
でも特殊な作風であり、彼のインダストリアル・サウンドの核とな
る部分が全面に表れている。

Electronic Pig としては、『Notorious P.I.G.』と『Pigs De
Résistance』という二枚の EP しかリリースしていないのだが、どちらもインダストリアル・ハードコ
ア・ファンは必聴の内容だ。Lenny Dee の Fuckin Hostile を彷彿とさせるアグレッシブでオールドス
クールなハードコア・テクノに、インダストリアル・メタルなギターも交えたスラッシーなトラックか
ら、Mescalinum United を彷彿とさせるインダストリアル・ハードコアとテクノを暴力的に掛け合わせ
たトラックが収録されており、Lenny Dee の初期ハードコア・テクノ・スタイルが DJ Promo のイン
ダストリアル・ハードコアの中に過剰入力気味に突っ込んだ吐き出されている。その他にも、Industrial
Movement からリリースされた Terrorfakt の『Spineless』はリズミックノイズやテクノイズにも近く、
アメリカ産の EBM やインダストリアル・ノイズのフィーリングもあるダーティーでフェティッシュな作風
で、Ansome や Rorganic の作品にも近い。

Marc Acardipaneの影響

DJ Promo のインダストリアル・ハードコアには、ガバやミレニアム・ハードコアの深い下地と共に、
Cold Rush Records 周辺のハードコア・テクノからの影響を感じさせる。メインストリーム寄りのハー
ドコアとそれとは真逆の極端に歪ませたインダストリアル・ハードコアをクリエイトしていく姿勢や、
レーベルオーナーとして複数のレーベルを運営しているのも、Marc Acardipane を連想させる。実際
に、2012 年にリリースされた DJ Promo のアルバム『True Tones』には、Marc Acardipane と The

Ultimate MC をフィーチャリングした「Legends Unite」という トラックを収録しており、2006 年には Miroslav Pajic(Miro/ Stickhead) の E-Man 名義のシングル『E-Machine』を The Third Movement からリリースしていた。

Marc Acardipane にとっての The Mover の様に、DJ Promo の別名義である Rude Awakening は彼の音楽活動において重要な 役割を果たしている。2002 年から Rude Awakening 名義での 活動をスタートさせ、ストレートなインダストリアル・ハードコア とハード・テクノをメインにクリエイトし、Rude Awakening と しても DJ セットを披露している。Rude Awakening の方が DJ Promo 名義よりも作品全体に一貫性が感じられ、ダンスフロアと 直結した音作りであり、DJ Promo のパーソナルな部分や音楽への 欲求的なものも感じられる。

近年、The Third Movement は何度目かのブレイクを迎えているだろう。The Third Movement がリ リースした N-Vitral Presents BOMBSQUAD『Mainstream Mutilators』、Dither のシングル「The Prophecy」は Rawstyle ともシンクロし、メインストリームを中心とした若いファンを獲得した。イン ダストリアル・ハードコアがインダストリアル・テクノやハード・テクノとクロスオーバー化していく中、 The Third Movement はメインストリーム側のハードコア・シーンとの共鳴を深めていくのかもしれな い。だが、The Third Movement の看板アーティストの一人であり、昔からハード・テクノとハードコア を融合させていた Peaky Pounder が久々となるシングルを Men in Motion からリリースした事には、 The Third Movement がまた別の方向性を進み始める可能性も秘めている。今後、DJ Promo と The Third Movement がインダストリアル・テクノやハード・テクノとの接点を深めていく事にも期待したい。

インダストリアル・テクノとの融合

ハードコア・テクノのサブジャンルの中でも、インダストリアル・ハードコアはテンポやサウンドのアプ ローチがテクノと近い事もあり、近年は更にテクノと共鳴を深めている。[KRTM] や Tripped の活動の影 響も大きく、テクノにフォーカスした PRSPCT のサブレーベル PRSPCT SSSPCR の始動など、近年イ ンダストリアル・ハードコア並びにハードコア・シーン全体で再びテクノのフィーリングを取り戻した作品 が目立つ。彼等に同調するかの様に、テクノ側からもハードコア化していく流れが一部で流行化していた。 さらに、ここ数年はボーダレスに活躍するアーティストと、ジャンルを選ばずに自分の求める音に素直に向 かうリスナーの増加によって、刺激的な作品やパーティーが各国で誕生している。近年のハードコア・テク ノ / テクノ双方のアーティスト達は、シンプルにストレートに欲深くダンスフロアのエネルギーを取り込ん でいったトラックを作り出していき、そのスタンスがトレンドにもなっている。

インダストリアル・ハードコアの伝統を守りながらも、新たな方向性を探っているアーティストも増え ている。Somniac One は Ophidian や The Outside Agency の影響下にあるが、同時にインダスト リアル / ハード・テクノの要素が自然と反映されたハードコア・トラックをクリエイトしている。Miss Hysteria として Enzyme Records と Bassmachine Records から EP やシングルをリリースしていた Malin Kolbrink は、2019 年に Adamant Scream 名義でアグレッシブなインダストリアル・ハードコ アにフォーカスした作品をリリースしているが、DJ セットにおいてはテクノもミックスしており、インダ ストリアル・ハードコアとテクノの融合を実践している。

その中でも、Marc Acardipane の『The Most Famous Unknown』にリミキサーとして参加し、 Meta4 と Industrial Strength Records から EP をリリースしたアメリカの Kilbourne には期待が寄 せられている。彼女は Boiler Room の Hard Dance に出演し、Fact のミックス・シリーズへの参加や Code Orange の Eric Balderose のソロプロジェクト Shade とのコラボレーション制作、さらに自身が ボーカルを務めるグラインドコア・バンド Trophy Hunt の活動なども含め、彼女を中心としたオルタナティ ブなハードコア・シーンが形成され始めている。彼女は伝統的なインダストリアル・ハードコアとテラーコ アをベースにしつつ、そこに現代的なダンスミュージックの要素や感覚を持ち込んでおり、斬新なハードコ ア・トラックを現行のハードコア・シーンに流し込み、次世代のハードコア・ファンがそれに反応している。

音源以外でもクロスオーバー化は進んでおり、オランダのウエアハウス Rave の中で注目を集めている Unpolished には、テクノやアシッド、エレクトロにインダストリアル・ハードコアのアーティスト達もブッキングされている。インダストリアル・テクノからダークでハードなテクノをプレイする Rebekah は、過去のインタビュー記事でインダストリアル・ハードコアについて触れており、[KRTM] のトラックを DJ プレイに取り入れていた。

そして、テクノを主体としていたレーベルも続々とハードなスタイルを推しだしていき、その勢いはまだ留まらず加速している。Shapednoise、Ascion、D. Carbone 率いるインダストリアル・テクノ / エクスペリメンタル・レーベル Repitch Recordings は Hypnoskull、VTSS、AnD の EP をリリースしており、イギリスのテクノ・ユニット Clouds と Randomer は Headstrong Records からハードコア・テクノにガバ、トランス、Rave サウンドを盛り込んだパワフルなトラックをリリースしている。その他にも、BANK Records NYC、Scuderia、Industrial Techno United、Obscuur Records、Rave or Die、Haven、Green Fetish Records といったレーベルがハードコア・テクノ、インダストリアル・テクノ、ハード・テクノをボーダレスに繋ぎ合わせている。

インダストリアル・ハードコアとシュランツの融合

インダストリアル・ハードコアとテクノがクロスオーバーしていく少し前に、インダストリアル・ハードコアはシュランツとの融合も果たし、インダストリアル・ハードコアは新たな歪みを得ていた。インダストリアル・ハードコアの歴史においても重要な Industrial Strength Records は、シュランツとインダストリアル・ハードコアの混合を推しており、Tymon や Waldhaus の作品でそれらを具現化しようとしていた。テクノとシュランツをルーツに持つ Angel が 2013 年にリリースした EP『Dirty Thirty』では、「Industrial Schranz-Core」というトラックが収録されており、インダストリアル・ハードコアとシュランツの相性の良さを証明した。

だが、それよりも前に日本の DJ Technorch がシュランツコアと呼べる楽曲を発表している。2006 年にリリースされたアルバム『Boss on Parade: XXX Meets Gabba』でシュランツとインダストリアル・ハードコアを融合させた「Schranz X」というトラックがあり、「Industrial Schranz-Core」と同じような方向性を既に作り上げている。インダストリアル・ハードコアからは離れるが、2011 年に同じく日本の DJ Chucky が『Extremegasm』という EP シリーズでハードコア化させたシュランツを展開していた。

シュランツとインダストリアル・ハードコアの混合スタイルは、表立っては多く制作されなかったが、この二つのジャンルの相性の良さと未知の可能性を探り続けるアーティストは今も各国にいるようだ。インダストリアル・ハードコアとテクノのクロスオーバー化の先には、再びシュランツとの融合化が待っているかもしれない。

Perc Trax と Ghost in the Machine

現在のハードコア / テクノのクロスオーバーを成功させた大きな要因の一つに、イギリスのテクノ・アーティスト Perc のレーベル Perc Trax の存在がある。Perc は日本でも人気のテクノ・アーティストで、最近ではインダストリアル・ハードコア・ファンからも人気を得ている。モダンなインダストリアル・テクノから、80 年代のインダストリアル・ミュージック、90 年代の UK テクノやバーミンガム・サウンドをリスペクトしたハードで硬派なスタイルには、以前からハードコア・テクノ / インダストリアル・ハードコアとの親和性があった。2010 年に公開された RA のポッドキャストに提供した Perc のミックスでは、Throbbing Gristle、Cabaret Voltaire、Sawf、Chris & Cosey、Ancient Methods、Bas Mooy、Surgeon をミックスし、広範囲でインダストリアル・ミュージックを定義していた。

Perc・The Power And The Glory

2013 年に、Perc & Truss 名義でリリースした『Spiker』は金属音とアシッド、ファットなキックとノイズがぶつかり合ったアヴァンギャルド・テクノともいえるスタイルで、この頃から既にハー

ドコア・ファンも魅了する作品を作っていた。2014 年にリリース
された Perc の 2nd アルバム『The Power and the Glory』収録
の「Dumpster」は、ガバキック的な歪んだキックを使い、ノイズ
とテクノの相性の良さを証明した「Take Your Body Off」も、ハー
ドコア・テクノに近いトラックであった。その後、ホワイト盤のみ
でリリースされた T99「Anasthasia」のブート・リミックスや、
Mumdance & Logos のリミックス・シングルでも、ハードコア・
テクノ的なスタイルを披露。

Ghost In The Machine - One Louder
EP

　そして、Perc がハードコア・シーンとの明確な接点を持ったの
は、2017 年に Perc Trax が Ghost in the Machine の『One
Louder EP』をリリースした時だろう。インダストリアル・ハー
ドコア・ファンにはお馴染みの Ghost in the Machine は、
Frank Nitzinsky(The Outside Agency/Eye-D) と Nils van
Lingen(Mindustries) によるユニット。2016 年に Genosha
Recordings のサブレーベル Genosha Basic から『Eternal Flaming EP』をリリースして本格的に活
動をスタートさせ、定期的に EP を発表している。Ghost in the Machine のスタイルと Perc Trax のレー
ベルカラーは非常に良い相性を見せ、2018 年には Perc Trax から続編『King Dead EP』をリリースし、
Perc & Truss『Leather & Lace Remixed』に Mumdance & Logos、Pinch と共に参加。Ghost in
the Machine はハードコア・シーンよりもテクノ・シーンでの知名度を上げていく。
　インダストリアル・ハードコアのエレメントが滲み出た Ghost in the Machine のトラックは、ハード
さを求め高速化していたテクノ・シーンに歓迎されたのは必然だったろうし、それによって Ghost in the
Machine のファンもテクノや Perc Trax に興味を持っていったのかもしれない。
　Ghost in the Machine のリリースを経て、Perc Trax はさらにハードなサウンドを積極的に取り入れ
始める。インダストリアル・ハードコア・シーンで活躍していた Tymon は、Perc にリミックスを提供し、
2019 年には『Eternal Return』という EP を Perc Trax からリリースした。

クロスオーバー化の先
　イタリアのレーベル Industrial Techno United はアグレッシブなモダン・テイストのハードコア・テク
ノとインダストリアル・テクノを平行に扱い、このようなレーベルは今では普通となってきた。2020
年 の Unpolished に は Hellfish vs The DJ Producer、Ruffneck、Rude Awakening、Somniac
One、[KRTM] が出演していたが、こういったパーティーや Rave が今後さらに拡大していけば、クロスオー
バーという言葉も必要無くなり、90 年代前半の様に大きな括りでの「テクノ」に集約されていくかもしれ
ない。アーティストとリスナーがそれぞれ自身のスタンスを持ちながら環境をシェアしていければ、今より
もっとジャンルレスに人々が集う事が可能になり、もっと多くの人々がこの素晴らしい音楽の存在に気付く
事になるだろう。
　次のページからは、2000 年代のインダスリアル・ハードコア・シーンに欠かせない重要なアーティス
ト達のインタビューとディスクレビューとなる。インダスリアル・ハードコアがジャンルとしていかに幅が
広いかを形にする為、世代とスタイルを混ぜ合わせて並べてみた。この他にも、多くのインダスリアル・ハー
ドコア・アーティストがおり、素晴らしい作品があるので、インダスリアル・ハードコアに興味を持った方
はインタビューとディスクレビューを見て気になったものからレーベルやリミキサーなどを掘り下げていっ
て欲しい。広大なインダスリアル・ハードコアの歴史を探検出来る手助けになれば幸いだ。

美メロとノイズで芸術性の高いインダストリアル・ハードコア

Ophidian

- Enzyme Records、Meta4、Advancing Mechanism
- 1999
- http://www.djophidian.nl/

オランダ

インダストリアル・ハードコアの代表的存在であり、ハードコア・シーンを超えて世界中に多くのファンを持つ天才アーティスト。過去には来日ツアーも行っており、日本にも多くの熱心なファンがいる。
Ophidian こと Conrad Hoyer は 16 歳という若さで、レーベル Gangsta Audiovisuals と Supreme Intelligence と契約し、ハードコア・シーンに参入。当初は Trypticon 名義にてレコードをリリースしていたが、2001 年に Ophidian 名義での活動をスタートさせ、Enzyme Records の一員となる。Ophidian と並行しながら Enzyme X としても作品を制作し、2004 年にリリースした『Butterfly VIP / Hammerhead VIP』がアンダーグラウンド・シーンを中心に大きな反響を呼び、ハードコアのビッグパーティーにも出演するようになった。2005 年からはレーベル Meta4 をスタートさせ、自身の作品もより実験的な方向へと進めていき、Meander 名義での展開も開始する。
インダストリアル・ハードコアを軸に、クラシカルでメロディアスなトラックからドラムンベースや IDM、ブレイクコアといった要素を取り込んだ実験的でアグレッシブなトラックを制作し、ハードコアだけに囚われない芸術的な表現方法を追求している。ダークで歪んだサウンドに、壮大で幻想的な美しいメロディを組み合わせる Ophidian のスタイルは今日のハードコア・シーンに大きな影響を与えており、今もその影響力は増している。現在は Advancing Mechanism を中心に作品を発表しており、自身のサウンドを更新し続けている。

Trypticon

Technological Era EP オランダ
Gangsta Audiovisuals 1999

Ophidian としての活動が始まる前に、Gangsta Audiovisuals から 1999 年にリリースされていた Trypticon 名義のデビュー作。アートコア・トラック「Soul Reaver」と「Mixmasta」は、高速ブレイクビーツやガバキック、メロディに Ruffneck からの影響が色濃く出ているが、非常にクオリティが高くオリジナリティもあり、この当時まだ 10 代だったとは思えない完成度である。ダークで緊張感のあるドラムンベース・トラック「Step Aside」も同等にクオリティが高く、Ophidian ファンには是非聴いて欲しい。

Trypticon

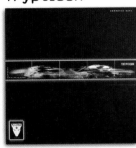

Abducted Soul オランダ
Gangsta Audiovisuals 1999

全体的に前作よりもダークになり、サウンドも鋭くなった Trypticon の二作目。アッパーなアートコア・トラック「Shotz on Five」と、RPG ゲームのサウンドトラックを連想させるオーケストラ調の「Nocturnal」からは、Ophidian 節とも言える特徴的なメロディが出来上がっている。グルービーなベースラインと硬いビートを合わせたテックステップ的な「Industrial Evolution」からも、Ophidian らしい遊び心も感じられる。今作以降も、Gangsta Audiovisuals のコンピレーションに Trypticon 名義でトラックを提供している。

Ophidian

Absolute Evil / Black オランダ
Supreme Intelligence 2001

Endymion、Meagashira、D'Spyre(Patrick van Kerckhoven)のレコードをリリースしていたダークコア・レーベル Supreme Intelligence から 2001 年にリリースされた 12" レコード。Ophidian 名義としては最初期のシングルの一つであり、未だインダストリアル・ハードコア・ファンからも根強い人気がある。特に「Absolute Evil」は Tripped と [KRTM] も近年プレイしていた様に、現代のインダストリアル・ハードコア / テクノとも相性が良い。現在は各種ストリーミング・サービスでも配信されている。

Ophidian

A Place Called Yesterday (Betrayed by Daylight Part -1) オランダ
Enzyme Records 2004

ハードコア・シーンに燦然と輝く大名曲「Angel」と初の Meander 名義での楽曲を収録した EP。ブロークンビーツとリズミックノイズをインダストリアル・ハードコアに落とし込んだ様な「To Destroy What Is Broken」や、ブラックメタル的な冷たさとインダストリアル・ノイズに深い所まで連れていかれる「Disrespected Intervention」など、収録されている曲はどれも非常にレベルが高く素晴らしい。実験的でアンダーグラウンドなスタイルと、ハードコアの伝統的な部分と美意識を最良のバランスで繋ぎあわせている。

Ophidian

Tomorrow Is a Promise
オランダ
Enzyme Records 2005

Ophidian の芸術的な歪みがネクストレベルに到達した傑作。Enzyme Records の追求していたインダストリアル・ハードコアの方向性に、Ophidian 独自の視点から IDM やノイズミュージック的要素を織り込んだポスト・インダストリアル・ハードコアともいえる内容。Somatic Responses や Slave to Society のエクスペリメンタル・ハードコア／アシッドコアにも近く、US ブレイクコアのノイジーさとも共鳴している。リリース当時も評価されていたはずだが、今作は現代のクロスオーバー化が進むシーンのムードにも非常にシンクロしている。

Meander

Dreaming in Reverse
オランダ
Low Res Records 2007

Abelcain、Bombardier、Cdatakill をリリースしているブレイクコア系レーベル Low Res Records から発表された Meander 名義での初単独作品。メランコリックなメロディとグリッチ・サウンドが感情的に飛び回る変則的なドラムンベースを主体としている。以前、Ophidian は Venetian Snares を高く評価した発言をしていたが、Meander 名義では彼からの影響が反映されているのが分かる。メロディと同じく、非常に表現力豊かなビート・パターンを聴くと、Conrad Hoyer はビートのプログラミングにおいても天才的な才能を持っているのが解るだろう。

Tieum & Ophidian

Distorted Information
オランダ、フランス
Altern-Hate 2010

90 年代からインダストリアル・ハードコアやフレンチコア・シーンで活躍する Tieum とのコラボレーション作。両者のシグネチャー・サウンドが上手く混ざり合った一級品のハードコア・トラックを完成させている。インダストリアル・ハードコアの攻撃性を引き出したトラックが多く、「Burn Them」の破壊力は今も十分にフロアで通用する。両者は今作以外にも、『Nothing I Can't Handle』(Industrial Strength Records)、『La Chronique Du Chat Et Du Chien』(Meta4) というコラボレーション作も残している。

V.A.

Issue 03 - Monophobia
オランダ、アメリカ
Meta4 2010

2010 年に発表された Meta4 のコンピレーション。Ophidian は、IDM／エレクトロニカ系電子音楽家 Eigenheimer の別名義 Deceiver と、ダークステップ／ハード・ドラムンベース・シーンのトップで活躍していた SPL とのコラボレーション・トラックを収録。SPL との「Subconscious」は Ophidian の芸術的なキックとドラマチックなメロディに、SPL が『The Deaf EP』で見せた徹底的に無機質で機械的なサウンドが非常にバランスよく混ざり合っている。他にも、The Outside Agency と Tapage のコラボレーション・トラックも収録されている。

Ophidian as Raziel ft. William F. DeVault

The Violence of Indifference	オランダ
Meta4	2011

Ophidian 名義での作品の中でも、非常に実験的でカオティックなサウンドが広がる名作。今まで自身が気づき上げてきたインダストリアル・ハードコアのスタイルを再構築している様でもあり、表現者としての衝動が暴走気味に溢れ出ている。後半からはダンサブルな部分が強くなっていき、インダストリアル・ハードコアとテクノの混合トラック「Groundwalker」と「With Poise and Patience」は、あまりにも時代を先取りし過ぎていたと思える。Ophidian のアーティスティックな側面と、ダンスミュージック・プロデューサーとしての側面が今作では上手くパッケージングされている。

Meander

Dead Things EP	オランダ
PRSPCT XTRM	2019

Low Res Records からの EP/アルバムで変則的ドラムンベースやブレイクコアにフォーカスし、Tainted Audio からのアルバムでは自己流のハードコア・ドラムンベース / クロスブリードをクリエイトしていた Meander が久々に発表した作品。圧倒的な完成度を誇るサウンドデザインとキック、そして視覚的な音の世界観によって、普段こういったアグレッシブなクロスブリード / インダストリアル・ハードコアを聴かない人も引き込むだろう。DJ Hidden のリミックスも流石の仕上がりで、Meander の圧倒的な世界観に新たな色を付け足している。

Ophidian

From the Ashes	オランダ
Heresy	2019

狂暴なクロスブリード / インダストリアル・ハードコアのリリースで知られる Heresy からリリースされた 2 曲入りシングル。壮大でドラマチックなメロディとインダストリアル・ハードコアのマナーにも沿った展開を駆使し、メインストリームとアンダーグラウンド双方のバイブスとサウンドを一つにした怪物級の楽曲を生み出した。これだけの表現力と壮大な世界観があり、ハードコア以外の要素もふんだんに組み込みながらも、王道よりも王道なハードコアを作り上げられるのは Ophidian くらいだろう。一つの映画を見終わった後の様な感覚を味わえる。

Ophidian

Bring on the Orchestra (Official Harmony of Hardcore Anthem 2019)	オランダ
The Third Movement	2019

2019 年に開催された Harmony of Hardcore の Ophidian 制作によるアンセム。明確なストーリーの中を進んでいく曲の構成となっており、『From the Ashes』と同じ方向性であるが、インダストリアル・ハードコア的な要素は抑えられ、メインストリームに向けられた作りになっている。タイトル通りのオーケストラをハードコアと構成し、押し寄せるストリングスをキックで包み込んだ突き抜ける様な感覚を味わえる壮大なハードコア・トラックである。同時期に発表された Harmony of Hardcore の Mix CD ではインダストリアル・ハードコアも多く交えたミックスを制作している。

Ophidian インタビュー

インタビュー：梅ケ谷雄太
翻訳：バキトマ堂 渡邊太一

Q：ご出身はどちらですか？ どういった環境で育たれ、音楽に出会いましたか？

A：生まれはオランダだけど、すぐにオーストラリアに移住したんだ。西オーストラリア州のバンバリーに 8 年住んでいた。子供の頃は、「モダン」な音楽と触れる事はあまり無かったね。たまにアニメが放送される前の時間に起きてテレビをつけると、Rage というミュージックビデオをひたすら流す番組がやっていた。それ以外だと 60 年代や 70 年代の音楽を収録した古いカセットテープを聴いていたくらい。6 歳になってからピアノのレッスンを受けて、演奏会にも出るようになったんだけど、先生が厳しすぎてあまり楽しむ事が出来なかった。それでも、音楽の基本を学べて、自分でも音楽を作るのに興味を持つキッカケになったから、レッスンを受けられて感謝しているよ。

Q：ハードコア・テクノ / ガバとの出会いは？

A：自分にとって音楽が重要な存在になったのは、オランダに引越してから。新しい友達はみんな、どんな音楽を聴いているか、何が流行っているかについて語ってばかりいた。当時、電子音楽の人気が出てきて、後に現代の名作と呼ばれるような楽曲（「De Rode Schoentjes」「James Brown is Dead」「O Fortuna」）を初めて聴いたのはその頃だった。それでテクノ、ハウス、ブレイクビーツや後にユーロビートと呼ばれるようなものを聴くようになっていったんだよね。例えば、Mayday とか Capella や Culture Beat のような商業的なものから、The Prodigy や PCP の White Breaks まで。

最初に聴いた本物のハードコアのトラックは 1993 ～ 94 年頃、トランスのコンピレーション CD を友達から借りてきてはカセットテープにコピーしていたんだけど、そういう CD の最後の方にハードコアが収録されていたんだ。その時はそれがハードコアだと認識していなかったけど、テンポが速くて、もの凄いエネルギーを発していたからとても気に入った。それで、ある友達が、そういう曲が好きだったら、絶対に Ruffneck Records を聴くべきだと勧めてくれたんだ。それがキッカケで、そういうダークな曲を聴いたら、もう完全に虜になってしまったよ。

Q：あなたが始めて体験したハードコアのパーティー、Rave/ フェスティバルは？

A：シーンの全盛期の頃、僕は若すぎたからハードコア・パーティーに入れなかったんだよね。初めて行ったパーティーは多分、1999 年の Masters of Hardcore だったような。もしかしたら、「普通」の客として行ったハードコアのイベントはそれが最初で最後だったかもしれない。なぜなら、その次に行ったのは、当時住んでいたアーネムの Goudvishal でやっていた Artcore vs. Darkcore のイベントで、その時僕は既にクルーの一員になっていたから（2000 年頃）。自分と同じ位、ハードコアにハマっている人達のコミュニティと初めて出会った。そこで、ハードコアというものは自分が気に入っていた楽曲の範囲よりずっと幅広いという事を学んだ。当時、僕の好みはもの凄く限られたものだったから、どういう要素がレコードをヒットさせるとか、そういうことをあまり理解していなかった。

Q：ご自身で音楽制作をスタートさせたのはいつ頃からですか？ 最初に使っていた機材は？

A：作曲は本当に幼少から、6 歳でピアノを弾くようになってから始めたんだ。その後、10 ～ 11 歳頃から友達と一緒にカセットテープでミックスを作ったり、自分でベーシックな Roland のキーボード（E16）を使って制作と録音をするようになった。初めてコンピュータで音楽を制作したのは 1994 年で、

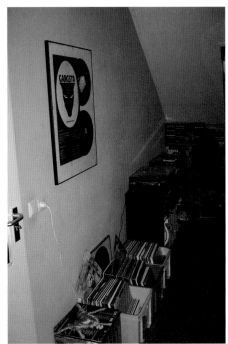

ModEdit ソフトを入れた 486 コンピュータと友達が誕生日にくれた 8 ビットの Covox 単音サウンド
アダプターを使っていた。マニュアルとか指南書（もちろんネットも）無かったから、フロッピーディスク
にコピーした MOD ファイルを参考に、独学でやっていたんだ。最初に作っていた曲は、クオリティの低
いハウスとかユーロビートで、後に初期ハッピーハードコアも制作した。

Q：あなたは 10 代中頃で Gangsta Audiovisuals/Supreme Intelligence と契約されました。DJ
Ruffneck との出会いと契約までの経緯を教えてください。当時、学校に行きながら音楽制作を行われてい
たのでしょうか？ハードコアを作っている事で、周りの友人達からはどういった反応を得ていましたか？

A：1997 年に Ruffneck Records に初めて 2 曲収録したカセットテープのデモを送ったんだ。後に
僕の初 EP の A1 となる「Soul Reaver」のファーストバージョンが収録されていた。その時のデモは
かなり粗い仕上がりだったから、DJ Ruffneck に断られてしまった。それで一年後にもう一度トライし
て、今度は Gangsta に 4 曲収録した自作の表紙付の CD-R を送ったんだ。このデモを送った後、一度会っ
て僕の音楽について話を聞きたいという内容の手紙が届いた。ミーティングはうまくいって、レーベルに所
属する事になった。これら全ては、まだ高校生の時に起こったことだよ。正直なところ、周りの友達はあま
りハードコアに興味が無かったから、レーベルと契約したからといって注目されることはなかったね。

Q：DJ としてのキャリアはいつ頃からスタートしていますか？あなたが DJ として最初にプレイした大規
模フェスティバルは？

A：実家の屋根裏部屋で DJ をやり出してから、実際パーティーやフェスに出演するようになるまではかな
り長い時間がかかったよ。1996 年頃にアナログ盤を買うようになって、多分それから一年後位に中古の
ベルトドライブ式のターンテーブルを二台手に入れて、DJ の練習が出来るようになったんだ。それから数
年は純粋に楽しむ為に一人か、友達とプレイするか、誰かの誕生日パーティーで DJ するという感じだった。
レコードをリリースするようになってから（特に 2003 年の『Blackbox』以降）、パーティーの出演依
頼が来るようになったんだけど、Ophidian として出演するようになるのは 2004 年以降。最初の大規模
なフェスは同年後半の Thunderdome だった。その時は DJ ではなくてライブセットだったけどね。

Q：Ophidian をスタートさせた経緯を教えてください。なぜ、Trypticon 名義をストップさせて Ophidian としての活動を始められたのでしょうか？

A：僕がリリースし出した頃、アーティストが制作するサブジャンルごとに複数の名義を使い分けるというのが割と一般的だったんだ。Gangsta では、Trypticon 名義で比較的速めで、Juno やブレイクビーツを基礎としたアートコアを制作していたから、傘下レーベルの Supreme Intelligence 用に、よりスローでダークなハードコアを制作する事になって、それで新しい名義が必要となったんだ。Ophidian は元々メインの名義である Trypticon のサイドプロジェクトであるはずだったんだけど、シーンが変遷して Gangsta が閉鎖した時、Ophidian として Enzyme Records に移籍する事にしたんだ。ちなみに、Trypticon は正式に消滅した訳じゃないんだ。昔 Trypticon 名義で制作したけど、良い使い道が無かったトラックが沢山コンピュータに保存してある。

Q：Ophidian はインダストリアル・ハードコアのアーティストとして認識されていますが、あなたは自身の音楽をインダストリアル・ハードコアだと思っていますか？

A：2000 年代初期、最初にインダストリアル・ハードコアという名称が使われるようになった頃は、特定のスタイルのみを指す言葉だったんだ。大体 140 ～ 160BPM でテクノの影響を受けたパーカッション重視で、ダークな音やディストーションが多い感じのハードコア。シーンの中でも異色を放っていたし、僕達自身も何がインダストリアル・ハードコアであって、何がそうでないのかを意識していた。個人的には常に色んな音を制作したから、一つのジャンルだけに絞って制作をし続けたいとは思わなかったんだ。例えば、当時リリースしたレコードの中には、A1 にはメインストリーム・ハードコアで、それ以外の曲は全てインダストリアルという事があった。一つの、特定の音楽スタイルだけが好きというファンが多かったから、それにあてはまらない僕の曲は受け入れて貰えなかったから、それはそれで問題だったね。

その後、2010 年以降はメインストリーム・ハードコアがあまりにもインダストリアルや自分のスタイルとも掛け離れて行ったから、僕は自然とインダストリアル系のプロデューサーとみなされるようになった。また、インダストリアルもスタイルとして、より多様になったんだ。メロディーとか音楽的なブレイクダウンをインダストリアルのトラックに使うようになったけれど、昔はそういう要素を使うというのは考えられなかったね。近頃はメインストリームやアップテンポじゃない、粗い音やダークな雰囲気を特徴とするハードコアがインダストリアルと呼ばれている。僕の音楽がインダストリアルに分類される事に異存は無いね。

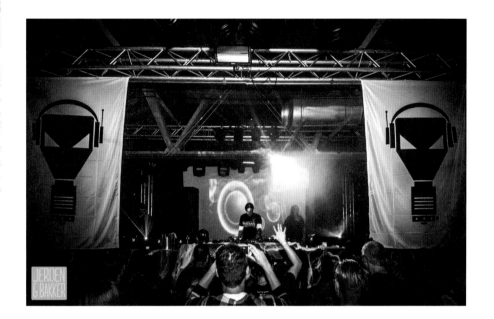

Q:Enzyme X に参加した経緯を教えてください。
このプロジェクトは参加したアーティストの名前
を伏せて作品が発表されていましたが、どうして
匿名のプロジェクトとなったのでしょうか？

A：2001 年に Enzyme Records が発足した
時、Ruffneck の発案で、より実験的な音楽を匿
名・クレジット無しで 7 インチ盤でリリースする
為だけのサブレーベルを立ち上げようという話に
なったんだ。アーティストがプレッシャーを感じ
ずに、自由にアイデアを追求出来るような場を作
るというのが目的だった。僕は最初から乗り気だっ
たね。というのも、元々売れることを目的としな
いような実験的な曲を制作するのが好きだったから。それから 15 年間、その形式で何曲もリリースして、
中には個人的に最もお気に入りの作品も含まれているんだ。このプロジェクトは本当に僕をプロデューサー
として成長させてくれたし、自分のスタイルを確立する手助けとなった。
Enzyme X 向けの曲を制作する時はいつも特別な気分だったね。「クレイジーな音とか奇抜なキックを入
れた、変なトラックを作るんだ」という感じで、何より楽しみながら制作しようとする気持ちになれた。大
体 1 曲あたり 1 〜 3 日位の短時間で制作出来ていたんだと思う。
Q:あなたにとってディストーションとはどんなものですか？ディストーションのどんな所に魅力を感じますか？
A：僕にとって、ディストーションとは音に生命を吹き込むエフェクトなんだ。シンセ音やサンプルを不安
定に、そして予測不能にする効果がある。その「あら」が、完璧で無機質な音よりリアル感を出してくれる
んだ。もっと技術的な観点から言うと、ディストーションがオーディオ信号に与える色や高調波が大好きだ
ね。音に深みが加わるし、音作りの幅が広がる。
Q：あなたはメインストリームのハードコア・シーンからも人気があり、アンダーグラウンド・シーンから
も支持されています。音楽制作をする時にリスナーやシーンについて、どれ位意識していますか？ 売上や
商業的な側面はあなたの音楽制作にどういった影響を与えていますか？

A：駆け出しの頃は、制作している曲がメインストリームなのか、インダストリアルなのかを常に意識していて、リスナーを混乱させないよう、二つを混ぜないようにしてたんだ。でも思い返すと、それでも僕の音楽は聴く人を十分混乱させていたのかもしれない。今は、どのシーンやサブジャンルに当てはまるかを気にせず、使いたいと感じる音やスタイルを自由に組み合わせているよ。商業的な側面は、基本的にあまり気にしないけれど、曲がどのような環境でどのような目的で使われるのか、そういうコンテキストは意識するようにしている。例えば、夏フェス用のアンセム的な曲を作ろうとすれば、超実験的なトラックにすることは無いし、全体的にダークなEPに1曲だけ多幸感満開なメロディーの曲を入れたりしない。コンセプトが大事。

Q：ハードコア・シーンはプログラミング技術が高度であるのが重要であり、プロデューサーは技術的に優れていないとこの業界で人気になれないと思います。もちろん、これは全てのダンスミュージックの業界で同じですが、ハードコア／インダストリアル・シーンでは特にそれを強く感じます。この技術的側面によって、ハードコア・シーンに新しいプロデューサーが生まれずらくなっているのではないかと個人的には思います。技術的に低くても個性的な曲や、アイディアや世界観が優れている曲がハードコア・シーンで人気になる事はあると思いますか？

A：技術面がそこまで優れていないアーティストでも、このシーンで成功する事は十分可能だと思う。むしろ、ヒット曲を生み出す為のノウハウとか、ルールを知らないような「素人」プロデューサーが素晴らしいアイデアや、空前のヒット曲を生み出すという事が実際あるんだ。

駆け出しのプロデューサーが抱える主な課題は、やはり音質。ほとんどの電子音楽のスタイルでは音作りが制作過程において、曲の内容と同じ位重要なんだ。サウンド・デザインやミキシング／マスタリングは何年もかけないと習得出来ない技術だから、ベテランのプロデューサーが作る音のクオリティは本当に高いよね。だから、新人プロデューサーが、DJに選ばれるような質の高いレコードを制作出来るレベルに到達するには、とてもハードルが上がっていると思う。そこでよくあるのが、新人プロデューサーがベテランと一緒に制作をする事によって、そういったハードルを乗り越えるという例。

Q：2010年代になってから全ての音楽の消費サイクルは加速しました。半年かけて作った曲も一日で作った曲も同じように扱われ、リスナーと業界は常に新しい曲を求めます。現在の消費サイクルとそのスピード、自身の音楽の扱われ方についてどう思っていますか？ こういった時代の中で、ご自身のスタンスをどうやって維持されているのでしょうか？

A：本当のところ、僕にとってはかなり辛い状況だね。僕は楽曲制作に時間をかけて、曲の深みであったり、技術的な側面を追求したいタイプなんだ。だから、リリースのペースは割と遅くて、作る曲の数も比較的

少ない。だから、単純な新曲をどんどんリリースして常にソーシャルメディアを駆使して自分を売込んでいるような人達とは勝負にならないよね。僕もそういう事をやろうとした事もあるけど、自分にとって自然じゃないし、すごく疲れるんだ。それに、そういうリリース・スケジュールに合わせる為に自分の音楽的スタイルまでを変える訳にいかない。自分のクリエイティブ・スタイルと合わないし、そこを変えたいとも思わない。それによって、売上で遅れを取る事になっても、それはそれでいいんだ。

Q：「Cats & Coffee Machines」は非常に興味深い曲でした。メインのキックの元となった

のはなんだったのでしょうか？リスナーから届いた素材で使うのが最も難しかったのは？また、今までの
Challenge シリーズで印象深かったのは？

A：その Challenge は大変であり、楽しかったね。確か、キックのメインとなる素材は、投稿者がマグカップを下ろしてテーブルにぶつける音だった。リスナーから届いた素材は、特別に扱うのが難しいというものは無かったと思う。逆に課題となったのは、とにかく莫大な量の素材が投稿されてきた事。素材をどのように使うか、アイデアに溢れていて、それをなんとか一つの作品にまとめる方法を模索しなければならなかった。
Challenge シリーズの中で、どれが一番印象深かったかは正直わからないな。トラックは全てユニークな作品だったし、それぞれ良い仕上がりになったと思う。動画と合わせた後は特にそう思う。Challenge シリーズは本当に楽しかったから、「第2弾」を是非やってみたいと思う。アイデアに困ることはないね。

Q：あなたは作曲もプログラミングもセンスも本当に天才的ですが、そんなあなたにも音楽面においてコンプレックスなどはあったりするのでしょうか？

A：間違いなく弱点はあるよ。まず、シンプルかつ効果的なドロップやアレンジメントを作るのが苦手。必要以上に曲を複雑化してしまったり、曲のベースとしようとしていたアイデアが後から薄過ぎると感じることがある。
あと、基礎となる部分を完全な作品に作り上げていく過程の中で方向性を失って、躊躇したり勘ぐってしまう時がよくあるんだ。あとは、とにかく制作が遅い事かな。今でもこういった問題をどのように解決出来るのかわからない。日々精進だね。

Q：20年以上に渡って多くの作品をリリースしてきましたが、その中であなたの特別なお気に入りはありますか？

A：特別なお気に入りと言われるとわからないけど、最新のアルバム『Call of the Void』はとても誇りに思っている。今でも気に入っている昔の作品だと、「Running on Empty」「Abandon」、Ruffneck との「So Many Sacrifices」。自分にとって良い作品が作れたと思える要素としては、自分のイメージ通りに（又はそれに近い）テーマや雰囲気を表現出来たか、そして自分にとって自然に制作する事が出来たかという事だね。

Q：最後に、あなたにとってハードコアとは？

A：ハードコアは言語。多幸感、力強さ、攻撃性、怒り、瞑想、孤独、悲しみ等々…幅広いフィーリングや感情を表現して発信する道具なんだ。聴く人に直接、物理的なまでの強烈なインパクトを与えられるという意味で、ユニークな音楽スタイルだと思う。わかる人にはわかる。わからない人にはわからない。

メインストリームとアンダーグラウンドの架け橋的レーベルのボス

DJ Promo

- The Third Movement
- 1996
- http://www.thirdmovement.nl/
- オランダ

90 年代からハードコア・シーンの最前で活躍し、数々の名曲を生み出した Sebastian Hoff のメイン・プロジェクト。インダストリアル・ハードコアの代表的なアーティストであり、The Third Movement の創設者としても知られる。

1992 年から DJ としてのキャリアをスタートさせ、19 歳の時に Section-8 名義で The Prophet と共にトラックを制作し、コンピレーション『Thunderdome IX - The Revenge of the Mummy』に参加。1996 年に Hellsound Records から DJ Promo としてのデビュー・シングル『It Runs Deep EP』を発表。以降、ID&T を拠点に数多くのハードコア・トラックを生み出し、Hardcore Brothers や Innerdrive などの名義でもレコードをリリースした。

90 年代の DJ Promo は当時の伝統的なメインストリームのガバ / ハードコア・スタイルであったが、2000 年になると自身の求めるサウンドをレコード会社の制約を受けずにクリエイトする為、ID&T で活動を共にしていた DJ X-Ess と Catscan と The Third Movement を設立。実験を繰り返しながら現在に通じる DJ Promo のインダストリアル・ハードコア・スタイルを形成していく。DJ Promo と並行してインダストリアル・ハードコアとハード・テクノを融合させた Rude Awakening 名義や、Lenny Dee とのユニット Electronic Pig としても作品を制作し、The Third Movement から数々の名作を発表していった。現在も The Third Movement の運営と並行して定期的に作品を発表しており、ハードコア・シーンのトップ・アーティストとして走り続けている。

DJ Promo

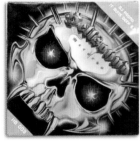

It Runs Deep EP
Hellsound Records

オランダ
1996

Rob Gee、Lords of the Underworld、DJ Waxweazle のシングル
をリリースしていたオランダの Hellsound Records から発表された
Promo のデビュー・レコード。90 年代初頭から DJ をしていただけあっ
て、あの時代のリアルなハードコア Rave のサウンドをガバのフォーマッ
トの中に反映させ、上手く共存させている。Patrick van Kerckhoven
とも違ったシリアスさのあるレイビーなハードコア・スタイルを確立して
おり、この時点で既にインダストリアル・ハードコア的なニュアンスもキッ
クから感じさせる。

Promo

Rude Awakening
The Third Movement

オランダ
2001

現在のインダストリアル・テクノ / ハード・テクノと、ハードコア・テク
ノのクロスオーバー化を予見していたかのような一枚。今作以降、Rude
Awakening はサイドプロジェクトの名義として使われていく。全曲恐ろ
しいまでに完成度が高く、何か神憑り的なものをこの作品からは感じさせ
られる。音圧を合わせればいつの時代にも確実にフィットするトラックで
あり、これから先の未来でも十分通用するだろう。2001 年に 12" レコー
ドでリリースされ、2006 年には『Promofile Classic』シリーズの一
環として再発された。Promo 関連の作品の中でも、最も重要度が高い名
作である。

Lenny Dee & Promo / MissFlower

I Called You / Trash Talking
The Third Movement

オランダ、アメリカ
2003

「The Dreamer」のリミックスや Electronic Pig の作品で、お互い
の個性を活かした名作を残している Lenny Dee と Promo のコラボ
レーションと、Traxtorm Records からもシングルをリリースしている
MissFlower のスプリット。Lenny Dee と Promo の「I Called You」
は、両者のインダストリアル・サウンドが抜群の相性を見せており、90
年代のアンダーグラウンドなハードコア・テクノの雰囲気も感じさせる。
2005 年には同じ面子による『Moment of Silence/Princess of the
Posse』というレコードも発表されている。

Promo & Armageddon Project

Diamonds for the Pigs
The Third Movement

オランダ、イタリア
2006

Head Fuck Records、D-Boy Black Label、The Third Movement
からのリリースでインダストリアル・ハードコア好きにはお馴染みである
イタリアの Armageddon Project とのコラボレーション作。ミニマル
にそぎ落とした剥き出しの電子音とノイズが無機質に鳴り響く、インダ
ストリアル・ハードコアの本質が体感出来る名作。Rude Awakening の
作風にも近く、実験的な側面も強い。聴き返してみると、今作も含めて
Promo と Armageddon Project が 2000 年代中頃までにリリースし
た作品の影響力の強さを改めて理解させられる。

DJ Promo & The DJ Producer

Pro EP オランダ、イギリス
The Third Movement 2007

Promo と The DJ Producer によるコラボレーション作。UK ハードコアらしい細かいブレイクビーツと、レイビーなシンセを駆使したオールドスクールなアトモスフィアが漂う「Mark of High Renown」は、インダストリアル /UK ハードコア・ファン必聴の 1 曲。90 年代的なハードコア・テクノの要素に 2000 年代の UK ハードコア / インダストリアルを組み合わせた、彼等だからこそ作れる貫録のあるトラックだ。The DJ Producer のソロ・トラック「What I'm Talking About」は、2000 年代後半に彼がリリースしたトラックの中でも、上位に入る名曲である。

Promo & MC Drokz / 3 Steps Ahead

Thunderdome 2007 Anthem / Remember Remixes オランダ
The Third Movement 2007

A 面はテラーコア界の重鎮 Drokz を MC に迎えた Promo のトラックが収録され、B 面にはオランダのガバ・シーンで今も絶大な人気を得ているカリスマ 3 Steps Ahead の Promo と Tommyknocker & Stunned Guys によるリミックスが収録。A/B サイドを通して聴くと、オランダのガバ / ハードコアの伝統的なサウンドと、その文化に対する彼等のプライドが感じられる。Promo と Drokz の「Defective counter」は、曲のテーマも含めて 90 年初頭のガバのパンキッシュなバイブスが響き渡り、ガバ好きにはたまらないものがある。

DJ Promo & The DJ Producer

Pro EP II オランダ、イギリス
The Third Movement 2009

Promo と The DJ Producer のコラボレーション作の第二弾。今作はどちらかというと UK ハードコア・テイストが全体を通して強く、Promo のソロ・トラック「Can't Fake the Breaks」も UK ハードコア色が大きく現われている。両者のコラボ・トラック「Refuse to Recognize」は、UK インダストリアルの真骨頂ともいえる仕上がりで、後のクロスブリードの原型ともいえる部分がある。UK インダストリアルの発展において彼等のコラボレーション作は非常に重要な役割を果たしたはずだ。新しい彼等のコラボレーション作が生まれるのを期待したい。

The Wishmaster & Promo

Real Rude オランダ、イタリア
The Third Movement 2010

The Third Movement や Disobey Records からのリリースで知られるイタリアの The Wishmaster とのコラボレーション EP。今作もまたインダストリアル・ハードコアの発展において、重要な役割を果たしたと思われる。同時期に Tymon がインダストリアル・ハードコアに新たな手法を見出し、Ophidian も自身のサウンドを再構築していたが、Promo も変化を迎えていた。メインストリームにも適用するインダストリアル・ハードコアの方向性がこの頃から更に強く現われており、2010 年代に Promo と The Third Movement が迎える展開の伏線も感じられる。

Hellfish vs Promo

Remixes
オランダ、イギリス

Deathchant — 2011

Hellfish の代表曲であり、UK ハードコア・クラシックである「Turntable Savage」のセルフ・リミックスと「Head Grit」の Promo のリミックスを収録。「Head Grit（Promo Remix）」は、Hellfish のカオティックな UK ハードコアをベースにしつつ、そこに Promo のアリーナ級のインダストリアル・ハードコア・サウンドをミックスした迫力のあるリミックス。Hellfish の暴走気味なサウンドを Promo が上手く乗りこなしているが、Promo のアグレッシブな部分も所々で垣間見られる。

Promo

Tester of the Hard Shit
オランダ

The Third Movement — 2012

Marc Acardipane と The Ultimate MC をフィーチャーした「Legends Unite」は、PCP のダークレイブ / ハードコア・テクノのバックグラウンドに Promo がクリエイトし続けてきたハードコア・サウンドをぶつけた歴史的な 1 曲。ハードコアにエンターテインメント性を持たせた Marc Acardipane と Promo の表現力の豊かさには、改めて驚かされる。この曲が収録されたアルバム『True Tones』と今作は、Promo にとって一つのターニングポイントを迎えた作品であったと思われる。

Promo

Celebrate the Kick
オランダ

Promo Test — 2017

ハードコア・テクノ / ガバが進化していく流れをキックの変化で表現した名曲。この曲を聴けば、ハードコア・シーンで起きた様々な実験と成長の記録がある程度は理解出来るだろう。（Just 4 Kickz Mix）ではモダンなキックのスタイルで 2010 年代のハードコアを表現し、（1992-2017 Mix）はレイビーなブレイクビーツを使いさらに詳しく、年代事にハードコアの進化を辿る教科書の様な作りになっている。ハードコア好きは思わず笑ってしまう部分もあり、気づけばこれほど長い年月を掛けてハードコアが進化してきた事に感動するだろう。

V.A.

Man the Barricades
オランダ、イギリス、ベルギー

The Third Movement — 2018

Promo、Mindustries、The DJ Producer、N-Vitral、Igneon System、Dither といった The Third Movement に関わりの深いアーティストが参加したコンピレーション。ここ数年で起きた同レーベルの状況をまとめた内容でもあり、近年のインダストリアル・ハードコアの趣向が体感出来る。今作では Rude Awakening 名義や N-Vitral「Kombat Aktion (Promo Remix)」、Catscan と D-Passion とのコラボレーションなど、特に Promo のトラックにはどれもインパクトがあり、流石の説得力と存在感がある。

クロスブリードを生み出しトレンドを作ってきた最強ユニット

The Outside Agency

⊙ Mokum Records、Genosha Recordings、Genosha One Seven Five
🕐 1996　　　　　　　　　　　　🌐 オランダ
✉ http://theoutsideagency.bandcamp.com/

Eye-D（Frank Nitzinsky）と DJ Hidden（Noël Wessels）によるハードコア・テクノ・ユニット。1996 年に Mokum Records からデビューシングル『Break It Down』を発表して以来、20 年以上に渡ってハードコア・シーンの最前で活躍している。90 年代はオールドスクールなアシッド・テクノ、ブレイクビーツ、ガバからの影響を感じさせるトラディショナルなハードコア・スタイルがベースであったが、2000 年以降からは何層にも重ねられた過重なキックと、ノイジーなメロディを用いた独自のインダストリアル・ハードコア・スタイルを確立し、自主レーベル Genosha Recordings から実験的な作品を発表。圧死する様な音圧と高揚感を煽る歪んだメロディやベースを軸に、ヒップホップやメタルといった彼等のルーツも反映されたファンキーでラウドなトラックは、テクノやブレイクコア、インダストリアル、エクスペリメンタル系のリスナーや DJ 達からも支持されている。2000 年中頃からドラムンベースの要素を持ったハードコアを制作しており、ハードコア・テクノとドラムンベースの混合スタイルであるクロスブリードを発明。2009 年に、Genosha One Seven Five というハードコア・テクノとドラムンベースのハイブリッド・トラックを専門的に扱うレーベルも立ち上げ、『Crossbreed Definition』シリーズなど、数多くのクロスブリード・クラシックを残した。2011 年には Eye-D&DJ Hidden 名義でアルバム『Peer to Peer Pressure』を発表している。

The Outside Agency

Break It Down
Mokum Records — オランダ — 1996

The Outside Agency の記念すべき初の 12" レコード。この頃は伝統的なガバの要素が色濃く残った Mokum Records のカラーに合った作風であるが、キックの重みと厚みやブレイクビーツの刻み方などには、今に通じる The Outside Agency のスタイルが現われている。彼等の他とは違った事をするという姿勢や挑戦心も、この頃から感じられる。この後も、Mokum Records から『We Are as Fresh as Ice Is Cold』と『The Case of the Black Bubbles』というレコードを発表している。

The Outside Agency

There Can Be Only None
Genosha Recordings — オランダ — 2003

インダストリアル・ハードコア・シーンの中でも、アーティストや DJ といった同業者からも絶大な信頼を寄せられている The Outside Agency 主宰レーベル Genosha Recordings の第一弾作品として 2003 年に発表された EP。Mokum Records からのシングル・リリース以降、DJ Hidden と Eye-D はソロでの活動も行い、それらの活動で得た経験が The Outside Agency に反映された事によって以前よりも格段に音に厚みが増しており、彼等のサウンドの核となっているインダストリアルの要素もさらに鋭くなっている。

The Outside Agency

Flip-Flops in the Mosh Pit
Genosha Recordings — オランダ — 2004

The Outside Agency の数ある名曲の中でも人気の高い「Antichrist」を筆頭に、90 年代後半から 2000 年代前半までに自分達が作り出してきたサウンドとスタイルに再び向き合った集大成的な内容。特に、ヒプノティックなハイハットとエフェクトに幻想的なメロディが合わさって深い所へと連れていかれる高速テクノチューン「Waiting till Dark」と、トラディショナルなハードコア・スタイルに挑んだ「Festum Fatuorum」は、今の時代にこそ響くものがあるように感じる。最近彼等のファンになった方にも是非聴いて欲しい一枚である。

The Outside Agency

Motherfucking Ants
Genosha Recordings — オランダ — 2005

2005 年に Genosha Recordings から 7" レコードでリリースされたシングル。「Motherfucking Ants (Part 1)」は、アシッドの印象的なフレーズとリズミカルなキックが重なって極上のグルーブを生み出しており、「Motherfucking Ants (Part 2)」では音に歪みと厚みが増し、また違ったダンサブルなグルーブになってる。現在は Genosha Recordings の Bandcamp でデータ版が購入出来るのだが、このレコードに関するテキストも公開されており、それが面白い内容になっている。

The Outside Agency

The Way of the Exploding Fist	オランダ
Hong Kong Violence	2007

Matt Green & Liquid Blasted の 12" レコード、そして Bryan Fury、Deathmachine、The DJ Producer が参加したコンピレーションなどで UK ハードコア / インダストリアル要素が強まっていた Hong Kong Violence からリリースされた 12" レコード。アートワークからも解る様に、コンピューターゲームやカンフー映画などのサンプルが散りばめられた、オタク心をくすぐられる内容になっている。ブレイクコア的な過剰なアーメン・ブレイクを用いたトラックが多く、彼等の嫌味の無い捻くれた部分が存分に発揮された傑作である。

The Outside Agency

Surreal / Chaos Theory	オランダ
Genosha One Seven Five	2009

DJ Hidden と Eye-D がソロワークで開拓していったドラムンベース・スタイルに、ハードコアを混合させた彼等のクロスブリード最初期作品。Independenza Records からリリースしたシングルや、DJ Hidden のソロワークでも既にドラムンベースとハードコアの混合スタイルは披露していたが、その方向性をさらに追求して形にしている。リリース元の Genosha One Seven Five は、ドラムンベースとハードコアのハイブリッド・トラックを専門的に扱うレーベルとしてスタートし、クロスブリード・シーンの土台を作り上げていく。

The Outside Agency

Scenocide 202	オランダ
Genosha Recordings	2010

2010 年にリリースされた 2 枚組 CD アルバム。Mindustries、Fracture 4、Ruffneck、Ophidian、Tapage といった彼等と縁のあるアーティストとのコラボレーション・トラックから、リリース当時話題となった SPL のリミックスも再収録。揺るぎない彼等のインダストリアル・ハードコアの神髄が込められた名盤であり、インダストリアル・ハードコアを知るには最適な作品である。筆者が運営していた Web ショップでも本作は販売していたのだが、普段ハードコアを聴かない人々からもサポートされていたのが印象的であった。

The Outside Agency

The Solution / Wait Your Turn	オランダ
Killing Sheep Records	2010

DJ Hidden のレコードもリリースしていたオーストラリアのドラムンベース・レーベル Killing Sheep Records からリリースされた 12" レコード。2 曲共に Hidden 制作のクロスブリード・トラックとなっており、『Crossbreed Definition』シリーズと並ぶ名作である。「Wait Your Turn」での、ダブステップからスピードコアへと流れていく構成と手数の多い展開に Hidden らしさが出ている。同時期に、Hidden は Switch Technique とのコラボレーション・トラックも発表しており、クロスブリードの可能性を追求していた時期であった。

The Outside Agency

The Flux Capacitor / Destruction (The Final Final Story) オランダ
Smackdown Recordings — 2010

オランダの Smackdown Recordings からリリースされた 10" レコード。神秘的なメロディから一転して、緊迫感のある高速ビートが叩き込まれ、リスナーの耳と心を最後まで掴んで離さない Hidden 制作の「The Flux Capacitor」、後に発表され話題となる「Backpack Wisdom」のプロトタイプ版とも言えるオールドスクールなブレイクビーツ使いが魅力的な Eye-D 制作の「Destruction」の2曲を収録。両者のコアなサウンドと世界観がトラックに映し出されており、改めて The Outside Agency が天才二人による奇跡のユニットである事に気づく。

The Outside Agency

The Dogs Are Listening オランダ
Ad Noiseam — 2012

DJ Hidden のアルバムとシングルをリリースしていたドイツのエレクトロニカ / ブレイクコア系レーベル Ad Noiseam から 2012 年にリリースされたアルバム。インダストリアル・ハードコアを軸としながらも、様々なジャンルを取り入れた彼等らしいフリーキーな作風でハードコア・シーン以外からも人気を得た。Eye-D 制作による多数のヒップホップ・クラシックを繋ぎあわせた「Backpack Wisdom」は、リリース当時から多くの DJ 達がこぞってプレイし、The Outside Agency のクラシックとなった。

The Outside Agency & Ophidian

The Disputed Kings of Industrial オランダ
Genosha Recordings — 2012

Genosha Recordings の 20 番目を記念して作られたインダストリアル・ハードコア界の重鎮達によるコラボレーション作。残虐性を感じさせるメタリックなスネアとドラムに、圧倒的な厚みのある歪みを駆使した「The Silence」、人々を骨抜きにしてしまう麻薬の様なグルーブを持った「The Infinite」、クロスブリードの要素も反映させた「The Insect Mind」など、The Outside Agency と Ophidian のサウンドと世界観が見事に融合したインダストリアル・ハードコア史に残る名曲が収録されている。2018 年には続編もリリースされた。

The Outside Agency

Blue Stories オランダ
Heresy — 2017

安定した作品のリリースでハードコア・シーンで人気を増していた Heresy から、2017 年にリリースされたシングル。現代的なキックのアプローチを取り入れながら、長年に渡って作り上げてきた独自のシグネチャー・サウンドをベースとして、彼等にしか作り出せない圧倒的なトラックを収録。再びシーン全体に The Outside Agency の実力を知らしめた。スピードコア並みの BPM でブレイクビーツやキック、ストリングスやサンプル・ボイスなど、多くの音を重ねながらもグルーブを保ち、全ての音をクリアに聴かせる「Pass the Buck」は凄まじい。彼等のユーモアも活かされた名作。

Eye-D インタビュー

インタビュー：梅ケ谷雄太
翻訳：バキトマ堂 渡邊太一

The Outside Agency のメンバーとして 20 年以上に渡ってハードコア・シーンの最前で活躍しているアーティスト。Eye-D としてはドラムンベースをクリエイトしており、Evol Intent や Black Sun Empire といった実力派ユニットとのコラボレーション作などでドラムンベース・ファンから高い評価を受けている。近年は Nils van Lingen との Ghost In The Machine としても活躍中である。

Q：ご出身はどちらですか？どういった環境で育ち、音楽に出会いましたか？
A：出身はオランダ南部のフスという小さな都市。割と幼い頃に父が出て行ったので、母に育てられた。後から分かったことなんだけど、当時住んでいた場所というのは、主に労働者階級／低所得者が居住するような地域で、人種的にも多様だった。自分も含め、周りの友達はほとんど親が離婚していた。父がミュージシャンだったから、常に家では音楽を演奏したり、制作しているというような環境だった。父が出て行く時に置いていった楽器があったから、幼い頃はよくそれで遊んでいたんだ。ほとんどが打楽器。多分、スチールドラムを持っていたのは近所で俺だけだったと思う。打楽器に関してはそこそこ得意だったけれど、メロディーだったり、リズム感以外のスキルが必要となる楽器はあまり向いていないということに割と早い段階で気付いたんだ。父は俺にギターを教えようとしたけど、全くダメだったね。テレビアニメ、SF、ロボットが大好きな少年で、地元の BMX クラブに入ってからはスケボーに乗っていた。子供の頃の夢は、ドラマーかヘリコプターのパイロットになること。今はある意味その一つに近いことをやっていると言えるね！概ねハッピーな子供だったと思うよ。何年か後、父と再開したことを機に、10 代半ばから 20 代半ばまでアメリカの各地で暮らすことになったんだ。このお陰で若い頃からアメリカの Rave シーンとの繋がりが出来た。
Q：ハードコア・テクノ／ガバとの出会いは？あなたが始めて体験したハードコアのパーティー、Rave/ フェスティバルは？
A：1990 〜 1991 年頃、オランドでは皆ハードコアに傾倒していたんだ。当時はそれをハウスと呼ん

でいたんだけれど、そのさらに過激なバージョンがガバ・ハウスと呼ばれるようになった。そしてさらに後に、単にガバになった。今でも俺は自分はガバを制作していると自称している。少年時代は、特定の音楽のジャンルが好きだった訳ではないけれど、父が置いて行ったファンク、ソウル、ディスコのレコードが気に入っていた。当時を振り返ると、自分の傾向としては強く重厚なドラム音が入った音楽が好きだったんだ。Sting の「Englishman in New York」のドラムのブレイクダウンをラジオで聴いて、とても惹かれた。そして次第にテープデッキをタイミングよく止めたり再生したりして、そのドラムブレイクの長いバージョンを作ろうとしたり、色々実験しだしたんだ。家庭用のカセットプレイヤーを使ってのことだから、上手くやるのは難しかったし、真剣に制作をするという感じでは無かったけれど、それが自分にとって音楽を作りたいという気持ちの始まりだったね。

数年後、友達と一緒に Commodore 64 で MicroRhythm というソフトを発見したんだ。とても原始的な単チャンネルのモノラル・トラッカーで、含まれていた 4 ビットのサンプル音が驚く程ノイジーだった。これで友達と面白半分でグラインドコアを制作していた。その友達は Lawnmower Deth のようなバンドの音楽を聴かせてくれて、自分はあまりロックやメタルが好きにはなれなかったけれど、攻撃的で重圧感のある音楽にユーモアという要素を加えるという発想に大きく影響を受けた。その感覚は今に至るまで、ずっと持ち続けている。それで、Commodore 64 で作った音とカセットで適当にループしたギターサンプル、そして二人のボーカルを全部合わせて再生出来るように、小さなミキサーを買ったんだ。近所の友達がハードコアの DJ を目指していて、ターンテーブルを二台持っていたけど、ミキサーだけないという具合だったから、しょっちゅう俺のを借りに来たよ。そいつは俺より数個年上で、毎週末ロッテルダムの Parkzicht とか、大きな Rave に行っていた。最初はそいつがプレイする音楽はどうしても好きになれなかったんだ。だから最初は、俺はハードコアというジャンルが嫌いなんじゃないかと思っていた。当時、親交が再開していた父が持っていた Casio FZ-1 サンプラーを使って、グラインドコア制作の為に試行錯誤しながら色んな変な音源を録音していたんだ。例の近所の友達に、「ガバなんて簡単に作曲出来る」と豪語していたんだけれど、ある日そいつに「そんなに簡単なんだったら作ってみろよ」と言われてしまった。その挑戦を受けて立つことにして、そいつが好きなハードコアのトラックを詰め込んだカセットを貰っ

Photo by Kaka Lee

Industrial Hardcore

て、その夏アメリカに持って行ったんだ。確か 1991 年か 1992 年だったと思う。でも正直なところ、父のサンプラーの使い方がよく分からなかったんだ。それで、使い方を教えて欲しいと頼んだんだけど、教える代わりに父は「サンプラー、シーケンサーとこの古い PC とマニュアルをお前にやる。PC は初期化してある。自分でなんとかしろ」ときた。MS-DOS のインストールの仕方も分からなかったけど、マニュアルを読んで、なんとかシーケンサーソフトをインストールすることが出来た。それで、その友達から貰ったテープから音をサンプリングして、キーボードを使って色々試してみたんだ。電子音楽をやっているミュージシャンなら誰でも共感してくれると思うんだけれど、初めてサンプルを使った時はなんとも言えない最高の気持ちだったよ。無限の可能性に満ちた新しい世界を指先で感じられたんだ。本当に人生の中で最高の経験の一つだった。そこからトラックを作り始めた。正確には作るマネをしたと言った方が相応しいかもしれない。あまり上手くなかったけど、楽しかったし、友達のテープに入っていた音楽が少しずつ好きになってきた。唯一父が教えてくれたのは、MIDI シーケンサーソフトを使ったクオンタイズのやりかた。クオンタイズなんて、まったく分からなかったから、家に鳴り響く俺の下手くそなドラム音に耐えかねた父が、クオンタイズ機能の使い方を教えてくれたのは幸運だったよ。全くクオンタイズされていない、最初に作った二つの曲が入ったカセットが今でもどこかにあるはず！ そいつを聴いた近所の友達の反応は良くなかったね。

その後、何曲か制作してから、Rave にどうしても行きたくなった。それまで一度も行ったことが無かったんだ。それで初めて行った Rave は、Noël と 1992 年後半に一緒に行った Energiehal というロッテルダムのスタジアムでやっていた Eurorave というイベント。あれだけの大音量で、あの大人数であの場所で音楽を聴けた時は、心底喰らったね。やっとその音楽を理解出来た気持ちだった。初めてハードコアを、体験すべき形で体験した時の気分は形容しがたいし、類似するものが無いと思う。DJ になりたいという奴はゴマンといるのは分かっていたけど、その時、俺は絶対レコードを出して、Rave で自分の音楽がプレイされるようになるんだと心に誓ったんだ。

Q：その時、オランダでのハードコア / ガバの状況は？
A：自分がガバ・ハウス（所謂ハードコア）に傾倒しだした頃は、もう爆発的に人気が出てきた時代だね。通っていた学校では、全体の半数以上がガバ・ハウスを聴いていて、もう半分の奴等は嫌いだったんだと思う。
Q：あなたは Eye-D としてドラムンベースの活動をしていますが、ドラムンベースとの出会いはいつ頃でしたか？
A：駆け出しの頃は、あまり機材を持っていなかったんだ。貯金して父が持っていたのと同じサンプラー（Casio FZ-1）を手に入れていたけど、ほぼそれだけだった。Noël との共通の友人 Wouter (One Ear Bass) が DAT レコーダーと 12 チャンネルのミキサーを持っていた。大体みんな Wouter の家に自分の機材を持ち寄って、デモをミックスしたり、録音してからレーベルに送り出していた。Wouter はあまりハードコア寄りではなくて、逆にコテコテのジャングリストだったんだ。それで、彼を喜ばせる為に、また自分への挑戦として幾つかジャングルの曲を作ってみることにしたのが始まりだね。当時はそこまでジャ

ングルが好きという訳ではなかったけど、Wouter が時々聴かせてくれるダークな音源がとても気に入ったんだ。

それから数年後、Nico and Ed Rush の「Technology」を聴いた時に、初めてハードコアにハマった時のような感動を覚えたんだ。この曲には、攻撃的なリズム、ディストーションが効いたリース・ベースライン、Roland ドラムマシーンの音、そして刺すような賛美歌のサンプルが入っていた。めちゃくちゃハマったね。テックステップの全盛期の 1996 ～ 97 年頃。要は自分にとってジャングルの嫌いな部分を全て取り除いて、それを自分に響く要素に取り換えたような感じだったんだ。SF と賛美歌。痺れるだろ！そのレコードを聴いた時点から、制作時間をドラムンベースとハードコアに均等に費すようになったんだ。

Q：90 年代のオランダのハードコア・フェスティバルやパーティーにはドラムンベースのエリア（サブフロア）はあったのでしょうか？ Ruff-Teck や PRSPCT といったレーベルが登場する前のハードコア・シーンでのドラムンベースの状況とは？

A：90 年代の中期から後期で、ジャングルのフロアがあったハードコアのイベントはアムステルダムの Hellraiser と Digital Overdose だけ。いずれも小さいフロアで、人がぽつぽつとしかいなかった。だから成功していたとは言えないけれど、あったことはあった。他のイベントではジャングルやドラムンベースのサブフロアは、全くと言って良いほど無かったんじゃないかと思う。大体、アンビエントやチル系の部屋があったけど、ジャングルは無かったね。当時はハードコア界隈にあまり浸透していなかったんじゃないかと思う。

プロデューサーというものは、自分が作っている音楽のジャンルのファンと較べて、オープンマインドな人間が多いと思う。音楽の趣味に関してね。当時、ハードコアのプロデューサーは大体ヒップホップ畑の人が多かったから、ジャングルやドラムンベースが好きな連中が多かったんだ。最初にジャングルのブレイクとハードコアを融合させたのは、Ruffneck Records のアーティスト達。しかも B 面に 100％ジャングルの曲を入れてたりした。断っておくけど、当然、キックドラムとブレイクビーツのサンプルを最初に使ったのは彼等だと言っている訳じゃない。誤解が無いように。これはジャングル要素を入れたガバだったんだ。中には共感してくれる人もいたけど、当時ガバ客のほとんどはそれを求めていなかったね。ブレイクビーツを使っても良いけれど、トラックのメインの材料になることはまず無かった。Ruffneck Records のアーティストが確立した音は、アートコアと呼ばれていた。彼等は受け入れられる範囲で、可能な限りジャングルの要素を取り入れようとしていた、オープンマインドなプロデューサー集団だったんだ。俺が制作を始めた時、彼等がやっているスタイルが自分にとって一番しっくりきたんだ。

Ruff-Teck は出だしからハードなドラムンベースをリリースしていた。だから、ハードコアとはあまり関係ない。PRSPCT も純粋にハードなドラムンベースのレーベルとして始まった。2005 年に開催された PRSPCT XL 3 や 4 で、ハードコアのサブフロアをやってみたらどうかと打診してきたのは Thrasher だったと思う。今は想像出来ないかもしれないけど、当時はハードコアとドラムンベースのアーティストは、お互い全く交流が無かったんだ。初期のイベントでは俺と Noël が、各フロアの DJ をお互いに紹介して廻ったのを覚えている。もう、バックステージでジャンルごとのグループでつるんでいるような感じだった。

Q：Noël Wessels(DJ Hidden) との出会いについて教えてください。The Outside Agency が始まったのはいつからですか？ 結成当初目標としていたことはありますか？

A：Noël とは共通の友人の紹介で出会ったんだ。二人とも、地元の小都市でハードコアを制作しているのは、きっと自分だけだろうと思っていた。俺は本気で、自分以外で地元で同じことをやっている奴がいるとは全く想像してなかったよ。これはインターネットが広く普する前だったし、他のハードコアのプロデューサーが住んでいそうな場所から離れた地方都市に住んでいたからね。そもそも当時はまだ高校生だったし。ロッテルダムなんて、別の惑星ほど遠い存在だったよ。出会った翌週にまた会って、お互いのテープを聴かせ合っ

たんだけれど、最初はお互い探り合うような感じだったかな。共通の友達の紹介が無ければ、一生出会うことが無かったかもしれないね。それで、フスでハードコアを制作しているのは俺達だけだったし、どうせなら二人でデモを作って送り出した方が成功率が上がるんじゃないかという話になったんだ。人生で初めて一緒に同じ夢を見て、一緒に物事を考えられる仲間が出来たことが嬉しくて仕方なかった。当時は気に入った音があっても、どうやって、どんな機材を使って作られたのか大概分からなかった。でも二人の目標はいたってシンプル「音楽を作って、レーベルからリリースすること」。駆け出しの時は、Coolman、Mokum、Ruffneck でリリースしたかった。その時の夢は 89% くらい実現することが出来たよ！

Q：The Outside Agency は 1996 年に Mokum Records からデビュー・レコード『Break It Down』を発表しました。このレコードが出来上がるまでの経緯を教えてください。

A：Noël と二人でデモのカセットテープを制作して、1992 年から 1996 年の間、大体 4 ヵ月ごとに送り出していたんだ。レーベルからは一切返事が無かった。かなりモチベーションが下がったよ。音楽制作は、やることそのものが報酬であって、そうあるべきだと信じているけど、しばらく制作を続けていくうちに、作品によっては俺達のお気に入りのレーベルでリリースされているトラックに勝るとも劣らないものが出来ていると感じていたから、納得がいかなかった。1996 年に、最後にもう一度だけデモを送り出すことにしたんだ。もしそれでダメだったら、俺は諦めるつもりだったんだと思う。Rave Records、Rotterdam Records、Ruffneck Records、Mokum、Coolman といった当時好きだったビッグレーベル全てに送ったよ。驚いたことに、数週間後に Coolman Records の Tim Brouwers から電話がきたんだ。

電話ではとにかく平静を装って、レコードレーベルとの取引に慣れている風に話すようにしたんだけど、絶対先方にはバレていたはずだね。Tim は俺の「The Underground」という曲にとても興味を持ってくれていた。この曲は 1994 年に制作したもので、間違いなく以前にも Coolman に送っていたはずだったけど、それはあえて俺からは言わなかった。レーベルの事務所で Rob Janssen (DJ Rob) と Tim と会って、二人は俺達の最初のレコードに収録する 4 曲を選んだ。何年もの努力の末に取れたレコード契約だったから、本当に報われた気持ちになった。それで、信じられないことに数ヶ月後には、他のレーベルからもどんどん連絡が来たんだ。正確には、母親のところに連絡が来たんだけど。当時はまだ実家に住んでいたから、電話は必ずと言っていいほど、母が最初に出るんだ。レーベルの担当者は皆決まって、「The Underground をうちで出せないか」と訪ねて、こっちがもうリリースが決まっていることを伝えると、向こうは決まって「そうか。残念。じゃあな」となる。でも、Mokum の Fred Berkhout が電話してきた時だけは、少し違った。彼は、「そうか。残念だな。あの曲は気に入ってたんだ。じゃあ新しいのを四曲作ってくれないか？」と来たんだ。それが Mokum との付き合いの始まり。最初のユニット名の X-Factor 名義だと、Coolman との専属契約の縛りで使えないから、Noël が考えた The Outside Agency という新名義でやることにした。Mokum のリリースから数ヶ月後に Coolman のレコードが出たんだけど、正確には Coolman の方が俺達のファーストレコードということになる。

Q：1996 年以前と以降であなた達のプロダクション面で何が変化したのですか？ なぜ、1996 年からあなた達のトラックは評価を得られたのでしょうか？

A：正直に言うと、初期に送り出していたトラックは、自分達で思っていた程優れていなかったということなんじゃないかな。1995 〜 96 年に制作していたものは、もっと良くなっていた。あとは、やっぱり運だね。Mokum の事務所にはレーベルに届いた大量のデモテープを入れた箱があって、その中からテープを掘り出して聴いて貰えたというのは、相当運が良かったとしか言えないね。巨大な箱だったよ。常時 100 本以上、カセットが入ってたと思う。きっと、そのままその箱の中に埋もれてしまって、日の目を見なかった名曲が沢山あるんだろうな。Fred はたまに思い立って、テープを掘り出しては聴いてみるという具合だった。数秒以内に心を捉える何かが無いとなれば、そのままゴミ箱行き。

Q：1996 年以降、あなた達は Mokum Records から二枚のレコードをリリースし、Chosen Few のリミックスも制作しました。Mokum Records からのレコード・リリースであなた達の活動にはどんな変化がありましたか？ 当時、あなた達のレコードはどういったジャンルの DJ/ リスナーからサポートされていましたか？

A：Mokum 代表の Fred Berkhout は、凄い人物だった。契約した当時、Mokum は Roadrunner Records というインターナショナルなメタルのレーベルの傘下にあったんだ。そんな大手の傘下でも、

Fred の思うがままにやって良いという感じだったんだ。Fred はとにかく Mokum を楽しみながらやっていたし、実験的な音が好きで、そういうアーティストの作品をリリースすることを恐れない人だったから、俺達との相性はばっちりだったね。それによって俺達が何か根本的に変わったということでは無いけど、当時の他のミュージシャンと比べると、実験する機会を多く与えられていた。おまけに、Mokum が大手レーベルの傘下にあったお陰で、経理とかちゃんとしていたから、支払明細も貰ったし、きっちり期日通りに金が入ってきた。当時は……いや今もそうだけど、レーベルはとにかく金を払わないところが多い。1996年から 1998 年まで、毎年一枚 Mokum からレコードをリリースした。その間、自分の Mokum のトラックを DJ がプレイしているのを聴いたのは一度限りしかないんだ。アムステルダムの Sporthallen Zuid でやっていた Digital Overdose に客として行った時に、Party Animals の Abraxas が「Break It Down」のホワイトレーベルをかけたんだ。その時の印象としては、キックがあまり良くなくて、残念な気持ちになったね。思い返せば、実際キックがダメだった。良い勉強になったよ。当時は外でライブや

DJ をあまりしていた訳じゃなかったし、インターネットも無かったから、どういう人がファンになってくれてるとか、どういう人には嫌われているかが、全く分からなかった。Ruffneck が「We Move As One」と「Hardcore Headz」をコンピレーション CD に選んでくれたから、彼が気に入ってくれたことは確かだね。Ruffneck の音が一番好きだったから、本当に嬉しかった。Predator には一度、「Hardcore Headz」のメインシンセの音をどうやって作ったのか聞かれたんだけど、自分も相当良い出来だと思っていたから誇らしかったね。

Q：あなたが始めて出演したハードコア・フェスティバルは何でしたか？ 90 年代のハードコア・

フェスティバルと現代のハードコア・フェスティバルで最も変化した部分とは何でしょうか？

A：Fred が 1997 年と 1998 年の Mokum のイベントにブッキングしてくれたのが、初めてイベントに出演するきっかけになったんだ。とにかく緊張したことを憶えている。いつもは全く緊張することなんて無いのに、その時はめちゃくちゃ緊張していた。全く生で出演する経験が無いところから、いきなりアムステルダムの大箱 Melkweg のメインフロアに出ることになったんだから。思い返すと、あまりうまく準備も出来ていなかったけど、悪いセットではなかったと記憶している。その夜かけたレコードを一つも思い出せないけど。

初めてのフェスのブッキングは、1997 年の Gabberland というイベント。本当はオランダのフェスで有名なロケーションでやるはっずだったのが、予期せぬハプニングか何かで、Hemkade というクラブで開催することになったんだ。Dano と Chosen Few が俺達の後に出演するはずだったけど、両方とも家族がらみの緊急事態の為、出演出来なくなったということを直前にプロモーターに連絡してきた。だから、俺と Noël は結局 5 時間もプレイすることになったんだ！持ってきた全てのレコードの全てのトラックをプレイして、なんとか 5 時間持ちこたえることが出来たんだけど、楽しかったし、経験値が上がったね。あと、昼間からドラッグでぶっ飛んでいる人を見たのはその時が初めてだった。当時のイベントと最近のイベントを比べると、最近のイベントは運営の全てにおいてプロ意識が高くなってきているけど、それ以外は大して変わりは無いね。

Q：The Outside Agency はインダストリアル・ハードコアのトップアーティストとして知られています。いつ頃からインダストリアル・ハードコアというサブジャンルを知りましたか？ あなたにとってインダストリアル・ハードコアの定義とは？

A：制作を始めたばかりの頃は、巷でガバとかハードコアと呼ばれていた。その頃は、定義だとか呼称の意味というのはあまり考えていなかったね。自分には響きが良かったし、好きなものを制作していただけなんだ。あえて言うならば、アートコアを意識していた。どういう音かと言うと、ブレイクビーツ、強烈な Alpha Juno シンセ、ラップのボーカルと 180 から 190BPM の歪んだキック。90 年代後期になると、ニュースタイルと呼ばれるものが台頭してきたんだけど、俺はあまり惹かれなかった。ゆっくりすぎて、ほとんどの曲がハッピーすぎるように感じた。俺と Noël は初期の頃から低めの BPM の楽曲制作を実験的にやっていたけど、その過程で出来たトラックには誰も興味を示さなかったし、俺達のメインの制作スタイルとはかけ離れていた感じがあった。そして、自分達の音楽に対する需要が次第に無くなって、数年は The Outside Agency 名義ではリリースをしなかったんだ。二人共しばらくは主にドラムンベースの制作に集中していた。DJ Promo のようなアーティストが、よりスローで、暗くてノイジーな音楽の道を開いてくれたことによって、俺達が昔制作した低 BPM の楽曲にも需要が出て来たんだ。その頃にはもうネットが普及していたから、そこからレーベルに働きかけて、そういうトラックをリリースして貰うことが簡単に出来た。あまり知られていないけど、2002 年から 2004 年にかけてリリースしたダークコアやインダストリアルのトラックの一部は、実は 1996 年から 2000 年に制作したものだったんだ。当時流行っていた低 BPM の音楽の中で、自分も良いかなと感じたのは、ダークコアと呼ばれていたものだね。その名称は、Ruffneck が作ったんだと思う。当時やっていたイベントでは、ダークコアのフロアが併設されていたのもあった。

Hellfish や The DJ Producer のような DJ の人気が出てきてから、そういうフロアは次第に「インダストリアル」という名称に変わっていった。典型的なダークコアというのは、スローでダークだったから、彼等のスタイルはその呼び方に当てはまらなかったんだ。だから、ジャンルがインダストリアルと呼ばれるようになったのは、マーケティング的な理由が一番大きかったんだろう。誰が一番最初にその名称を使っていたか、確信を持って言える訳じゃないけれど、Outblast だったかもしれない。あと、その呼び方は一部のアーティストからはもの凄く反感を買っていたね。自分の音楽は、全くそういうつもりで作っていないのに、勝手にインダストリアルというジャンルに分類されてしまって、納得いかないというアーティストが沢山いた。あとは、原型の「インダストリアル」のファンで、インダストリアル・ハードコアは、ノイズが入っていること以外、狭義の意味で言うインダストリアルとは全く関係ないのに、そう呼ばれるようになったことを良く思っていない人もいたね。

最近は、とにかくメインステージに上げないものを、何でもインダストリアル・フロアに詰め込む感じになっているから、インダストリアルはアンダーグラウンドの同意語になっていて、2000 年代初期のインダス

トリアル・ハードコアとはほとんど関係ない。サブジャンルの名称の多くが、オランダ発祥である理由は、イベントでは沢山フロアがあってお客さんが自分が聴きたい音楽に合わせて選べるように、それぞれ何か名称をつける必要があったからなんだ。ブランディングとマーケティングなだけ。だから、俺はインダストリアルという名称について、強い思い入れは無いんだ。俺にとっては全部ハードコア。自分の音楽はダークコアという呼び方が一番合っていると思うし、インダストリアルという総称はクロスブリードの音とあまり合っていないように感じる。俺に決定権があったら、インダストリアル・フロアというものは、金属音とか激しい機械音が鳴り響いていて、BPM は 160 以下とするね。でも別に俺はハードコアの総帥とかな訳じゃないから、誰も聞いてくれないと思うけどね。

ハードコアというものは、間違いなく最も多様な音楽ジャンルであって、それは幸福でもあり災いでもあるんだ。「ハードコアが好きです」という人であっても、何千時間もやばいハードコアを聴かせても、全く理解してくれないということがあり得る。

Q：2003 年にあなた達はレーベル Genosha Recordings を設立されましたが、なぜレーベルを立ち上げたのですか？

A：2002 年頃、Ruffneck のレーベルからリリースして貰えないかと思って、何曲かスローなハードコアのトラックを送った後、彼から連絡があった。俺達は Patrick(Ruffneck) のレーベル Ruff-Teck からリリースをしていたけれど、彼のところからのハードコアのリリースはまだだった。彼が言うには、俺達がホームベースとなる場所を持っていないことが良くないと。要は、Black Monolith や Otaku でレコードをリリースしてたけれど、入手が困難すぎるということ。そこで、Cardiac Music で一緒にレーベルを立ち上げるよう勧められたんだ。俺達は元々、レーベルを経営したいというような野心が全く無かったけれど、彼に説得されてやることに決めた。ジャケットのアート、マスタリング、A&R を全て自分達でやるという条件で、俺達に完全なクリエイティブ・コントロールと、60/40 の割合でレーベルの権利を与えてくれた。Cardiac は資金の提供と、流通を担当してくれた。

最初のリリースを 2002 年にプレスする準備が整っていたんだけど、良いレーベル名を考えるのに 6 ヵ月近くかかったんだ。正直、俺達はよくこういうことになる。レーベルを独立して運営するようになって数年経つけど、チャンスをくれたことに今でも本当に感謝している。

Q：The Outside Agency はハードコアとドラムンベースを融合させたクロスブリードというスタイルを作りました。このアイディアはいつ頃からあったのでしょうか？ なぜ、サブジャンルとしてカテゴライズしたのですか？

A：DJ としては、1997 年頃からドラムンベースとハードコアのレコードをミックスしていた。2002 ～ 2003 年頃から、二つのジャンルをかけ合わせるようなレコードを制作するようになった。今はあまり想像出来ないだろうけど、当時のハードコア客には全く受け入れて貰えなかったんだ。ドラムンベースは分かりにくくて、ハードコアとは合わないという意見の人が多かった。ハードコアのイベントでドラムンベースのレコードをかけると、あからさまに嫌な顔をされることがよくあったね。逆にドラムンベース客はハードコアに寛容だったけれど、事前にハードコアをやるということを告知するのは NG だった。ドラムンベースのイベントを告知する際に、ハードコアもやると明記してあると、誰も来なくなるん

だ。周りの反応はさておき、俺達はドラムンベースとハードコアを合わせてやるのが本当に好きだったね。2007年のThunderdomeのメインステージで、2曲ドラムンベースのトラックをかけた。レコードが終わるまでにお客さんが場外に逃げることが出来ない程、巨大な会場だったんだ。「3分くらいドラムンベースを聴かされたくらいで、死んじゃう訳じゃない」ということを言いたかった。分かって欲しいのは、ハードコアのイベントでドラムンベースがかかったり、その逆というのは、自然に出来た形じゃないんだ。それが受け入れらる為にリスクを冒したり、戦ったんだよ。

2008〜2009年頃、Cardiac Musicと意見の違いが発生したこともあり、二つのジャンルを俺達でしかやれない形で融合することを中心とした、独立レーベルを立ち上げることを決めた。ハードコアの部分は、ハードコアのイベントに合うように、そしてドラムンベースの部分はその名に恥じないような、高いクオリティの作り込みをすることを意識していた。ドラムンベースとハードコアは、いわば全く違う「獣」同士だから、ただ闇雲に掛け合わせれば何とかなるというものじゃない。最初のリリースとなるはずだった「Hell's Basement」と「Reality Collapse」は、経緯を忘れてしまったけど、なぜか2曲ともIndependenza Recordsに渡っていた。それでもアイデアを成功させたいという気持ちが強くて、すぐに初リリース用のトラックが何曲か出来上がった。

クロスブリードという名称を考案して、新しいジャンルとして打ち出したのは、他の人に影響を与えて、その呼び方を使って貰えるかを試したかったからなんだ。本当にそれだけ。社会実験みたいなものだね。それが成功したんだ。

Q：クロスブリードにフォーカスしたシングル・シリーズ『Crossbreed Definition Series』にはSPL、Cooh、Donny、Current Value、Switch Technique、Peter Kurten、Katharsys、Forbidden Societyといった素晴らしいアーティストが参加しました。特にお気に入りの曲や印象的だった曲の製作は？

A：クロスブリード初期のトラックでは、ドラムンベースのプロデューサーが良いハードコアのキックを制作するノウハウが無かったから、俺達がハードコアの部分を担当していた。ドラムンベースのプロデューサーのアイディアをトラックに盛り込んで、ごく一部の例外を除いて、全て俺達がトラックの仕上げをやっていた。俺達はハード・ドラムンベースの中でも選りすぐりのアーティストと一緒に仕事がしたかったし、アーティスト達は皆、新しいことに挑戦出来ることを喜んでくれた。初期のレコードの中で、個人的なお気に入りは「Among Us」と「They Are Human」。この2曲は『Crossbreed Definition Series』の中でも特徴的で、最も模倣されたトラックだったね。「Among Us」は、2拍子と4拍子で弾けるスネアが特徴的で、「They Are Human」は小節の最後に大きなスネアを入れるというスタイルを確立した。個人的に一番制作するのが面白かったのが、SPLとの共作「Separate Ways」。なぜならシリーズの中で、もう片方のプロデューサーと実際スタジオで一緒に制作した唯一の曲だったからだ。Sam(SPL)はとてつもなく才能があって、一緒に仕事をしているだけで色んなことを学ぶことが出来たよ。

Q：あなたの音楽は非常に現実的であると感じます。あなたの音楽にスピリチュアルな思想や要素は反映されているのでしょうか？音楽を作るという行為はあなたにとって、どういった意味がありますか？

A：自分の音楽にはメッセージもスピリチュアル思想も無いと思っている。何か良い音に当たるまで色々い

じって、踊りたくなるような音とか、厳ついベースが出るまでやるという感じだね。自分にとって音楽を作るということはどういった事なのかというのは難しい質問だね。ただ好きだからやっているのか、今までずっとやってきたことだからなのか、他のことをやるのが怖いのか、それともレーベルや一緒に活動している人達に責任を感じているのか、分からなくなる時がある。でも、確信を持って言えるのは、何かをやり遂げるモチベーションとなっているのは責任感が一番大きい。自分の過去の成功に気後れしてしまうこともある。過去に作った作品と同等かより良いものを制作しなければならないというプレッシャーを常に感じるし、

Industrial Hardcore

それが出来ていないと感じることもある。音楽を作るということは時々、自分にとって恐ろしいことなんだ。

Q：The Outside Agency としての作品は基本的に、あなたとNoël のコラボレーションではなく、どちらかのソロ・トラックをリリースされています。なぜ、コラボレーション形式での制作を行わないのですか？ The Outside Agency として曲を発表する際に決めているルールなどはありますか？

A：元々、別々のスタジオがあって、全く異なる環境で制作をやっていたんだ。俺はハードウェア・サンプラー、シンセ、ミキサー、エフェクトを使っていて、Noël はずっとトラッカーを使っている。それもあるし、二人とも頑固だから、一緒よりは別々に仕事する方が上手く行くんだ。プロジェクト発足から最初の 10 年は特にそうだった。最近では、それぞれのスタイルがどんどん掛け離れてきているんだけど、元々グループとして本当に多様な楽曲を作ってきたから、それは決して悪いことじゃないんだ。二人のどちらかがトラックを仕上げたら、リリースしている。唯一のルールは、二人のどちらかが OK を出すということだけ。実際には、時々トラックやリミックスでコラボすることはあるんだ。ただ知られていないだけ。正直なところ、そもそも誰が何をやっているかをあまり知られたくないんだ。Noisia、Black Sun Empire、Endymion の曲で誰がどの部分を担当したなんて誰も聞かないだろ。そんな事どうでもいいんだ。ただ音楽を楽しんで欲しい。

Q：あなたは Ghost in The Machine としてテクノ・シーンとも繋がっています。近年のテクノ・シーンの状況をどう感じていますか？ なぜ、テクノ・シーンでハードなサウンドがリバイバルしていると思いま

すか？

A：全てのエレクトロニック・ダンスミュージックは一つの原点から来ているけど、俺はハードコアとテクノは全く異なるものとして扱っている。ハードコアは一部の国で人気があるけど、テクノは本当に世界中に広がっている。テクノが好きになったのは、2000年代初期から。当時はもっとダークで攻撃的な音だった。ここ2年くらいで、テクノはまたBPMが加速して、音作りも陳腐な感じになってきた感じがするけど、それも流れだから仕方ないね。あるジャンルの人気が出てくると、成功への近道を求めて色んな人が寄って来るけど、大体そういう連中は音楽のクオリティの向上には貢献しない。どんなジャンルもいずれ、インパクトのあるハードな音に傾倒していって、飽和状態に達してから自滅に向かって行く。その後は、元々好きだった原型の音へ回帰することを求める人だけが残るんだ。最近はこのサイクルが加速しているような気がする。今、テクノは飽和状態に近づいているようだけど、逆にハードコアは既にその境界線を越えていて、何人かのビッグネームのアーティストが、初心に戻ろうとしている動きがある。アーティストとしては、二つ選択肢があると思う。一つ目は変化の波に乗って、人気があるものを作ってプレイして行く道。もう一つは単純に自分が好きな音楽をひたすら作り続けるということ。一つだけ保証されているのは、いずれ自分が良い音楽だと思っているものが、人気がある音楽とかけ離れてくる時が来るということ。研究によると、人は16歳から25歳の間が、最も音楽と感応出来るんだ。プロデューサーは、クリエイティブであり続ける限り、一つのスタイルや音だけが刷り込まれてしまうということが無いから、この例外にあたるけど、進化を続けていると新しい音楽を発掘することを辞めたファンが離れていくのは仕方ない。話がそれてすまない。何が言いたいかと言うと、ハードコアが無くならなくても、自分はいつか消えるかもしれないということだ。

Q：The Outside Agency の音楽はメインストリーム／アンダーグラウンドのハードコア・シーンにおいてまさにアウトサイダーであると思います。The Outside Agency のシニカルなユーモアも理解していますが、アートワークにおいてもハードコア・シーンで好まれる「骸骨」や「血」などのホラーテイストを滅

多に使いませんし、音楽における姿勢やスタンスも他とは違ったものを感じさせます。あなた達は自身のハードコア・シーンにおける立ち位置や評価をどう感じていますか？ ハードコア・シーンと上手く共存出来ていると感じますか？

A：元々、ユーモアは自分にとって重要な要素なんだ。自分が音楽を制作することに対しては真剣だけど、それを取り囲むものに関しては、ゆるくても良いし、少しもシリアスじゃなくて良いんだ。とにかく音楽に対しては真剣なんだ。最終的にそれが一番大事。俺自身が気に入らないと仕方ない。それが全ての基本だね。俺達はなるべくハードコアの典型にはまるような音作りは避けるようにしてきた。たまに典型的なハードコアの音、構成、ギミックなんかを使うこともあるけど。ハードコアの各サブジャンルのアーティスト同士は、概ね仲が良くて、お互い助け合っている。他のアーティストによっては、俺達がやっていることが理解出来ないという人もいるけど、今まで一緒に仕事をしてきたアーティストから、もっと商業的な方向を目指した方が良いなんて言われたことは無い。クロスブリードが流行っていた2011～2012年だったら、175BPM のクロスブリード系のトラックだけのアルバムを作ることはごく簡単だったと思う。でも、それは自分にとってなんだかチープな感じがしたから、全く違う方向に向かって行ったんだけど、申し合わせた訳でも無いのに、Noël も同じことをやっていた。俺達は、「自分の音」にこだわりすぎることによって、囚われてしまうことが無いよう意識しているんだ。それが裏目に出ることもあるけど。

Q：あなたは The Outside Agency としてハードコアを、Eye-D としてドラムンベースを、そして Ghost in the Machine としてテクノを作っています。それらは全てダンスミュージックであり、DJ によって広まっています。あなたは曲を作る時にダンスミュージックとしてのテンプレートや DJ プレイでの使いやすさなどはどれ位意識していますか？

A：ルールやテンプレートは素晴らしいね。16小節の構成は素晴らしい。何が正しいかの指針になるし、同時にどういうルールだったら破れるか、破るべきかを示してくれる。ルール、テンプレートや構成は、自分にとっては絵を入れる額縁とか美術館のようなものなんだ。もちろん、テンプレートとか、額縁のような概念を覆すことに成功するアーティストもいるけど、美術館に作品を飾りたいなら、良い額縁に入っていた方が受け入れられやすくなるだろ。それに、作品が良く知られている美術館で展示されている方が、お客さんにとって探しやすい。例えば、ミックスの難易度が高いトラックを、DJが音響的にあまり良くない環境でかけてみて、しくじってしまったら、DJは二度とそのトラックを使おうと思わないだろ。最初の二枚のレコードを制作した時は、頑なにミックスしやすいイントロにすることを拒んだけど、初めて外でプレイした時に、ミックスのやりにくさを実感したんだ。それで二度と同じ過ちは冒さないと決めた。それ以後はミックスしやすいレコードしか作っていない……つもりだ。

Ghost in the Machine(Photo by Jordy Brada)

Industrial Hardcore

Q：USB と rekordbox によって DJ プレイは大きく変化しました。1曲のプレイ時間は最短で一分未満になり、ロングミックスは少なくなっていると思います。この状況はあなたにどういった影響を与えていますか？例えば、数か月掛けて6～7分の曲を作るのが馬鹿らしく感じたりしませんか？

A：テクノロジーの進歩というものは、それに抗うか、自分の為に役立てるかの二択になる。デジタルバイナルや CD-J が最初に出た時は、邪道扱いする DJ が沢山いたけど、俺は真っ先に取り入れたね。それが未来だと。俺達は音楽の先端を行くフューチャリストであるはずだから、そういう新しい技術から逃げるんじゃなくて、自分から求めていかなければならないんだ。CD-J なんて絶対使うもんかと言っていた DJ のほとんどが、今や CD-J を使っている。最新の CD-J や rekordbox の機能は、以前だったら DJ セットで不可能だったことを可能にしている。CD-J の普及のお陰で、イントロの長さが半分に短縮されたのは紛れも無い事実だし、USB によってそこからさらに半分になった。今でもやりたければロングミックスも出来るし、新しいテクノロジーによって、さらにやり易くなっている。最近のドラムンベースやハードコア・シーンでは、EDM 的なハードドロップが濫用されているけど、そういうトラックの多くは、ビルドアップとブレイクダウンの部分が無駄に長くて、中身が無いという具合だから、テクノロジーの変化とかそういうこととは切り離して見るべきだと思う。昔、音楽はもっと「旅」のようだったけど、今はドロップだけが重視される傾向がある。

自分が作った7分のトラックを、DJ に30秒だけプレイされると、やはり良い気はしないけど、自分も同じことをやったことがあるから、仕方無いのかなと思う。俺の曲を使っている DJ が、トラックのどこでもミックスアウトしやすいような構成を意識しているし、逆に最初から最後まで再生しても楽しめるような、魅力のある曲作りを心がけている。だから俺の曲を DJ で使うなら、ブレイクダウン中は自撮りしたり、トイレに行っても大丈夫だよ。

Q：あなたは Ophidian と共に、Shadow Masters Audio Company(SMAC) としてマスタリングエンジニアとしても活動されています。SMAC としてマスタリングエンジニアを始めた経緯を教えてください。Mindustries、Deathmachine、N-Vitral といったハードコア・アーティストのマスタリングを手掛けていますが、マスタリング作業において最も重要視している部分とは何ですか？

A：昔から他のアーティストの作品のミキシングとマスタリングを手がけてきたけど、人のレコードに自分の名前を載せるということはやらないようにしてきた。そういう仕事は大抵、人助けとしてやっていたから、作品に自分が関わったということを示したり、そのアーティストの成功の妨げになるようなことは一切したくなかった。Ophidian も同じような形でやっていたから、それぞれ忙しい時は、お互いに仕事を振るということがあった。二人とも、マスタリング作業をはるかに超えるようなこともしょっちゅうやっていたね。例えば、キックドラムを取り替えたり、新しいスネアドラムを加える、メロディー部分のシンセやベースラインのレイヤーを加える等々。

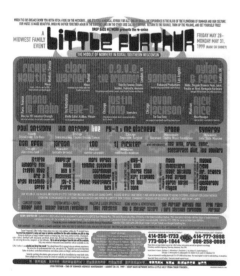

SMACを立ち上げたのも、こういう余分な仕事に時間を取られすぎないように、そしてやる時はちゃんと報酬を貰えるようにする為だった。SMACという無味無臭な名前を選んだのも、出来上がった作品に俺達の活動名義が一切付かないようにしたかった。聴いた人が、「この曲はOphidianとEye-Dがマスタリングしたから良く仕上がってるだけだろ」となったら嫌だから。このやり方だと、どれくらい俺達が曲に手を加えたのか、どっちが、それとも二人でマスタリングしたのかもわからない。

Q：あなたはオランダのハードコア・シーンで20年以上活動しています。なぜ、オランダは他の国よりもハードコアが人気なのでしょうか？それは国民性とどういった関係があると思いますか？現在、オランダの一般の人々からはハードコアはどの様に見えているのでしょうか？

A：その謎には答えが無いと思うね。とにかくこの国では、ハードコアがめちゃくちゃ人気があるんだ。DominatorやThunderdomeといったイベントがどれだけ巨大かを見れば解る。他の国では想像出来ないことだよ。一部はオランダ人特有の組織力とか、起業家精神によるものかもしれない。この国は資本主義の発祥地だからね。でもそれは、イベント団体がいかにハードコアを商品として成功させたのかの説明にしかならない。なぜ、他の国ではそうでないのに、この音楽がここまでオランダで定着しているかの説明にはならない。ここでもハードコアは、時によって衰退したこともあるけど、いつも再興を遂げている。ハードコアが金にならなくなった時に、ハードコアのイベントを辞めてしまった団体もあるけど、逆にそれでもやり続けたところは、今や大御所になっている。それより、他の国でなぜハードコアはそこまで人気が無いのかを調べた方が、話が早いかもしれない。俺は人類学者じゃないから、こんないい加減な答えでも許されるかな。

良い意味でも悪い意味でも、最近のハードコアはEDMと相性の良い構成やスタイルに変化したことによって、世界中にまた認知されるようになったんだ。市場が大きくなったけれど、この新しい市場ではダークコアのフロアなんて無いんじゃないかな。オランダの国内メディアでは、昔からハードコアはあまり良いイメージで報じられることが無かったけど、Thunderdomeが再開した後、少しは社会的に認められた感はある。ハードコア以外の大手イベントは、昔からスポンサーがついたり、政府の援助が出たりしたんだ。逆に、ハードコアは元からそんなものは無かったけど、外部の支援が無くてもやってこれたぐらい、人気がある。ハードコアはこの国では、単に人気があるという話じゃなくて、他の音楽ジャンルが与えられるような支援もなく、メディアから常に否定的な報道を受け続けてきたにも関わらず、ここまで大きくなったんだ。

Q：最後にあなたのファンにメッセージをください。

A：10年前だったら、アーティストを志望する人には、「音楽の世界では近道は無いから、音楽を作ることそのものを自分の報酬にしろ。諦めないで努力し続けたら、いずれ成功するかもしれないし、しないかもしれない。保証なんて何も無い。音楽だけで満たされないのであれば、他のことをやった方が良い」という風なことを言っていたかもしれない。でも今は、色々近道があるから、それを使うことに罪悪感を感じるか感じないかは、自分で決めるしかない。ファンに言いたいことは、本当にありがとう。みんなの存在がどれだけ俺にとって大きなことかを伝えたい。君達、みんなクレイジーだぜ。

メインストリームのトップでも活躍するインダストリアルの鬼才

N-Vitral

⊙ The Third Movement
🕐 2002
✉ https://www.n-vitral.com/

🌐 オランダ

The Third Movement の看板アーティストであり、2000 年代のインダストリアル・ハードコア・シーンに衝撃を与え、現在はメインストリームでも大活躍しているハードコア・シーンのトップ・アーティスト。デビュー当時からずば抜けた技術力と多角的な視点を持っており、インダストリアル・ハードコアだけではなく、ハードコア・テクノ全体の可能性を広げた名作を作り上げている。
Stefan Busker こと N-Vitral は 2002 年にデビュー作『XS36_』を発表して、インダストリアル・ハードコア・シーンに登場。Autechre や Converter からの影響を公言している通り、当初はエクスペリメンタルでダークなテクノ的サウンドを駆使したスタイルが特徴的であった。特に、デビュー作の『XS36_』はそれまでになかった異形のスタイルを生み出し、インダストリアル・ハードコア・シーンで絶賛され、未だに根強い人気を得ている。Mystery Land でのデビューパフォーマンス後、The Third Movement を拠点にシングルをリリースしていき、インダストリアル・ハードコア・シーンで高い評価を受け、同レーベルに欠かせないアーティストへと成長し、ハードコア・フェスティバルから Tresor といった名門テクノ・クラブにも出演した。
2010 年代からは自身のスタイルを変化させていき、よりキャッチーでメインストリームな方向性を追求。以前の様なダークさや実験的な要素は抑えられているが、その驚異的なサウンド・プロダクションは今も変わらず進化し続けている。N-Vitral Presents BOMBSQUAD としてのライブパフォーマンスでも人気を集め、アンダーグラウンド / メインストリームの境界線をその驚異的なキックドラムで破壊し続けている。

N-Vitral

XS36_　　　　　　　　　　　　　　　オランダ
The Third Movement　　　　　　　　　　　　　　　2002

N-Vitral の記念すべきデビュー作にして、インダストリアル・ハードコアの超名盤。解りやすいメロディやフレーズなどはなく、不穏なノイズが全体を漂い重々しいキックが冷酷に、そして機械的に叩き込まれる。正真正銘のインダストリアル・ハードコアなトラックだ。曲の完成度もさることながら、曲ごとに感じられる世界観も深みがあり、ただのダンスミュージックとは思えないものがある。純粋なインダストリアル・ミュージックともいえる内容で、ハードコアというカテゴリーだけには収まりきらない。この当時、N-Vitral はまだ 17 歳だったというのにも驚かされる。インダストリアル・ハードコアの完成形の一つだろう。

N-Vitral

Smocgh　　　　　　　　　　　　　　　オランダ
The Third Movement　　　　　　　　　　　　　　　2003

インダストリアル・ハードコアとリズミックノイズとエレクトロを最高のバランスで組み合わせた奇跡的な一枚。Ant-Zen からリリースされているリズミックノイズやテクノイズ系ともリンクしており、Boys Noize 的なエレクトロを先取りしていた様な作風。最終的なアウトプットとフィーリングはハードコアを感じさせるが、もはやハードコアというカテゴリーにはおさめられない独創性がある。これが 2003 年にリリースされていたというのが、未だ信じられない。どういったビジョンがあれば、こんな曲を作り出せるのか。今聴いても新しく、まだ先の未来にある音楽の様だ。

N-Vitral

Bonck　　　　　　　　　　　　　　　オランダ
The Third Movement　　　　　　　　　　　　　　　2008

キックとノイズだけで人間を最高潮まで高揚させるタイトル・トラック「Bonck」と「Bunck」は、インダストリアル・ハードコアというスタイルの真意に迫った名曲。90 年代後半のフランスのインダストリアル・ハードコアやフレンチコアにも近いフィーリングがある。必要最小限の素材だけで、ここまで幅が広く深いダンスミュージックを作れるアーティストも限られているだろう。10 年以上前の音源とは思えない内容だ。シュランツコア的な側面もある「Binck」もまったく古さを感じさせず、現代のフロアでも十分に通用する。今作も時代を超えて人々を魅了する名盤だ。

N-Vitral

QB　　　　　　　　　　　　　　　オランダ
The Third Movement　　　　　　　　　　　　　　　2010

実験的な電子音楽の要素も反映させながらも、以前よりストレートなインダストリアル・ハードコアとなった N-Vitral の変化期をとらえた一枚。サウンドデザインはより象徴的になり、現在に通じるマッシブなキックも出来上がっている。「Rebeldisko」の叫ぶ様なノイズと、それに合わせて攻撃的に叩き込まれるキックには無条件でテンションがマックスまで上がる。ハードコア好きは無視出来ない 1 曲だ。当時、インダストリアル・ハードコアでは新たな手法やアーティスト達が出現しており、その頃のシーンの刺激的な空気感もおさめられている。

N-Vitral

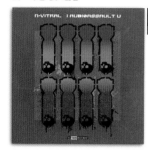

I Audioassault U
The Third Movement オランダ 2010

N-Vitral としては初となるアルバム。The Third Movement のカタログの中でも、異質な作品であり、ハードコア・テクノの歴史においても重要なアルバムである。今作はエレクトロ、ブリープ・テクノ、IDM を自身のハードコア・サウンドとミックスした実験的な作風であり、ダンスミュージックとしてのクオリティが凄まじく高い。Tim Exile や Eight Frozen Modules との類似性も見受けられるハイテクな空間処理と、テクノやエレクトロをベースとした変則的なグルーブが非常に素晴らしい。ハードコア・シーンを超えて、もっと多くの人々に聴かれるべきアルバムだ。

N-Vitral

Collaborations Part 1
The Third Movement オランダ 2014

Igneon System とのコラボレーション・トラック「Jump the F@#* Up」は、タイトル通り、Soulfly の同名曲をサンプリングしているのだが、原曲に負けない破壊力とエネルギーがある。Igneon System によって、N-Vitral の凶暴なサウンドと病的なプログラミングが本領を発揮しており、この曲以降、N-Vitral はメタリックな要素も増していく。翌年にリリースした続編『Collaborations Part 2』では、Sei2ure と Tymon とのコラボレーション・トラックを制作し、それぞれの個性を活かしたインダストリアル・ハードコアを収録している。

N-Vitral & Deathmachine

Time to Meet the Devil / Perfect Machines
PRSPCT XTRM オランダ、イギリス 2014

デビュー時期も近く、以前からリミックスなども行っていた両者によるコラボレーション・シングル。彼等に共通する機械的なサウンドとブルータリティが激しく共鳴したクロスブリード・トラックを生み出している。お互いのサウンドを溶け合わせるというよりも、ぶつけ合わせた結果、それぞれのコアなパートが目まぐるしく切り替わる刺激的なトラックを完成させた。構成的には Deathmachine サイドの個性が強く現われている様に見えるが、トラックの骨組みには、N-Vitral のメタリックなハードコア・サウンドが重要な役割を果たしているのが感じられる。コラボレーション・トラックの醍醐味を大いに楽しめる良作である。

The Outside Agency & N-Vitral

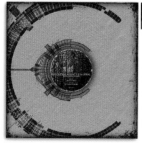

Bloed, Zweet & Snaren
Genosha One Seven Five オランダ 2015

The Outside Agency（Eye-D）とのコラボレーション・シングル。クロスブリードのフォーマットをメインにしているが、インダストリアル・ハードコアの比重が多く、N-Vitral のカラーが強く現われている。N-Vitral のマッシブなキックドラムに Eye-D の硬質なドラムンベースのグルーブが反映され、爆発的な重低音が空間を支配する。細かい部分まで作り込まれたドラムとベースは、どんな環境で聴いてもそのインパクトを失わずに再生させられるだろう。Genosha One Seven Five のコラボレーション・シリーズの中でも、上位に入るプロダクション・レベルだ。

N-Vitral

Crispy Bassdrum EP
The Third Movement — オランダ — 2015

N-Vitral のキャリアをステップアップさせた重要作。リリース当時、ハードコア・シーンで話題となっていた「Crispy Bassdrum」は、ハードコア・ファンが望む要素をギッシリと詰め込んだ爆弾級のトラックで、N-Vitral の実力を改めてシーンに知らしめた。この曲によって、N-Vitral の存在はさらに広範囲に渡って広がり、その後の展開にも繋がっていく。構成もサウンドもよりタイトかつフリーキーな「Hard Energy」も見逃せない。2018 年には「Crispy Bassdrum」の N-Vitral Presents Bombsquad と Luminite のリミックスもリリースされた。

N-Vitral

Louder than a Bomb
The Third Movement — オランダ — 2016

Ophidian、DJ Promo、Angerfist、I:Gor、The Outside Agency、Dither といった豪華アーティスト達を招いて作られたアルバム。インダストリアル・ハードコアを軸としながらも、様々なタイプのハードコアを取り入れており、アルバムとしてのバランスがよく整っている。初期のアグレッシブな歪みのあるインダストリアル・ハードコアも披露しており、アンダーグラウンド・テイストを交えたマニアックな側面も映し出している。アルバムというフォーマットを活かした、N-Vitral のアーティストとしての成長を感じさせる素晴らしい作品だ。

N-Vitral Presents BOMBSQUAD

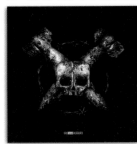

Mainstream Mutilators
The Third Movement — オランダ — 2018

謎の覆面メンバー二人をメンバーに従えた N-Vitral Presents BOMBSQUAD 名義でのアルバム。Warface、F. Noize、eDUB、Aux Raus もコラボレーションで参加。変調させた MC を使ったメインストリーム寄りのトラックをメインとしているが、インダストリアル・ハードコア的なエッセンスも交えたエンターテインメント性の高い作品となっている。今まで培ってきたハードコアのプロダクション・テクニックが惜しげもなく披露されており、2010 年代の N-Vitral を総括する様なアルバムともいえる。

N-Vitral

Hardcore Power
Masters of Hardcore — オランダ — 2021

ここ数年、オールドスクールなガバ・キックやアーリーレイブなサウンドを取り入れたトラックがメインストリームでもトレンドになりつつあったが、この曲はそのスタイルの完成形の一つといえる。我々が体験してきた様々なハードコアのスタイルが細切れになって降り注ぎ、微量ながらも N-Vitral のインダストリアル・ハードコアのエッセンスも反映された凄まじい爆発力のあるトラックだ。メインストリーム向けの活動になってからも、N-Vitral から目が離せないのはこういったトラックを作るからだろう。ガバ好きは MV も必見である。

視覚的なハードコア・スタイルでテクノ界隈でも人気

[KRTM]

- ⊙ Motormouth Recordz、PRSPCT、MadBack Records
- 🕐 2008 年　　　　　　　　　　　　　　　⊕ ベルギー
- ✉ https://SoundCloud.com/krtm

カラフルでネオン風な音色を使ったエモーショナルなメロディに、ダウナーでモノクロ感のあるアブストラクトなサウンドを掛け合わせた独創性のある楽曲で、ダンスミュージック・シーン以外からも支持を受けるベルギーの電子音楽家 Casimir Desmet のソロプロジェクト。活動初期は Motormouth Recordz を拠点にインダストリアル・ハードコア・スタイルのシングルを発表しており、当初からレベルの高い作品でインダストリアル・ハードコア・シーンを中心に人気を得ていた。2012 年には同郷の盟友 Tripped と共に Masters of Hardcore に出演。同年に Decibel と Elements Festival にも続けて出演し、ハードコア・シーン期待の若手アーティストとして注目を集めていった。その後、Igneon System とのコラボレーションや PRSPCT からの EP リリースでハードコア・シーンで人気を高めながらも、平行して Kaszimir 名義にてテクノの作品も発表していく。2016 年に Tripped と立ち上げたレーベル MadBack Records からは、テクノや実験音楽をハードコア・テクノのフォーマットに落とし込んだ革新的な作品を発表。アートワークやミュージックビデオで表現されている独特な世界観や、ハードコアだけではなく、ダンスミュージック全般に対するシニカルな視点などが反映された楽曲は徐々にテクノ・シーンからも支持を受けていった。ライブパフォーマンスでも各国から高い評価を受けており、Footworxx、Bang Face、Ibiza Goes Hard、Hardshock といった有名フェスティバルにも度々出演している。近年は Arts からのリリースや Ewa Justka、T99 へのリミックス提供も話題になった。

[KRTM]

Classic Dutch Cooking EP
Head Fuck Records ベルギー 2011

2011 年に老舗インダストリアル・ハードコア / テラーコア系レーベル Head Fuck Records から発表された EP。[KRTM] による Tripped、Paranoizer、Rakuza のリミックスとオリジナル・トラックで構成されている。伝統的なインダストリアル・ハードコアにテラーコア的なエッセンスを取り入れたストレートなトラックがメインとなっており、近年の [KRTM] ファンには驚きの内容だろう。初期 [KRTM] のインダストリアル・ハードコア・スタイルも非常にクオリティが高く、Motormouth Recordz からも多くの傑作を残している。

[KRTM] & Tripped

T-Shirt
MadBack Records ベルギー 2016

MadBack Records の第一弾作品として、2016 年に発表されたコラボレーション・シングル。様々なジャンルからの影響とユニークなバックボーンを持っている二人だけあり、既存のインダストリアル・ハードコア / テクノのスタイルとは一線を画す、驚異的な次世代のサウンドを作り出している。コラボレーションする事によって、当時まだお互いのソロワークでは出し切っていなかった部分がクローズアップされ、まとめられている印象がある。彼等の革新的なサウンドと方向性が形となっており、ターニングポイントともなった作品だろう。

[KRTM] & TWAN

2 Boners
MadBack Records ベルギー 2016

ベルギーのテクノ・アーティスト TWAN とのコラボレーション 2 曲と、お互いのソロトラックで構成された EP。コラボレーション・トラックでは、[KRTM] の独特な歪みとアブストラクトなサウンドを TWAN のテクノ・スタイルと混合させて生まれた変則的インダストリアル・テクノチューンとなっており、お互いの持ち味がしっかりと活かされている。インダストリアル・ハードコアとドゥームコアを掛け合わせたダークでサイケデリックな [KRTM] のソロトラック「Speedboy」も見逃せない。[KRTM] と TWAN によるコラボレーション・ライブも公開されているのだが、非常に素晴らしい音源であった。

[KRTM]

Horsepowder
PRSPCT XTRM ベルギー 2017

今では PRSPCT の人気を支える重要なアーティストの一人でもある [KRTM] が、初めて PRSPCT から発表した作品。Motormouth Recordz からのリリースにも近い迫力のあるストレートなインダストリアル・ハードコアの要素も残しつつ、ストレンジなサウンドや展開を活かした [KRTM] らしい楽曲が収録されている。当時、PRSPCT XTRM からは Sei2ure、Mindustries、Fracture 4、Deathmachine などのインダストリアル・ハードコア系のリリースが多かった時期であったが、今作によって PRSPCT に新しい流れが生まれた。

[KRTM]

Baldboy	ベルギー
Toxic Waste Buried	2017

テクノやエクスペリメンタルな要素を強めていき、自身のサウンドと世界観を新たに構築していた時期に発表されたEP。[KRTM]がテクノ・シーンで注目を集めるキッカケにもなった貴重な作品でもある。艶があり奥行きのあるキックに、感情に触れるカラフルなメロディ、インダストリアル・ハードコアやブラックメタルの要素を反映させた厚みと存在感のある歪みなど、[KRTM]を象徴するサウンドが今作で完成したと思われる。ダークアンビエントとインダストリアル・テクノにボディミュージックのフィーリングを合わせた様な不思議な感覚の「Working Joe」が印象的だ。

[KRTM] & Tripped

Heckler	ベルギー
MadBack Records	2017

インダストリアル・ハードコア・シーンに新たな方向性を与えた[KRTM]の名曲「Chaser (Monkey With Shotgun)」や、インダストリアルからテラーコアへと攻撃性を高めながら展開していくTrippedの[Smakelijk]、そしてコラボレーション・トラック「Heckler」では、彼等がデビュー当時に披露していた高速インダストリアル・ハードコア・スタイルをアップデートさせており、両者の魅力が凝縮されている。彼等のハードなインダストリアル・トラックが好きであれば、2012年にTwisted's Darksideに提供したミックスは是非チェックして欲しい。

[KRTM]

Gum EP	ベルギー
MadBack Records	2017

[KRTM]と抜群の相性を見せるTWANとのコラボレーション含む全4曲入りのEP。90年代のテクノ・クラシックのエレメントを取り込み、インダストリアル・テクノからハードコアへと流れていくスリリングな展開と、ベースラインとキックの鳴りが最高にクールな「Gum & Something That Puts You in a Wheelchair」はハードコア/テクノ・ファン必聴。切りつける様に鋭く不気味な電子音とボイスサンプルがコラージュ的に展開するエクスペリメンタルな「Manikin」は、[KRTM]のシニカルでシュールな世界観が全面に出ている。

[KRTM]

Consumer (The Worst of KRTM)	ベルギー
PRSPCT Recordings	2018

[KRTM]の1stアルバムにして、2010年代のハードコア・テクノ・シーンを代表する名盤。ハードコア・テクノ/インダストリアル・テクノを軸とはしているが、このアルバムには90年代から2018年までに存在した様々なダンスミュージックやアヴァンギャルドな電子音楽、そしてベルギーの偉大なアンダーグラウンド・シーンの息吹までもが細かく切り刻まれ、[KRTM]のフィルターを通して吐き出された驚異的な楽曲が収められている。とにかく、全曲のクオリティとアルバムとしての世界観が本当に素晴らしい。フィジカルで所有してじっくりと何度も聴きたくなる本物の名盤。是非ともチェックして欲しい。

[KRTM]

Dream on Baby EP	ベルギー
Arts	2019

日本でも人気の高いベルリンのテクノ・レーベル Arts から 2019 年に発表された EP。シンプルなメロディながらも人々の心を掴んで離さないタイトル・トラックの「Dream On Baby」、インダストリアル・ハードコアのテイストが反映された「Soleil」、捩れて歪んだ危険なサイケデリックなサウンドがゆっくりと広がるドゥーミーなハードコア・テクノ「Happy Murder」などが収録。全体を通してエモーショナルな部分とシニカルな部分とが絶妙に混ざり合っている。Arts のファンも存分に楽しめるだろう。サウンド的にも、今までに無かった [KRTM] の新しい側面が生まれている。

[KRTM] Ft Thrasher / Tymon

SSSPCR 001	ベルギー
PRSPCT SSSPCR	2019

テクノにフォーカスを当てた PRSPCT のサブレーベル PRSPCT SSSPCR の第一弾作品。[KRTM] の「Placebo」は、PCP 風なオールドスクール・ハードコアをベースに、ハード・テクノやインダストリアル・ハードコアの要素もミックスしたトラックに Thrasher のボーカルがとてもマッチしている。巨大な Rave やダンスフロアで栄えそうなマッシブなサウンドで、ハードコアとテクノどちらの現場でも存分に威力を発揮する Tymon の「VL」も素晴らしい。今作は 2010 年代のハードコア／テクノ・シーンを振り返った時、欠かせない重要な役割を果たした作品として認識されているはずだ。

[KRTM] / Tim Tama

SSSPCR 002	ベルギー
PRSPCT SSSPCR	2019

飛ぶ鳥を落とす勢いで革命的な作品を連発していた [KRTM] と、Arts Collective からもレコードをリリースしているオランダの Tim Tama のスプリット。[KRTM] の「Slave」は、彼がテクノ・シーンで活躍する事が多くなった事で得られた経験が形となって現われており、いつもよりもシンプルな展開で [KRTM] 流のダンスフロア直下型トラックで新鮮味を感じる。Tima Tama の「Dream Syntax」は、印象的なメロディとディープなキックに、最高な鳴りを聴かせるアーメン・ブレイクが合わさったオールドスクール・ハードコア風味もある名曲。二人の個性が綺麗に共鳴している傑作だ。

[KRTM], The Panacea & Ansome

SSSPCR 003	ベルギー、ドイツ、イギリス
PRSPCT SSSPCR	2019

[KRTM] の SSSPCR シリーズでは初となるコラボレーション形式での作品。Panacea との「PQTmDY3xUhaSz3d」では、[KRTM] の完成された世界観とサウンドに Panacea のダークでレイビーなサウンドが良いバランスでミックスされている。Ansome との「Fiend」は、両者の極められたインダストリアル・テクノ・スタイルが組み合わさった隙の無い屈強なトラックだ。ソロトラック「Albino」は [KRTM] らしさ全開のメロディに珍しくアーメン・ブレイクを多用しており、いつもとは違ったオルタナティブな雰囲気を感じさせる。

Industrial Hardcore

[KRTM] インタビュー

インタビュー：梅ヶ谷雄太
翻訳：長谷部裕介

Q：あなたの出身地と年齢を教えてください。

A：僕は今29歳で（インタビュー時の2019年6月）、東フランダースのヘントの近くで大切な家族と共に育った。

Q：[KRTM]の音楽はとても視覚的でポストモダン的な要素を感じます。あなたはどういった芸術作品に影響を受けていますか？

A：映像と視覚芸術は僕の音楽にとって重要なものだ。2010年から2015年まで、ベルギーとドイツでファインアートを学んでいた。僕のグラフィックデザインはグラフィックプリントと絵画、それから映像にまで発展した。この時、全ての芸術が自分にとって等しく重要なものになったんだ。視覚的要素は音楽活動を始めた時から重要なものだと感じていたよ。僕はビジュアルと曲の雰囲気が繋がっている、90年代ブラックメタル・シーンが大好きだった。今、それを視覚的に考えると、1970〜1980年代のパンク雑誌と、様々なイデオロギーから生まれた過剰な視覚言語から成り立っていると感じる。一般的なメタルよりも、ビジュアルと音楽の雰囲気が深く結びついている。社会から外れた者が、何らかの方法でポップカルチャーの中へと入るのが好きだ。目立たなくても妥協のない芸術が、より多くの人達へ近づく方法を見つけることは面白く、そして破壊的だと思う。例えば、Pier Paolo Pasoliniの傑作映画『ソドムの市』は問題作ではあるけど、ヨーロッパ各地の劇場で上映されたよね。Chris CunninghamとAphex TwinのコラボがMTVで放映されたことにも僕は驚いている。

Q：ベルギーには偉大なテクノとニュービート、そしてRaveの歴史があります。あなたはベルギーのそういった文化にも影響を受けていますか？

A：もちろん、ベルギーのレーベルR&Sは90年代の全ての電子音楽に影響を与えている。僕は1990年生まれなので、その時代を体感出来なかったけど、心の中では共鳴している。ベルギーではSoulwax/2manydjsがシーンの中心である為、ベルギーのRaveシーンについての知識を得ることは避けられない。彼等は「Cherrymoon on Valium」というスペシャルなプログラムをRadio

Soulwax Podcastで公開した。少し浮遊感があって、まどろみのあるRaveミュージックが好きな人には本当にオススメだよ。去年、僕はベルギーのRaveクラシックであるT99の「Anasthasia」をリミックスする機会を得た。それは、僕にとってありのままに熱く盛り上がるダンスフロアに音を響き渡らせ、サンプリングしたり音を繋ぎ合わせたり出来る良い例になった。ベルギーのRaveミュージックと、初期のRaveミュージック全般には、自然と心地よく感じる。Raveミュージックには特定の分類はない。テクノとインダストリアルミュージックは既にジャンルの境界が狭まっている。Raveはエネルギーと電気信号による興奮を表すものだ。僕はこのように自由なものが好きなんだ。

Q：[KRTM]のトラックにはUKテクノ（No Future周辺）にも通じるものがあると思います。特に、Cristian VogelやNeil Landstrummとの共通点を感じるのですが、彼等の様なUKテクノは聴かれていましたか？

A：Cristian Vogelは僕の音楽に多大な影響を与えたアーティストで、その中でも、彼の初期のラフなアナログ作品は僕の考えを変えた。その

他にも、Burial の感情的な空気の流れ、Regis のずっしりと安定感のあるドラムサウンドもね。これは決まり文句のように聞こえると思うけど、音楽的に影響を受けたアーティストはほぼ無限にいるよ。複雑に絶えず変化する曲展開での主な影響は Krzysztof Eugeniusz Penderecki、Ligeti György、それから Mozart などのクラシック音楽から来ている。僕は曲展開を工夫して、興奮と驚きを加えるのが好きなんだ。ループするだけの退屈なものは好きではない。Autechre のようなサウンドをピアノで奏でる Klavikon というアーティストもいる。彼のような人はほとんど取り上げられることはないけど、彼の音楽センスとサウンドデザインは才能という概念を超えている。僕はそのような表現方法に飢えているんだ。

Photo by Philippe Gerlach

Q：あなたの地元にはどういった音楽シーンが存在していましたか？　あなたが 10 代の時にはどういった場所で時間を過ごしていましたか？

A：10 代の頃は、主にブラックメタルバンドで演奏していた。16 歳の時はよくあるアンダーグラウンドなライブに行っていたよ。その後、2006 年あたりにフリー・パーティーのシーンに誘われ、ベルギーのハードコア・シーンを知った。今のようにスマートフォンや SNS のようなものが無い時代。その時、僕はバカみたいに Rave という Rave に参加していた。もちろん、この事が僕の音楽に大きな影響を与えている。もし、あまり知らない場所に行ってその場の雰囲気を吸収し、そこで知らない人と何時間も話したりすることがなければ、僕は音楽を作っていなかったと思う。それは素晴らしい時間だったけど、少し困ることもあった。僕は物事にすぐ夢中になり調子に乗ってしまうことがある。それが僕の弱点だ。

Q：ハードコア・テクノを最初に聴いたのはいつでしたか？

A：まだ、この音楽をよく知らなかった 17 歳の時、ブリュッセルの Structure Beton で聴いたのが最初だった。とても衝撃を受けたよ。その頃、Epileptik Records、Heretik、Deathchant、Audiogenic などのクラシックなハードコア・レーベルのアーティストが来ていて、ほぼ毎週、スモークだらけのクラブではハプニングが起きていた。The Steeple や Structure Beton、そして数多くのスクワットの Rave は、音楽的に僕が成長した場所だ。あの時のことはずっと忘れることはないだろうね。だけど、今ではほとんどの建物が取り壊されてしまった。

Q：音楽制作を始めたのはいつからですか？　当初はどういった機材を使ってどんな楽曲を作られていましたか？

A：本当の一番最初は子どもの頃、庭に落ちていたバケツなどを拾い集め、ドラムキットのようなものを作っていた。それと、木でバスドラムを作ったこともある。もちろん、音は鳴らなかったけどね。でも、昔から想像力が豊かで自分の世界を創造していた。父は Frank Zappa や Captain Beefheart を聴いていて、僕はその CD ケースを開けて写真を見るのが大好きだった。とてもワイルドに見えたからね。『Weasels Ripped My Flesh』のアートワークはとてもよく頭に残っている。そのアルバムジャケットは 6 歳の僕にとっては理解しがたいものだった。それから間違いなくミステリアスなアートへの執着が始まった。その後、ピアノの個人レッスンを受けることになったんだけど、自分の興味は変わらず、自分で考えたものだけを弾いていた。

Q：[KRTM] はインダストリアル・ハードコア・シーンで特に人気だと思いますが、[KRTM] をインダストリアル・ハードコアにカテゴライズされる事をどう思いますか？

A：カテゴライズするものではないと思っているけど、僕の音楽がシーンの端にあるものだということは理解している。

Q：[KRTM] の音楽は独特な音質も魅力的ですが、アナログ機材はどれ位使われていますか？

Photo by Clemens Wildeshut

A：アナログで表現すること全てが今も大好きだ。音楽をより良いものに出来るからね。アナログで曲を作ることは、自分の肉体との戦いにもなるけど、その制作工程はとても楽しいものだ。自分の技術が上がるほど、素晴らしい仕上がりになる。

Q：あなたの音楽はとてもエモーショナルであると思います。あなたのパーソナルな部分はどれ位音楽に反映されているのでしょうか？　政治的な思想やメッセージなども込められていますか？

A：政治的な要素はまったくない。音楽は動くことの出来ないもどかしさや、行ったり来たりする感情に似ている。僕はいつも違うことを経験してきた。グループやこの社会で、みんなが簡単に出来る事がとても困難に感じていた。今より社交的でなく、子供の頃は ASD（自閉症スペクトラム）で苦しんでいた。それでも、家族と共に幸せな生活を送っていたよ。安定し続けることや危険を冒さないことは、僕を表現する言葉ではない。

Q：トラックを制作する時に DJ ユース的である事などは意識されていますか？

A：DJ の多くは僕の曲を気に入ってないだろうけど、特に気にしていない。次に何が来るのか分からない曲を作ることが、僕にとっての喜びだ。

Q：[KRTM] の音楽はオールドスクールでノスタルジックな部分と最先端な要素が入り混じったパラレルなサウンドを作り出しています。昔ながらの要素と現代的な要素をどの様にしてミックスさせているのでしょうか？

A：決まった方法は無いよ。自分の頭に残った様々な音楽、気に入った要素を取り上げているだけだ。それは自分自身を表現する為のツールのようなもの。今は出来るだけ、レトロなファッションや現代音楽に近づかないようにしている。新しい音を見つけるには、感情に頼ったほうがいいからだ。機械は人間のように扱えば、非常に感情的な音を出せる。僕は少し前、Kraftwerk の大ファンだったけど、ロボットのような方法で自分を表現したいとは思わなかった。大量の古いアナログシンセ、壊れた回路、リアルに録音されたサンプリングを使って自分の世界を創り上げることに挑戦している。他の人がどう曲を作っているかはあまり気にしていない。気にし始めたら自分の道から外れてしまうからね。学ぶことは好きだけど、やり方をコピーするようなことはしたくない。

Q：最近のハードコア・テクノ・シーンをどう思いますか？

A：特に思うことはないよ。

Q：90 年代の Rave クラシックとして有名な T99 の「Anasthasia」のリミックスを Limewax をフィーチャーして制作されましたが、このリミックスが生まれた経緯を教えてください。

A：僕と Maxim（Limewax）は、完璧からは程遠い歪んだ音響心理学的なサウンドに魅力を感じていた。経歴は全く異なるけど、すぐに親しい友人になれて、スタジオセッションをシェアするようになった。T99 のリミックスはとても特別なプロジェクトで、なぜなら、Maxim が 2005 年からのブレイクビーツのフォルダを全て提供してくれたんだ。今までで一番クレイジーなライブラリだったね。1 年以上ハードディスクに保存していて、T99 が「Anasthasia」のリミックスを依頼してきた時、Limewax のブレイクビーツを使って「Anasthasia」のリミックスを開始した。その後、もちろん Maxim も加わって、曲全体のベーストラックを担当した。

Q：あなたは今どういった事に興味を持たれていますか？

A：スケートボードとその DIY 文化が大好きだよ。DIY 文化は自分がやることのインスピレーションになっている。転んで立ち上がることも、人生そのものの象徴だと思う。

Q：最後に読者にメッセージをください。

A：Give yourself a candy.

インダストリアル、テラーコア、テクノまでクリエイトする玄人殺し

Tripped

◉ Strike Records、BadBack Records、MadBack Records
🕐 2007 年　　　　　　　　　　　　　🌐 ベルギー
📧 https://SoundCloud.com/tripped-badback

Rebelscum や PRSPCT XTRM といった人気のハードコア・レーベルから、Scuderia や Toxic Waste Buried などのテクノ・レーベルからも作品を発表し、ベルギーを拠点にシーンを飛び越えてボーダレスに活躍する Francis Jaques によるソロプロジェクト。2007 年にフランスの B2K Records からデビュー作『The Fear Syndrome EP』を発表。Pattern J と Moleculez とのスプリットや名門ハードコア・レーベル Strike Records からシングルをリリースし、確かな実力と個性を武器に頭角を現す。2009 年には自身がオーナーを勤めるレーベル BadBack Records をスタートさせ、Subversa や Raw State の作品を発表。インダストリアル・ハードコアにテラーコアや UK ハードコア、そしてアシッド・テクノやオールドスクール・ハードコアをミックスしたエクストリームでダンサブルな作風で人気を得ていく。その後も、Angerfist や The Speed Freak へのリミックス提供、Motormouth Recordz、Industrial Strength Records からのリリースでハードコア・シーンには欠かせない人気アーティストへとなっていった。[KRTM] と共に運営している MadBack Records は彼等の作品を中心に、14Anger、Dep Affect、Synaptic Memories などのアーティストをリリースしており、各方面から支持を集めている。Tripped と MadBack Records は、枠に囚われない自由で新しい作品のリリースでハードコア・テクノの可能性を広げている重要な存在である。

Tripped & Subversa

Da Doe Zeer
BadBack Records
ベルギー
2009

BadBack Records の第一弾作品。Industrial Terrorists としても共に活動していた Subversa とのスプリット作。オールドスクールなアシッド・ハードコア・スタイルの「Obomba」は、まさにベルギー産アシッド・ハードコアと言える純度の高い 1 曲。テラーコアと UK インダストリアルの中間的な「Feminine Feet」も Tripped の魅力が存分に発揮されている。Subversa の「Manipulated Terrorist」では、初期フレンチコアからの影響も感じさせるダークなサイケデリック感があり、中毒性が高い。

Tripped, Bula & Raw State

Int Zweet Ep
BadBack Records
ベルギー
2009

I:Gor とのユニット Kielce Terror Squad でも活動していた Bula と、Strike Records から名作を残している Raw State とのスプリット作。三者それぞれの個性が見事に繋がっており、全体的に一体感がある。Raw State の「My House」は、彼の特徴的な部分が現われており、2000 年中頃の Strike Records 周辺のハードコア・シーンの盛り上がりを思い出させる。Tripped 流の高速インダストリアル・ハードコアな「Corrupt」とアシッド色の強い「Zweetn Lik E Zwien」も大きなインパクトを残している。

Tripped

Infiltration
Rebelscum
ベルギー
2010

Strike Records や Cheeze Graterz からのシングル・リリースを経て、2010 年に Rebelscum から発表された 12" シングル。歪んだディープで太いキックを駆使した UK ハードコア / インダストリアル的なスタイルをベースに、ハード・テクノ的なサウンドも反映された名盤。小刻みに暴れまわるアーメン・ブレイクにアシッドが狂った様に高速で絡みつく「Infiltration」は、Tripped の特徴的な部分が上手く出た名曲だ。収録曲は全てクオリティが高く非常に素晴らしい。インダストリアル・ハードコアと UK ハードコアの最良のバランスを表現している。

Tripped & Khaoz Engine

Competition Is None Volume 3
Hong Kong Violence
ベルギー
2013

Tripped と同じくベルギー出身の Khaoz Engine とのスプリット 12" レコード。両者のコラボレーションによる「Het Wilde Western」は、2000 年代の様々なハードコアを飲み込んで作られた次世代のインダストリアル・ハードコア・スタイルが形となり、今までに無かった感覚がハードコアに落とし込まれている。それぞれのソロ・トラックもパワフルなハードコア・トラックで、今も十分にフロアを盛り上げるだろう。レーベル元である Hong Kong Violence のカラーにマッチした一枚。

Detest & Tripped

Hardcore to the Penis
PRSPCT XTRM ベルギー、ドイツ 2017

過去には二人とも Strike Records や Rebelscum、Hong Kong Violence といったレーベルからシングルを発表しており、サウンド面においても共通点の多かった二人によるコラボレーション・シングル。リリース当時から話題となったタイトル・トラック「Hardcore to the Penis」も素晴らしいが、Tripped の無骨で重みのあるキックとクレイジーなアシッドを、Detest のメタリックなグルーブに落とし込んだ「Revolution」も流石の仕上がりである。アートワークのインパクトも凄まじい。

Tripped

Motherf%cking Ninja
Motormouth Recordz ベルギー 2017

Subversa とのユニット Industrial Terrorists でのリリースや、[KRTM] とスタートさせた MadBack Records の運営、Hardshock Festival の Mix CD の担当など、活動の幅を広げていた Tripped が 2017 年に馴染み深いレーベルである Motormouth Recordz から発表したシングル。Tripped 印のゴリゴリとした無骨なキックが高速で突き上げてくる「Yatta B%tch」、[KRTM] をフィーチャーした「F%cking Zutsu」、キャッチーさのあるテラーコア・トラック「Motherf%cking Ninja」を収録。

Tripped

The Jungle EP
Toxic Waste Buried ベルギー 2017

I Hate Models、Tim Tama、TWAN といった注目アーティストの作品をリリースしているフランスの Toxic Waste Buried から、2017 年に発表された EP。インダストリアル・テクノ / ハードコアとテクノ・シーンのクロスオーバーが盛んであった時期に、シーンとフロアが求めるサウンドを抜群のタイミングで形にした意欲作。The Oustide Agency のリミックスに加えて、マスタリングは [KRTM] が担当しており、ハードコア的なアプローチが随所で活かされており、ハードコア・テクノのプロデューサーとしてのプライドを感じさせる、熱の篭った静かな激しさが魅力的だ。

Tripped

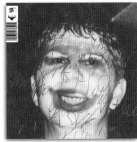

Y Tho
MadBack Records ベルギー 2017

タイトル・トラックの「Y Tho」はインダストリアル・ハードコアにオールドスクールな Rave サウンドを組み合わせたフロア直球のトラックとなっており、テクノやオールドスクール系の DJ にも重宝される 1 曲。続く「Fucking Child」では、The DJ Producer や DJ Akira などが開拓した UK インダストリアル / テラーコアの流れを受け継ぎ、独自の解釈を交えた王道でありながらも新感覚なハードコア・スタイルを提示している。そして、Drokz をフィーチャーした「Stay Awake」は文句無しのテラーコア・クラシック。Tripped の実力が証明された傑作である。

Tripped

Stronk EP　　　　　　　　　　　　　　　　ベルギー
MadBack Records　　　　　　　　　　　　　2018

90年代初頭のテクノやハードコアのエレメントを最大限に活用して作られたハイブリッド・ハードコア・トラックを収録したEP。ドラッギーでサイケデリックなシンセやアシッドに、フロアでの鳴りを考えて作られた精度の高いキックが合わさって生み出されたダンスフロアの為の音楽。ベルギーのタフでストイックなアンダーグラウンド・ミュージックからの影響が色濃く出ており、トラックから放たれる危なっかしい雰囲気もまた魅力的だ。ダンスミュージック、そしてRaveミュージックが好きであれば「Mariah on Acid」には無条件でテンションがぶち上がるだろう。

Delta 9 + Tripped

Shit Blizzard　　　　　　　　　　　ベルギー、アメリカ
Industrial Strength Records　　　　　　　2018

2018年にIndustrial Strength Recordsから発表されたインダストリアル・ハードコア/テラーコア界の異端児二人によるコラボレーション・シングル。ストイックにエクストリームなサウンドを追求している二人だからこそ、作り出せる真のハードコア・サウンドが凝縮されている。Delta 9のサタニックでブルータルなサウンドを、Trippedが上手くコントロールしてグルービーに仕上げている印象だ。今作はテラーコアよりの作風であるが、速度を落としたインダストリアル・テクノ/ハードコア・スタイルのトラックも是非聴いてみたい。

Tripped & 909 Junkies

Turn It Up　　　　　　　　　　　　ベルギー、アメリカ
MadBack Records　　　　　　　　　　　　2019

Berry Verschuren（Re-Charge）、Chris Navatta（DJ Narotic）、Jens Dewart（The Ctrl）による909 JunkiesとのスプリットEP。両者のコラボレーション「Super Semen」は、90'sハードコア/スピードコアのテイストを全面に出したオールドスクール・フレイヴァ溢れるトラックであるが、Trippedの味付けもあって現代的になっており、非常にユニークなサウンドになっている。Trippedのソロトラック「Fuckin' Uptempo」も、90年代と2000年代のハードコア・スタイルをミックスした皮肉交じりの面白いトラックだ。

Tripped

Passive Offensive　　　　　　　　　　　　ベルギー
Scuderia　　　　　　　　　　　　　　　　2019

イタリアのテクノ・レーベルScuderiaから発表されたEP。MadBack Recordsからリリースしていたハイブリッド・ハードコア・スタイルを更に押し進めており、今作はどちらかというとテクノ的な部分が大きく出ている。とはいえ、ハードコアが下地になっており、新しいアプローチをしながらも自身のコアなサウンドを貫いている。「Zwarte Piet（Don't Be Afraid）」ではいつものハードコア・スタイルも披露。このEPは、Tymonの『Eternal Return』と[KRTM]のSSSPCRシリーズと並んで2019年のトピックであった。

Tripped インタビュー

インタビュー：梅ケ谷雄太
翻訳：バキトマ堂 渡邊太一

Q：ご出身はどちらですか？どういった環境で育たれ、音楽に出会いましたか？
A：出身はベルギーの北西部にあるコルテマルクという小さな町。その町のさらに郊外に住んでいたから、大都市のような所からは大分離れた片田舎だったね。不思議なことに、そんな小さな町だったにも関わらず、少数ではあったけれど、オルタナティブな（電子）音楽をこよなく愛する人達のコミュニティがあったんだ。Subversa、X&Trick、Igneon System とか、皆そこで育ったんだ。ベルギーには、「ユース・カフェ」と呼ばれる文化があって、それは小さなローカル・イベントをやったり、安全でリラックスした環境でただビールを飲んだり音楽を聴けるというようなスペースなんだ。小さかったけれど、レゲエ、ドラムンベース、テクノ、アシッド、ハードコア・テクノのシーンがあって、イベントをやっている人が沢山いたから、コルテマルクに住んでいた時は、そういう場所で色んな人との出会いがあった。

Q：あなたがハードコア・テクノと出会ったのはいつ頃ですか？
A：周りの人に影響を受けて、15 歳の時に DJ を始めた。その前、僕はスケボーや自転車に乗っていることが多かったけど、音楽やミキシングにハマった時はもう、本当に引き込まれちゃったね。当時はドラムンベースの DJ をやっていた。12 歳（1999 年）頃からハードコアを主に Thunderdome の CD で聴いていたんだけど、その時は若すぎてよく理解出来なかったから、最初にハードコアを聴いていた期間は割と短かったと思う。ヒップホップ、ロック／メタルとか、様々なエレクトロニック・ミュージックという具合に、色んなスタイルを聴いていた。それは今でもやっていることで、聴く音楽は年々さらに多様になってきているね。
数年、ローカルイベントで DJ をやった後、友人を通してアンダーグラウンド・ハードコアを知ることになったんだ。フランスにとても近いところに住んでいたから、最初に聴いたのは Micropoint 系の音で、Deathchant のようなレーベルの音源。特に Epileptik。少しずつ、ドラムンベースのセットとも BPM 的に合いそうなハードコアのレコードを地元のレコード屋で買うようになった。その内、段々とハードコアの世界にハマって行って、とにかく色んなスタイル、BPM、サブジャンルがあって、気が付いたら自分でも制作してみたいと思うぐらい中毒になっていたんだ。それ以来、その道まっしぐらだね。

Q：Tripped として活動をスタートさせた時、ベルギーのハードコア・シーンはどういった状況でしたか？活動当初、どういったクルーや DJ 達と共演していましたか？Tripped の活動をスタートさせた時、あなたはどういったビジョンや目標を持っていましたか？
A：当時のシーンはとても盛り上がっていて、毎週末のように、複数のパーティーが開催されていたんだ。ラインアップの構成は大体、ブリープ・テクノで始まって、そこからアシッドコア、ブレイクコア。その後にハードコアというような流れ。正直、あの時代に戻りたいよ！あと、知って欲しいのは、80 年代後半から 90 年代前半まで、ベルギーはイベントが延々と続くような伝説的なクラブやパーティーのメッカだったんだ。正に現代の音楽の原型となったような、新しい電子音楽ムーブメントの最先端を行っていたんだ（例えば、R&S Records）。悲しいことに時間が経つにつれて、面白いイベントはほとんど無くなってしまったね。特にここ 10 年位。直接的な原因としては、多くの会場がつぶれるか、政府に閉鎖された事や、イベントの前後に警察が現れるようになって、お客さんが怖がるようになった事。あとは、最近エレクトロニック・ミュージックが多様化していることによって、それぞれのクルー自体が小さくなったのも影響しているのかもしれない。それで、元々オーガナイズされたイベントやクラブに行っていた人の多くは、フリーパーティーに移って行ったんだよね。
僕自身がハードコア・シーンに関わるようになったのは、2004-5 年頃で、地元の pro-tek というクルーの一員になったんだ。Hyperaestasia、Hardcore Manifest とか、

後々 Coretemark というようなイベントをやっていた。その後、別の地域に移住してからは、1999 年から伝説的なアンダーグラウンド・イベントをやっていた Noisy Bastards の活動に参加するようになった。最初は、あまり目標というものはなくて、とにかく楽しむことだけを考えていた（今でもそれが主なモチベーションとなっている）。

気が付いたら、2007 年に初のアナログ盤のリリースをして、同じ年にさらに二枚出すことになったんだ。それからブッキングがどんどん入るようになって、よりシリアスな感じになって行って、趣味が仕事に変わってしまったという具合なんだ。

Q：最初に買った機材は何でしたか？ 楽曲制作方法はどの様にして学んでいきましたか？

A：2017 年までは主に制作はデジタルでやっていた。駆け出しの時は寝室をスタジオとして、ノートパソコンで作業してたんだけど、始めからちゃんとした Fire-wire のサウンドカードを用意したね。ハードウェア的なものは、それ一つあれば良い音質が作れる。あとは、いくつか MIDI コントローラーを使ったり、Kaoss Pad 3 を買った位。当時は今みたいにチュートリアルの動画が沢山あった訳じゃないから、大体 DAW で実験したり、いじったりして自分で覚えたんだ。今でも、自分の耳を使って音楽を解剖してみるということが一番色々と学べると思う。

Q: あなたの音楽はインダストリアル・ハードコアにカテゴライズされますが、それについてどう思われますか？ あなたにとってインダストリアル・ハードコアの定義とは？

A：僕の音楽の一部は、確かにインダストリアル・ハードコアだと思うけど、特定のスタイルに分類されたり、レッテルを貼られるの

は好きじゃないんだよね。自分の音を作るということが一
番大事だけど、同時に色んなことを試してみるということ
も重要だと思う。それが成長に繋るし、音楽に興味を持ち
続けさせてくれる。今まで制作してきたのはアシッド、テ
クノ各種、ダーク・エレクトロ、インダストリアル、初期
のハードコア、ブレイク系、テラーコア等々。これはほん
の一部だけどね。僕にとって、インダストリアル・ハード
コアは、主にスローで荒削り、ダークでディストーション
が効いた音なんだけど、最近だとお決まりのスネアが入っ
たような、速いハードコアがそう呼ばれることが多いから、
解釈や時代によって定義というのは変わってくるものなん
だと思う。それに、個人的な捉え方もあると思う。自分にとっ
ての定義というのは、他人にとっては違うこともあるしね。
繰り返しになるけど、僕は何でもレッテルを貼るというこ
とが嫌いなんだ。なぜかというと、個人的には、良い音楽
とは、ジャンルの境界線をまたいで、同時に色んなスタイ
ルに触れるようなものだから。

Q:[KRTM] との出会いとあなた達のレーベル MadBack
Records が生まれるまでの経緯を教えてください。当初の
レーベルのコンセプトは？

A：Casimir（[KRTM]）と初めて会ったのは、2008 年
に Dominator 行きのバスを待っている時だった。僕のことに気付いて、話しかけてきたんだ。その頃は
既には色んなところで出演していたからね。確かその時にデモ CD を渡されて、後で聴いてみたら、とて
も興味を惹かれたんだ。彼の制作技術にはとてもポテンシャルを感じたし、その時既に、後の [KRTM] を
象徴するようなディープなキックの音が入っていて、なんだか自分のトラックにも似ているように感じたん

Laura Marijn Photography
lauramarijnphotography.com

Industrial Hardcore

だ。それ以来、連絡を取り合うようになって、音楽以外でも懇意にしている。彼が言うには、駆け出しの時は僕の音楽にインスピレーションを受けて、ハードコアを作るようになったらしいんだ。それはとても光栄だけど、次第に彼はどんどん自分の道を歩むようになって、常に自分の音を形作る為に新しいインスピレーションを追い求めている。正直なところ、最近 Casimir は他を追随させない 独創性があって、本当に尊敬しているよ。彼の新鮮なテクノの作り方や、俯瞰的なビジョン、アートや制作を通して、インスピレーションを与え続けてくれる存在だ。

Madback Records はその前に運営していたレーベル Badback Records から派生したんだ。Casimir は自分の新たなスタイルを見出す為に、数年休暇を取った後、ようやく復帰することになった時に、彼の音楽をリリース出来る場所がなかなか見つからなかったんだ。彼にとって、音楽だけじゃなくて、アートでも自分をフルに表現するということが本当に重要だったんだ。ハードコアのレーベルの多くが、全体的な雰囲気とか、アートワーク的には合わないと感じていたみたい。その時、僕はちょうど自身のレーベルを刷新しようと考えていたから、彼も参加しないかと誘って、表現の場を与えてみたんだ。運が悪かったのと、法律的な縛りもあって、元々契約していた流通会社と関係を解消するにあたって、レーベル名を Madback Records に変えなければならなかった。Casimir が経営に加わって、それから色んな新しいスタイルの音楽を制作したり、ロゴも変えることになったから、今振り返るとレーベル名を変更したのは必然的だったのかもしれないね。Madback のコンセプトは、当時も今

でも、クリエイティブなアンダーグラウンド・ミュージックをそのまま伝えること。BPM やスタイルはあまり気にしていないけれど、他のレーベルと同じような音になるのは嫌だから、既存の枠組みに囚われない音作りが出来るアーティストが好きだね。レーベルとしては、インダストリアル、ドゥームコア、アシッド、テクノや初期のハードコア／テラーコアを主に取り扱っている。特色は、深くて有機的（アナログ）な音。

Q: 現在あなたが楽曲制作で使用しているメインの機材は何ですか？ 楽曲制作はどういった順番で進めていますか？

A：最初から一貫して FL Studio を使っている。VST プラグインもかなり使っているね。あと、何年も前に揃えた KRK Rokit 8 モニター が二台。最近はアナログ機材もかなり取り入れているんだけど、現在一番頻繁に使っているのを幾つか挙げると Soundcraft Signature 12 ミキサー、Roland TR-09 ドラムマシン、Roland TB-03、Behringer Neutron、Moog Dfam & Mother 32、Arturia Beat Step Pro、Roland Alpha Juno 2、Behringer MS-1 (Roland Sh-01 のクローン機)。あとは、Korg Volca Bass と Korg Volca FM もしょっちゅう使っている。操作が楽しいし、生録音モードで簡単に良いシーケンスを録れるんだ。大体それを色んなディストーション・ペダル(RAT や Boss 等)とリバーブを通す。それで、即興で録音して編集、再サンプリングして、DAW を使ってデジタルでアレンジをするんだ。いつもは機材を使って、即興でセッションをしたのを長めに録音して、それを後々、色んな

トラックに使っていく為に保存しておいて、アイデアが浮かんだらそこからループを選んでから、それに合うようなキックドラムを作って、そこから制作して行くという感じだ。

時によってはキックドラムから制作することもあるけど、作ろうとしている音楽のスタイルによるね。ハードコアに関しては、大体キックドラムから入るんだけど、テクノはパーカッションとかシンセの音で最初に雰囲気を作るところから始めるんだ。あ、それと僕の「秘密兵器」は Subpac だね。発売された時に真っ先に手に入れて以来、周りのアーティストにも勧めまくって、それで使いだしたという人が結構いるんだ（The DJ Producer、Akira等々）。今や無くてはならないアイテムだね。ベースを「体感」させてくれる。要は、聴こえないサブウーファー。ここ5年程使っているんだけど、比較的小さい音量でも、キックドラムのインパクトとか、耳が聴こえない周波数まで本当に身体で感じることが出来るんだ。ガツンとね！昔はスタジオの中を走り回るように、音の反射を避ける為に、部屋の隅々まで色んなところに立ってみたり、音質を確かめる為に色んな部屋や違うスピーカーで音を出したりしていたよ。もうそんな煩わしいことはしなくて良くなった。

Q:「Fuckin' Uptempo」について。この曲はどれ位シリアスなものなのでしょうか？ あなたはアップテンポについてどう感じていますか？ 一時期、ハードコア・フェスティバルのインダストリアル・エリアにアップテンポが混じったと聞きましたが、それは結果的に双方のジャンルに良い反応を起こせたのでしょうか？

A：まあ、僕が知る限り、アップテンポはあまりインダストリアル系の人達の間では人気が無いと思うんだけれど、そのフェスでは確かアップテンポとテラーコアが混じっていたんじゃないかな。どちらにしても、個人的にはあまり好みじゃないし、無論、ステージは分けるべきだと思う。このジャンルは、新しい世代の人達の間で人気があるから、彼等にとって受け入れやすいんだと思う。あとはアップテンポを制作する新人のプロデューサーが多いね。最近出ているアップテンポ作品の制作のクオリティが低いのは、それが理由かもしれない。個人的な意見としては、とても単純で創造性が感じられない。そういう曲を作っている人の多くは、スピード出世を狙ってのことだと思うんだけど、それがこの時代の悲しい現実だよね。そういうのって、ハードコア・シーンだけじゃなくて、あらゆる所にある気がする。もちろん、SNS が大きな要因になっている。重要なのは、音楽と自分自身の成長なんだ。だから、僕はもう物理的なリリースしかしたくない。十分過ぎるほど長い間、デジタルの時代を追ってきたけど、数年前からはアナログ盤が出ないなら、リリースはしないと決めたんだ。昔のやりかたに戻ったということ。

そうだ。僕の曲、「Fuckin Uptempo」のことだけど、別にアップテンポをディスりたかった訳じゃないんだ。それでも、解釈の余地は十分残すのが、僕のスタイルなんだけど。アップテンポ重視のラインナップで、最後のシメにこの曲をかけたりすると、愉快な気持ちになっちゃうね（笑）。そもそもこの曲が出来たのは、同じボーカルを使用した DJ R-Shock のトラックが好きで、それに手を加えたいと思ってやったんだけど、リリースしたタイミングが絶妙だったよ。

Q: あなたは今までに数十枚のレコード /EP をリリースしています。その中で、特別なお気に入りの曲はありますか？

A：かなり難しい質問だね。僕にとって音楽を作るという事は、感情や不満、その時その時の創造意欲と繋がっているものなんだ。作品を完成させた直後は、嬉しくて誇らしいことが多いけど、年月が過ぎると、完成したばかりの時と同じぐらい好きな作品と、色あせてしまう作品に分かれる。もう何回も聴きすぎて、飽きてしまうということもあるのかもしれないけど。だから、最もお気に入りの作品を選ぶとなると、割と最近の作品ばかり挙げてしまうことになると思う。なぜなら最近の作品であるほど、現在の自分の趣向や、音楽的な発達に近いから。それでも、「U.S.A.Holls」や「Serial Wanker」のようなトラックは、よく Tripped の代表作だと言われることがあるし、現在に至るまで、僕も気に入っている。最近の作品では、「Stronk」「I Like Them Heavy On The Meat Flaps (Facking Cants)」「Cuming」「Dance with Me」「Trouser Snakes」「Wheel Of Foreskin」「Drop Stuff」のようなトラックがお気に入り。今のところは。

ストイックにダンスミュージックとしてのハードコアを追求

Tymon

- Industrial Strength Records、Hard Electronic
- 2006
- 🌐 オーストラリア
- https://SoundCloud.com/tymonmusic

卓越したプロダクション・スキルによってハードコアとテクノやシュランツをブレンドさせた迫力のあるノイジーなトラックで、ハードコア・ファンから DJ/ アーティストといった同業者からも支持されるオーストラリアのプロデューサー。2006 年に Industrial Strength Records からデビュー作『Distort Reality』を発表し、本格的にプロデューサーとしての活動がスタート。翌年に同レーベルからシングル『Feed』と『Untitled』をリリース。重厚でリズミカルなノイズを駆使したハードでダンサブルなスタイルを形成する。Industrial Strength Records を拠点にシングルを定期的にリリースしていき、2009 年に Thunderdome の Mix CD を Panic と Partyraiser と共に担当し、Tymon はインダストリアル・ハードコア・シーンの最前へと上り詰める。Negative A、Andre Frauenstein、Stormtrooper、Waldhaus とのコラボレーションや、Sarin Assault、Satronica、Ophidian、The Horrorist といった重鎮達に提供したリミックスも多くの DJ 達によってプレイされた。インダストリアル・ハードコアと平行して、Hard Electronic からのテクノ寄りのシングルをリリースしていき、ハードコアとテクノの混合スタイルを推し進めていた中、2018 年にはインダストリアル・テクノ・シーンのトップ・アーティスト Perc にリミックスを提供。翌年には Perc Trax からのシングルや [KRTM] とのスプリット、Blvckplvgue のコンピレーションへの参加などで、テクノ・シーンにおいても Tymon は重要な存在へとなっている。

Tymon

Untitled オーストラリア
Industrial Strength Records 2007

2007 年に Industrial Strength Records から発表された 12" レコード。浮遊感のある歪んだメロディとリズミカルなビートの展開が印象的な「NT002」や、ハード・テクノとインダストリアル・ハードコアをミックスしたテッキーな「Punk Bitch」、分厚く重いキックが叩き込まれる暴力的な「End of Eternity」など、初期 Tymon の魅力が上手くまとまった名作。2019 年に Perc Trax からリリースされた『Eternal Return』に通じるハードコアとテクノの混合スタイルが、この時点で形となっている。

Tymon / The DJ Producer

Never Look Back / the Difference Between オーストラリア / イギリス
Killing Sheep Records 2011

Killing Sheep Records の 10 周年を記念して作られたスプリット作。ダークでハードなドラムンベースを主体とした Killing Sheep Records のレーベルカラーに合わせた、ハードコアとドラムンベースを掛け合わせたハイブリッド・トラックを提供している。Tymon はスカルステップの残忍性をインダストリアル・ハードコアに落とし込み、ワブルベースも巧みに使ったミクスチャーなトラックを披露。The DJ Producer は、ディープなキックと硬いアーメン・ブレイクを用いた UK ハードコア・スタイルでドラムンベースやブレイクコアの要素も反映させている。

Tymon & Waldhaus

Indust We Trust オーストラリア / ドイツ
Industrial Strength Records 2012

IST Records や Crowbar Recordings、Artillery などのハード・テクノ / シュランツ系レーベルから作品をリリースしている Waldhaus とのコラボレーション EP。以前にも両者はコラボレーション・トラックを作っていたが、今作ではお互いの世界観とサウンドをガッチリと組み合わせた新種のハード・サウンドを作り上げている。今作でのシュランツやハード・テクノをインダストリアル・ハードコアとミックスしたトラックは、今聴き返してもまったく古さを感じさせず、リリース当時と変わらず強烈なサウンドを鳴らしている。ハードコアよりではあるが、ハード・テクノ系のファンにも是非聴いて欲しい。

Tymon

Fuck You Pay Me オーストラリア
Industrial Strength Records 2013

Tymon のインダストリアル・ハードコア・スタイルが頂点を極めた名作。デビュー当時から自身のコアなサウンドとスタイルを持っていたが、今作によって Tymon の作りだすトラックは更に唯一無二のものへとなった。以前よりも、キックは厚みを増しており、ダンスミュージックとしてのグルーブも磨き上げられている。アナログ感のある歪みと現代的な電子音に、オールドスクールなインダストリアル・テクノの雰囲気も感じさせる「Derange @155」、シュランツとインダストリアル・ハードコアの理想的な混合スタイル「Dead Evil」など、全曲素晴らしい。

Tymon & Negative A

Scrape EP
オーストラリア / オランダ

Industrial Strength Records 2013

DNA Tracks からのリリースで御馴染みのインダストリアル・ハードコア・アーティスト Negative A とのコラボレーション EP 第二弾。両者の高いプロダクション・スキルと、暴力的なサウンドが融合した傑作。両者の得意技とも言える部分が上手く重なり合っており、無駄が一切無く、ひたすらノイジーなキックが打ち鳴らされる正真正銘のインダストリアル・ハードコア・トラックを生み出している。Tymon が持っているブルータリティを Negative A が引き出しており、Tymon のテッキーでダンサブルな要素が Negative A のダークでドゥーミーな世界観に新しい色を付け足している。

Tymon

To the Wire
オーストラリア

Hard Electronic 2017

2015 年にスタートした Industrial Strength Records のテクノ・レーベル Hard Electronic から発表されたシングル。初期の頃からテクノのエッセンスを反映させたダンサブルでテッキーなハードコアを作っていたが、今作では Tymon のテクノ・サイドが本領を発揮しており、これが後に彼がテクノ・シーンで活躍していくきっかけとなったのかもしれない。タイトル・トラック「To the Wire」は、インダストリアル・ハードコアとテクノの中間的なトラックで Tymon にしか作れない絶妙なバランスが魅力的だ。[KRTM] をフィーチャーした「Dead Sky」も完璧である。

Tymon

Rituals of Distortion: Chapter 3
オーストラリア、ドイツ

Industrial Strength Records 2017

2016 年にスタートした『Rituals of Distortion』シリーズの第三弾。ストイックなインダストリアル・ハードコアの中に、突如差し込まれるトランシーでキャッチーなメロディに驚かされる「Subwoofer」、Tymon の歪みの美学が凝縮された「Nose Job」、Detest をフィーチャーした「Gangsta Bitch」ではヒップホップ・サンプルを使ったグルービーな UK インダストリアル的なスタイルを披露。3 曲共に Tymon のハードコア・サイドを存分に味わえる。『Rituals of Distortion』の第一弾と第二弾も同等にハードコアな内容なので、気になった方は是非チェックして欲しい。

Tymon

Eternal Return
オーストラリア

Perc Trax 2019

ハードコアとテクノをクロスオーバーさせている重要レーベル Perc Trax から発表された Tymon のシングル。彼がデビュー当初から追求していたハードコアとテクノの混合スタイルの完成系とも言える内容。長年に渡ってクリエイトしてきた重厚な歪みとキックを、テクノのグルーブで包み込んでおり、テンポが落とされた事によって一音一音の重みを見逃さずに受け止める事が出来る。キックと同じく、全体を支配する高品質なノイズも、他のテクノ系アーティストには作れない重みと厚みが感じられる。ハードコア / テクノ・シーンに新たな流れを生み出す重要な作品である。

ブレイクコア、メタルのブルータリティをハードコア・テクノに

DJIPE

- ◎ The Third Movement、Deathchant、Noisj.nl LTD
- 🕙 2013　　　　　　　　　　　　　　　　🌐 オランダ
- ✉ https://SoundCloud.com/djdjipe

オランダを拠点に活動している Jasper Gilissen のハードコア・プロジェクト。ブレイクコアやドラムンベースの要素を取り込んだトラックに、メタルやミクスチャーロックのサンプルを多用した容赦ないブルータルなスタイルでハードコア・シーンで異彩を放っている。2013 年に初の単独作品『Dedicated』をNoisj.nl LTD から発表し、本格的に活動を開始。Razor Edge とのコラボレーション・シングルを経て、2014 年に Deathchant から 12" レコード『Untitled』と Murder Channel から EP『Tinnitus』をリリース。オランダやベルギーでのライブを重ねていき、期待の若手アーティストとして頭角を現していく。その後、Abused Recordingz や Bang a Rang からリリースした EP がクロスブリードやブレイクコアのリスナーからも絶賛される。同時期に自身の SoundCloud にて公開した DJ Hazard のドラムンベース・クラシック「Mr Happy」をハードコアにリミックスしたブートレグ・トラックが大きな話題を集め、ハードコア・シーン以外の DJ 達もプレイし、DJIPE の存在は一気に広がった。DJIPE のブートレグ・リミックスは高い評価を受けており、Tomcraft、Noisia、Oathbreaker、DJ Bike、I Am Oak、Sub Focus といったドラムンベースからエレクトロ、メタル、ハードコアまで様々なジャンルの楽曲をリミックスしている。The Mars Volta や Karnivool、Lustmord といったポストロックやプログレッシブ・メタル、そしてブレイクコアをルーツに持っている事もあり、一筋縄ではいかない展開と複雑に打ち込まれたビートを駆使したトラックは、ハードコア・シーンに新しい流れを巻き起こしている。

DJIPE

Untitled	オランダ
Deathchant	2014

DJIPE にとって初となる 12" レコード作品。UK ハードコア / インダストリアル・ハードコアを軸に、ブレイクコアやフレンチコアの要素をミックスした若々しくフレッシュなスタイルを披露している。ラップやスクラッチを多用したダンサブルなトラックから、スカルステップとヒップホップのビートを巧みに取り込んだバウンシーなトラックなど、Deathchant のレーベルカラーにもマッチしている。既に独自のハードコア・サウンドを獲得しており、荒削りながらも今の DJIPE に繋がるメタリックでブルータルな要素も垣間見える。

DJIPE

Mystery Kick	オランダ
Monsters of Doomcore	2014

Nekronomikon や The Peoples Republic of Europe も過去にシングルをリリースしていたドゥームコア・レーベル Monsters of Doomcore からのシングル。通常は 200BPM を超えるインダストリアル・ハードコア + ブレイクコアのハイブリッドを制作していた DJIPE だが、今作では DJIPE 流のドゥームコアを完成させている。BPM が遅くなった分、重量感が増してテクノ的なグルーヴも掴んでおり、DJIPE のダークな側面が通常の作品よりも深く表れている。この路線の作風をもっと聴いてみたい。

DJIPE

Tinnitus	オランダ
Murder Channel	2014

筆者のレーベルである Murder Channel から 2014 年 12 月にリリースした EP。ブレイクコアとスカルステップの要素を強めたファットで、ブルータリティのあるハードコア・トラックを 4 曲収録。硬い拳で殴り続けられる様なガバキックと、ローファイで厚みのあるアーメン・ブレイク、メタルミュージックからの影響が反映されたスカルスネアなど、殺傷力が高い素材を存分に使って表現される脅威的なハードコア・トラックは、ハードコアとブレイクコア層方のファンを存分に満足させてくれる。ホラーコアの代表格 Necro をサンプリングした「Sadist」は、DJIPE の初期クラシックだろう。

DJIPE

Untitled	オランダ
Abused Recordingz	2014

Ladyscraper、I:Gor、Tymon、Khaoz Engine のリリースでブレイクコアとハードコアをクロスオーバーさせていたベルギーの Abused Recordingz から 2014 年に発表されたシングル。Abused Recordingz のデジタル作品は Audio Sickness の Web でしか購入出来なかったのもあって、今作は熱心なファン以外からはあまり知られていないかもしれないが、DJIPE のブレイクコア色の強いハードコア・スタイルを存分に味わえる名作である。『Tinnitus』路線が好きな方は是非チェックして欲しい。

DJIPE

Misophonia
Bang a Rang オランダ / 2015

ブレイクコア・シーンで最も有名なレーベルの一つである Peace Off の
ハードコア専門レーベル Bang a Rang からリリースされた 12" レコー
ド。今作では、インダストリアル・ハードコアとブレイクコア、スカルス
テップにドラムンベース / ニューロファンク的なエッセンスも付け足され
ている。Linkin Park「Blackout」を大胆にサンプリングしたタイトル
もそのままな「Blackout」や、ドラムンベースのドライブ感をハードコ
アと混合させた「Deathmatch」など、ハードコア / クロスブリードの
DJ 達に重宝されるトラックばかりである。

DJIPE

Core Differentials EP
The Third Movement オランダ / 2015

現在では The Third Movement の看板アーティストの一人として認
識されている DJIPE が、同レーベルから始めて発表した EP。Korn
「Falling Away from Me」を大胆にサンプリングした「Beatdown」、
前作『Misophonia』で披露したクレイジーでハイスピードなニューロファ
ンク・スタイルをアップデートさせた「Hood Shit」、Papa Roach「Last
Resort」をサンプリングした「Infest」が収録。全曲凄まじいインパク
トと破壊力がある。今作以降、DJIPE は The Third Movement から多
くのマスターピースを発表していく。

DJIPE

Reject Religion
The Third Movement オランダ / 2015

The Third Movement からの EP リリース以降、DJ Promo のア
ルバム『Analog Mind in a Digital World』へのリミックス参加や
Hardshock、Defqon.1、Decibel といったフェスティバルにも出演を
果たし、ハードコア・シーンを賑わせていた DJIPE が抜群のタイミング
で発表した EP。当時の DJIPE が持っていた勢いがトラックに反映され
ており、前作よりもブレイクコアやスカルステップの要素も多めに出てい
る。今の DJIPE に通じるブルータルでマッスルなハードコア・スタイル
が完成しつつある。

DJIPE

People=Pigs
The Third Movement オランダ / 2016

ロウで鋭い歪みを持った硬質な DJIPE 印のアーメン・ブレイクとガバキッ
クが乱舞するドラゴンボールネタの「Turtle Devastation Wave」、
重心の低いパワフルなインダストリアル・ハードコア「Constantly
Consuming」、ニューロファンクを取り込んだグルービーな「Alone
With the Machines」など、全体的にプロダクションのレベルが洗練さ
れたトラックが収録。カオティックでブルータルなサウンドに磨きがか
かっており、DJIPE が新たなフェーズに突入したのを感じさせる。今作
のリリース後すぐに初来日し、東京と大阪でライブを披露した。

DJIPE

World in Distress
The Third Movement — オランダ — 2017

メタルとインダストリアル・ハードコアに、ドラムンベースとブレイクコアを掛け合わせた DJIPE のハイブリッド・スタイルが一つの頂点を極めた傑作シングル。エモーショナルなボーカルのサンプルにマッシブなガバキックとアーメン・ブレイクがぶつかり合い、リスナーの心を勇み立たせる「Emotionless on Request」は Thrasher や The DJ Producer も頻繁にプレイした事もあり、DJIPE の名をハードコア・シーンにさらに広めた名曲である。DJIPE のクレイジーでプログレッシブな部分が本領を発揮した「The Daily Grind」も見逃せない。

DJIPE

Artificial Destroyer
The Third Movement — オランダ — 2018

以前よりもリリースペースは落ちたものの、作品を重ねる度に格段にレベルアップしていき、大型フェスティバルの常連アクトにもなり、The Third Movement のトップ・アーティストとしてインダストリアル・ハードコア・シーンをリードしていた DJIPE が 2018 年に発表したシングル。自身のコアなスタイルを崩さずに、ブルータリティとエクストリームなサウンドを追求しながらも、ダンスミュージックとしての機能性も過去に比べて高くなっている。インダストリアル・ハードコアという枠組みでは収まりきらない DJIPE のスタイルに、ハードコア・ファン以外も反応を示していた。

DJIPE

Trouble in Paradise
The Third Movement — オランダ — 2019

イントロの美しいメロディと女性ボイスから一転して、恐ろしいまでにハードなキックが大暴れする「Mysterious Details」と、リズミカルなビートに消え入りそうな物悲しいボーカルをサンプリングした「City of Ash」を収録。両曲共にポストロックやプログレッシブメタルといった彼の音楽的ルーツがハードコアに落とし込まれ、エモーショナルさとブルータリティが見事に溶け合っている。以前、DJIPE が『アレックス』『マーターズ』『イレイザーヘッド』といった映画をフェイバリットに挙げていたが、このシングルを聴くとそれも納得出来る。

DJIPE + The Purge

Reset
The Third Movement — オランダ — 2019

ロウスタイル / ハードスタイル系アーティスト The Purge とのコラボレーション作。この頃、インダストリアル・ハードコア・シーンで人気も実力もトップ・アーティストの仲間入りを果たしていたが、今作で DJIPE のキャリアは更に高みへと昇った。「Reset」は核兵器並みの破壊力を持ったキックが、容赦無く連続で叩き込まれ、爆風に吹き飛ばされてしまう様な感覚になる。何度聴いても笑ってしまいそうになる位のハードさだ。DJIPE は今後このトラックを越えるものを作れるのだろうかと思ってしまう位に究極的だが、DJIPE は昔から常に進化し続けて来たのできっと自身のハードコア・サウンドをまた更新するのだろう。

DAANOS
Fotografie

DJIPE インタビュー

インタビュー：梅ヶ谷雄太
翻訳 :Numb'n'dub

Q：ご出身はどちらですか？

A：オランダの南側で、ちょうどドイツとベルギーの国境線沿いのマーストリヒト出身。今でもずっとそこに住んでいるよ。

Q：音楽に興味を持ったキッカケは？　最初に買った CD を覚えていますか？

A：11 歳の頃にラジオでエレクトリック・ミュージックに出会って、fantasy fm というドイツのダンスミュージックの番組を毎晩夜更かしして聴いてたよ。番組を録音して翌日もウォークマンでよく聴いてたな。懐かしくて良い思い出だ。最初に買った CD だけど、はっきりとは覚えてなくて、多分何かのトランスのコンピレーションだった。当時オランダでも大流行してたからね。

Q：あなたの音楽からはメタル系のバンドミュージックからの影響を感じます。ダンスミュージックを聴きながら、メタル系のバンドミュージックも同時に聴かれていたのですか？

A：11 歳頃から 15 歳位までずっとトランスばかり聴いていた。それからメタルに出会って、それ以降はめっきりメタルだったね。ループがメインのエレクトリック・ミュージックと比べてハードな演奏だし、それとスクリーム・ボーカル。すぐに虜になったよ。

Q：あなたのお気に入りのメタル系バンドを教えてください。

A：一つだけ挙げるのはかなり困難だけど、幾つか挙げるとすると、Tool、Meshuggah、Rivers of Nihil、The Mars Volta、Pallbearer、Frontierer かな。

Q：楽曲制作を始めたのはいつ頃からですか？　最初に使った機材は？　過去にバンド活動をされた事はありますか？

A：音楽制作を始めたのは、確か 14 歳の頃だったかな。現在の制作では FL Studio をずっと愛用しているよ。特別難しい事はしてないけど、思うがままにカチカチやってる。残念ながらバンド経験は無いけど、いつかバンドをするのが未だに夢だね。いつの日かボーカルで叫んでいるところか、ドラムを叩いてる姿を見て貰いたいよ。

Q：ハードコア・テクノの存在を知ったのはいつですか？　ハードコア・テクノを聴いた時の第一印象は？

A：多分、16歳位だね。その頃から、ここら辺の地元ではハードスタイルやハードコアとかのパーティを頻繁にやってて、それらのパーティーへ遊びに行き始めた。一瞬だけメインストリームのハードコアが好きになった時期もあったけど、すぐに冷めてしまったな。DNA Recordsとか昔のTieumのようなハーシュインダストリアル・ハードコアにどっぷりハマってたし、シュランツみたいなビート、難解なビートが本当に好きだったね！

Q：DJIPEの名前の由来は？

A：DJIPEという名義の由来がちょっと変わっていてね。特にかっこいい話じゃないんだけど、小さい頃からよく、Jasper（本名）じゃなくて、Jabbeってみんなから呼ばれてて、それが気がついたら、なぜかDJIPEになってたんだ。南の方は特に独特の訛りがあるからそういう流れもあると思うよ。それか、ドラッグでキマってそうなったのかもな（笑）。

Q：DJIPEからはブレイクコアのエッセンスを非常に強く感じます。あなたはブレイクコアからどれ位影響を受けていますか？

A：正しくそうだね！　ブレイクコアには凄く影響を受けたよ。シーンはかなり縮小しちゃったけど、未だにハードコア・テクノより好きだからね。だから、DJIPEでもっとプロフェッショナルになりたくて、キック、ブレイクのバランスを考えながらも完璧なものを求めていたよ。

Q：2012年前後にはクロスブリード的なトラックも制作されていましたが、クロスブリードやドラムンベースからの影響は？

A：そんなに好きな訳じゃなくて、8割のクロスブリードのトラックは速すぎて同じループばかりですぐに飽きちゃうんだよね。そこまで激しくもないし。自分はもっと発見があったり、エネルギーに満ち溢れてるものを求めてしまうから。でも、ブレイクビーツや激しいキックが好きな客の多くにとっては、クロスブリードはとても受け入れられているなとも思うよ。個人的には、それよりもジャングル、ドラムンベース、ブレイクコアみたいな常にぶっ壊れる音楽の方が好みだけどね。

Q：DJIPEとして、初のレコード『Untitled』を2014年にDeathchantからリリースされました。このリリースが決まった経緯を教えてください。

A：Deathchantからレコードをリリース出来て本当に嬉しかったし、感謝でしかなかった。ハードコア・テクノを作ってる全員にとっての夢だからね。でも、個人的な意見としては、短絡的なトラックが多いイメージはあるね。もうかなり昔のサウンドに聴こえるよ。もし、今聴いてもDJIPEを代表するようなサウンドではないな。

Q：その後、私のレーベルMurder Channelから『Tinnitus』というEPをリリースしてくれましたが、今作のコンセプトやテーマは何だったのでしょうか？

A：日本のレーベルからリリース出来るのは本当ありえないことだったよ。まさか想像もしてなかったからね。Deathchantからのリリースみたいに、凄く良いキャリアになったから感謝してるよ。収録したトラックも今聴いたら少し前に感じるけど、丁度まだ音作りを始めたばかりだったからね。でも、トラック全体の雰囲気は今も凄く良いと思うよ。

Q：2015年に、インダストリアル・ハードコア・シーンのトップレーベルであるThe Third Movementから『Core Differentials EP』をリリースされました。以降、あなたはThe Third Movementの独占となっていますが、独占契約にはストレスを感じませんか？

A：僕はThe Third Movementの大ファンだからね。彼等から話があった時は、二言返事でOKしたよ。独占契約で話はきたんだけど、The Third Movement自体が凄く良心的なレーベルだし、自分にとっては特に大きな問題ではなかったな。

Q：音楽制作のプロセスを教えてください。使用されている機材は？

A：最近はタイトルかボーカルから作り始めることが多い。特にダークで怪しい感じのね。それからビートとアンビエンス・パートの音を足していく作業工程だよ。作業自体は全部ヘッドフォンで、Beyerdynamic 770、FL Studio 9をメインで使用していて、Focusriteのインターフェースを使ってる。主にサンプリングとOzone + Trash vstを使うだけだね。

Q：あなたのアーメン・ブレイクはとても個性的ですが、どういった処理を施しているのでしょうか？

A：自分でちゃんとカットアップして、とにかくディストーションを多用するね！

Q：音楽制作において最も重要視している部分は？

A：メタルを聴いてる時と全く変わらない気持ちで、常識の壁をぶっ壊したいと思わせるようなものを作っている時、それはまさに自分にとっての正解で、みんなが一度聴いたら忘れないようなものにする為に、全エネルギーを注ぎ続けることだよ。

Q：DJIPEがリリースしたブートレグ・リミックスをどれも非常にクオリティが高く人気でした。ブートレグ・リミックスを作る時に大事にしていた事は？

A：ブートレグはもう作らなくなっちゃったけど、大切なのはオリジナルのバイブスをキープしつつ、ドロップにあっと驚く展開を盛り込むということだね。

Q：あなたの音楽にはブルータリティがあります。そのブルータリティの源は何でしょうか？

A：ハードコアな音楽はブルータルであるべきだと思うよ。今よりも昔のほうがインダストリアル・ハードコアはよりブルータルだった。ほとんどのインダストリアル・ハードコアのアーティストは音がクリーン過ぎるし、どういう展開か予想も出来てしまう。使ってるサンプルも微妙で正直、聴いてて疲れてしまうというかね。個人的には他のハードコア・アーティストにもブルータルさを求めてしまうんだ。だから、それを自分でやってやろうと始めたといっても過言ではないよ。

Q：あなたは今も昔もメタル・バンドからサンプリングしてトラックを制作されていますが、ハードコア・テクノのフォーマットでメタル・バンドと同じブルータルなサウンドを作り出す事は可能だと思いますか？

A：幾つかのトラックはかなり近いものになってきてるって思うけど、誰かのシャウトを使ったり、楽器を使った方がもっと簡単にブルータルに出来るからね。その差はあると思う。

Q：DJIPEはインダストリアル・ハードコア、UKハードコア、クロスブロードというスタイルに当てはまると思います。どのスタイルが最もあなたの音楽にフィットしていると思いますか？

A：ここ最近は、ずっとブレイクコアなテイストのインダストリアルなハードコアって感じだと思う。

Q：音楽以外に興味のある事は何ですか？

A：カクテル、ゲーム、ムエタイにミーム。友達と一緒に旅したり、遊んだりかな。

Q：現在のハードコア・シーンをどう思いますか？

A：とてもガッカリしてるんだ。以前はもっとオリジナルでヤバイ音楽を作ってたアーティストが沢山いたけど、今は代わり映えのない音でありきたりなパーティ向けのメインストリームなハードコアばかりするようになってね。オリジナリティのあるプロデューサーも出てこない。だけど、これは新しいハードコア・アーティストを熱心に探したり、最近シーンで何が起こっているのかを調べていない自分が悪いだけなのかもしれないけど。

Q：今後、目標としている事はありますか？

A：新規の場所も含めて、もっといろんな場所でプレイしたいね！

インダストリアル・ハードコアからメインストリームに仲間入り

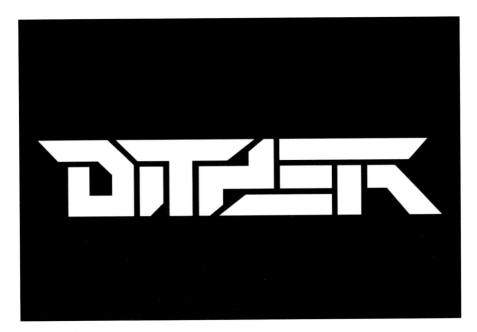

Dither

◎ Broadband Noise、The Third Movement、PRSPCT XTRM
🕘 2009 年　　　　　　　　　　　　🌐 オランダ
📧 http://SoundCloud.com/ditherproductions

オランダはロッテルダムを拠点に活動している Maarten Westra のソロプロジェクト。
10 代の頃から DJ としてのキャリアをスタートさせ、イリーガル・パーティーなどで活躍。数年後に楽曲
制作を始め、2009 年に自主製作リリースにて Dither 名義のアルバム『Broadband Noise』を発表。
2011 年に Nekrolog1k Recordings からのシングル・リリースで注目を集め、Meathook Recordings
や Tainted Audio からも楽曲をリリース。インダストリアル・ハードコアにミニマル・テクノやドラムンベー
スをミックスしたハードコア・スタイルで、Dither はインダストリアル・ハードコアとクロスブリード・シー
ンで人気を高めていく。その後、Industrial Strength Records や PRSPCT XTRM からのリリースを経
て、2015 年に自主レーベル Broadband Noise から発表した『The Architect』でその人気を確実なも
のにした。
The Outside Agency、N-Vitral、Dr. Peacock、Warface、D-Version といったハードコア・シーンのトッ
プクリエイター達とのコラボレーションやリミックス制作と並行して、EDM シーンでも人気のビッグ・ルー
ム系レーベルである Barong Family からの EP リリースや Wiwek & Mike Cervello、Yellow Claw &
Juyen Sebulba へのリミックス提供でメインストリームのダンスミュージック・シーンからも支持を受け
ている。近年は The Third Movement からのシングルがヒットしており、Masters Of Hardcore から
もシングルを発表した。

Dither

Epic Failure EP	オランダ
Nekrolog1k Recordings	2011

Nekrolog1k Recordings から 2011 年にリリースされたシングル。インダストリアル・ハードコアの影響を強く受けたノイジーで重いクロスブリード・スタイルで、Gancher & Ruin や AK-Industry と近いスタイルであるが独特な鋭さのある歪みが個性的だ。他とは違った柔軟なビートを展開しており、既に自身のコアなスタイルを確立している。後に、Nekrolog1k とサブレーベルである Agnost1k Recordings からも強力な EP/ シングルをリリースしており、そちらも見逃せない内容となっている。

Dither

Digital Chemistry / Adopted to the Dark	オランダ
PRSPCT XTRM	2013

Tainted Audio や Industrial Strength Records からハイクオリティなトラックのリリースを行い、インダストリアル・ハードコアとクロスブリード・シーンで支持を集めていた Dither が 2013 年に PRSPCT XTRM からリリースした初の単独 12" レコード。今作にて、Dither のハードコア・スタイルが極められた印象があり、説得力も以前よりも格段に増している。2 曲共にクラブトラックとしての完成度が非常に高い。Dither にとってターニングポイントとなった作品ではないだろうか。

Dither

Taught to Kill	オランダ
Industrial Strength Records	2014

Industrial Strength Records からは 4 作目となる Dither の EP。この頃の Dither スタイルを象徴する無駄をそぎ落としたシンプルで無骨なハードコア・トラックを 3 曲収録。ストイックに突き進む強靭なハードコア・トラックからは、ハード・テクノといったジャンルとも通じる部分を見出す事が出来る。音と音の隙間やビートの展開からは、クロスブリードを制作していた頃に得た経験が上手く反映されている様に思える。それによって、ハードな部分を強調しつつもダンスミュージックとしての機能性がさらに高まっている。

Dither

The Architect	オランダ
Broadband Noise	2015

自身が主宰するレーベル Broadband Noise から 2015 年に発表したフルアルバム。ダンスミュージックとしてのグルーブとサウンドを強調した次世代のインダストリアル・ハードコア・スタイルは、大規模なフェスティバルや Rave で映えそうなトラックばかりである。インダストリアル・ハードコアのエレメントを反映させたダークでノイジーなクロスブリードは、The Outside Agency と並んで非常にクオリティが高い。どの曲もインパクトがあるが、「Sustainable (Interlude)」での泣きメロや、ラガネタの「Pull 'Em」が素晴らしい。

Dither

Bang / Intellectual Desires / Lights Out
PRSPCT XTRM オランダ 2016

ファットなキックとスネアに押し潰されそうになる「Lights Out」や「Intellectual Desires」など、PRSPCT のカラーに合わせたマッシブで破壊的なハードコア・トラックを披露している。使っているサンプルやビートの展開が以前よりも派手さを増している様に感じられ、後に Dither が作り出していくメインストリーム寄りのハードコア・スタイルへの伏線が現れている。翌年にリリースされた PRSPCT の 15 周年コンピレーションでは、The Outside Agency と Mindustries とのコラボレーション・トラックも披露している。

Dither

Full Throttle
The Third Movement オランダ 2018

Baby Cham や Ragga Twins をサンプリングしたハイボルテージなハードコア・トラック「Raggacore」と、DJ Jappo 名義でもお馴染みの Unexist の「Attack」を Dither がリミックスした 2 曲入りシングル。「Raggacore」では、クロスブリードのエッセンスも絶妙に交えており、グルービーで厚みのあるベースラインが印象的だ。ラガマフィンとハードコアのダーティーさが抜群の相性を見せている。ヒップホップ・サンプルを巧みに使った「Attack (Dither Remix)」はオールドスクール・ハードコアっぽさもあり、90 年代のハードコア・ファンにもオススメ出来る。

Dither

Hardcore Rave EP
Barong Family オランダ 2018

ハードスタイルやエレクトロ・ハウスなどのビッグ・ルーム系のトラックをリリースしている Yellow Claw のレーベル Barong Family から 2018 年にリリースされた EP。Mad Decent からもリリースしている Cesqeaux とのコラボレーションを含む 4 曲入り。ビッグ・ルームの要素を大幅に取り入れたカラフルでダンサブルなトラックには、Dither がストイックなインダストリアル・ハードコアやクロスブリードを作っていた頃から聴いていたファンは衝撃を受けただろう。だが、真のハードコア・クリエイターで無ければ作り出せないサウンドを活かしたユニークなトラックは刺激的でクオリティも高い。

Dither

The Prophecy
The Third Movement オランダ 2018

ユニークなミュージック・ビデオでも話題を集め、様々なハードコア DJ 達がプレイしていたヒットチューン「The Prophecy」と、The Third Movement や Industrial Strength Records からのリリースで披露していた Dither のインダストリアル・ハードコア・スタイルをアップデートさせたパワフルな「Abnormality」を収録。2 曲共に Dither が近年クリエイトしていたサウンドが凝縮されている。今作からすぐにリリースされた N-Vitral との「Hammer Dance」もヒットし、Dither は 2018 年のハードコア・シーンを大きく揺るがせていた。

オルタナティブ・ハードコアを牽引する注目のUSアーティスト

Kilbourne

◉ Meta4、Industrial Strength Records、Casual Gabberz Records
🕐 2014　　　　　　　　　　　　　　🌐 アメリカ
✉ https://Kilbourne.bandcamp.com/

Meta4 や Industrial Strength Records などの名門ハードコア・レーベルから EP をリリースし、Casual Gabberz Records や Parkingstone といった次世代レーベルへの参加でハードコア・シーン以外からも熱いサポートを受け、現行のオルタナティブ・ハードコア・シーンを代表する存在として活躍している期待のアーティスト。
2010 年代中頃から活動をスタートさせた Kilbourne は、当初からジャンルレスなスタイルを展開しており、アメリカのダンスホール系レーベル Mixpak のコンピレーションへの参加や、ジャージークラブをベースとしたシングルを Bastard Brigade から発表。2010 年代後半からストレートなハードコアにフォーカスしていき、自主リリースした EP『Sourland』や Casual Gabberz Records のコンピレーション参加を経て、2018 年に Meta4 からリリースした EP『Evnika』でハードコア・シーンで注目を集める。翌年には、Industrial Strength Records からの EP リリースや、Satronica と 909 Junkies のリミックスを制作。Kilbourne と並行して、グラインドコア・バンド Trophy Hunt のボーカリストとしても活動。Code Orange の Shade とのコラボレーション・アルバムや Jesus Piece のリミックスも手掛け、メタル / ハードコア・シーンとダンスミュージック・シーンを繋ぐ存在にもなっている。
最近では Marc Acardipane の『The Most Famous Unknown』にリミキサーとして参加し、Fact のミックス・シリーズにハードコアのミックスを提供。Post Rave シーンとも共鳴しながら、新しいハードコアのスタイルを提示している。

Kilbourne

Sourland
アメリカ
2016

自身の Bandcamp にて発表した 5 曲入り EP。ジャージークラブや
ハードスタイル、ビッグルーム的な派手やかなメインストリーム寄りの
ハードコア・スタイルがメインとなっている。だが、「Angelfish」には
Kilbourne が後に開拓していく、メタリックなハードコア・スタイルの原
型とも言える部分があり、彼女の情熱的なハードコア・スピリットはこの
頃から出来上がっていた。この EP が発表された年に Boiler Room にも
出演しており、その時の DJ プレイも必見である。彼女の Bandcamp に
て公開されている『18 Songs』と合わせてチェックするのをオススメ
する。

Kilbourne

Evnika
アメリカ
Meta4
2018

Kilbourne のキャリアを大きくステップアップさせた重要作。名作揃い
の Meta4 の中でも、異質な作品であり、次世代インダストリアル・ハー
ドコアのマスターピースの一つ。今作以前に Kilbourne がクリエイトし
ていたダンスミュージックの要素が活かされ、それによって通常のハード
コアには無い、独特な雰囲気と音の鳴り、そして世界観がある。純粋にハー
ドコア・トラックとしてのレベルも高いが、プロダクション面よりも、ト
ラックの構成や音の背景に引き込まれる。モダンなハードコア・パンクや
メタルをインダストリアル・ハードコアと融合させた様な「Red Melt」
は Kilbourne だからこそ作れたのだろう。

Kilbourne

Bloodrave: Music from Blade
アメリカ
2018

1998 年に公開されたアメリカのヴァンパイア・アクション映画
『Blade』をテーマに作られた 5 曲入り EP。インダストリアル・ハー
ドコアのトラックに、劇中のセリフなどを入れ込み、自身の音楽で映画
の世界観を再現しようとしている。映画『Blade』がダンスミュージッ
ク界隈でも非常に人気なのは、今作のタイトルにもなっている有名な
Bloodrave シーンがあるからだろう。詳しくは、RBMA が 2019 年に
制作した Bloodrave シーンに関する『Acid over Hollywood』という記
事を読むと解かる。

Kilbourne

NJ Terror
アメリカ
Industrial Strength Records
2019

90's テラーコア・スタイルをベースに Kilbourne のアグレッシブな
側面が激しく映し出された EP。彼女と比較的に世代が近いと思われ
る Tripped のテラーコアとも近いが、リリース元である Industrial
Strength Records を含む、アメリカの伝統的なエクストリームなハー
ドコア・テクノの息吹が受け継がれており、アートワークにもそれが現れ
ている。Kilbourne は 909 Junkies のリミックスや DJ Narotic との
コラボレーションも行っており、テラーコア勢からも支持を集めている。

Jesus Piece

Punish (Kilbourne Remix)	アメリカ
	2020

圧死する様な重さを持った容赦ないブルータルなサウンドで日本でも人気のバンド Jesus Piece のオフィシャル・リミックス。Kilbourne もバンドマンだけあって、ギターやボーカル素材の使い方がとても上手く、バンドの持っているブルータリティを維持したまま、メタリックなハードコア・リミックスを完成させている。Jesus Piece のドラマーである Lu2k はハードコア・テクノやガバを DJ でプレイしており、Kilbourne とのコラボレーション・トラックを Casual Gabberz Records のコンピレーションに提供している。

Doxa & Kilbourne

Ham Shop	アメリカ
	2020

NY を拠点に活動している Doxa とのコラボレーション作。自主制作の7" レコードもリリースされている。ハードウェアに焦点を当てた作品となっており、厚みのあるキックが印象的なテクノ・トラックを収録。今作の紹介文に書いてある「ハードであるがソフト」という通り、通常のテクノよりも歪んだサウンドと力強いキックであるが、聴きやすく耳障りが良い。Minimal Violence の作風にも近い印象を受ける。初期 R & S Records のハードコア・テクノにも通じるレイビーなサウンドで、オールドスクール・ファンにもオススメである。

Kilbourne, Nekronomikon, PLEXØS

Pain Becomes Pleasure	アメリカ
Nekro Editions	2020

Industrial Techno United からのシングルでテクノ・シーンでも知られるフランスの Nekronomikon とのスプリット作。12" レコードも作られており、Nekro Editions からリリースされている。Kilbourne は PLEXØS とのコラボレーション・トラックとソロ・トラックを提供。モダンなインダストリアル・ハードコアにテラーコアのエッセンスも交えている。インダストリアル・テクノ的な「Dropping Plenty Ravers」は、Kilbourne の美的センスが音に現れた妖艶でフェティッシュなトラックで引き込まれる。

Kilbourne

Pillsurfer	アメリカ
Casual Gabberz Records	2020

ここ数年、Kilbourne がハードコア・シーンで置かれていた立ち位置を音として表したシングル。2020 年代のハードコア・テクノを具現化させた新しいサウンドが広がっており、とても現代的なダンスミュージックでもある。インダストリアル・ハードコアに様々な要素を乗せて煌びやかにした「Cultivar」が特に素晴らしい。この曲も Kilbourne だからこそ、作れたのだろう。クラブのフロアで爆音で浴びるのもいいが、じっくりとヘッドフォンで聴いて浸るのにも向いている。今作によって、ハードコア・テクノはまだまだ進化するのを止めていないのが証明されている。

Kilbourne インタビュー

インタビュー：梅ケ谷雄太
翻訳 :L?K?O

Q：出身地はどこですか？　あなたはどういった
環境で育ち、音楽と出会いましたか？

A：私はニュージャージー州ホープウェルのサ
ワーランド山で育った。実家は森の奥深くにあ
り、キツネ、アライグマ、タカ、フクロウ、それ
にポーチからクマも見えたし、周りには沢山の農
地と保護された荒野が広がり、辺り全てが緑だ
らけだった（葉が木から落ちた時、それはまる
でブレアウィッチの森そのものだったよ）。祖父
はオペラの作曲家で、祖父が「魔弾の射手（Der
Freischütz）」を完成させた時に、小道具の3
体の骸骨の射手を屋根裏部屋の馬（の置物）に乗
せて飾っていた。町へは車で10分だけど、かな
り眠気を誘う。さらに運転すると、沢山のモール
がある。ニューヨークは比較的近く感じ（電車で
1時間強）、母は毎日通勤していた。

朝起きた時に階下で両親が音楽を聴いていたのを
今も憶えている。2人はあらゆるジャンルの音
楽、クラシック、フォーク、ラップ、パンク、ロッ
クなどを流していた。そういった健全なCDとレ
コードのコレクションを持っていて、私が最初の
ラップトップを手に入れた時、とても熱心にCD
をハードドライブに取り込んだよ。私達が眠りに
つく前、父は毎晩私と弟に歌ってくれた（時々、
母もそれに加わっていた）。8年生の時に初めて
父と一緒にコンサートに行き、Interpol（NYの
ロックバンド）を見た。高校の上級生達もそこにいて、マジか！って感じで、彼等に見つかったら、どうやっ
て父を隠そうかって考えてた。高校では、沢山の音楽を聴いていたけど、特にパンクとクラストに夢中だっ
た。初めてエレクトロニック・ミュージックに触れたのは、Justice の初の US ツアーを見た時。彼等（の
ステージ）にはマーシャルアンプが積み重ねられた巨大なシステムがあり、完全にぶっ飛ばされたよ。その
後まもなく、友人と私はニューヨークとフィラデルフィアの Rave やコンサートに定期的に通い始めたん
だ。

Q：ハードコア・テクノと出会ったのはいつ頃ですか？

A：私にとっての最初のハードコア・トラックは、2007年、9年生の時に聴いた Bass-D and King
Matthew の「Like a Dream」。これは本当にハッピーなトラックだけど、私が気に入ったのは歪んだキッ
クドラムだった。友人が Bonkers の Mix CD シリーズを貸してくれて、3枚目のディスクは全てハード
コアだった。それで、Lenny Dee、Ophidian、Neophyte、Promo といった（シーンの）建国の父
の様なアーティスト達を初めて聴いた。当時、私はこの新しいサウンドを完全に理解したとは思えない。リッ
チなエレクトロニック・ミュージックのパッチワークの中にある、もう一つの素敵な広場のように感じたけ
ど、友人のカーステレオ以外に、どこで聴けばいいのか解らなかった。

Q：Rave に始めて行ったのはいつですか？　始めての Rave はどういった体験になりましたか？

A：初めて参加した「本物の」Rave がどれであったかを思い出すのに苦労しているよ。16歳の時に
行った BikesIn the Kitchen show での、素晴らしい開放感が記憶に残っている。ラインナップは
Ninjasonik、Cerebral Ballzy、Juiceboxxx など。私は天国にいた。汗まみれの巨大な倉庫で、ダ
ンスフリークのクラウドに飲み込まれていたんだ。他のラインナップも非常に豊富で、DJ と共にラッパー

やパンクバンドがいて、ジャンルの垣根を打ち破ることは何か生産的でエキサイティングなものがあると確信した。

Q：Kilbourne の音楽にはインダストリアル・ハードコアの要素が強く現れています。あなたにとってインダストリアル・ハードコアの魅力とは何ですか？　オランダやヨーロッパ以外の US インダストリアル・ハードコアにも影響を受けていますか？

A：その通りだね！　私にとってインダストリアル・ハードコアは、ディストーションとノイズへの熱狂的な関心と、工業化された世界の美意識を表している。全てのハードコアは、サウンドをオーバードライブする事に主な喜びを共有しているけど、私にとってインダストリアル・ハードコアは、トラックを音楽と機械の間の不気味な谷へと導く第2のディストーションのレイヤーを加えていると思う。Ophidian as Raziel または Enzyme のカタログの一部は、フィルタリング、ディストーション、サチュレーションなどによるヒネリがあり、「ベースライン」や「ハイハット」と呼ぶにはあまり適さない、簡単に定義出来ないサウンドになっている。Ophidian as Raziel の『To Sing of Desecration』は、多くの Meta4 のカタログ（Forsaken Is Dead も私のお気に入り）と共に、私にとって本当にインスピレーションを与えてくれる作品だ。初期の Industrial Strength Records のカタログからも多く引用している。そのぶっ飛んだ、騒々しくて、メカニカルな音が大好きなんだ。

Q：あなたは Trophy Hunt というバンドでも活動していますが、バンド活動はいつから行っているのですか？

A：Trophy Hunt では二年近くボーカル（と幾つかの電子楽器）を担当している。過去 10 年間、グラインドコアとハードコアのバンドで演奏してきたけど、グラインド、スクリーモ、ブラックメタル、クラストの完璧なバランスを実現したのは、このバンドが初めてだ。私達はもうすぐ新しい 7" インチをリリースし（買うべきだよ、なぜなら私が録音したこのレコードのみのハードウェアジャムが聴けるので）、初のフルレングスの LP『The Branches on Either Side』をレコーディング中。これは私がほとんどの歌詞を書いた最初の大きなプロジェクトで、これらの曲を非常にカタルシス的に作り上げてきた。このバンドは、隔離期間中のライフラインだった。週に一回、練習で叫ぶようなフィジカルなことをすることで、Ableton を何時間も見つめているだけの休眠状態から抜け出すことが出来る。時が来たらこのレコードのツアーが出来ることにとても興奮しているよ。

Q：あなたの音楽ルーツの中にクラストコア／グラインドコアがあることは興味深いです。そのジャンルのメンタリティは、あなたの中の Rave ミュージック／カルチャーのメンタリティと、どの様に繋がっていますか？　グラインドコアのスピーディーな部分は、Rave ミュージックに繋がると思います。しかし、クラストコアと Rave ミュージックはその文化的背景からも繋がりを見出しづらいですが、その二つにも何かしらの繋がりがあると思いますか？

A：あなたが言ったように、繋がりの大部分は速度。グラインドとモダンなクラストが演奏可能な限りテンポを押し上げる方法が好きで、それと同様であるハードコアが大好きだ。あなたがほのめかしているクラストと Rave ミュージック間の緊張感は、Rave を中心に発展してきた巨大なビジネス要素によるものだと思う。フリーテクノの様な、これに替わるものがあり、パンクはイデオロギー的に純粋ではないけど、クラストはダンスミュージックにはない反資本主義 / ラディカルな文化としての評判を維持していると思う。とはいえ、どちらのジャンルも音楽をライブで体験することに重点を置いていて、クラストと Rave は実際にはそれぞれの文化に共感する方法であり、どちらも自分の体やクラウドとのフィジカルな関わりを促進している。これは、この音楽を理解するための重要な側面だね。

Q：あなたのオールタイムベストの Top 5 を教えてください。

A：うわー、これは不十分になるだろうけど：

Stephen Schwartz「The Burning Bush」（映画『The Prince of Egypt』から）
　　私は映画のサウンドトラックとテーマ、特に信仰、犠牲、超越にまつわる壮大な曲が大好き。この曲は確実に私を泣かせるし、Industrial Strength Records からリリースした自分の EP で（「Honey」）サンプリングしている。

Ophidian「Butterfly V.I.P.」
　　クレイジーな Ophidian のこれらの曲（Ophidian&Ruffneck「So Many Sacrifices」、Lenny Dee「Forgotten Moments（Ophidian Remix）」「Angel」など）もここに入っていてもおかしくないけど、生々しい感情と繊細さという意味で、これ以上の曲はある？

Panopticon「En Hvit Ravns Død」
　　私はこのダブルアルバムの全てが大好きで、本当に親密な捨て曲のないブラックメタルだよ。

The Strokes「Hard to Explain」
　　家族の友人が、私が 9 歳の時にクリスマスに発売されたこの CD をくれた。Julian は天才的なブラザーだ。

Burial「Come down to Us」
　　本当に絶妙なタイミングとサウンドのコラージュ。これは、友人の Marci と John の LA を見下すプールで初めて聴いた。深遠さの真逆のとても滑稽なサンプルが好き。

Q：Kilbourne 以前にも電子音楽は制作していたのですか？　あなたが電子音楽を作ろうと決めた理由は？

A：Kilbourne は私の名字なんだけど、Ableton Live をいじり始めてから数か月後に、アーティスト名にすることにした。当初は Ableton を DJ に使用することに興味があって（ハウスパーティーでプレイ出来るようにしたかったんだけど）、プレイする音楽が増えるにつれて、トラックがどのように作られているのか知りたくなり、それが自分に作れるか、より良く出来るかなどと思うようになった。私はエレクトロニック・ミュージックが大好きで、それを作れるようになることは、新しいレベルの親密さのように感じた。

Q：Kilbourne はいつ始まったのですか？　このプロジェクトにコンセプトはありますか？

A：大きな目標は友達の為に DJ をすることだったと思う。これは 2010 年で、ウェズリアン大学に通い始めたばかりの頃。私は音楽のコントロールフリークで、まるで Aux コードを支配する為に生きているような感じで、そして DJ は誰かの車の YouTube のキュー（ボタン）を掌握することのパンプアップバージョンのように感じていた。私は音楽に取り組んでいない時はタトゥー・アーティストをしているけど、そんな時ふと、自分が聞きたいものを誰かに数時間聞かせることは、すべて潜在意識的なスキームなのだろうかと思う自分がいる。制作は私にとって（それとは）全く異なる。それはある種の表現や流動的なコミュニケーションを実現すること。ハードコア・テクノが大好きで、自分的に最もユニークで本物のハードコア・テクノをものにしたいと思っている様に、それはアートフォームに対する非常に自己言及的な愛なんだ。

Q：2018 年にあなたは Meta4 から EP『Evnika』をリリースしました。この作品がリリースされるまでの経緯を教えてください。

A：私が Meta4 にデモを送った時は、正直全く期待していなかった。彼等に書面を送ることに害はないと思ったけど、彼等が私の EP を受け取るかは定かではなかった。『Evnika』を作る為に Sacerdos Vigilia、Somniac One、Exome による、より最近の EP と併せて、最初の Meta4 のコンピレーションと Tieum & Ophidian『La Chronique du Chat et du Chien』を熱心に聴き込んでいた。だから返事が来て驚いたよ。Meta4 は幾つかの同業他社のレーベルほど、多作ではないけど、私の考え

Industrial Hardcore

では Meta4 は使い捨てのリリースを行わず、品質に細心の注意を払っている。だから、ハードコアで最も興味深い人々の一人によって運営されている、このややとらえどころのないレーベルからEP をリリース出来たのは、自分にとってとても大きく感じた。その熱心なファン層のお陰で、多くの人が私の音楽を初めて聴いて、トラックを本当に注目して貰えたんだと思う。

Q：あなたの音楽やビジョンは新しいオルタナティブなハードコアだと言えます。そのようなスタイルや姿勢になったキッカケはありますか？

A：あなたの使う「オルタナティブ・ハードコア」というフレーズを気に入っている。他に何人かがそのフレーズを使っていると聞いたけど、インダストリアル・ハードコアが全ての「奇妙な」または「レフトフィールド」ハードコアの総称になったことによる必然的な要求に応えたものの様だね。私がもたらすスタイルや態度が何であれ、それは DIY やパンク、そしてラディカルな文化に負うところが大きい。私は専門家やマーケットの知恵に任せるよりも、音楽の実用的な解決策を見つけることに興味がある。私は忠実さを重んじるようになり、ミキシングとエンジニアリングの感性を向上させたいと心から願っているけど、音響的に非の打ち所のない、しかし概念的には当たり障りのないトラックよりも、とっ散らかった傑作に常に憧れる。現代のハードコアの一部（特にアップテンポ／ピープキック／フェスティバルトレーラーの掻き集めの狂乱と差別化を計ろうとする類いのハードコア）は、感情的／概念的な偉大さをロスし、制作品質ばかりを強調しすぎていると思う。

Q：あなたが影響を受けたというフィリークラブとは何でしょうか？　これは音楽スタイルにもなっているのですか？

A：私が最初に作った音楽の幾つかはフィリークラブ・ミュージックだった。これはジャージークラブと同様に、90 年代と 2000 年代のボルチモア・クラブによって築かれた枠組みから発展した地域固有のハウスのスタイルなんだ。これ（フィリークラブ）は通常、これら三つのジャンル（140 〜 180BPM）の中で最速で、オーバードライブキック、チャンティングボーカル、サイレン、ブレイクビーツ、およびミキシングとマスタリングへのアグレッシブでバキバキなアプローチを備えている。それはハードコアのように聞こえるよ！　多くのフィリークラブのプロデューサーが、このジャンルに大きく依存するハードコア・テクノやクラブミュージックを制作しているのは偶然ではないはず（RaEazy、SirPHresh、Get Em & 2Live、GoHard、Shocker などの名前をチェックしてみて）。私はもうクラブミュージックを作っていないけど、それでも大ファンだよ。あなたが奇妙で歪んだ速い音楽が好きなら、あなたもそうかもしれないね。

Q：あなたは曲を作る時に何を最も重要視していますか？　BPM やジャンルのセオリーをどれ位意識していますか？　それはあなたにとって時にストレスになりませんか？

A：お気に入りの曲の多くは、シンプルなアイデア（リフ、ドラムマシンのジャム、新しいプラグインまたはテクニックのテスト走行）から始まる。私は木を叩いている女の子のバズ動画をキックにするというアイデアから、『Evnika』を（作り）始めた。「Pillsurfer」という曲の私のアイデアは、誰かをドン引きさせることなく、リードの「ガチャン」（という金属音）をどれほどまでに不快に出来るかというものだった。そうは言っても、私は過剰なプランニングの餌食になる。10 秒間の素材を入手するなり、トラックのジャンル、音のテイスト、ペースをすでに想定してしまうんだ。多くの場合、クローズエンド（条件固定）のアイデアは、オープンエンド（自由選択）のアイデアがそうではないところに行き詰まる。

私はジャンルのオタクだけど、スタイルを完全に模倣することは警戒している。90 年代の Drop Bass Network のアシッドコアが大好きなんだけど、25 年後（の今）、（当時とは）異なる社会的および地理的文脈の新たな価値観で音楽を作成しているので、模倣ではなくエミュレーションと再解釈に力を注いでいる。私は通常、BPM にコミットすることを嬉しく思う。私はサウンド、特にキックドラムやパーカッショ

ンラインのバウンス（※）を沢山行うけど、Ableton のワープ後は、パンチのあるサウンドは（バウンス前と）同様にはヒットしない。

※バウンスとは、複数のトラックやエフェクトを掛けた音をまとめて１ファイルとして書き出す作業

Q：ハードコア・シーンではキックのプロダクションが非常に重要となってきますが、あなたがキックを作る時に一番気をつけていることは何でしょうか？

A：細心の注意を払って作られていない、直感的なもの、それが私にとっての美しいハードコア・キックだ。サウンドに磨きをかけるには、やらなければならない厄介な工程が山ほどあるけど、実験段階はとても楽しい。何か斬新な音が自分をヒットするまで微調整することが。それは、原音の性質や音色、わずかに遅れたサブ（の音声）の様な異なる要素のタイミング、その（音の）対話における要素のいずれかであるのかもしれない。私はキックドラムを作るのが大好きだけど、「完璧なキック」を作ることには全く興味がない。むしろ、本物のキャラクターを備えた奇抜なものや異常なものをゲットしたいと思っている。聴いてから数ヶ月も頭の中にこびり付いている様なキックは常にクレイジーなものだ。

Q：音楽制作において最も楽しいと感じる瞬間は？

A：友達に聴かせること。ルームメイトを自分の部屋に引きずり込んで、一日中没頭して制作したものを聴いて貰ったり、ライブをしたり、友達にアイコンタクトして「これが今の私よ！」と合図を送ったりするのが大好き。エレクトロニック・ミュージックがとてもソーシャルで、制作で感情が高ぶるのが正にそれを反映している。それに近いのはトラック制作の二日目で、全てが素晴らしく新しく聴こえると思う。翌日それを聴いて、聴くもの全てに幻滅するとは思いもよらない。

Q：『Bloodrave: Music from Blade』について。なぜ、映画『Blade』にフィーチャーした作品を作ったのでしょうか？

A：『Bloodrave: Music from Blade』は、私が 2017 年に映画『Blade（1998）』のスコアを作曲し直すという、より大きなプロジェクトからもたらされたリリースだった。基本的には、2001 年の映画の 6 チャンネルのオーディオファイルを使用して、Ableton にドラッグし、台詞は残しながら、元のスコアと場面に関係のない音を削除し、すべてをオリジナルの音楽でやり直した（ハードコア・テクノに重点を置いている）。『Evnika』の曲の初期バージョンが、私が以前にリリースした他の音楽に使用した多くのスケッチやリフと一緒に映画全体に登場している。『Matrix』の様に、『Blade』は映画におけるダンスミュージックのクオリティーと、アクションと SF を中心に展開するストーリーをガイドする為に、エレクトロニックミュージックを使用する術を本当に理解している映画だ。Bloodrave のシーンでの、（New Order の）「Confusion」という曲の Pump Panel（によるリミックス）のアシッド・トラックも有名だね。アメリカとヨーロッパの映画祭や劇場で『Blade』のリスコアを公開し、ハーバード大学のゲストスピーカーとしてプロジェクトについて発表した。このプロジェクトは、その音楽がドラマチックなこともあり、ナイトクラブだけでなく、その美学によってハードコアが映画的であるという思いを強くした、未だに私の中で尾を引いているものだよ。

Q：『QUARANTINETAPES_vol2』が生まれた経緯を教えてください。Shade とはどのようにして出会ったのでしょうか？　『QUARANTINETAPES_vol2』は即完売した為、今も入手が困難ですが、今後何かしらの形で聴く事は可能になりそうでしょうか？

A：友人の Seth が 2014 年に Shade のバンドのレコード『I Am King』を教えてくれて以来、私は Code Orange のファンなんだ。やってやる！って気分になったら、タイトル・トラック（I Am King）を DJ セットでプレイするし、最近 DJ Narotic とコラボした曲ではこのレコードの他の部分をサンプリングしてる。Shade と私は、Lu2k として活動している友人の Luis を通じて連絡を取った。Luis はガバヘッドで、メタリック・ハードコアバンドの Jesus Piece でドラムを叩いていて、Code Orange とも繋がっていた。Luis は私と Shade を繋げてくれたんだけど、私の心の中では彼等（Code Orange）はイケてるロックスターの様な存在だったので驚いたよ。そして私は Shade が隔離中に、一連のコラボレーション・テープをやっていたことを知った。Code Orange がインダストリアルとニューメタルのエレクトロニックサウンドをハードコア・パンクにブレンドする方法が大好きだったので、一緒に仕事をするのはとてもエキサイティングだったね。ほとんどの場合、30 分の大きな Ableton のファイルを、完成したと感じるまでお互いで共有 / 交換していった。数年前に始めたソロの EBM プロジェクトの多くの構成とサウンド、そして立ち往生していたスローコアとドームコアのトラックの幾つかを利用している。現時点で

は、Shade のデジタル・リリースの計画は分からない。聴けないことへの欲求不満（どちらも数分で完売した）は承知しているけど、その短命さには魅力的なものがあると思う。

Q：ここ数年のアメリカにおけるハードコア・テクノの状況についてはどう感じていますか？

A：アメリカのハードコアの未来にはワクワクしている。過去 5 年間でパーティーや文化が成長し、ますます多くの人々がより熱心になり、シーンを本当に支えてくれると思うし、新しいプロデューサーが沢山出てきている。私の友人の Lu2k は、本当にヤバいオールドスクールと繊細なハードコアを沢山作っていて、まもなく一緒に作った EP がリリースされるよ。PLEXØS はユタ州出身の素晴らしいプロデューサーで、彼の音楽なしで DJ セットをプレイすることはめったにない。同じくニューヨークを拠点とする Aiden は、まだリリースされていないけど、とてもアンチコアなバイブスの素晴らしいインダストリアルとスピードコアのレコードを作った。Dani Rev、99jakes、Nurse、そして現在、全米中の他の多くの人々が、パワフルで狂ったハードコアを作っているよ。

Q：アメリカでもオランダやヨーロッパのようにテクノとハードコアはクロスオーバー化していますか？現在、アメリカでハードコアをサポートしているのはどういった人々ですか？

A：商業的に採算の取れるヨーロッパの様な大規模なスケールのハードコアはアメリカには無いけど、活気に満ちたシーンと熱狂的なフォロワーがいる。ここでのハードコア・パーティーは、若いクィアクラブのキッズ達、90 年代のニューヨークのハードコア・シーンを見てきた不機嫌そうなおじいちゃん、モールゴス（ファッションゴスから派生したゴス・シーンのサブカルチャー）、ノイザー（ノイズ愛好家）、常連のテクノ・ファン、そしてその間の全ての人々のエキサイティングなカルチャークラッシュが起きている。アメリカでは、よりハードな音楽を聴き、自らのコンフォートゾーンを押し広げたいという人々がリアルに存在していると思う。その多くは商業テクノのハード化と並走しているけど、主にアンダーグラウンドのテクノコミュニティの活動のお陰だと思う。

クィアのテクノクルー Unter はずっと私のお気に入りのパーティーを開催していて、彼等の Spinoff Gabber（パーティー）シリーズはいつも最高に楽しい。私が最後にプレイしたのは、サーカスの巨大な練習用倉庫で行われた Spinoff Gabber と Boiler Room とのコラボレーションだった。Melting Point は、アメリカとメキシコの移民擁護団体である Al Otro Lado の為に資金を調達するもう一つの素晴らしいハードコアパーティーで、彼等のプログラム編成は非常に広範だ。一つの部屋は全て初期のオールドスクール・ハードコアで、次の部屋はノイズのライブ PA で、別の部屋では誰かがフラッシュコアをニューメタルにミックスしているといった具合にね。私は Black Hole のパーティーも大好きだ。厳密にはハードコアではないけど、彼等は本当に最もハードで最速のテクノを優先していて、イベント後に日の出が私を迎える時、私は心底清められていると感じる。隔離期間中にメンバーの一人である Buzzi と幾つかのトラックを作ったので、これをシェア出来ることにとても興奮している。コロナ渦以前は、小さなクラブから大きな倉庫まで、あらゆる規模でハードコアに焦点を当てた新しいパーティーが沢山誕生し、開催されていた。私は文字通り、時が来たらこの繁栄渦中のシーンに再び没頭することを切に望んでいる。ここでクールなのは、Raver がフリークであるということ。例えば、高校から追放され、明確な性別や社会的役割に適合せず、サブカルチャーに深く傾倒している様な人々とかね。

Q：PC Music や Mad Decent はモダン / オルタナティブ・ハードコア・シーンに影響を与えたと思いますか？

A：私自身について言えば、私の最新の EP は、PC Music の創設者である A.G.Cook を隔離期間を通じて聴いたことに大きな影響を受けている。サウンドがとても豊かで、ポップミュージックとサウンドデザインに関する集団的な哲学に本当にシンパシーを感じている。PC Music と Mad Decent がハードコアに直接影響を与えたかどうか解らないけど、これらのレーベルがモダンポップスと EDM を定義し、それがメインストリームのハードコアに影響を与えたのは間違いないと思う（例えば、ドロップ [※ EDM やダブステップに顕著な盛り上がりパート]、デンボウ [※ Shabba Ranks の同名曲が由来とされるレゲトンのリズムパターン / ジャンル] にインスパイアされたリズム、ブロステップのシンセサウンド、など）。オルタナティブ・ハードコア（の場合）については確かではないけど、多くのプロデューサーはポップなメロディーや甘すぎるサウンドに拒否反応を示す傾向があると思う。（ハードに）攻めるには奇妙なバランスだけど、私はポップミュージックの激甘な誇張表現が大好きだよ。でも、インダストリアル・ハードコアのステージで Sefa のトラックを聴いたら本当に不機嫌になるだろうね。

Q：近年、ハードコア・テクノは様々な人々に受け入れられています。ですが、見えない境界線があるように感じます。例えば、あなたや[KRTM]、Perc Trax、Gabber Modus Operandi などのオルタナティブなスタイルはメディアにもピックアップされます。あなたは Fact にミックスを提供し、The Outside Agency も RA のポッドキャストに登場しましたが、より伝統的なハードコアやインダストリアル・ハードコアなどはそういったメディアでは紹介される事はまだ少ないです。この状況をどう分析しますか？

Kilbourne - Seismic

A：メディア自体が断片化されている為、断言することは出来ない。テクノのジャーナリズムは、おそらくそこに踏み込むには限界がある。現在のメインストリーム・ハードコアの派手なホラーファンタジーの美学は、多くのライター志望者を思考停止にするだろう（明言しておくと、私はその種のものが大好きで、現代のメインストリームはとても楽しいと思っている）。また、多くのテクノ・メディアはハードコアについてのリテラシーを欠いている。「すごい、この奇抜な Thunderdome 96 のビデオを見て、この音楽の速さを信じられる？」といった記事より深く踏み込んだ音楽ジャーナリズムを目にすることは皆無だ。ハードコアのアーティストの多くは、少なくとも 10 年にわたるキャリアがある。これは、新しいオーディエンスに彼等を紹介することに関心のあるジャーナリストにとっては気が遠くなるようなことだと思う。Angerfist の様な何万人もの熱烈なファンがいて、長編小説の様に 15 年間も音楽制作を続けているアーティストをどの様にまとめられるのかな？

The Outside Agency の RA 出演はとても嬉しい驚きだったね。私は彼等の作品の大ファンだけど、あなたが（この間で）挙げたハードテクノ周りのアーティストの何人かと比較して、明らかに（現行のトレンドに）フィットしているとは思えない。この様に珍しい機会が続くことを願っている。私はジャーナリストではないけど、多くの人が 90 年代のノスタルジーよりもより深く（音楽を）探求したいと考えている情熱的な音楽ファンであると信じている。

Q：現在、多くの人々はオープンマインドな姿勢で音楽を聴いており、DJ も一つのジャンルだけでなく、様々なジャンルをプレイしています。この現象のキッカケは何だと思いますか？

A：これはインターネットの成長によるところが大きいと思う。SoundCloud、LiveMixtapes、DistroKid などのプラットフォームにより、アーティストは業界の慣例を無視して、より「珍しい」組み合わせのサウンドをリリース出来る。ハイパーローカルのサウンドが世界中でリアルタイムに利用出来るようになり、YouTube や Discogs などのサイトから簡単にアクセス出来る音楽アーカイブがある。私がプレイするものの大部分は過去 10 年間のものだけど、セットに組み込んだ 90 年代から 00 年代初頭の（私にとって）「新しい」音楽を常に聴いている。私にとって、これらはネットによるポジティブな進展だ。私は、そしてほとんどの人がそうだと思うけど、幅広い音楽を聴いている。そして、私が参加するイベントでプレイされる音楽を聴くのを楽しんでいる。

Q：あなた達の世代のアーティスト /DJ に共通する部分とは何でしょうか？　そして、あなた達の世代は現代社会の中でどのような立場にあると思いますか？

A：ミレニアル世代は、真実、アーカイブ、エンターテインメント、全てのソースとしてインターネットで育ち、それなしで人生や自分自身を想像することはほぼ不可能だ。その大部分は、名声の追求を道徳的にポジティブなこととして見ていること。Jia Tolentino の『Trick Mirror』にはこれに関する素晴らしいチャプターがあるけど、それをミュージシャンに関連付けると、ソーシャルメディアによって、ある程度の有名人になることがこれまでになく容易になった。私の年齢の周りの人々にとって、DJ したり曲を作ったりといったクールなことをする時、なんとなくインターネットにアーカイブしないのは間違っていると感じる。これらの傾向は Z 世代で加速し、変化すると思うけど、今のところ、影響力に対する共通の執着を強く感じている。

Q：最後にメッセージをください。

ハードコアはフリークスの為のもの。

複雑で攻撃的なビートを駆使したメカニカルなハードコア

Igneon System

- ⊙ Heresy、Rebelscum、Nekrolog1k Recordings
- 🕐 2008 年
- ✉ https://SoundCloud.com/igneonsystem
- 🌐 ベルギー

AI が作り出したかの様な複雑で音数の多い常人離れしたビートと、ブルータルで機械的なサウンドを組み合わせた唯一無二のスタイルでインダストリアル・ハードコア・シーンで異彩を放つ天才アーティスト。2008 年に Scare Tactics Records から Torsion とのスプリット・レコード『Electronic Alchemists EP』と、Elektrokut から単独 12" レコード『eXistenZ』を発表してハードコア・シーンに登場。翌年に UK ハードコアの名門レーベル Rebelscum から X&Trick とのコラボレーション EP をリリースし、Igneon System はアンダーグラウンドのハードコア・シーンで注目を集める。その後も様々なレーベルからのシングルのリリースやコンピレーションの参加を経て、着実にキャリアをステップアップさせていき、インダストリアル・ハードコア・シーンの最前で活躍するトップアーティストへと成長していった。ドラムンベースの DJ としてキャリアをスタートした Igneon System は、インダストリアル・ハードコアと UK ハードコアにドラムンベースの要素を大きく反映させたパワフルでプログレッシブな独自のハードコア・スタイルを早い段階から確立しており、クロスブリード / ハードコア・ドラムンベース・シーンにおいても重要なアーティストとして知られている。近年は、Gearbox Overdrive や Motormouth Recordz からのシングル・リリースや The Outside Agency のリミックスなどでインダストリアル・ハードコア・シーンに新たな刺激を与えた。2013 年にはレーベル Heresy をスタートさせ、自身の作品や I:Gor、The Clamps、The DJ Producer、eDUB のシングルやアルバムを発表している。

X&trick & Igneon System

The Wise Guyz EP
Rebelscum
ベルギー
2009

アシッド・テクノやエレクトロニカ、ブレインダンスをブレイクコアと
ハードコア・テクノとミックスしたオルタナティブな作風で人気を集める
X&Trick とのコラボレーション EP。Igneon System のパワフルで破
壊力のあるインダストリアル・ハードコアに、X&Trick の表現力豊かな
メロディが絶妙に合わさったハイブリッド・トラックを収録。両者が影響
を受けているドラムンベースのエッセンスがフリーキーなインダストリア
ル・ハードコア / ブレイクコアのトラックの基盤を支えており、フロアラ
イクなダンスミュージックとして成立させている。

Igneon System

Soul Awaker
Pandemonium Records
ベルギー
2009

ポーランドの Pandemonium Records から発表された一枚。タイトル・
トラックにもなっている「Soul Awaker」は、グルービーなノイズにメ
タリックなスクリーミングを重量感のあるキックとリズミカルに掛け合わ
せたグルービーなインダストリアル・ハードコア。ドラムンベース / スカ
ルステップにインダストリアル・ハードコアをミックスさせたクロスブ
リードのプロトタイプ的な「Mankind Destroyer」や、複雑にエディッ
トしたサンプルが機械的なグルーブとサウンドを生み出す「I Drop the
Bomb」などは、初期 Igneon System を象徴する名曲だ。

Igneon System

The Wish for Brutality
Heresy
ベルギー
2013

The Third Movement の傘下レーベルとして 2013 年にスタートし
た Igneon System のレーベル Heresy の第一弾リリース。Igneon
System らしい機械的なスネアが印象的な「The Wish for Brutality」
は、無慈悲なインダストリアル・サウンドが容赦無く突き刺さるタイト
ル通りの仕上がり。Deathmachine とのコラボレーション・トラック
「Sins」は、両者のシグネチャー・サウンドを織り交ぜたマッシブでブルー
タルなクロスブリードになっており、両者の相性の良さが現れている。

Igneon System

Underground Crisis
Heresy
ベルギー
2013

Nekrolog1k Recordings や PRSPCT からのリリースで独自のクロ
スブリード / インダストリアル・ハードコア・スタイルを披露し、ハー
ドコア・シーンで大きな注目を集めていた Igneon System が、改めて
シーンに自身の実力を見せつけた名作。ダーティーでバウンシーなヒップ
ホップ・フレイヴァが無慈悲なインダストリアル・ビートと交じり合った
「Underground Splitter」は、Igneon System を形成するサウンドと
世界観を完璧に表している。UK インダストリアル的ともいえるが、自身
のコアなサウンドを存分に使って唯一無二のスタイルを展開している。

Igneon System

Extermination	ベルギー
Heresy	2014

音数と展開を抑えながら、一つ一つの音とビートをストイックに磨き上げ、自身のインダストリアル・ハードコア・スタイルをアップデートさせた「Extinction」と、それとは真逆に展開も手数も多く使い、UK インダストリアルやクロスブリード、ブレイクコアなど様々なジャンルの断片を繋ぎ合わせたカオティックな「Identity Relapse」を収録。両曲ともに Igneon System のコアな部分が上手く現れている。今作からは、それまでのキャリアを一度総括し、新たな方向へと向かっていく Igneon System の意思が感じられた。

Igneon System

The Alliance	ベルギー
Heresy	2015

インダストリアル・ハードコア / クロスブリード・シーンのトップアーティスト達とのコラボレーションによって作られたアルバム。Switch Technique、Sei2ure、N-Vitral、[KRTM]、Sinister Souls、The Clamps とのコラボレーション・トラックと、Meander、Angel、The Outside Agency、Detest によるリミックスを収録しており、多種多様なハードコアのスタイルが体感出来る。Igneon System の優れたプロダクション・スキルと唯一無二のオリジナリティを軸にして、多様なアーティスト達とのコラボレーションを見事に成功させている。

Igneon System

Ruthless / the Roughest	ベルギー
PRSPCT XTRM	2015

ヒップホップ・サンプルを多用し、ドラムンベースのマッシブさをインダストリアル・ハードコアとミックスさせた Igneon System の代表的なスタイルがパワーアップして披露された力作。UK インダストリアルの要素が強く、『The Wise Guyz EP』の頃を彷彿とさせる複雑で音数が異常に多いクレイジーなトラックが収録されており、昔からのファンは進化した Igneon System のサウンドに感動したはずだ。The DJ Producer のリミックスは、原曲へのリスペクトがしっかりと感じられる熱い仕上がりとなっている。

Innominate

Rebirth	ベルギー
Heresy	2017

I:Gor とのユニット Innominate による、両者の人気トラックをリミックスしたシングル。Soulfly ft. Corey Taylor「Jump Da Fuck Up」を大胆にサンプリングした N-Vitral & Igneon System のヘッドバンギング・チューン「Jump the F@#* Up」と、ブレイクコアとスカルステップをインダストリアル・ハードコアにミックスした I:Gor の代表曲の一つ「Icebreaker」のリミックスを収録。Innominate としては、PRSPCT XTRM からもシングルをリリースしている。

伝統的なインダストリアル・ハードコアの美学をアップデート

Somniac One

⦿ PRSPCT XTRM、Meta4
🕐 2014
✉ https://SoundCloud.com/somniac_one

🌐 リトアニア

伝統的なインダストリアル・ハードコアの遺伝子を受け継ぎながらも、様々な電子音楽の要素を反映させた
スタイルでシーンで注目の的となっている期待のアーティスト。Noisj のスピードコア / テラーコア・レー
ベル Speed of Sound Recordings から 2014 年にデビューシングル『Transformational』を発表。
当初は IDM やアンビエントとインダストリアル、フラッシュコア、テクノをミックスしたメロディアスで
実験的な作風であったが、翌年に Meta4 からリリースされた EP『Synthetic 4ms』で今に通じるイン
ダストリアル・ハードコア・スタイルになる。2016 年には Fracture 4 主宰レーベル Love Hz からシン
グル『Dinner for 1』を発表。Enzyme Records、The Third Movement、Genosha Recordings と
いったインダストリアル・ハードコア・レーベルからの影響を強く感じさせるインダストリアル・サウンド
に、次世代の感覚とフレッシュなアイディアを用いて IDM やフラッシュコアなどの実験的な電子音楽の要
素を結びつけたモダンテイストのインダストリアル・ハードコアを開拓し、独自のカラーを確立していった。
2017 年に PRSPCT XTRM からリリースされたシングル『Troubled Youth』によってアンダーグラウ
ンドのハードコア・シーンで一気に知名度を上げ、Ground Zero や Decibel といったフェスティバルに
も出演を果たす。近年は PRSPCT を拠点に作品を発表しており、Boiler Room の Hard Dance や Bang
Face にも出演。世界中のハードコア・ファンからの支持を受け、次世代のハードコア・シーンを牽引して
いく重要なアーティストの一人として活躍している。

Somniac One

Synthetic 4ms
Meta4 リトアニア　2015

Meta4 から 2015 年に発表された EP。今作によって、Somniac One はインダストリアル・ハードコア・シーンで注目を集める事になった。2000 年中頃のインダストリアル・ハードコアからの影響が強く現れたダンサブルでストロングなトラックを披露している。まだデビューして間もない頃であるが、自身のオリジナリティとサウンドをしっかりと形にしており、抜きん出た才能を感じさせる。良い意味で荒削りで熱いパッションが全体を先導しており、彼女の初期を語る上で外せない作品だ。翌年に Love Hz からリリースされた『Dinner for 1』と合わせて聴くのをオススメする。

Somniac One

Troubled Youth
PRSPCT XTRM リトアニア　2017

今では Somniac One の本局地となった PRSPCT から始めてリリースされた作品。全体的に重心が低くなり、音に説得力も増しており、以前よりもインダストリアル・ハードコアの本質へと迫っている印象を受ける。「Electronic Dance Music」と「Shirtless」での、テッキーなサウンドとグルービーなキックの重ね方に強いオリジナリティを感じさせる。トラックを裏で支えるノイズとシンセのメロディもしっかりと作りこまれており、Somniac One の世界観を確たるものにしている。「Xanstorm」のディストーション使いとハード・テクノ的なビートの展開も素晴らしい。

Somniac One

Party in My Head
PRSPCT XTRM リトアニア　2018

Somniac One にとって初となるレコードでのリリース。カラーバイナル仕様でアートワークはハードコア系ではあまり見ないポップで可愛らしいテイストとなっており、Somniac One のキャラクターとマッチしている。Tymon や Tripped とも違ったテクノとインダストリアル・ハードコアの混合スタイルを作り上げており、王道的なインダストリア・ハードコアを下地にしつつも、他のハードコア・アーティスト達には無い独自の手法を見つけ出している。今作で彼女のアーティストとしての才能が開花し、ハードコア・シーンに大きなインパクトを与えた。

Somniac One

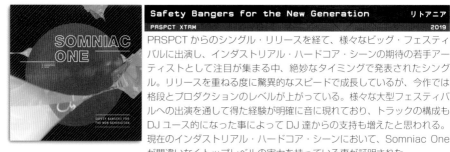

Safety Bangers for the New Generation
PRSPCT XTRM リトアニア　2019

PRSPCT からのシングル・リリースを経て、様々なビッグ・フェスティバルに出演し、インダストリアル・ハードコア・シーンの期待の若手アーティストとして注目が集まる中、絶妙なタイミングで発表されたシングル。リリースを重ねる度に驚異的なスピードで成長しているが、今作では格段とプロダクションのレベルが上がっている。様々な大型フェスティバルへの出演を通して得た経験が明確に音に現れており、トラックの構成も DJ ユース的になった事によって DJ 達からの支持も増えたと思われる。現在のインダストリアル・ハードコア・シーンにおいて、Somniac One が間違いなくトップレベルの実力を持っている事が証明された。

Somniac One インタビュー

インタビュー：梅ヶ谷雄太
翻訳：長谷部裕介

Q：あなたの出身地と育った環境について教えてください。音楽に興味を持ったキッカケは？　リトアニアの音楽シーンから影響を受けていますか？

A：こんにちは。私はリトアニアがソ連から独立した直後にヴィリニュスで生まれた。結果として生じた政治情勢と、ロシアからの経済制裁のせいで、私が生まれた 2 月に家には暖房が無かったけど、私はとても健康な子供だった。母は 18 歳、父は 25 歳で、いつもやりくりするのに苦労していたよ。なので、生まれてから数年は、ビリニュスの古い中心部にある祖父母のアパートで両親と部屋を共有していた。おばあちゃんとは仲が良く、親友のような感じだった。おばあちゃんは昔、国立劇場で働いていて、定期的に私を連れていってくれた。父が軍人だったので何度か引っ越す事もあった。10 歳の頃は、アメリカの小さな町（カンザス州レヴェンワース）で 1 年間過ごし、それからエストニアのタルトゥで約 3 年間過ごして、16 歳の誕生日にリトアニアに戻った。多分、全部で 7 回転校したと思う。11 歳か 12 歳の時に電子音楽に興味を持ち、私はインターネット世代なので、タルトゥに引っ越してからは暇な時間に、フォーラムや P2P ネットワークで音楽を探したり発見したりしていた。当時は音楽を聴かずに終わるよりも、違法にダウンロードしてでも聴くべきだと思っていたよ。その後、制作を始めたんだ。私の小学校が音楽教育に非常に力を入れていた事も特筆すべき点かもしれないね。

私は故郷であるヴィリニュスが好きなんだ。領土は広いけど人口はまばら。バロック様式の教会、ブルータリズム建築物、沢山の緑があり、街の中心には森がある。そこを長時間散歩するのが好き。中心部ではないけど、ソビエトの暗いアパートもある。男性の自殺率が最も高く、いつも暗いアンダーグラウンド・ミュージック・シーンを経験してきた。例えば、Autarkeia と Terror とか。ダーク・アンビエント、ノイズ、インダストリアル、暗い実験音楽などのショーに毎週行っていた。Kablys クラブのような暗いセラー（新しいクラブ Kablys と間違わないように。ヴィリニュスを尋ねるなら行く価値があるよ）、Profsąjungų rūmai や Energetikos ir technikos muziejus などの記念碑的な建物の大ホール、そして、バリンジャー・クレーターなどがある（2010 年に Velnio duobė, Aukštadvaris で開催された Mėnuo Juodaragis Festival なども）。そこには常に素晴らしいハードコア、テクノ、そして小さいながらも勢いのあるドラムンベース・コミュニティもあった。Rave は工業地帯でよく開催されているよ、リトアニアのシーンは最先端ではないけど、いつも刺激的なことが起こっている。

Q：現在はオランダのロッテルダムを拠点に活動されていますが、オランダに移られたのはなぜですか？　オランダの文化で良いと思われる部分は？

A：2017 年前半にロッテルダムに引っ越したんだけど、2014 年からオランダには住んでる。ユトレヒト大学で修士号を取得する為にここに引っ越した。オランダの文化と社会は非常に正気で合理的、そしてよく組織化されていると思う。これらが一番好きでもあり、嫌いな部分でもある。私が他にとても楽しんでいるのは、自由主義の精神と個人の自由、エレクトロニック・ダンスミュージック・シーン、オランダのパン屋、そしてビール。

Q：始めてクラブや Rave に行かれたのはいつですか？　あなたがクラブや Rave から得た経験とは？

A：初めてクラブのパーティーに行ったのは、確か 14 歳くらい。エストニアのドラムンベースのイベントだった。もちろん、当時は若すぎたので合法的には参加出来なかったけど。Rave に参加する為に、何度か家から逃げた事もある。それから成長して、リトアニアのサマーフェスティバルを楽しんだ。それは、美しい自然と居心地の良い大きさの完全な組み合わせで気に入っていた。沢山の友達と知り合いもいたしね。The Tundra Festival は夏のハイライトの一つだった。パーティーの環境ではない場所でダンスミュージックを知った私にとって、Rave は人々が言うように、人生を変えるような大事な物だとは思わなかった。Rave に参加する理由は楽しいコミュニティだから。だけど、私の Rave カルチャーとの絆は音楽制作の様に、パーティー会場の外でやっていることがメインである。友達と話すのも、ちゃんと聞き取れる場所の方がいい。Rave について感謝していることは、普段行かないような場所の Rave に一人で行って楽しめる様になったということ。今では、ゲイ、クィア、フェティッシュなどのパーティーを本当に楽しんでる。シーンの開放感を大いに楽しんでいるよ。

Q：ハードコア・テクノとの出会いについて。あなたが始めて聴いたハードコア・テクノは何でしたか？

始めて聴いた時の印象は？

A：12歳くらいの時にNoisekickの「Ik Haat Trance」を聴いたのが最初のハードコアへの道だった。それは、ハードすぎて馬鹿げたものだと思っていたから、ハードスタイルを聴いてみることにした。結局、私は今まで正しいタイプのハードコアを聴いていなかったことが分かった。ハードスタイルもそうだけど、当時は全く安っぽいものではなく、とてもダークだと思った。その後すぐ、またハードコアを聴く機会があって、他の人と同じようにTraxtorm Records、Angerfist、Tha Playah、Art of Fightersなどから聴き始め、2007年頃にGenosha Recordingsを知り、インダストリアル・ハードコアが好きになった。14か15作目のGenoshaにとても夢中になったよ、あのムードと雰囲気には、何かすごく心に響くものがあったんだ。

Q：音楽制作を開始した理由は？　当初はどういった機材を使われていて、どんなスタイルの音楽を作られていましたか？

A：11歳の頃に、突然何かを作りたいという強い衝動に駆られた。その時は、どのような形かはハッキリしていなかったけど、電子音楽を知ってからハッキリした。2005年にReason 2.5の海賊版を手に入れ、親のノートパソコンで一晩中遊んでいた。13歳の頃には、既に決心していたよ。ソフトを使用して8時間、音が何も出なかったけど気持ちに変わりはなかった。結局、サウンドカードの設定が間違っていただけだったけど。ハードトランス、ハードスタイル、ハードコア、アンビエント、IDM、インダストリアル、テクノを作っていたけど、あまり良くなかったと思う。そして、最終的にハードコアがメインになった。

Q：最も影響を受けたハードコア・テクノのアーティスト/レーベルは？

A：私がとても影響を受けたアーティストはOphidian、The Outside Agency、Mindustries。それとEnzyme Records、The Third Movement、Genosha、Symp.Tomがリリースした物も大事。Mute、Broken Rules、Armageddon Project、N-Vitral、Dither、Fracture 4、Marc Acardipane、Promo、Tymonにも夢中で学ぶ事が多かった。フランスのスピードコア、フラッシュコア、ドゥームコア、ミレニアム時代のメインストリームのハードコアも好きだった。基本的にハードコア関係のものは好きだよ。

Q：あなたにとってインダストリアル・ハードコアの魅力とは何でしょうか？

A：雰囲気とグルーヴ感に暗くてダーティな音楽
美学が好き。他のダーティで暗い音楽とは違い、
インダストリアル・ハードコアはダンスするのが
本当に楽しい。そして、プロデューサーやDJと
して、このジャンルはクリエイティブな自由があ
ると思う。幅広いジャンルで、境界線はほとんど
無い。例えば、BPMに関して言うと楽曲を制作
する時に制限はないけど、インターネットでは
ジャンルの定義について話している人をたまに見
かける。このスタイルは、基本的なビルディング
ブロックを使用出来る可能性がとても多く、様々
なやり方がある。今はオールドスクール・ハード

コアとテクノからの影響を、自分の作品とDJセットの両方に混ぜるのを楽しんでいる。それは遅くも速
くもなり、暗く恐ろしくなることもあり、深みのある綺麗なものから、ダーティなものまである。構造は単
純で、ストレートでも壊滅的でも、どんな形でもクレイジーなブレイクビーツと重ねる事が出来て、そういっ
た部分が好きなんだ。私はブレイクビーツは得意ではないけど、この世界にはクレイジーなブレイクビーツ
や、ドラムンベースの要素をハードコアに混ぜるのに長けている人が沢山いる。

Q：インダストリアル・ミュージックについてはどう思われていますか？

A：ジャンルについては全く詳しくないけど、CoilとCurrent 93は好きで時々聴くよ。インダストリアル・
テクノや、インダストリアルの影響を含むビート主導型ではない音楽が好きで感謝しているけど、真のイン
ダストリアルには直接影響されていないかな。

Q：Somniac Oneとしての活動が始まったのはいつからですか？　名前の由来は？　それ以前はどういっ
た活動をされていましたか？

A：Somniac Oneは2014年、『Transformational EP』がリリースされるすぐ前に誕生した。
『Somniac One』は眠そうな人という意味で、Raveでスピーカーの上に寝た自分自身のこと。他にも
幾つか別の名前があって、Mother Mary名義で幾つかのコンピレーションや、ソロEPをリリースして
いる。2007年頃、メインストリーム系ハードコアのコンピレーションにはDr. Psykko名義で参加した。
私はどちらかというと、Google検索でヒットしづらいMother Maryの方を好んでいたね。DJを始め
る前、AbletonとMIDIコントローラーを使ってライブをしていたんだけど、それはとても複雑で準備に
時間が掛かって、8チャンネルを同時に開いて再生するんだけど、上手くいく事は少なかった。それで数
年前にレコードをスピンさせる方法を学んだ。自分の曲をプレイするより、他の人の曲をプレイする方が楽
しい。

Q：2014年にSomniac Oneとして最初にリリースされたEP『Transformational』は、どういった経
緯で生まれたのでしょうか？

A：当時はAlva NotoやMurcofなどのミニマリスト・エレクトロニカやIDMを沢山聴いていた。そ
れから、Neurocore、Lawrencium、La Foudre、Mouse、
No Name、La Pesteなどのフラッシュコアも。EPの制作には
数年掛かったけど、このEPはそこから多くの要素を引き出したと
思う。EP全体で大事な要素の一つがホワイトノイズで、その時は
特に聴いていて心地よかった。

Q：あなたは活動当初から自身のオリジナリティを持った作品をリ
リースされていましたが、EP『Dinner for 1』でSomniac One
としてのサウンドと世界観が完成した様に思います。『Dinner for
1』のコンセプトやテーマなどはありましたか？

A：卒業後は沢山の自由時間の中で自分自身を見つけ、インスピ
レーションを得られた。比較的早い2、3ヶ月で曲とアートワー
クを完成させたよ。Meta4 Recordingsからリリースされた前
のEP『Synthetic 4ms』は完成までに4ヶ月掛かった。『The

Somniac One – Dinner For 1

Dinner for 1」のテーマは、レーベルのテーマである Love Hz（Love huts と読む）によって決まった。ただし、音楽自体はそのテーマとあまり関係ない。感情的になっていない限りは、外部のものより音からインスピレーションを得る事が多い。「Estranged」の最初から聴こえるアトモスフェリックなパッドは、コースと曲のテーマを決めるもので、一方「Forsaken」は怒ったような音でブレイクダウンしたいという理由から生まれた。

Q：その後、PRSPCT から『Troubled Youth』をリリースされましたが、どういった経緯で PRSPCT と出会い、リリースが決まったのでしょうか？

A：PRSPCT との印象的な最初の出会いは、確か 2013 年頃ロッテルダムでの PRSPCT XL Rave でのこと。以前、オランダでハードコアのイベントに参加したことはあったけど、このパーティーの雰囲気は良い意味で最も際立っていた。それから数年後、レーベルのボスである Gareth de Wijk（DJ Thrasher）を追いかけて、幾つかの未完成の曲を無理やり聴かせた。彼はすぐに気に入ってくれて、リリースしてくれたんだ。それから、曲を完成させてアートワークをデザインし、PRSPCT の冒険が始まったんだ。Gareth と私はロッテルダムで隣人になり、親しい友人にもなった。恐らく、私達の暗いユーモアセンスと、人生に対するニヒリスティックで理想主義的な態度が共感出来たからかな。とにかく、PRSPCT は楽しいもので、参加出来て良かったと思っている。与えられた機会、素晴らしい時間、そして多くの友人や知人にとても感謝しているよ。PRSPCT は単なる音楽組織ではなく、世界中にメンバーがいる強力なコミュニティだ。

Q：音楽制作のプロセスを教えてください。どういった機材やプラグインを使われていますか？

A：DAW は Reason から始めて、途中で FL Studio に切り替え、今は Cubase を使っている。ヘッドフォンは Sennheiser HD 600 で、ベースサウンドを正しく聴き取る為に Subpac を使用している。KRK のスピーカーを二つ持っているけど、隣人からの苦情と寝室のスタジオの音の問題があって、ほとんど使用していない。ミックスダウン用に Adam A77X も持っている。キックの作成プロセスはたまに変

えるけど、いつも決まったやり方をする部分もあって、私は常にシンプルな 909 バスドラムをベースにしている。今はソースとして Drumazon（仮想の TR-909）を使っていて、Cubase の幾つかの異なったグループチャンネルに接続し、それぞれ違う機能を実行してる。一つはクリーンな低音信号、二つ目は歪んだ tail layer、三つ目はディレイやリヴァーブを少しかけたレイヤーで、キックにステレオイメージしたりドライ感を抑えたりして動きを与える。ほとんどのキックはディストーションを使用して音を作っていて、現在使っているディストーションは iZotope Trash 2 だけど、時々 D16 Kombinat、FabFilter Saturn、今は無い Camel Phat をエフェクトチェーンに入れる事がある。もちろん、音を整えるのにディストーションプラグインの前に EQ を入れる。計画通りに作業が進めば、3 日間で完了する。その次に、レイヤーに新しいパンチを二つか三つほど加えてる。全体的にキックの作成プロセスは、非常に時間のかかる恐ろしいものだ。多くのプロデューサーが不安になると思う。最後に、私のお気に入りの部分。キックチェーンの微調整を 1 時間程度記録して、手動または LFO を使用し、EQ でクレイジーな周波数調整とボリュームブースと行う。このプロセスは良い結果を生み出すことが多い。最後に新しいプロジェクトを開き、先ほど録音したものから良いものを幾つか取り出す。この内の一つがメインキックになるだろう。また、4 小節か 8 小節目の最後に、キック編集用ビットを選択する。運が良ければ面白いスクリーチ、リズミカルなビット、シンセのような音を発見出来るし、新しい曲でも使用することが出来る。シンセサイザーのパートでは、最近は Xfer Records の Serum を使っているけど、他も使うことがある。SuperWave の Performer はトランシーの要素があって Rave のリードに最適。Tone2 の Saurus はアルペジオに最適で、簡単に使うことが出来る。アシッド・ラインが必要な場合は AudioRealism の Bassline を使う。昔は Native Instrument の Massive と FM8 を使っていた。

Q：曲を作る時は何から最初に作り始めますか？　1 曲作るのに平均どれ位掛かりますか？

A：私は基本的に、安全に作る為キックから始める。このジャンルでは、キックが曲の中心となるからね。ハードコアのキックは、周波数スペクトルで非常に多くのスペースを占める傾向がある為、他のものから始め

るのは良くない。他のサウンドは、キックの周り
に被せる必要があり、他の方法はない。本当に美
しい雰囲気やメロディーから始めることもあった
けど、キックドラムが入るとすぐにほとんど聴こ
えなくなったり、少なくとも正しくミックスする
ことが非常に困難になったりする。大げさに言え
ば、キックドラムを上手く作ることが出来れば、
作業の50%は完了したと言える。1曲にどれく
らい時間が掛かっているのかは正確には分からな
いけど、時間を掛け過ぎているとは思う。1曲に
1～6ヶ月掛かる事もあるから。私はほぼ毎日制
作に取り組み、一つのプロジェクトに集中するの
を好んでる。しかし、私は予定通りに制作してい
ないので、アイディアが急に増える傾向がある。基本的には、1日か2日でキックを除いた曲構成の三分
の一、もしくは半分を作る。しかし、なぜこんなに時間がかかっているのか分からない。

Q：楽曲制作において最も楽しさを感じる部分は？

A：サウンドデザインとシンセ。音を作り出すのは本当に楽しい。ドーパミンが増え、作業は順調に進んで
いく。音楽活動は私が唯一長時間集中出来て、ずっと興味を持ち続けている事。

Q：あなたの音楽はダークでアグレッシブな要素がありますが、これらの要素にあなたのパーソナルな部分
はどれ程反映されていますか？

A：正直なところ、自分の曲がアグレッシブだとは思わない。それは、私が慣れているだけかもしれないけど。
私は食べ物に塩を沢山かけたり、ホットソースをかけたりする。多くの人は私のことを正直で、社交的で、
優しくて幸せそうな人と思っている。自分の頭の中で起こる事と、他の人が見るものとではおそらく違いが
あるようだね。意識して誰かを傷つけることはしないけど、人を避けて一人になるのが好きだ。自分の中で
最も大きいのはどこにも所属していないという感情。悲しみながら成長したからだと思う。大人になってか
らも神経質になったり、不安を感じることはあるけど、その感情はまだある。それが音楽に何か影響を与え
ているかは分からない。音楽制作は長い時間独りでい続ける為の素晴らしい方法だ。このジャンルの曲を作
る事は、攻撃性を導く最善の方法ではない。攻撃性は突然の怒りや、高いエネルギーの感情によるもの。電
子音楽の作成は本当に時間のかかるプロセスだよ。ハードコアで踊ることは蒸気を放つ為には良い方法だ。
椅子に座ってても、思わず体が動いてしまう様な音を聴いた時、絶対「保存」ボタンを押してしまう。

Q：ハードコア・テクノというジャンルにメッセージや思想などは必要だと思いますか？　それよりも、ダ
ンスミュージックとしての機能性を重視すべきだと思いますか？

A：コミュニケーションに関して言えば、音楽は不完全で完璧ではない媒体だと思う。言葉、映像、写真の
方が世界の現象や複雑さを表現するには優れていると思う。その一方で、音楽は特定の気分や感情を伝える
力があり、それは他の表現方法では難しいことだ。言葉や画像などと組み合わせることによって、説得力や
インパクトを与えることが出来る。Sonya Lifschitz が演奏する Robert Davidson 作曲の『Stalin's
Piano』を見る機会があったんだけど、それは音楽が文化的、政治的、そして社会問題を伝える事が出来
るかを示す良い例だった。非常に稀な事だけど、メッセージのあるハードコア・ミュージックを幾つか見た
事がある。なぜ、そのような物が少ないのかは分からないけど、これは習慣、便利さ、メディアとしての音
楽の限られた性質、専門性、そして政治的スタンスを取ることによってファンの一部を疎外してしまうから
だと思う。一般的にハードコアは調和や団結以外のメッセージを取り入れるものではない。他のメッセージ
を伝えるのは、作家、マスコミ、ソーシャルメディア、テレビの役割だ。一方で、ハードコアは異なった考
えを持つ人を団結させるのには役立つかもしれない。異なる世界観を持っている為、ある程度の対話と理解
を可能にするはず。楽観的かもしれないけど、インダストリアル・ハードコア・シーンは最もオープンな音
楽だと信じてる。特に西洋社会の二極化状態を考えると、とても珍しいと思う。最後に、個人的な意見とし
てはハードコアや音楽そのものにメッセージは必要ではないと思ってる。音楽は音を楽しむ為のものでい
い。もし音楽を通してきちんとしたメッセージを伝えたいなら、それでも構わないとは思うけどね。余談だ
けど、ハードコアを純粋に機能的なクラブミュージックと考えるのは難しい。クラブ以外の場所でも、ハー

ドコアを評価してくれる人がいることを願っているよ。

Q：今のハードコア・テクノ・シーンでのジェンダーバランスをど
う感じられていますか？　女性のハードコア・テクノ・アーティス
ト/DJはシーンにおいて正当な評価を受けていると思われますか？
A：これは大きな質問だね。このシーンでそのようなことは考えた
ことはないので、自分の経験したことを基に話す。このシーンでは、
明らかに女性DJやプロデューサーは少なく、楽しんでいるファン
も少ない。Spotifyで私の曲を聴いている85%は男性だ。社会
学的にはこのバランスがソーシャルネットワークの状態と、社会的
な繋がりと友情が生まれる方法を反映させていると思う。ホモフィ
リーなど、性別の点で似ている人と関わりあう傾向は、誰と友達に
なるかを左右する最も強いもの。一方で、好みや知識はネットワー
クを通じて送信される。自分の近くのソーシャルサークルにいる他

のプロデューサーを調べると、音楽的に似ているということが分
かった。仲間同士で知識を共有したり、曲をチェックしたり、クールな音楽を共有することによって、お互
いの趣向に影響を与えている。音楽のサブジャンルの進化は、実世界の友情の形成にまでさかのぼることが
出来るという仮説だね。なぜ、性別バランスが不均衡なのかというと、男性は他の男性と友達になり、女性
もまた他の女性と仲良くなる傾向があるから。そして、ハードコアが主に男性のネットワークで広まってし
まったからだと思う。音楽業界全体には性差別についての話が幾つかある。個人的には、私達のシーンでは
あまり重要なものではないと思っている。ハードコアを作ったり、プロデュースする女性が少なかったり、
フェスティバルに参加したりレーベルから作品をリリースする女性は、歴史的に元々少ないからだ。ハード
コアはプロデューサーの世界。ハードコアはプロデューサーのシーンでしかない。結局の所、その人がどう
いうDJセットを使っているかなんて、全く関係なくて、その人がどういう音楽を創出しているか、それ
だけで選ばれているはず。この世界で実績のある人と競争出来る位になるには、かなりの時間と努力が必要
だ。過去に何度かデモ音源をレーベルに送ったけど拒否されたことがあるけど、この結果は性別には全く関
係ないものだと信じている。作品の完成度が足りていなかったのだと思う。フェアな音楽シーンでは性別に
関係なく、全てのプロデューサーが同じ道を通るべきだ。公平に言えば、このシーンで何度かトラブルに遭
遇した。ただし、業界というより、ファンの中で起こることがほとんどだね。しかしながら、女性プロデュー
サーは他の誰かが曲を作っているんじゃないかと言われることがある。このような状況は、ハードコア・シー
ンの女性プロデューサー全般に疑念を抱いているようだ。疑われることがある為、自分自身を擁護する必要
がある。実際に、私を知らない人達に音楽を伝える必要がある時、心の中でこのようなことをしている。幸
運な事に、私には優しいファンが多くて嬉しいよ！　それと、もう一つ問題提起したいことがある。電子音
楽の世界でジェンダーの役割について語っている人の多くが見落としている事。私の知る限り、ジェンダー
による所得の差は、出産や介護の責任によって説明される。子供を持つことや親を介護するのは、非常にコ
ストのかかることだ。そして、家事の分担も本当に不平等だと言える。女性は働きながらも、家事の大部分
を担当している。これは、ダブルシフト現象で女性が男性よりも自分のキャリアに専念出来ないことを意味

している。さらに、ハードコアだけでは生活出来
るレベルの収入を得ることは出来ない。フルタイ
ムで働き、子供を育て家事のほとんどをして週末
はギグに参加し、それから音楽制作の時間を見つ
けられるか想像してみて欲しい。女性の地位を向
上させる為に、このシーンのプロモーターが出来
る事は少ない。でも、パーティーで子供や高齢者
の介護施設を提供したり、ベビーシッター、男性
または女性の清掃員を支援する為に女性に高い料
金を支払ったりすることは出来るはず。あら、私
何の話してたんだっけ？

Q：2018年にSomniac Oneとして初となる

レコード『Party in My Head』をリリースされましたが、このレコードは新しいインダストリアル・ハードコアのスタイルを作り上げたと思います。テクノのグルーヴやサウンドを上手く活かしていると感じましたが、どういった事を意識して今作は完成されたのでしょうか？

A：完全には解らないけど、意識的に影響を受けていた訳ではなく、その時に作りたいものを作り、EP を可能な限り多様なものにした。でも、テクノは大好きで日々楽しんでるよ。Rave ではテクノを聴きながら踊るのが好きで、自分のセットにも組み込んでいる。この様なことから、テクノの要素が私の作品に入っているのだと思う。ただし、ハードコアの中にあるテクノからの影響は目新しい現象ではない。考えられる例として、Ophidian の『Blackbox』や Dep Affect、それとドゥームコアを聴いてみて。

Q：あなたや [KRTM] といった世代のハードコア・アーティスト達は、既存のハードコア・テクノのイメージ（特にアートワークにおいてのマッチョイズムなど）から外れた表現を行っていると思います。そういった表現方法になったのは、なぜでしょうか？

A：意図的に逆らおうとはしていないよ。上手くいかなくても、自分の表現したいものを表現しているだけ。シーンはとても小さく、アンダーグラウンドの世界なので、決まった道を進むことに便利さ以外の価値は無い。幾ら全力で頑張っても、お金や名声を得られることは出来ず、この音楽だけで生活できるのは一握りの人だけ。

Q：今後、ハードコア・テクノ以外でクリエイトしてみたいジャンルや活動などはありますか？

A：私はハードコアを愛しているけど、自分の音楽表現の自由に対する制約を感じることがある。これは、ミュージシャンにとって悪いことではないけど、例えばハードコアのキックドラムを特定のタイプのシンセと組み合わせるのが難しいことがある。自分の自由な時間に他のスタイルとの融合を試していて、将来はそのようなことにもっと挑戦したいと思っている。

Q：音楽活動以外にパートタイムでの仕事などはされているのでしょうか？ もし、音楽以外の仕事をされているのであれば、非日常的なナイトライフと通常の昼の生活のバランスをどうやって保っていますか？

A：私は全員がフルタイムの仕事と音楽を同時にするべきではないと考えているけど、沢山のハードコアの人は上手くやりくりしていたり、子供がいる人もいる。それは、自由な時間がほとんどない中での絶え間ない闘いなんだ。普段の自由時間はスタジオで曲作りに充てているけど、スタジオにいないと罪悪感を覚える。仕事を辞めれば 120% 音楽に集中出来る。もちろん、私は音楽だけで生活できるレベルじゃないし、今後も変わらないと思う。今は貯蓄とパートナーからのサポートで生活している。

Q：オランダの大規模なハードコア・フェスティバルでも頻繁にプレイされていますが、クラブでのハードコア・パーティーの状況はどうなっているのでしょうか？

A：現在、オランダのハードコアのクラブシーンは非常に小さい。昔はこれとは逆だったと聞いたことがある。フェスティバル・シーズンは 7 月と 8 月に限定されていたけど、今は 4 月から 9 月の終わりまでになっていて、完全にフェスティバルに乗っ取られてしまい、クラブナイトや中規模のイベントの数は大幅に減少している。インダストリアル・ハードコアはクラブナイトの数が驚くほど少ないけど、私は小規模なイベントを本当に楽しんでいるし、暗くて小さなクラブはインダストリアル・ハードコアには最適なんだ。前より進歩している部分もあって、テクノのプロモーターがインダストリアル・ハードコアの DJ をブッキングしている。Manu Le Malin、The Outside Agency、The DJ Producer は最近テクノのイベントでプレイしていて、観客は全く気にしていなかったし、盛り上がっていたよ。

Q：今後の目標などはありますか？

A：沢山目標はあるけど、それを口にしてチャンスを潰したくない。だけど、これからも私の音楽に期待していて！

Q：最後に読者にメッセージをください。

A：Don't do it. It will all end in tears.

Somniac One – Rendered Fat

Chapter 2
Crossbreed/Hardcore Drum'n'bass

クロスブリード / ハードコア・ドラムンベース解説

　2010年代のハードコア・シーンに大きな影響を与えたサブジャンルは幾つか存在するが、クロスブリード / ハードコア・ドラムンベースの登場は歴史的な事件であった。クロスブリード / ハードコア・ドラムンベースが与えた影響は、その後のハードコア・シーンにおけるプロダクション面やファン層の拡大に大きく関わり、結果的にはクロスブリード / ハードコア・ドラムンベースが単一のジャンルとして成功するよりも、その源流となったサブジャンルにまた新たなクリエイティビティをもたらした。2010年代はインターネットでの交流が盛んになり、一度も顔を合わせた事がないアーティスト同士でも、ファイルの転送によるコラボレーションが可能になり、レーベルやジャンルを超えた共同制作が一種のトレンドとなった。その中でも、クロスブリード / ハードコア・ドラムンベースは幾度となく交配を繰り返し、弱点を克服していき、その精度を上げていった。

　クロスブリードとハードコア・ドラムンベースの違いというのは、両方共にハードコア・テクノとドラムンベースの混合スタイルであるが、クロスブリードはハードコア側からの派生として生まれ、サウンド面においてもハードコアに比重が置かれている。ハードコア・ドラムンベースはその名の通り、ベースやドラムパターンなどにおいてドラムンベースのフォーマットを守りながらハードコア・テクノを取り込んだスタイルであるが、ハッキリとクロスブリード / ハードコア・ドラムンベースをカテゴライズするのは難しい。クロスブリードは2010年にジャンルとして名を与えられたが、ハードコア・ドラムンベースの起源は曖昧であり、自分の知る限りでは90年代後半にハードコア・ドラムンベースという単語はZineの中で既に使われていた。

　このチャプターでは、クロスブリード / ハードコア・ドラムンベースのルーツを辿り、ハードコア・テクノ側からのアプローチをメインに、どういった発展をしていったのかを記録する。

ハードコア・テクノとドラムンベースの関係

　クロスブリード / ハードコア・ドラムンベースを掘り下げると、ハードコア・テクノとドラムンベース、それから、ダンスミュージックにおけるブレイクビーツの重要性に気づかされる。1997年、ドラムンベース・シーンで活躍していたRoni Size & Reprazentはアルバム『New Forms』でイギリスで毎年最も優れたアルバムに対して贈られるマーキュリー賞を受賞し、David Bowieがアルバム『Earthling』でドラムンベースを取り入れた楽曲に取り組むなど、ドラムンベースがメインストリームの音楽マーケットで人気を得ていた。その頃、アンダーグラウンドではテックステップなどのダークなドラムンベースが勢いを増していき、今に通じるダークステップやハード・ドラムンベースのプロトタイプが出来上がっていった。ハードコア・テクノ・シーンもその勢いに共鳴するかの様に、1997年にアメリカのDrop Bass Networkは

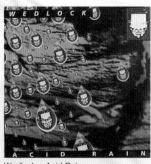

Wedlock – Acid Rain

Eye-D、DJ 3D、Christoph De Babalonのレコードをリリースするドラムンベース・レーベルGhetto Safariを立ち上げ、ドイツのPraxisはブレイクコアやハードコア解釈によるドラムンベースを扱うSub/Versionをスタートさせている。ドラムンベースは初期の頃からダークなサウンドのものが多く、テックステップの出現によってさらにハードコア・テクノと深い所で繋がりを見出したのだろう。

　反復を基準としたハードコア・テクノ / ガバにおいて、倍速かその半分でブレイクビーツを刻み、グルーヴを増幅させ、音の隙間を埋める事は基本的な部分であった。例えば、ガバであればイントロ部分でブレイクビーツのパートがあってから、メインパートのガバキックへと移り変わる事が多いが、その流れを変えたのがRuffneck Recordsであった。レーベルのオーナーであるPatrick van Kerckhoven は、Jayant Edoo と運営していた 80 Aum Records から 80 Aum、Black Orchid、Teknophobia、Qube 45 といったユニットで 90 年代初頭からテクノやハウス、ブレイクビーツのレコードを発表。オランダの Rave ミュージック・シーンに初期から深く関わっており、Ruffneck Records 以前からすでにクラシックなレコードを世に残していた。

Predator – Mind Of A Lunatic

1993 年に Patrick van Kerckhoven は Ruffneck Records をスタートさせ、ブレイクビーツ・ハードコア / ジャングルとガバをミックスさせたアートコアというスタイルを提唱し、Undercover Anarchist、Juggernaut、Wedlock、Knightvision など、複数の名義にてガバ / ハードコア・シーンで今も語られる名作を連続してリリースした。イギリスのハードコア・ブレイクビーツとジャングルからの影響を感じさせるアーメン・ブレイクを始めとした高速ブレイクビーツを、ガバキックと重ねて作られたアートコア・スタイルはクロスブリードの源流と言える。1993 年から 1994 年までにリリースされた Undercover Anarchist「Bambadeng」「Art-Core」「Ass Off」といったジャングル調のトラックや、Wedlock『Acid Rain』はオランダのハードな Rave シーンのエネルギーを反映させており、それらのスタイルはイギリスやアメリカには無いものであった。Ruffneck Records はレコードの B 面にアートコア・スタイルを強調したトラックを収録しており、アートコアの可能性を追求していた。その趣向は Gangsta Audiovisuals にも反映され、2000 年からはドラムンベース専門のサブレーベル Ruff-Teck もスタート。DJ Hidden、Eye-D、Unusual Incident、PaulBlackout、Current Value、DJ Ruffneck などの、後にクロスブリード / ハードコア・ドラムンベース・シーンで活躍するアーティストのレコードを発表した。

Patrick van Kerckhoven と同じく、Ruffneck Records の中でブレイクビーツを多用したガバ・トラックを作っていたのが、Stephan Scheltema こと Predator である。Predator は、クロスブリード / ハードコア・ドラムンベースが出来上がるずっと前から、ガバ / ハードコアとドラムンベースをクロスオーバーさせたスタイルでシーンを飛び越えて活躍している。Ruffneck Records から 1994 年にリリースされたデビュー作『Mind of a Lunatic』の時点で既に Predator としてのスタイルを確立しており、Patrick van Kerckhoven とは違った側面からアートコア・スタイルを更新させていく。H2OH Recordings からもガバ・トラックをリリースしていき、1999 年には DJ SS、Jungle House Crew、Rhythm for Reasons 名義でブレイクビーツ・ハードコア / ジャングルのクラシックをリリースしている Leroy Small が運営していた Formation Records のサブレーベル 5HQ Recordings からドラムンベースのレコード『Nothing Left』を発表。その後も、A New Dawn Recordings や Acetate Recordings といったドラムンベース・レーベルからレコードをリリースし、Predator はイギリスとオランダのドラムンベース・シーンで絶大な支持を受け始める。2004 年には、ドラムンベース・シーンでカリスマ的な人気を誇る Digital や Falcon、Noisia、Spinor とのスプリット・レコードもリリースし、翌年には Renegade

Hardware から Human Resource「Dominator」のリミックスを Raiden との共作にてリリースした。

　2012 年に Patrick van Kerckhoven はクロスブリードに特化したレーベル Tainted Audio を新たに立ち上げ、Gancher & Ruin や Strobcore、Meander のアルバムをリリースし、インダストリアル・ハードコア側からのアプローチによってクロスブリード・シーンに積極的に関わり、Predator も Tainted Audio からのシングルや Lowroller とのコラボレーションでクロスブリードをクリエイトした。

　Ruffneck Records 以外にも、The Speed Freak で知られる Martin Damm は 90 年代初頭に Force Inc と Riot Beats からブレイクビーツ・ハードコアとジャングルのレコードをリリースし、2003 年に Biobreaks 名義でドラムンベースに特化したシングルとアルバムも発表。Shockwave Recordings や Speedcore から作品をリリースしていた Ralf Ferley(Bazooka/Aggroman) は、2000 年中頃から自主レーベル Aural Carnage Recordings を拠点にドラムンベースとダブステップにハードコアやガバ、ブレイクコアを掛け合わせたトラックをリリース。Bloody Fist Records の Mark N はテックステップとドラムンベースのミックスも制作し、Overcast 名義にてテックステップのレコードも残している。

ハードコア・ドラムンベースの元祖The Panacea

　クロスブリード / ハードコア・ドラムンベースのスタイルを形作った重要なアーティストとして、ドイツの Mathis Mootz のソロプロジェクト The Panacea は絶対に欠かせない。デビュー当時から自身の世界観を重視した音楽活動を続け、ドラムンベースを軸としながらもジャンルやシーンに依存せず、オープンマインドな姿勢でありとあらゆるジャンルを複合させたハイレベルな作品と、DJ スタイルで多くのリスナーや同業者達の意識を変えた功績は計り知れないだろう。Mathis Mootz が The Panacea、そして Warfare 名義や Disorder といったユニットで 90 年代に Position Chrome からリリースしたドラムンベースは、インダストリアルやノイズにハードコア・テクノ、ジャングルなど、Rave ミュージックとアヴァンギャルドな電子音楽を肉体的な感覚を元に配合させたセンセーショナルな物であった。自身のアイデンティティを表明した強烈な作品は、『NME』や『MixMag』といったメディアから支持されながらも、アンダーグラウンドでエクストリームな音楽を求める人々も同時に魅了していた。

　1997 年に Panacea は『Tron / Torture』をリリースしてから、『Stormbringer / Jacob's Ladder』『Anti-Funk』といった名作を立て続けにリリース。これらのレコードからは当時の Panacea が持っていた、煮え滾る様なエネルギーと姿勢がまだ冷めずに感じられる。当時の時代背景を大きく反映させた作風であるが、今聴いても新しく、この頃の作品がダークステップやハード・ドラムンベース、そしてスカルステップに大きな影響を与えているのは確実だろう。ドラムンベースと並行して、Kate Mosh 名義ではスピードコアも制作しており、Panacea でもガバキックを使ったドラムンベースを作っていた。ハードコア・シーンからのラブコールも多く、Manu Le Malin の Mix CD に収録されたり、アンダーグラウンドなハードコア・テクノ系アーティスト達が多数参加していた Fuckparade には初期から出演し、Laurent Hô、The Berzerker、Gabba Nation、Nasenbluten と共演していた。

　Panacea がリリースの拠点としていた Position Chrome は、Problem Child、Cativo、White Viper(Techno Animal/Zonal)、後にハード・ドラムンベース / スカルステップ界を牽引する存在となる Current Value のデビューシングル『Skybreaker (Untitled 3) / T.S. Overdose (Untitled 4)』とアルバム『Frequency Hunt』、Hospital Productions からアルバムをリリースしている Goner こと Martin Maischein の Heinrich at Hart といった強者達が続々と作品をリリースし、Position Chrome には一癖も二癖もある強者達が集まり、Panacea に続くように強烈なドラムンベースをリリースした。

　2000 年にはブレイクコアのパイオニア的存在としても知られる DJ Scud と Panacea はユニット The Redeemer をスタートさせ、徐々にブレイクコア・シーンにも参入。The Redeemer のアルバム『Hardcore Owes Us Money』は、ストレートなドラムンベースを主体に DJ Scud と Panacea の Rave ミュージックに対する愛情が感じられる傑作であり、この頃から Panacea とし

Kate Mosh – Untitled

ても Rave サウンドを強めた作風へとなる。同時期にリリースされた Panacea のアルバム『German Engineering』と Cativo とのスプリット『The Hardest Tour on Planet Earth』でも、カラフルな Rave サウンドを塗ったドラムンベース・スタイルを推し進め、名曲「King of the Jungle」を生み出す。Panacea のレイビーなドラムンベース・スタイルはどんどんと強まっていき、Luna-C 主宰のハッピーハードコア・レーベル Kniteforce Again とも繋がる。さらに、Knifehandchop

や DJ Scud とのスプリットやリミックス、そして Rich Kid 名義ではブレイクコアやラガコア・スタイルのレコードを制作。m² 名義では Hands Productions と Ant-Zen からダーク・アンビエントやインダストリアル、実験音楽にフォーカスした作曲家としての一面を開花させたアルバムも発表するなど、凄まじいペースで作品を作り続け、その圧倒的な個性と独創性で唯一無二の存在になっていた。

　Panacea が 2000 年に入ってから追求していたレイビーなドラムンベースの集大成とも言える『Found a Lover (Sarah's Song) / Wrong Is Right』は、ハッピーハードコアやハードコア・テクノの要素が活かされ、Panacea が後に開拓していくハードコア・ドラムンベースの原型の一つでもある。さらに、DJ Scud とのスプリット・レコードに収録された「Total Destruction 2004」では、ドラムンベース・パートとガバキックが叩き込まれるハードコア・パートが繰り返して展開する、クロスブリードを予見した様な作りでもあった。この二枚のレコードからは、楽曲以外にも後に Panacea がハードコアやハードスタイルを DJ セットに取り入れていく伏線も感じられ、Panacea の音楽へ向けているスタンスがストレートに現れている。

テクノイドの出現

　2000 年中期になると Intransigent Recordings、Outbreak Records、Offkey といったレーベルからのリリースで、膨大なサウンドライブラリーと知識を用いてハード・ドラムンベースやテクノイドを取り込み始め、Raiden との邂逅によって Panacea と Position Chrome は新しいステージに到達する。クロスブリード / ハードコア・ドラムンベースを解体した時、その骨組みにはインダストリアル・ハードコア、テックステップ、ダークステップ、スカルステップの要素が強く刻み込まれていると思われるが、もう一つ重要な役割を果たしているサブジャンルがある。最近では Kamikaze Space Programme としても素晴らしい作品を世に出している Christopher Jarman のドラムンベース・プロジェクト Raiden が、自主レーベル Offkey で追求していたテクノとドラムンベースの融合を目指したテクノイド (Techno-DNB とも呼ばれていた) がクロスブリード / ハードコア・ドラムンベースに非常に大きな影響を与え、今も太い骨組みとしてクロスブリード / ハードコア・ドラムンベースの土台を支えている。Offkey は Raiden、Propaganda、The Sect、Proket といったドラムンベース・シーンの中でも技巧派と呼べるアーティスト達のレコードをリリースし、テクノイドをドラムンベースのサブジャンルとして定着させる

Raiden – Anti Funk (Raiden Remix) / Pizdets (The Sound Of Tallinn)

D.A.V.E. The Drummer – Hydraulix 9
Rmxs

事に成功させた。
　Offkey に共鳴するかの如く、ドイツではテクノとドラムンベースを同時にクリエイトしていた Dean
Rodell のレーベル Subsistenz と Subviolenz は、ハード・テクノ / シュランツとドラムンベースをミック
スさせていき、Mike Humphries & Glenn Wilson や Dogs on Crack、Woody McBride といったテ
クノ・アーティストのトラックを Cooh、The Sect、Temper D、Raiden がドラムンベースにリミック
スしたレコードを作り、技術に裏打ちされたディープな所でテクノとドラムンベースの交配を試していた。
その中でも、Proket と Propaganda がリミキサーとして参加した D.A.V.E. The Drummer『Hydraulix
9 Rmxs』、Panacea と Current Value のリミックスを収録した Dogs on Crack vs Katz on K『Ruin
the Dark RMXs』、Proket『Apocrypha EP』は重要度が高く、eRRe や Gancher & Ruin、C-Netik、
Dub Elements はこれらのテクノイドからの影響が感じられる。Panacea はハードコア・テクノをテク
ノイドに落とし込んだサイケデリックで Rave 色のあるハードなテクノイド・スタイルを開拓していき、
『Cryptonomicon EP』でその方向性を決定づけた。Panacea のハードコアなテクノイドに共鳴する様
に、ブルガリアの Cooh は『Duuure / Ventil』と『Moth Machine EP』でさらに強度を増したハード
コアなテクノイドを完成させ、Position Chrome のハードコア・ドラムンベース・スタイルが出来上がっ
ていった。

ハードコア化していくテクノイド
　Cooh、Limewax、Lethal、Propaganda、The Sect、Audio などの才能豊かなアーティストが
Position Chrome に集結していき、ハードコア・ドラムンベース・シーンの中心的なレーベルとして、
他のジャンルのリスナーや DJ 達から再び大きな注目を集めていた頃、絶好のタイミングで Panacea
は『Chiropteran』というアルバムでハードコア・ドラムンベースをさらに高い次元に引き上げる。
『Chiropteran』には 2000 年中頃から後半に掛けて、Panacea が追求していた様々な可能性が一つの
形となって表れた集大成的なアルバムとなっており、Limewax や Donny、Dean Rodell、Lethal が参加
した事によって当時のハードコア・ドラムンベース・シーンの勢いも収めたタイムリーな作品であった。
この頃から DJ セットにおいても、Panacea はドラムンベースとハードコアをマッシュアップしたトラッ
クをプレイしていき、それは彼の DJ プレイの代名詞となっていく。元々、DJ セットでは自身制作による
マッシュアップを頻繁にプレイしていたが、2010 年に公開された Filthcast では、Donny と Angerfist
& Predator、Tha Playah をマッシュアップしたトラックをプレイしており、DJ プレイには作品とは違っ
た魅力を持たせていた。ハードコアの世界観や様式美といったものをある程度理解した上で、そのサウン
ドにのみフォーカスして DJ セットに取り入れる Panacea のスタイルは今聴いても新しい。2014 年に

出演した Boiler Room では、自身のトラックと Position Chrome や L/B Recordings 周辺のハードコア・ドラムンベースに Noisecontrollers、Mad Dog、Chain Reaction などのハードスタイルやメインストリーム・ハードコア、そして Jack Beats や Herobust といったクラブトラックを矢継ぎ早にミックスした DJ セットを披露していた。Panacea の DJ プレイやミックスを聴くと、クロスブリード / ハードコア・ドラムンベースが DJ プレイによる実験の結果によって生まれた側面もある事が解る。

The Outside AgencyとPRSPCT

　クロスブリードをジャンルとして提唱したのが The Outside Agency であるのは、熱心なクロスブリード・ファンならば知っているだろう。もちろん、The Outside Agency がクロスブリードを提唱する前から、クロスブリードとカテゴライズ出来るトラックを他のアーティスト達もリリースしていたが、ジャンル名を付けてパッケージングしたのは The Outside Agency が最初であるはずだ。2010 年に彼等のレーベル Genosha One Seven Five からリリースされた『Crossbreed Definition Series』によってクロスブリードは瞬く間にハードコア・シーンで広がり、Position Chrome が巻き起こしていたハードコア・ドラムンベース旋風と合わさり、クロスブリードという単語はすぐに定着した。一見すると短期間での出来事の様に見えるが、それまでには何年にも渡るアンダーグラウンドでの活動と実験があったからでもある。The Outside Agency がクロスブリードを作れたのは、当然ながら DJ Hidden と Eye-D が

ドラムンベースを作っていたからだろう。彼等がハードコア・テクノ / ガバとドラムンベースのフォーマットや、それぞれのジャンルに合ったプロダクションを理解していたからこそ、あそこまでレベルの高い混合スタイルを当初から作れらたのだ。また、Eye-D のストイックなドラムンベース・スタイルも、クロスブリードの誕生において重要なパートを占めている。Eye-D は 1999 年からシリアスでハードなドラムンベースを制作しており、オランダのドラムンベース・シーンを代表するユニット Black Sun Empire と 2003 年からコラボレーションやリミックスを続け、Counterstrike や Evol Intent、SPL とのコラボレーションも制作。ガッチリとした強靭なビートを駆使したハード・ドラムンベースのクラシックを残しており、PRSPCT、Black Sun Empire、Lost Soul Recordings からのリリースでハード・ドラムンベース・シーンを引っ張っていた。

　The Outside Agency がクロスブリードを生み出した背景の一つに、PRSPCT との邂逅もあったはずだ。PRSPCT と The Outside Agency の関係は古く、2004 年に行われた PRSPCT のパーティーに DJ Hidden と Eye-D が出演し、その後、今に至るまで彼等は PRSPCT のパーティーにほぼ毎回出演している。PRSPCT がレーベルを始動させるまでに行ったパーティーのラインナップを見ると Cause 4 Concern、Dom & Roland、Evol Intent、Technical Itch、Black Sun Empire、Corrupt Souls といっ

たハード・ドラムンベース勢に DJ Hidden と Eye-D がレギュラー的に並んでいる。2005 年 9 月に開催された PRSPCT の Label Launch 以降、PRSPCT Xl4 には Break と Gridlok などが出演するドラムンベースのメインルームに、Bryan Fury や The Outside Agency が出演するハードコアのセカンドフロアが出来上がる。Hellfish、Spor、Noisia、Shitmat といったアーティスト達も PRSPCT のパーティーに出演し、ドラムンベース / ハードコアを軸として、激しく革新的なダンスミュージックであればジャンルを問わない姿勢でパーティーを運営していく。そして、2006 年に開催された Q-BASE にて、PRSPCT は The Third Movement と共にステージをオーガナイズするまでになっていた。

　2005 年にレーベルとしても始動した PRSPCT は、DJ Hidden と Limewax のスプリット・レコードをリリースし、Counterstrike & Eye-D、Catacomb、Cooh、Donny のシングルで彼等の目指すドラムンベースのスタイルを提示していき、パーティーにおいては DJ Promo、Manu Le Malin、The DJ Producer といったハードコア・シーンの重鎮達も出演し、レーベル / パーティー共にその規模を拡大させていった。PRSPCT のパーティーは初期からブレイクコア、ジャングル、そしてハードなダブステップをドラムンベースとハードコアと共に扱っていたのを見ると、クロスブリード / ハードコア・ドラムンベースとは PRSPCT のパーティーの概念であり、彼等の DJ スタイルから派生していったという部分もあるのだろう。

UK ハードコアからの影響

　ドラムンベースを生んだイギリスを拠点にしている UK ハードコア・アーティスト達のほとんどは、ハードコア・テクノと同等にブレイクビーツ・ハードコアからジャングル、そしてドラムンベースの根深いファウンデーションをそれぞれのスタイルに反映されている。

　『ハードコア・テクノ・ガイドブック オールドスクール編』の UK ハードコアのコラムで、Hellfish と The DJ Producer が 90 年代にブレイクビーツ・ハードコアの DJ をしており、ブレイクビーツ・ハードコアのレコードをリリースしていた事を記録しているように、彼等がブレイクビーツ・ハードコアからの流れでドラムンベースを UK ハードコアに取り込むのは当然の事であった。それは、ドラムンベースがジャンルとして固まってきた頃、メディアでドラムンベースはイギリス版のヒップホップと称されていたが、ヒップホップのサウンドと精神性に重きを置いていた Hellfish と The DJ Producer が、ドラムンベースにあるヒップホップ的な部分に反応した結果だったのかもしれない。

　UK ハードコア・シーンの中でも、デビュー当時からブレイクビーツとベースに強い拘りを見せていた The DJ Producer は、90 年代後半に Suspicious Circumstance 名義でドラムンベースのレコードを High Octane から三枚リリースしている。ブレイクビーツ・ハードコアを通過した者にしか出せない独特な深みのあるドラムンベース・スタイルとなっており、当時人気であった No U-Turn と Nu Black にもインスパイアされている様なテッキーなサウンドであった。スピード感のあるグルーブとビートの鋭

Suspicious Circumstance – Unstable Environment /
Completely Real

Ultrafex – Severe Breakage / Doors Of Insanity

さ、ベースのうねりに具合などにハードコア・テクノ的な過剰さやパワフルさも感じさせる。Suspicious Circumstance 名義と並行して、Tech Itch Recordings や Hardleaders からレコードをリリースしていたドラムンベース・ユニット Ice Minus のメンバーであった Chris Maxey(X-E-Dos) とのユニット The Coalition でも作品を残している。近年でも、The Teknoist のレーベル Our Fucking Jungle からリリースされた Smyla とのスプリットや、ドラムンベース / ジャングル・レーベル Ghetto Dub Recordings からリリースされたシングル『Urban Decay』で、Suspicious Circumstance 名義でのドラムンベース / ジャングル・スタイルをアップデートさせたトラックを The DJ Producer は披露している。

　同じく、High Octane から Hellfish は Ultrafex 名義でヒップホップ・テイストの強いドラムンベースをリリースしている。Hellfish らしい過激なアーメン・ブレイクや、エレクトロのダーティーなベースを盛り込んだドラムンベース・トラックは、DJ Scud や Aphasic などのブレイクコア勢とも共鳴するハードな作風であった。他にも、High Octane は Dolphin と Dare のユニット Global Fury のドラムンベースもリリースしている。Deathchant 周辺以外でも、The Third Movement や Epileptik Productions から作品をリリースしているイギリスの Matt Green も初期作品『South London Hardcore』にて、ハードなドラムンベース・トラックを収録。

　2015 年に Nonplus Records から Source Direct のシングルがリリースされ、最近では Deep Jungle から Tech Itch や Dillinja のレコードがリリースされるなど、90 年代のドラムンベース・トラックが若い世代にも行き届き受け入れられている。そういった流れを見ると、High Octane や The Coalition のレコードも、今また再評価されるべきだろう。

2000年代のUKハードコア

　1999 年に The DJ Producer が Rebelscum からリリースした『Anarchy in a Controlled Environment』は、ジャングルやドラムンベースのリズムパターンや音作りがハードコア・テクノに落とし込まれており、ハードコア・ドラムンベース / クロスブリードの歴史においても欠かせない重要な一枚だ。2000 年以降、The DJ Producer はインダストリアル・ハードコアと UK ハードコアをクロスオーバーさせたスタイルを Rebelscum を通して模索していたが、同時に Killing Sheep Records からの Throttler とのスプリットや The Third Movement からリリースした『Breaks the Unbreakable』と『Problematic Frequency』でスカルステップやハード・ドラムンベースもミックスさせていた。同じく、Deathmachine も Industrial Movement からリリースした EP『Descent』や Autopsy との

The DJ Producer – Anarchy In A
Controlled Environment

The DJ Producer and Deathmachine –
Dubplate Tectonics

スプリット『Lost Frequency 002』で、インダストリアル・ハードコアにドラムンベース / スカルステップをミックスさせており、The DJ Producer & Deathmachine のコラボレーション作『Dubplate Tectonics』 と『Failed Attempts at Bending Time and Space』で、後に生まれるハードコア側からのクロスブリード・スタイルの青写真を残している。

UK ハードコアの第二世代的な立ち位置の The Teknoist は、デビュー当時から UK ハードコアを軸にブレイクコアや IDM にドラムンベースとジャングルをミックスし、クロスブリード / ハードコア・ドラムンベースを先取りしていた作品を作っている。2007年にリリースされた『The Teknoist Presents: Cock Rott Columbo』収録の Bong-Ra & Dirty Dread「Blood and Fire (The Teknoist Remix)」や、2008 年にリリースされた Eustachian とのスプリット『Pillaged and Plundered EP』と Throttler とのスプリットでは、スカルステップを独自解釈したブルータルなトラックを開発し、そこにはハードコア・テクノのエッセンスが良い味付けをしている。Teknoist の 1st アルバム『...Like a Hurricane Made of Zombies』では、UK ハードコアとドラムンベースを理想的なバランスで融合させ、双方のファンが楽しめる傑作を生みだし、今作以降ドラムンベースのパーティーにもブッキングされ始める。DJ ミックスにおいても、2010 年に Filthcast に提供したミックスでは Bkey、Spor、Skeptic、Noisia といったドラムンベースから Remarc や Bizzy B などのジャングルを UK ハードコアとミックスしており、DJ としての視点からハードコア・テクノとドラムンベースをクロスオーバーさせていた。Teknoist は 2011 年に Samurai Brylkreem というレーベルをスタートさせ、Igneon System & Homeboy、Gancher、Tugie、Detest が参加したコンピレーション『Samurai Brylkreem』と、Obscene Recordings や Therapy Sessions Recordings からシングルをリリースしているドラムンベース・アーティスト Kitech とのコラボレーション作を発表し、ハードコアとドラムンベースの融合を試みていた。

ブレイクコアとの関係

2000 年代、UK ハードコアと近しい関係にあったブレイクコアもクロスブリード / ハードコア・ドラムンベースの発展にヒントを与えていたと思える。PRSPCT はブレイクコアとジャングルにフォーカスを当てたサブレーベル PRSPCT RVLT を 2012 年に立ち上げ、今も定期的にブレイクコアの作品を発表。近年の PRSPCT にとって欠かせないアーティストとなった Satan(現 The SATAN) も元々はブレイクコアをクリエイトしていた。クロスブリード / ハードコア・ドラムンベースの中心的な存在である PRSPCT が、ブレイクコアを長年に渡ってサポートしている事もあり、その関係性はサウンド面においても繋がりを感じさせる。

Sinister Souls が影響を受けたと公言していたオランダのブレイクコア・アーティスト Bong-Ra は、90 年代からジャングルをベースにテックステップやダークな Rave サウンドをミックスさせた作品を Miss Djax のレーベル Djax-X-Beats からリリースしており、デビュー当初からジャングルとドラムンベースは Bong-Ra の音楽のコアなパートであった。自身の作品に Panacea をリミキサーに起用し、PRSPCT のパーティーには初期から出演するなど、早い段階からブレイクコア / ドラムンベース・シーンを横断する活動をしていた。2007 年にリリースされた End.User とのスプリット『The Kill』では、ドラムンベースとハードコア・テクノをブレイクコアのミキサーでぐちゃぐちゃにしたカオティックなスタイルを生み出し、2009 年にリリースされたコンピレーション『X-TREME HARD COMPILATION VOL.2』収録の m1dy「Asyura Bamba (Bong-Ra Remix)」でブレイクコアナイズされたハード・ドラ

Bong-Ra - Monster

Limewax vs Bong-Ra vs Thrasher –
The Hard Way

ムンベースを披露。2011 年リリースの EP『Monster』では、高度な作曲スキルとデスメタル / ドゥーム・メタル・バンドで活動していたバンドマンとしての経験を用いて、ダブステップとハード・ドラムンベース / スカルステップにクラシックをミックスした傑作を発表。『Monster』収録の「Yeti」は鋼鉄のスカルスネアとガバキックを駆使したクロスブリード的トラックでもあり、翌年に The DJ Producer のリミックス（「The Abominable」）が PRSPCT XTRM からリリースされた。2012 年に PRSPCT から Limewax vs Bong-Ra vs Thrasher 名義でリリースしたコラボレーション・シングル『The Hard Way』はハード・ドラムンベース・シーンでヒットし、Synapse や Igneon System の DJ ミックスにも使われ、ハードコア・シーンからもサポートされた。Limewax と Bong-Ra のサウンドがドラムンベースのフォーマットの中で奇跡的な融合を果たし、『The Hard Way』は DJ ユースでありながらも、既存のドラムンベースに対して挑戦的な姿勢を叩きつけていた。その後、彼等は正式に The Hard Way としてのプロジェクトをスタートさせ、ドラムンベースとハードコアにブレイクコアを取り入れた作品とライブパフォーマンスで、クロスブリード / ハードコア・ドラムンベース・シーンを先導した。

　Bong-Ra と共に、VOODOOM や Wormskull で活動を共にしていた Mike Redman のソロプロジェクト Deformer が 2001 年にリリースした『Slasher』は、伝統的なロッテルダムのハードコア・サウンドにジャングルをミックスしたハイブリッド・スタイルでクロスブリード的でもあった。その他にも、Deformer が 2000 年代にリリースしていた作品にはガバ・テイストを感じさせるハードコア・ドラムンベース的な物が多い。Deformer/ Mike Redman、Bong-Ra、FFF は初期の頃から PRSPCT のパーティーに出演していた事や、先程名前を挙げた Sinister Souls の様にブレイクコアがムーブメント化していた時期にティーンエージャーだったアーティスト達が熱心に彼等の作品を聴いていた事から、オランダのクロスブリード / ハードコア・ドラムンベース・シーンはブレイクコアと共に成長していったと思われる。

　Ophidian を筆頭に、ハードコア・シーンのアーティスト達からもリスペクトされているブレイクコア・シーンのアイコン的存在である Venetian Snares も少なからず影響を与えている。Venetian Snares の音楽には、ドラムンベースの要素よりもジャングルとブレイクビーツ・ハードコアが大きく、クラシックからレゲエ、スピードコアやノイズなどのジャンルが散りばめられており、本当に様々なジャンルのリスナーとアーティストを魅了している。ブレイクコア・アクトを積極的にブッキングしていた

PRSPCT と Smackdown は過去に Venetian Snares のオランダ公演をオーガナイズしており、2013 年の Q-BASE での PRSPCT ステージにも Venetian Snares は呼ばれていた。

　2000 年初頭から中頃にかけて、Beta Recordings、Moving Shadow、RAM Records のサブレーベル Frequency からフューチャリスティックなドラムンベースをリリースしていた Exile(後に Tim Exile に改名) は、2000 年中頃からドラムンベースにブレイクコアとハードコアをミックスした複雑で異形なスタイルを開拓。2005 年に Planet-Mu からリリースした John B & Exile 名義でのシングル『Broken Language (Exile Remix) / the Forever Endeavour』は、ドラムンベースにグリッチとハードコアをずば抜けた技術力とアイディアで混合させた衝撃作で、Panacea と近い方向性であったが、プロダクション的にはより複雑に作り込まれていた。同年に、Evol Intent からも Exile は『Devil's Chimney / the Divide』というシングルをリリースしており、こちらは伝統的な UK ドラムンベースの雰囲気を感じさせるハードなアーメン・ドラムンベースであった。その二枚のシングルも収めたアルバム『Pro Agonist』には、ドラムンベース・シーンのトップ・アーティストである Sub Focus も参加しており、ドラムンベースをユニークな視点と天才的な技術力で再構築した名盤である。同年には PRSPCT のパーティーにも出演

John B & Exile – Broken Language
(Exile Remix) / The Forever Endeavour

し、2007 年には Mystery Land の R_AW ステージに出演。『Pro Agonist』のリリース以降からライブパフォーマンスでもブレイクコアからの影響が色濃く現れ始めた結果、ドラムンベースにハードコア・テクノ、IDM、ジャングルなどをごった煮しまくり、2000 年代最高の迷作『Tim Exile's Nuisance Gabbaret Lounge』を生み出す。この頃の Exile は Micromakine のサイバーチックなミュータント・クロスブリードや Billain のサイバーパンク感にも通じる。

　他にも、スカルステップにスピードコアをミックスしたエクストリームなスタイルを開発していた DJ Floorclearer や、Outbreak Records や Soothsayer Recordings などのハード・ドラムンベース・レーベルからもレコードをリリースしていた End.User によるブレイクコアとドラムンベース / ジャングルをクロスオーバーさせたスタイルも、クロスブリード / ハードコア・ドラムンベース・シーンの骨組みになっているのかもしれない。

US ドラムンベース/ジャングル

　2000 年前半からアメリカやカナダ、フランスなどで極地的にムーブメントになっていたハードコア・ジャングルは、ラガ / レゲエとヒップホップ、メタル、そしてハードコア・テクノ / ガバとの融合までも

果たし、爆発的なエネルギーを放出していた。元々、アメリカには
イギリスとは違ったハードでダークなジャングル / ドラムンベース
のシーンがあり、DJ 3D、E-Sassin、R.A.W.、Hive、UFO! と
いったアーティスト達が切り開いた US スタイルのハードなドラ
ムンベースとジャングルを、更にパワフルにしたのがハードコア・
ジャングルであった。ハードコア・ジャングルの重要人物 R.A.W. 曰
く、昔からアメリカのジャングル・シーンはモッシュピットが起き
る様なアグレッシブなフロアだったらしく、ヒスパニック系の人々
によってジャングルとハードコア・テクノ / ガバはサポートされ、
アメリカではタフな環境でジャングル / ドラムンベースとハードコ
ア・テクノ / ガバのクロスオーバーが進んでいた。

3D & Snuggles – Chicago
Darksteppers Vol. 1

　ハードでダークなドラムンベースをプレイしていた DJ 3D は、
1996 年に 3D & Snuggles 名義で『Chicago Darksteppers
Vol. 1』というダークステップ系を中心にしたミックス・テープの
制作や、Ghetto Safari から二枚のレコードをリリースしており、ハードコア・ジャングルの人気に火を
付けたキーパーソンでもある Slipknot の Sid Wilson による DJ Starscream 名義の Mix CD『Sound
Assault』にも、DJ 3D のレコードが収録されている。DJ 3D の残した作品を聴き返すと、彼がアメリ
カのハードなジャングル / ドラムンベース・シーンにかなりの影響を与えているのが解る。R.A.W. は
ジャングルと並行してガバも制作しており、ハードコア・ジャングルのムーブメント期にも、R.A.W. とし
て『Attack』というガバキックを使ったハードコア・ジャングルを発表し、Simon Underground の Mix
CD『EpileptikMix10 - Heterodoxy』にも収録されていた。DJ Starscream はラガジャングルをメイ
ンにガバやブレイクコアをミックスし、Rob Gee のシングル『Riot In New York』と『Adrenalize』に
リミックスとコラボレーションで参加し、Slipknot のファンも巻き込んでクロスオーバーな活動を行って
いた。

　DJ 3D や R.A.W. のレコードをリリースしていたハードコア・ジャングルの代表的なレーベル Nitrous
Oxide Records は、Delta 9 のミックス・テープと Rob Gee のシングルを発表し、コンピレーション
CD『Home Invasion - Volume 1』では Ron D. Core、Oscar Da' Grouch、Simply Jeff、R.A.W. も
参加。サブレーベルである Freeburning Records からは Evol Intent のレコードもリリースしており、
ジャングルを軸にドラムンベースとガバも取り込んでいた。2000 年代のジャングル・シーンにクラシッ
クを連発した General Malice も DJ プレイにおいてガバとブレイクコアをジャングルとミックスしてお
り、2000 年後半には Counterstrike や SPL & Limewax のレコードも織り交ぜていた。Osborne 名義
でテクノやハウスをリリースしている Todd Osborn のジャングル・プロジェクト Soundmurderer も「Big
Time (Core Mix)」という曲で、ガバキックを使ったハードなジャングル・スタイルを披露しており、DJ セッ
トでも Disciples of Annihilation と m1dy のスピードコアをプレイしていた。

　これらのハードコア・ジャングルは現代のスカルステップやダークステップとも共鳴する部分があり、
Gein、Corrupt Souls、Submerged、Hostage、Silent Killer といったダークステップ / ハード・ドラ
ムンベース・アーティストにその DNA は受け継がれている。

インダストリアル・ハードコアからの流れ

　まえがきでも触れた通り、クロスブリード / ハードコア・ドラ
ムンベースにはインダストリアル・ハードコアが大きく関わってい
る。The Outside Agency 以外にも、インダストリアル・ハード
コア・シーンでドラムンベースを取り込んだ作品を作っていたアー
ティストは多く、Tripped と Igneon System はハードコア以前
にドラムンベースの DJ を経験しており、世代的にも 2000 年代
にデビューしたインダストリアル・ハードコア系アーティスト /DJ
は、ハードコア・テクノと同等の存在としてドラムンベースがある
様に思える。

Enduser / Soundmurderer – Revolution EP

I:Gor – Sparta

その中でも、Angerfist のアルバムへの参加や、Igneon System とのユニット Innominate での活動で人気を得ているインダストリアル・ハードコア・シーンのトップ・アーティスト I:Gor もクロスブリードの発展に大きく関与している。

　元々、I:Gor は Suburban Trash Industries や Low Res Records といったブレイクコア系レーベルからレコードをリリースしており、当初は Noize Creator や DJ Scud からの影響を感じさせるハーシュステップやブレイクコアの要素をハードコアと掛け合わせた、実験的で激しいサウンドをクリエイトしていた。2000 年中頃からはブレイクコアに特化していき、Breakcore Gives Me Wood や Wasted などのブレイクコア・フェスティバルやパーティーに出演。同時期に、IDM／グリッチホップにフォーカスを当てた『Barwy Kolorow』というアルバムも残しており、IDM の名門レーベル Detroit Underground のコンピレーション『Detroit Underground (Part 4)』に Richard Devine、Apparat と共に参加。Adapter 名義で『Life Is Math』という実験的なアルバムもリリースしている。その後、Strike Records をリリースの拠点に置いてからは、ストレートな 4 つ打ちを強めたインダストリアル・ハードコアになり、今に通じるメタリックでブルータルな I:Gor の作風が完成する。

　この頃までは、ブレイクコアの要素が I:Gor のサウンドの核を補っていたが、2000 年後半からスカルステップ／ハード・ドラムンベースがブレイクコアのポジションに入れ替わる。2006 年に Magus 名義でスカルステップに触発されたアグレッシブなドラムンベース・スタイルのレコード『God of War』をリリース。その後も、I:Gor として Deathchant からリリースした『Funk Off』や、Strike Records からリリースした『Sparta』でスカルステップをミックスしたハードコア・トラックを披露し始める。2008 年に Sustained Records からリリースした『Obak / Attention Deficit Hyperactivity Disorder』では、ハードコア要素を抑えたストレートなドラムンベース・スタイルに挑戦。今作は当時のハード・ドラムンベース／スカルステップの人気作と同レベルのクオリティを持ちながら、他のハード・ドラムンベース／スカルステップには無い音作りで I:Gor 独自のスタイルを開拓しており、それまでの I:Gor のイメージを一新させた。

　翌年に Sustained Records からリリースされた DJ Hidden とのスプリット『The Memento Mori EP』で自身のドラムンベース・スタイルをさらに追求し、Nekrolog1k Recordings との邂逅によってドラムンベースとインダストリアル・ハードコアを融合させた名作『Nekrolog1k EP 002』と、それに続く方向性を突き進んだ『Thunderbolt』『Nekrotekk EP』を発表。今振り返ってみると、I:Gor の場合はスカルステップやハード・ドラムンベースとの融合により、I:Gor がデビュー当時から持っていた狂気は保たれたまま、以前よりもダンスミュージックとしてのフォーマットに忠実になったのではないだろうか。マイナス点ではないが、ブレイクコアやハードコア側のアーティストがクロスブリードへと転身した

I:Gor – Obak / Attention Deficit Hyperactivity Disorder

時に、そのジャンルの機能性を高める為にはしょうがなかった事であるが、以前よりも勢いが落ちていたり、過激さや自由さが失われている事がファンから指摘されていた。だが、I:Gor の場合は一聴すると抑えられた様に聴こえるかもしれないが、一音一音は鋭さを増していっており、より洗練されている。I:Gor と同じく、初期はブレイクコア的な要素を交えていた Detest も、2010 年に Born Ultraviolent からリリースした『Beer Song of Death』でドラムンベースの要素を強めていき、この頃からハードコア・シーン全体でドラムンベースを取り込む動きが活発となっていった印象がある。

　その背景には、インダストリアル・ハードコアからのアプローチによってクロスブリードの発展に関わったスイスの DJ Homeboy と DJ Mayhem のユニット AK-Industry のレーベル Nekrolog1k Recordings の影響もあった。DJ Hidden、Throttler、I:Gor、

Igneon System が参加したコンピレーションや I:Gor、The Teknoist、AK-Industry、Homeboy & Igneon System の シングルをリリースし、PRSPCT とは違ったインダストリアル・ハードコア要素の強いクロスブリードを展開。Homeboy 達が Nekrolog1k Podcast と Agnost1k Podcast で公開していた DJ ミックスは、クロスブリード創成期と言える時代の雰囲気を収めた刺激的な内容で、ヨーロッパのフロアで何が起きているのかをいち早く形にして伝えていた。Broken Rules 主宰レーベル Signal Flow の人気ポッドキャスト Signal Flow Podcast は、インダストリアル・ハードコアをメインにしていたが、2010 年以降になると徐々にクロスブリードがプレイされる頻度が増えていた事から、インダストリアル・ハードコア側からのサポートによって、クロスブリードはハードコア・シーンで広がっていったのかもしれない。

　スカルステップ / ハード・ドラムンベースとインダストリアル・ハードコアの融合は、お互いの尖った部分を増幅させただけではなく、インダストリアル・ハードコアの無機質なビートとサウンドのバックグラウンドに、ドラムンベースの速度感と反復性によるグルーブの構築法を迎え入れる事に成功した。インダストリアル・ハードコアとドラムンベース・シーンはレーベルの枠を超え、リミックスとコラボレーションを繰り返し、リリースを重ねる度に改良され、2013 年頃にはクロスブリード / ハードコア・ドラムンベースは、ヨーロッパを中心に大きなムーブメントを巻き起こす。

SPLというキーパーソン

　ハードコア・アーティストがドラムンベースをクリエイトする事は多いが、その逆は稀である。クロスブリード以降であれば、ドラムンベース・アーティスト達がハードコアを意識したトラックを作り出す事は幾つかあったが、それ以前はごく一部のアーティストだけであり、非常に珍しい事であった。だが、Current Value や Limewax、Donny に並んで 2000 年代のスカルステップ / ハード・ドラムンベース・シーンを盛り上げたアメリカの SPL は、クロスブリード以前にインダストリアル・ハードコア・シーンに参入していった。

　SPL は 2000 年中頃に Outbreak Records や Freak Recordings、Lost Soul Recordings からレコードをリリースし、伝統的なダークステップのフィーリングを持ったストイックなスタイルで存在感を放ち、当時のハード・ドラムンベース / スカルステップ・シーンを牽引するアーティストとして注目を集めていた。それまでに、SPL とインダストリアル・ハードコア・シーンとの関わりは目に見える所では行われていなかったが、2008 年に The Outside Agency のレーベル Genosha Recordings から突如 SPL の 4 曲入りレコード『The Deaf EP』がリリースされた。渋いダークステップやダブステップを作っていた SPL が、インダストリアル・ハードコアのレーベルからレコードをリリースするとはまったく思いもしなかったので、同じ名前の違うアーティストだと最初は思うほどであった。肝心の内容であるが、ドラムンベース的な要素はほとんど無いストレートなインダストリアル・ハードコアで非常にクオリティが高い。「Lost Frequency (The Outside Agency Remix)」では、ドラムンベース的な要素が感じられるが、SPL のオリジナル・トラックは全てインダストリアル・ハードコアである。良い意味で捉えて欲しいのだが、『The Deaf EP』にはインダストリアル・ハードコアの様式美といったものがまったく感じられず、それが非常に良い結果を生み出している。インダストリアル・ハードコアやハードコア・テクノ周辺を聴き続けたり、そのシーンに関わり続けるアーティストよりも、そういった場所から離れた所で自由に作られた物の方が本質を見抜いて

SPL – The Deaf EP

いるケースがあるのだが、『The Deaf EP』は、まさにそういった作品であった。

SPL の音楽的なルーツの中にインダストリアル・ハードコアやハードコア・テクノがあったのかは解らないが、特にインダストリアル・ハードコアはすぐに真似て作れる様なジャンルではない事は、このジャンルを聴き続けている人であれば知っているだろう。『The Deaf EP』は間違いなくインダストリアル・ハードコアにカテゴライズ出来るが、まったく新しい要素を持ち込んできたのも重要

であった。『The Deaf EP』の収録曲は Nosferatu、The DJ Producer、Lenny Dee、Mindustries の Mix CD にも収録され、Ophidian、Limewax、Daisy、Endymion、The Panacea、Broken Rules、Cooh、Ruffneck もプレイしていたそうだ。この並びだけ見れば、ドラムンベースとインダストリアル・ハードコア・シーンのトップ DJ 達が SPL を介してクロスオーバーしている。さらに、Thunderdome の CD にも収録され、『The Deaf EP』はハードコア・シーンでヒットした。そして、2008 年の Q-BASE に SPL は The Third Movement/Genosha Recordings のステージに出演。これだけ『The Deaf EP』が話題になれば、ハードコア・シーンからのオファーは相当あったとのではないかと思うが、SPL がハードコア・シーンと関わったのは、2009 年に Genosha Recordings Label Night に出演した事と、2010 年に Meta4 のコンピレーション『Issue 03 - Monophobi』で Ophidian とのコラボレーションを行い、The Outside Agency の『Crossbreed Definition Series』に参加したぐらいで、その後は直接的な関わりは見られなかった。2010 年に Hollow Point Recordings からリリースされた『Valhalla EP』では、Triage とのコラボレーションでガバキックを使ったインダストリアル・ハードコアのフィーリングもあるダブステップを披露しており、これは Sinister Souls がコアステップと称してダブステップにハードコアをミックスさせる前の事でもあった。少しの間ではあったが、SPL がインダストリアル・ハードコア・シーンに与えた影響はかなり大きかったはずだ。SPL によって開かれた意識は確実にあったはずである。

Smackdown Recordings

ダンスミュージックにおいて、そのジャンルの進化や発展にはフロアでのリアクションが欠かせない。アーティストの頭の中で生まれた音を肉付けしていくのには、フロアでのリアクションやクラブのスピーカーからの鳴りを体験するのが必要であり、他のトラックとのミックスによってアイディアも生まれてくる。そういった意味で、クロスブリード / ハードコア・ドラムンベースがスタイルとして画一される前に、パーティーで表現していた人々も重要だろう。PRSPCT はパーティーでハードコア・テクノとドラムンベースを同一で扱っていたが、同じくオランダのネイメーヘンで開催されていた Smackdown というパーティーも大きな役割を果たしている。2007 年にスタートした Smackdown は Hellfish、Bryan Fury、Armaguet Nad、Neurocore、Somatic Responses、Akira といったハードコア勢と Noisia、Evol Intent、The Panacea、DJ Hidden & Eye-D、Proket、Counterstrike などのドラムンベース勢、Rotator、Bogdan Raczynski、Xanopticon、Boxcutter、Vex'd、Electric Kettle といったブレイクコアからダブステップまでも巻き込んだクロスオーバーなパーティーを開催しており、Planet-Mu、Deathchant、Pacemaker、Hangars Liquides のレーベル・ショウケースや PRSPCT との共同主催も定期的に開催していた。

スタジオでの試行錯誤だけではなく、Smackdown と PRSPCT が主催していたパーティーでの実験に

よって、クロスブリード / ハードコア・ドラムンベースは時間を掛けて熟成していったのではないだろうか。2009 年から Smackdown はレーベルとしても始動し、自分達のパーティーを作品として形にした『The Uncensored EP』をリリース。以降も、The Outside Agency、Cooh & Counterstrike、Detest のレコードをリリースし、レーベルとしてもクロスブリード / ハードコア・ドラムンベース・シーンを支えた。

Crossbreed Definition Series以降

　『Crossbreed Definition Series』で The Outside Agency が提唱しようとしていたクロスブリードというスタイルの本質は、もっと自由で広い意味があった様な気がするが、、その衝撃的なインパクトとアイディアの影響もあり、2010 年以降『Crossbreed Definition Series』を模範とした物がクロスブリードとして認識されていく。

　2010 年にポーランドでは Bada と Switch Technique が Union Recordings を設立し、Hybrid Series という企画で DJ Hidden と Switch Technique のコラボレーション・シングルをリリース。Hybrid Series には Machine Code や Cooh も参入していき、Union Recordings のポッドキャストでは Deathmachine や Tymon のミックスを公開。インダストリアル・ハードコア側からのアプローチによるクロスブリードも押し出していたが、当初から Union Recordings と Switch Technique はドラムンベースとハードコアの配合をベストなバランスで追求し、コアなファンを獲得していた。ハードコア・パンク / メタルとドラムンベースを融合させていた Forbidden Society は、Noize Punishment 時代のハードコア・テクノやスピードコアを作っていた頃のエクストリームさを取り戻し、情報を一切隠した状態でレコードがリリースされる Simon Underground のレーベル兼プロジェクト Mask の Who Is Behind the Mask? シリーズにて Delta 9 とのコラボレーションも行い、アルバム『To the Threshold』ではインダストリアル・ハードコア・アーティストとのコラボレーションも実現させた。Forbidden Society は自身の作品や主催パーティーやポッドキャストを通じて、クロスブリード / ハードコア・ドラムンベース・シーンに昔ながらのダークステップやハード・ドラムンベースの硬派なメンタリティを浸透させた。

　ポルトガルでは Yellow Stripe Recordings が立ち上がり、C-Netik や BSA、Fragz がシングルをリリースし、続けてロシアの Harder & Louder Recordings も活動が始まる。Nekrolog1k Recordings はサブレーベル Agnost1k Recordings から Detest、Dither、[KRTM] をリリースしてインダストリアル・ハードコア要素を強め、もう一つのサブレーベル Ego1st Recordings ではメタル解釈のダブステップにもフォーカスしていった。既に老舗レーベル的な雰囲気も漂っていた Position Chrome と L/B Recordings は、クロスブリードの煽りも受けながら、Limewax & Cooh『The Borger EP』、The Panacea『44 LB / 666 Illegal』、Limewax『JiJ / Fuenf』、Current Value & The Panacea『Make It Last / Melo』といった作品で、彼等自身のハードコア・ドラムンベース・スタイルを打ち出し続けた。

　この頃はほとんど毎月作品が発表され、アーティスト達はリミックスとコラボレーションをハイペースで

C-Netik, Fragz, Dkaos, BSA - Militia EP

行い、クロスブリード / ハードコア・ドラムンベースのフォーマットの密度を上げていく。2012 年の時点でテンプレートと言える物は出来上がっていたが、それぞれのアーティスト達の音楽的バックグラウンドと引き出しの多さで個性を出し、競い合っていた。

　2010 年から 2012 年に掛けて、クロスブリード / ハードコア・ドラムンベースにフォーカスしたレーベルやアーティストが一気に増え、クラシックとされる物もこの時期に多く生まれている。その中でも、日本でも好セールスを記録した Sinister Souls の 1st アルバム『Beat the Drum Hard』はシーンの活性化に大きく寄与した。デビュー当初はダブステップをメインに作っていた Sinister Souls であったが、2010 年に Q-Dance からリリースされた Mike NRG のリミックス EP『Lost in Dreams (Q-Base Anthem the Remixes 2010)』に参加して以降、Loop Stepwalker とのコラボレーション EP『Why We Exist EP』などでガバキックを使ったハードコアなダブステップ・スタイルに変化。続けて、『In the Filth』や『Subland EP』といった作品で、彼等のハードコアなダブステップのスタイルは激しさを増していき、そのスタイルをコアステップと提唱していた。

　Sinister Souls がコアステップをクリエイトする少し前にも、SPL、Gein、Current Value、Counterstrike、Balkansky(Cooh) もダブステップに接近し、Subtrakt や PRSPCT SUB といったダブステップを専門に扱うレーベルも始動。ブロステップ化が進んでいたダブステップの流れに、ドラムンベースやスカルステップのエレメントを反映させた個性的なダブステップがこの頃生まれており、コアステップと同様に今聴いても興味深い物が沢山残されている。Sinister Souls のコアステップは、ベースメタル系とシンクロしていき、次第にドラムンベースも製作し始める。PRSPCT からリリースされた『Beat the Drum Hard』は、eRRe、Dub Elements、Contrage & Gein、Counterstrike、The Outside Agency とのコラボレーションによってクロスブリード / ハードコア・ドラムンベースとコアステップを調和させた傑作として、今も多くのリスナーに愛されている。収録曲の「Tuh Tuh Duh」と「Perfect Organism」は当時のクロスブリード / ハードコア・ドラムンベース・シーンの熱気とクリエイティビティを閉じ込めた名曲であり、DJ 達はこぞってこの 2 曲を使っていた。

この頃になると、PRSPCT はクロスブリード / ハードコア・ドラムンベースのトップ・レーベルとして熱狂的なファンを世界中に生み出し、PRSPCT のパーティーもその規模を拡大していた。それにより、PRSPCT にインスパイアされたパーティーが各国で増えていき、ラインナップも固定化され始める。クロスブリード / ハードコア・ドラムンベースは SNS の加速に同調する様に急激に成長する反面、パターン化していった。

日本の重要アーティスト

　国内におけるクロスブリード / ハードコア・ドラムンベースの歴史を振り返ると、そのルーツであるハード・ドラムベースとテクノイドまで遡る必要があり、日本にも深い歴史の繋がりがある。2008 年に Of God でお馴染みオーストラリアの Hell's Bassment Records から Sprout のレギュラー DJ であった東京の Medico が『Substance Dependence / Bi-Polar Disorder』をリリースし、イギリスの Venom Inc のサブレーベル Digital Venom からは関西で活動していた Gravity Zero が『Life / Minds Eye』と T-FREE から『Where Is Here』というシングルをリリースしている。日本人というのを無視して見ても、Medico と Gravity Zero の作品は非常にレベルが高く、当時のハードなテクノイドのリリースにまったく負けていない。特に、Gravity Zero の「Minds Eye」は Cooh や Proket に通じるパワフルで近未来的なハイブリッド・ドラムンベースを完成させている。Gravity Zero のメンバーであった Atsushi Izumi は Anode 名義で Harder & Louder Recordings、Tech Cycle Recordings、Perkussiv からシングルや EP をリリースしており、Current Value のアルバムにリミックスを提供している。もちろん、彼等以外にもハード・ドラムンベースやテクノイドを制作し発表していたアーティストは国内にいるが、ハードコア・ドラムンベースの文脈から見ると Medico と Gravity Zero の存在は重要である。

Medico – Substance Dependence / Bi-Polar Disorder

ターニングポイントとなった2013年

　クロスブリード / ハードコア・ドラムンベース・シーンにとって、2013 年はターニングポイントとなった。PRSPCT は The Hard Way『Devil Worshipping Motherfuckers / Pentagram of Coke』とコンピレーション『The PRSPCT Family Album』でクロスブリード / ハードコア・ドラムンベース・シーンに圧倒的なインパクトとブランド力を見せつけ、サブレーベル PRSPCT XTRM では Delta 9 & Fiend、The DJ Producer、Akira & Drokz というハードコア・シーンの重鎮達も巻き込んだリリースを展開し、ハードコア・シーンでも無視出来ないレーベルとなっていた。Limewax は Panacea との Goldberg Variations や Acid Diaper 名義でハードコア・トラックもリリースしていき、メインストリームのハードコア・シーンでは、Angerfist がクロスブリードからの影響を受けたと思われる「Street Fighter」を発表し、クロスブリードへの注目が飛躍的に高まる。そして、イタリアの Lowroller は Angerfist、Lenny Dee、Negative A、N-Vitral をフィーチャーしたアルバム『Collabs and Resurrections』でハードコア・シーンに接近し、N3AR とのコラボレーション『Badass EP』を Masters of Hardcore からリリース。クロスブリードにブロステップをミックスしたトレンディなスタイルで、新たな層を取り込む事に成功していた。

　人気実力共にブレイクコア・シーンの中で若手トップであった Satan は、Peace Off からリリースした『Evolution of Cruelty』以降、ドラムンベース色を強めていき、PRSPCT や Future Sickness Records からもシングルをリリース。それまでは、ブレイクコアとデスメタルのブルータリティとプログレッシブな展開を駆使した楽曲構成で DJ ユースではなかったが、この頃から DJ

DIGITAL VENOM

DV003
A: Gravity Zero - Life
AA: Gravity Zero - Minds Eye

WWW.VENOMINC.COM
WWW.TECHNO-DNB.COM
MYSPACE.COM/VENOMINC

Gravity Zero – Life / Minds Eye

でも使用しやすいフォーマットへとなっていき、徐々に自身のスタイルをクロスブリードの方向へと向かわせていた。

　Saｔanはデビュー当時からスカルステップとダークステップの要素がブレイクコアやハードコアよりも強かったので、クロスブリード的な方向にスタイルを変化させていくのは原点に立ち戻ったといえるが、ブレイクコア・シーンでは元々ドラムンベースのルーツが薄いアーティストでもクロスブリードに寄せた作風に変化していく動きが増え始め、2013年以降クロスブリードにスタイルを完全に切り替えたアーティストやレーベルも存在する。ブレイクコアだけではなく、他のジャンルのアーティスト達もクロスブリードには引き込まれていたが、完全に自身のスタイルに落とし込めたアーティストは多くない。

　Yellow Stripe Recordings のパーティーに DJ Mad Dog が出演するなど、ハードコアとクロスブリード／ハードコア・ドラムンベースは友好的に繋がっていく一方で、ドラムンベース要素が薄まっていき、ハードコア化が進む動きも目立ち始める。それぞれがクリエイティブなエネルギーとアイディアをシーンに循環させ、非常に刺激的な展開が起きていたが、2013年はその絶頂期でありピークでもあったのかもしれない。2014年に The Outside Agency は『Now This Is Crossbreed Vol. 10』で、クロスブリードの可能性をさらに広げ、彼等がパイオニアである事を証明し、Synthakt や eDUB といった新しい世代の才能豊かなアーティストも出現していったが、クロスブリード／ハードコア・ドラムンベースは枝分かれし始め、それぞれがそれぞれの原点に立ち戻る時を迎える。

その後の発展、現在、そして未来へ

　2013年の時点で予想出来た事であったが、クロスブリード／ハードコア・ドラムンベース・シーンで活躍していたアーティスト達の一部はニューロファンク化が進み、もう一方はインダストリアル・ハードコアや UK ハードコアといったハードコア側に特化していき、それぞれのルーツとなる部分やクリエイティビティを刺激される方向に進む。

　2013年から2014年に掛けて、Billain『Colossus EP』、Mefjus『Emulation』、June Miller『Ups & Downs EP』といった名作が生まれ、Hybris、Teddy Killerz、State of Mind などが刺激的なニューロファンクをクリエイトし、その流れは当然クロスブリード／ハードコア・ドラムンベース・シーンで活躍していたアーティ

スト達にも影響を及ぼす。元々、ニューロファンクを作っていた Fragz は Red Light Records と Cause 4 Concern のサブレーベル C4C Limited からシングルや EP をリリースしていき、Gancher & Ruin は Eatbrain からシングルをリリース。Pythius や Merikan といったハードコア・ドラムンベースとニューロファンクの中間的なアーティストも出現し、OtherCide Records といった新たなレーベルも始まる。PRSPCT は一時期 PRSPCT XTRM のリリースがメインになりつつあり、パーティーでもメインステージがハードコア・エリアに変わっていたが、2019 年に The Hardcore Drum & Bass Resurrection というテーマを掲げ、ハードコア・ドラムンベースを再びメイン・エリアに呼び戻した。また、PRSPCT はレーベルとしても Maztek、Shadow Sect、Synthakt、Sinister Souls によるドラムンベースをリリースし、今もハードコアとドラムンベースを上手いバランスで混ぜ合わせている。

　Forbidden Society、Donny、Katharsys のユニット 3RDKND はダークステップ、スカルステップ、そしてハードコア・ドラムンベースを現代的なアプローチで再び取り組み、彼等の高度なプロダクションによって新しいスタンスのハードなドラムンベースを開拓していっている。Limewax と Counterstrike は時代のトレンドや空気感を読みながらも、彼等自身の音楽を作り続け、常にドラムンベース・シーンのコアパートを補っている。Switch Technique は 2019 年にアルバム『Soul Grind LP』でまたもや自身のクロスブリード・スタイルをアップデートさせる事に成功しており、そのクリエイティビティはまったく衰えていない。他にも、Lowroller や Savage、Im Colapsed も独自の視点からクロスブリードの可能性を追求しており、作品をリリースする度に新しい挑戦を行っている。

　2014 年以降も The Outside Agency は Genosha One Seven Five からクロスブリード・トラックを作発表し続け、2020 年には『The Opposites / More Primitive』というシングルでまたしても進化したスタイルを披露。彼等が当初提示していたドラムンベースとハードコアの純正ハイブリッドからは距離を取った作風にはなっているが、彼等がクロスブリードに感じた可能性をまた違った側面から掘り下げ、現状をキープするだけじゃなく、常に挑戦し続ける姿勢が反映されていた。2018 年にリリースされた The Anunnaki「#Killah (The Outside Agency Rmx)」は、クロスブリードの進化系的なスタイルを披露しており、2019 年には Blackout Music NL からリリースされた Pythius のリミックス EP に Neonlight や Redpill、John B と共に参加し、The Outside Agency としてもドラムンベース・シーンと繋がり続けている。

　サイドプロジェクトをスタートさせるアーティストも増え、Sinister Souls の Fred Huurdeman は Arpitect 名義、Gancher & Ruin と Eyescream のユニット 3FORCE はシンセウェーブの作品を制作し、Limewax の Climaxim 名義や Hostage の Adrian Stainburner 名義、DJ Hidden の Scørch 名義などはテクノや実験的な電子音楽にフォーカスしており、クロスブリード / ハードコア・ドラムンベース・シーンで活躍するアーティスト達の多才な才

The Outside Agency - Now This Is Crossbreed Vol. 10

3RDKND - Remnant EP

能を感じられる。

　これから起きる事を予想するのは難しいが、理想も込めて推測させて貰うと、近年ハードコア・テクノがインダストリアル・テクノやハード・テクノとの融合を果たし、オールドスクールのリバイバルが起きている事と、数年前にジャンプアップ・ドラムンベースの再評価の流れが起き、Mumdance や Roly Porter によるフックアップで Dillinja や DJ Storm といった Metalheadz 周辺のオールドスクールなドラムンベースが注目を浴び、Dom & Roland Productions もレコードをリリースしている事から、90 年代特有の隙間がある BPM130-170 前後のトラックが最近のベースミュージックやダンスミュージックのムードにフィットしている様に思える。dBridge と Exit Records が展開したオートノミックや Samurai Music、UVB-76 Music、Ronin Ordinance などのミニマルでエクスペリメンタルなドラムンベースやハーフステップ / ハーフタイムにもヒントがある気がする。1985 Music や 20/20 LDN 系統のハーフタイムよりも、Samurai Hannya が展開しているドープでドゥーミーなスタイルには、ハードなドラムンベースと共鳴する部分があるはずだ。

　2018 年にリリースされた Cooh のアルバム『Transcension』には、そういったニュアンスを感じさせる部分があったが、その方向性をより鮮明にしたのは Forbidden Society が 2020 年にリリースしたアルバム『Liminal Point』であった。『Liminal Point』以前のアルバムや EP では、インスパイアされたジャンルの残像が残ってしまっている所が見受けられ、まだ完全に自身の中に落とし込めていない印象があったが、実験を続け作品を発表し続けた結果、Forbidden Society の燃える様なエネルギーをミニマルなドラムンベースに落とし込む事に見事成功し、『Liminal Point』という名盤を作り上げた。収録曲「Swamp Rave」はポスト・ハードコア・テクノとも言える様な感覚もあり、クロスブリード以降のハイブリッドな手法を生み出している。無理やり繋げようとしている訳ではまったくないが、Noize Punishment を彷彿とさせるアナーキズムと殺気がアルバム全体に漂っており、彼のこれからの作品にはとても期待している。

　クロスブリード / ハードコア・ドラムンベースの今後が、別ジャンルとの融合か、ミニマル化なのか、どういった方向性に向かっていくのかは解らないが、まだまだ発展する可能性を秘めているのは確実だ。

Forbidden Society - Liminal Point

New Framesとして活動するハードコア・ドラムンベースのパイオニア

The Panacea

- Position Chrome、L/B Recordings、PRSPCT
- 1997
- https://soundcloud.com/thepanaceaofficial

ドイツ

ブレイクビーツ・ハードコア、ジャングル、ハッピー・ハードコア、そしてハードコア・テクノといった Raveカルチャーに属した音楽から、インダストリアル、ノイズ、アンビエント、イルビエントまでも飲み込んだフィジカル度の高い作品でドラムンベース・シーンに多大なる影響を与えた鬼才。
Force IncのサブレーベルとしてスタートしたPosition Chromeから1997年にデビューシングル『Tron / Torture』を発表。その後すぐに三枚のシングルを同レーベルからリリースし、ドラムンベースやイルビエントのシーンを中心に人気を集める。翌年には、名門メタル・レーベルEaracheのコンピレーションやイルビエントの名作コンピレーション・シリーズElectric Ladylandにも参加。当時ドラムンベース・シーンで人気であったテックステップのフォーマットに、インダストリアルの要素を多く含んだ冷たく歪んだ攻撃的なドラムンベース・スタイルは、ハードコア・テクノ・シーンからも熱烈なサポートを受け、Hateparade（Fuckparade）にも出演。Position ChromeをForce Incから受け継ぎ、自身が提唱していたシュリィル・ステップの方向性をさらに追求した過激なドラムンベースから、アッパーでカラフルなRave色の強いドラムンベースまで幅広いスタイルを披露していき、ハードコア・ドラムンベースやクロスブリードへと繋がる道筋を作り上げていく。Bad Street Boy、Rich Kid、Kate Mosh、m²といった名義でも作品を発表していき、リミキサーとしてLove Inc.（Wolfgang Voigt）、Einstürzende Neubauten、Foetusの作品に参加。現在はテクノをメインにしており、ユニットNew Framesとしても活動している。

The Panacea

Low-Profile Darkness	ドイツ
Position Chrome	1997

1997 年に発表された Panacea の 1st アルバム。ドラムンベースを軸に、インダストリアル、テクノ、ハードコア、そして 90 年代前半の Rave カルチャーからの影響が衝撃的にミックスされた荒々しいエネルギーとクリエイティビティに溢れた名曲の数々が収められている。Autechre「Second Bad Vilbel」と同じネタを使った「Stormbringer」、ドラムンベース / テックステップの攻撃性を最大限に引き出した破壊力が凄まじい「VIP Torture」などは、今の時代にもマッチしていると感じる。時代性に囚われない素晴らしいアルバムだ。

The Panacea

Twisted Designz	ドイツ
Position Chrome	1998

Position Chrome からの驚異的なシングルの連続リリースに加えて、Dub War や Schweisser といったバンドへのリミックス提供も行い、アンダーグラウンド・シーンを超えて絶賛されていた Panacea が 1998 年にリリースした 2nd アルバム。Panacea が提示していたスタイルであるシュリィル・ステップを、さらに根本から磨き上げて作り込まれた熱を感じさせる実験的で刺激的なトラックが収録されており、今作によって Panacea はまた一つ自身のサウンドをアップデートさせている。この頃から既にガバキックを使ったトラックを披露しており、自身のハードコア・ドラムンベース・スタイルを完成させている。

Kate Mosh

Dynamo	ドイツ
Killer Pimp	2001

2001 年に Kate Mosh 名義で発表されたアルバム。1997 年に同名義にてスピードコアの 7" レコードをリリースしていたが、本作ではハードコア・テクノからブレイクコアまでをも取り入れた実験的な側面が強い。オールドスクールなドイツのハードコア・テクノからの影響も感じられるダーク・レイブ感のあるトラックから、テクノのヴァイブスを活かしたダンサブルなトラックまで、様々なジャンルからの影響を消化して作られた唯一無二のハードコア・スタイルを作り上げている。近年の [KRTM] や Tymon にもシンクロする部分が多く、非常に現代的である。

The Panacea

Lucifer Satan Damien / Love Me/Habibi (Remix)	ドイツ
Kniteforce Again	2005

2000 年頭から中頃に掛けて、ブレイクコアやエクスペリメンタルな作品を発表する一方で、Luna-C 率いる Kniteforce からオールドスクール・ハードコアやハッピーハードコア・テイストのシングルをリリースしていた頃の Panacea を代表する一枚。ダークでアグレッシブなドラムンベース・チューンの中にも、ハードコア・ブレイクビーツなどの UK Rave ミュージックの影響を反映させていた Panacea だけあって、ハッピーハードコア / ブレイクビーツ・ハードコア・スタイルになっても彼のコアな部分は変わっていない。他の作品でも同じだが、今作では純粋なダンスミュージックへの愛がシンプルに表現されている。

The Panacea

Cryptonomicon EP	ドイツ
Position Chrome	2007

ハードコア・ドラムンベースの歴史における最重要作の一つ。Kamikaze Space Programme 名義でテクノ・シーンで絶大な人気を誇る Christopher Jarman のドラムンベース・プロジェクト Raiden とのコラボレーションとオリジナル・トラックで構成された EP。90 年代にインダストリアルとドラムンベースをミックスさせたシュリル・ステップを開拓し、ハードコア・テクノやブレイクコアとの融合も成功させた Panacea であったが、今作では後に彼のトレードマークともなるハード・テクノやミニマル・テクノとドラムンベースをミックスしたハードなテクノイド・スタイルを完成させている。

Limewax & The Panacea

Empire EP	ウクライナ、ドイツ
Position Chrome	2007

デビュー当時まだ 10 代であったにも関わらず衝撃的な作品を連発し、シーン全体の流れをも変えた異端児 Limewax と Panacea が初めてガッツリとコラボレーションを行った名作 EP。スカルステップやハーフステップのフォーマットの中に、インダストリアルやテクノ、ハードコアなどの要素を入れ込んだ危険度の高いトラックが誕生している。両者の邪悪なサイケデリック感と優れた技術が完璧に合わさっており、リリースから 10 年以上経った今聴いてもまったく古さを感じさせない。両者の奇跡的な相性の良さがこの時点で形になっており、後に始まる Goldberg Variations への伏線が感じられる。

The Panacea

Ear2brain / Uberbomb	ドイツ
L/B Recordings	2010

『Cryptonomicon EP』や Cooh、The Sect とのコラボレーションで開拓していったテクノイド・スタイルの可能性を追求してアップデートさせた Panacea の新境地が垣間見えたシングル。ベースラインの音色と裏で鳴っている細かいブレイクビーツの反復がトランス感覚を引き起こす「Ear2brain」は、画期的なトラックで当時非常に衝撃的であった。今作で Panacea が披露したスタイルは、Gancher & Ruin や Dub Elements の作品にも影響を与えていると思われる。ハードコア・ドラムンベース・シーンにおいて重要な役割を果たした一枚ではないだろうか。

The Panacea

Chiropteran	ドイツ
Position Chrome	2010

Panacea の数多くある名作の中でも上位に入る完全無欠の名盤アルバム。彼が 90 年代からクリエイトしていたインダストリアル、テクノ、ジャングル、ハードコアを取り入れたドラムンベースのスタイルがアルバムという枠組みの中で見事に形となっている。アルバムのタイトルにもなっているトラック「Chiropteran」は、高潔さのあるメロディに常人離れしたビートを組み合わせた異次元レベルのトラックになっており、Panacea という存在がこのトラックで全て表現されている様だ。1 曲目から最後までトータルでの世界観があり、まったく飽きさせない作りになっている。

The Panacea

44 LB / 666 Illegal ドイツ
L/B Recordings 2012

L/B Recordings から 2012 年にリリースされた 12" レコード。収録
曲は 2006 年にリリースされた Limewax のドラムンベース・トラック
をハードコアにリメイクした内容となっており、A 面「44 LB」の元と
なったのは「1/2 LB」、B 面「666 Illegal」は Limewax の代表曲の一
つとして人気の高い「Untitled 666」を元にして作られた。原曲の鋭い
ブレイクビーツと特徴的なメロディを存分に活かした狂気のトラックは、
ハードコア・ドラムンベースともクロスブリードにもカテゴライズが出来
ない、また別の何かとなっている。

The Panacea

The Panacea Will Never Die EP ドイツ
Position Chrome 2014

Goldberg Variations、Untergang、Current Value とのコラボレーショ
ンに C.A.2K、Counterstrike、Gancher & Ruin のリミックスを収録
したボリューミーな EP。Position Chrome に縁のあったアーティスト
達が参加した事もあって、レーベルのショウケース的な内容でもある。ハー
ドコア・ドラムンベースにインダストリアルやゴシック的なエッセンスを
塗した「Ryse & Shiiine」、Position Chrome スタイルのハードコアと
も言える「Gabbamusicon (Gancher & Ruin VIP)」など、名曲が収録。

The Panacea

Above the Absolute ドイツ
Sonic Groove 2018

Frankie Bones や Kevin Saunderson といった重鎮から、DMX Krew
や Orphx といったエレクトロやインダストリアル系もリリースする
Adam X の Sonic Groove からリリースされたシングル。この数年前か
ら New Frames としての活動も開始しており、Panacea 名義でもイン
ダストリアル・テクノの DJ セットを披露し、テクノ・シーンでも注目を
集めていた時期に抜群のタイミングで放たれた。Panacea らしさのある
ドラッギーでレイビーなシンセやベースを駆使したオリジナリティの塊の
様なトラックは、作風が変わってもドラムンベースやハードコアと同一の
世界観を持っている。

The Panacea

Beyond All Boundaries ドイツ
Sonic Groove 2019

ドラムンベースの活動をストップさせるとアナウンスし、ヨーロッパで最
後のドラムンベース・セットを決行していた Panacea が、前作に続き
Sonic Groove からリリースした EP。ここ数年で Panacea がテクノ・
シーンから得た体験がストレートに反映されたダンスフロアの欲求を満た
すハイブリッドなトラックが収録。Panacea を象徴するドラッギーなア
シッドやフーバーシンセ、オールドスクールなブレイクビーツ、アナログ
感のあるノイズやインダストリアルな効果音を用いたマッシブなテクノ・
スタイルとなっており、オールドスクール・ハードコアのフィーリングも
感じさせる。

音響仙人といえるマスタリング/ミックス技術を持つパイオニア

DJ Hidden

◎ PRSPCT、Ad Noiseam、Hidden Tracks
🕐 1998 年
🌐 オランダ
🌐 http://www.djhidden.com/

The Outside Agency としても活動している Noël Wessels のドラムンベース・プロジェクト。天才的な技術力と高い作曲能力を持ち、アンビエントやエレクトロニカにクラシックの要素を組み合わせたメロディアスでストーリー性のある作品を発表している。アメリカのレーベル Kultbox から 1998 年にリリースされたコンピレーション・レコード『The Beats Op Je Fiets Crew: We Eat Tulips for Breakfast』にて、DJ Hidden 名義の初となるトラックを提供。その後、Abstrakt Recordings や Ruff-Teck、Fear Records から立て続けに 12" レコードをリリース。この頃から、ヘヴィーでダークなアーメン・ドラムンベースやテックステップを制作しており、今に通じる Hidden の作風が形作られている。2004 年から 2005 年に掛けて、アンダーグラウンドのドラムンベース・シーンで当時人気の高かった Evol Intent や Outbreak Records、そして PRSPCT の第一弾リリースに参加。いち早くドラムンベースとハードコア・テクノの混合スタイルを試みており、Killing Sheep Records からのシングルや Sustained Records からリリースされた I:Gor とのスプリットなどで、後のクロスブリードとなるスタイルを作り上げている。別名義でも作品を多く発表しており、ネオクラシカル・プロジェクトの Semiomime、ダークでインダストリアルなテクノ・トラックをリリースする My_Initials、エレクトロ・ハウス・プロジェクト TRILT などがある。

DJ Hidden

Past the Flesh / Prayer's End
Killing Sheep Records オランダ 2007

Ruff-Teck、Fear Records、PRSPCT、Outbreak Records といった当時のアンダーグラウンド・ドラムンベース・シーンを盛り上げていた人気レーベルからシングルを発表し、独自のドラムンベース・スタイルを追求していた DJ Hidden が、The Outside Agency でクリエイトしていたインダストリアル・ハードコアを自身のドラムンベース・トラックに反映させた初期のハイブリッド・トラック。まだ試行錯誤の段階ではあったのだろうが、流石のプロダクションとセンスでドラムンベースとインダストリアル・ハードコアをミックスしており、トラックとしての完成度は高い。

DJ Hidden

The Words Below
Ad Noiseam オランダ 2009

Killing Sheep Records からのシングルや、The Outside Agency の『The Way of the Exploding Fist』『Reality Collapse / Hell's Basement』でハードコアとドラムンベースを融合させたトラックを発表し、クロスブリードの原型を作っていた Hidden が 2009 年に Ad Noiseam からリリースした 2nd アルバム。エレクトロニカやクラシックをドラムンベースとミックスしたメロディアスでダークなトラックを中心としているが、彼が後に作り出していくクロスブリードやハードコア・ドラムンベースへと繋がる部分も垣間見える。

DJ Hidden

Empty Streets Revisited / Times like These VIP
Killing Sheep Records オランダ 2010

Genosha One Seven Five からの The Outside Agency としてのシングルでクロスブリードを提唱し、人々の興味がクロスブリードへと向き始めていた頃に発表されたシングル。Hidden としてのリリースだけあって、The Outside Agency よりもドラムンベースのフォーマットに比重が向いている。ドラムンベースからインダストリアル・ハードコアへとビートのパターンが交互に入れ替わっていく「Times like These VIP」は、Hidden ならではの構成力が光っている。深い森の中を彷徨う様な神秘的なストリングスも素晴らしい。

DJ Hidden

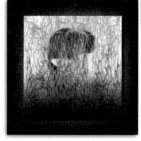

You're Not Real / Breathe in Breathe Out
Hidden Tracks オランダ 2011

2011 年にスタートした Hidden のレーベル Hidden Tracks の第一弾として発表されたシングル。スカルステップとハーフステップを混ぜあわせた変則的クロスブリード・トラックともいえる「You're Not Real」のキックとスネア、アーメン・ブレイクの重ね方は何回聴いても本当に驚かされる。音数を絞りながらシンプルな構成が DJ ユース的でありながらも、リスニングにも特化している「Breathe in Breathe Out」も収録。1 曲 1 曲の世界観がしっかりと出来上がっており、2 曲続けて聴く事によって統一性も感じられる。

DJ Hidden

Drastic / Dying Star　　　　　　　　　オランダ
Hidden Tracks　　　　　　　　　　　　　　2011

常識離れしたサウンドプロダクションとセンスを元に、Hidden のクレイジーな側面が出た衝撃作。ダブステップからドラムンベースになり、最後はハードコア化する「Drastic」は The Outside Agency での Hidden のシニカルなユーモアも出ている。続く、「Dying Star」でもダブステップからハードコア・ドラムンベース、そしてグリッチホップ的な方向へとトランスフォームしていくが、全体的にシリアスな雰囲気とメタリックなサウンドがフォーカスされている。Hidden の Bandcamp では、両曲のヴァージョン違いを追加した特別版も販売されている。

The Outside Agency / DJ Hidden

Primitive / Scintillate　　　　　　　　オランダ
Sustained Records　　　　　　　　　　　　2011

The Teknoist、I:Gor、Satan、そして Hidden のシングルを発表し、ハードコアとドラムンベースの融合を試みていた Sustained Records から 2011 年にリリースされた 10" レコード。The Outside Agency 名義での「Primitive」は、インダストリアル・ハードコア要素が強いクロスブリード・トラックとなっており、吹き飛ばされる様な迫力がある。メタル好きもヘッドバンギングさせる極太ビートに高速アシッドが絡む Hidden 名義での「Scintillate」は本人も積極的に DJ プレイで使っており、ブレイクコア DJ の Baseck もプレイしていた。

Eye-D & DJ Hidden

Peer to Peer Pressure　　　　　　　　　オランダ
PRSPCT Recordings　　　　　　　　　　　　2011

過去にも Eye-D と DJ Hidden としてスプリットをリリースしていたが、アルバム単位では初となった作品。レーベル元の PRSPCT にとって初めてのアーティスト・アルバムでもあった。The Outside Agency としても長年に渡って共同制作してきた彼等だけあって、お互いの個性を上手く引き出しあっている。ハードコアやダブステップ、ニューロファンクの要素も交えながら彼等独自のドラムンベース・スタイルを追求しており、1 曲目「Ascender」から最後まで一貫した方向性が感じられる。ハードコア・ドラムンベース・シーンで当時頻繁にプレイされていた名曲「Battlefield」も収録。

Semiomime

From Memory　　　　　　　　　　　　　オランダ
Ad Noiseam　　　　　　　　　　　　　　　2011

アンビエントやエレクトロニカ /IDM、ジャズの要素を取り込んだメロディアスでディープなネオクラシカルの作品。Hidden 名義でも披露していたストリングスや弦楽器を使った幻想的でシネマティックなメロディに存分に浸れる。マスタリングエンジニアとしても業界で高い人気を誇る彼だけあって、他では味わえない素晴らしい音の鳴りによってリスナーをアルバムの世界観に引き込んでいく。ハードコアやドラムンベースの要素は無いが、今作を聴けば、Hidden/ The Outside Agency の作品をさらに深く楽しむ事が出来る様になるだろう。Semiomime 名義では他にも数枚のシングルとアルバムも発表している。

DJ Hidden / The Outside Agency

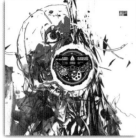

Don't Fear the Darkness / Headphone Wisdom オランダ
Union Recordings 2012

『Crossbreed Definition』でのコラボレーションなどで、共にクロスブリードの可能性を広げていた Switch Technique のレーベル Union Recordings からリリースされたシングル。Hidden 名義の「Don't Fear the Darkness」ではテッキーなベースラインと丸みのあるキックが近未来的な世界観を演出。The Outside Agency 名義の「Headphone Wisdom」も同一の世界観を持っているが、ハードコアの要素が強く反映された事によってディストピア的なビジュアルを思い浮かばせ、両曲共に深く作り込まれた芸術的な美しさがある。

DJ Hidden / The Outside Agency

Einstein / Tesla オランダ
Future Sickness Records 2013

クロスブリードが全盛期を迎えつつあった 2013 年に Future Sickness Records からリリースされたシングル。この前後、Hidden や The Outside Agency として画期的なクロスブリード・トラックを発表し続け、常にシーンの最前で皆が驚く様なトラックを生み出していたが、今作でも皆の期待を超える凄まじいトラックを披露し、改めて Hidden の実力の凄さを見せつけた。テンポやジャンルが入れ替わっていく Hidden お馴染みの手法を使った「Tesla」での、中盤からのインダストリアル・ハードコアから徐々にテンポアップしていく流れはいつ聴いても刺激的だ。

DJ Hidden

Enclosed オランダ
Ad Noiseam 2013

2013年に Ad Noiseam から発表された 3rd アルバム。CD版は特殊ケースの豪華な 2 枚組仕様であった。前作『The Words Below』や『The Later After』よりも、さらにアルバム全体の統一感が強調された印象があり、シングルや EP リリースでは表現しきれなかった部分が出ている。Semiomime 名義でクリエイトしていたアンビエントやネオクラシカル、ドローンの要素も今作では取り入れており、実験的な作品である為に好き嫌いが分かれるだろうが、Hidden 名義のアルバムでは最も彼のパーソナルな部分が形となっている。ファンにとっても本人にとっても特別な作品になっているだろう。

DJ Hidden

Evah Green EP オランダ
PRSPCT Recordings 2015

PRSPCT からは久々となった単独 EP。ストレートな構成によって細部まで音とグルーブを味わえる「Chosen」、Hidden 印の厚みのあるスネアとベースがループしてトリップ感を誘う「Grid Based」、クロスブリードのパイオニアとしての貫禄が感じられる「Grid Based」、えぐる様なベースラインでドラムンベース・ヘッズを無条件でぶち上げる「Burn」と、キラーチューンばかりである。全曲共にスネア、ハット、キック、ベースライン、サンプル・ボイスなど全ての素材を埋もれずにクリアに体感出来る事によって、リスナーの集中力をも上げている。

ドラムンベースを落とし込んだパンクメンタリティのレーベルボス

Thrasher

⊙ PRSPCT
🕐 2005 年
🌐 https://www.prspct.nl/

🌐 イギリス（オランダ）

ハードコア・ドラムンベースをメインに、ハードコア・テクノからブレイクコア、ジャングル、テラーコアなど、ハイクオリティでエクストリームなダンスミュージックをリリースしているレーベル PRSPCT のレーベル・オーナーであり、ハードコア・ドラムンベース・シーンのトップ DJ。オランダはロッテルダムを拠点に活動している Gareth de Wijk こと Thrasher は、10 代前半の頃からパンク・バンドで活動を開始し、以降 10 年間に渡って様々なバンドに参加。オランダのパンク・バンド The Apers のギタリストとしても一時期活動しており、レコードもリリースしている。その後、バンド活動を経てロッテルダムの伝説的なクラブ Nighttown にてブッキングの仕事をしていた Thrasher は、当クラブでドラムンベースのパーティーを開始。既存のドラムンベースよりも、さらにダークでハードなスタイルを追い求めていく過程で、PRSPCT がスタートする事になった。2005 年からはレーベルとしても PRSPCT は活動を開始し、現在までに膨大な数のクラシックを残している。Thrasher の揺るがない強固なパンクスピリットがそのまま反映したレーベル・カラーには世界中のリスナーやアーティスト達から絶大な信頼が寄せられており、ドラムンベースやハードコア・テクノ・シーンを中心に PRSPCT のファン層は今も拡大を続けている。DJ としては、パワフルなハードコア・ドラムンベースを中心にブルータルなスカルステップから、インダストリアル・ハードコアや UK ハードコアをミックスする縦横無尽なスタイルを早い段階で確立しており、クロスブリードの原型を DJ の視点から作り上げていた。Thrasher の DJ スタイルは PRSPCT と同じくシーンを超えて人気を得ており、ヨーロッパ、アメリカ、メキシコ、日本、中国など、常に世界中を飛び回っている。

Thrasher

10 Years of PRSPCT Madness
PRSPCT Recordings オランダ 2012

PRSPCT の活動 10 周年を記念して作られた Thrasher にとって初のオフィシャル Mix CD。PRSPCT からリリースされたレコードで構成されており、Thrasher とレーベルの硬派な姿勢が見事にパッケージングされている。楽曲の良さを十分に引き出しながら自身の個性もしっかりと表しており、この Mix CD によって Thrasher がハードコア・ドラムンベース・シーンのトップ DJ である事を証明した。ハードコア・ドラムンベースとクロスブリードが爆発寸前であった頃の熱気と緊張感もミックスから感じ取れるので、いつの時代に聴いても刺激を得られる。

Limewax vs Bong-Ra vs Thrasher

The Hard Way
PRSPCT Recordings オランダ 2012

Limewax、Bong-Ra、Thrasher が 2012 年に行ったツアー『The Hard Way』のプロモーションの為に作られた 2 曲入りシングル。「Suck Satan's Cock」は、Bong-Ra 印のメタリックな鋭いスカルスネアに Limewax のケミカルなベースや SE が融合したハードコア・ドラムンベース・クラシックで、リリース当時は多くの DJ 達がプレイしていた。タイトル・トラック「The Hard Way」では、ドラムンベースのトラックにザクザクと刻むギターを乗せたバンド的な曲となっていて、Thrasher と Bong-Ra のバンドマンとしての知識と経験が上手く活かされている。

The Hard Way

Devil Worshipping Motherfuckers / Pentagram of Coke
PRSPCT XTRM オランダ 2013

『The Hard Way』ツアーを終えて正式にユニットとしてスタートし、最初にリリースされたシングル。2013 年の 1 月後半頃にシングルのプレビューが公開されたのだが、世界中のハードコア・ドラムンベース・ファン達はその数分のプレビューに度肝を抜かれた。往年のハードコア・ドラムンベースとスカルステップの要素をベースに、斬新な手法や世界観を持ってして作られた異形のスタイルで、ハードコア・ドラムンベース / クロスブリード・シーンの流れを変えた歴史的な一枚。レーベル元の PRSPCT にとってもターニングポイントとなった作品であったはずだ。

The Hard Way

The Hard Way
PRSPCT Recordings オランダ 2014

2013 年からライブセットも披露し、ハードコア・ドラムンベースやクロスブリード・シーンを超えて、様々なリスナーから注目を集めていた The Hard Way が満を持して発表した 1st アルバム。Limewax、Bong-Ra、Thrasher、それぞれの個性が存分に発揮されており、ドラムンベース〜ブレイクコア〜パンク〜ドゥーム〜インダストリアル〜ハードコア・テクノなど、彼等が今まで作ってきたサウンドとスタイルの全てが奇跡的なバランスでミックスされ、一つとなっている。アルバム全体に充満しているダークでカルト的な雰囲気にも独特な中毒性があり、ハマればこのアルバムの世界観から中々抜け出せなくなる。

The Hard Way

The Nihilistic Remixes	オランダ
PRSPCT Recordings	2015

2014年にリリースされた1stアルバム『The Hard Way』のリミックス集。リミキサーには、The Panacea、Counterstrike、Akira、The Outside Agency など、The Hard Way と親交の深いアーティスト達が参加している。4組ともに原曲へのリスペクトを込めた素晴らしくハイレベルなリミックスを作り上げているが、The Outside Agency によるメタルのエッセンスも交えた超絶カオティックなリミックスが特に強烈だ。The Hard Way を素材に、The Outside Agency の狂気が飛び出している。

The Hard Way

Death Kicks	オランダ
PRSPCT Recordings	2015

ヨーロッパでのライブ活動や大型フェスティバルへの出演、それぞれのソロワークや日本ツアーなどを経て、以前よりもハードさが増した The Hard Way の3曲入りシングル。タイトル・トラックの「Deathkicks」はファットでマッシブなキックとスカルスネアを駆使したクロスブリード調のトラックに、ヒリヒリとしたパンキッシュなギターとボーカルが炸裂する攻撃的な曲でバンド的な仕上がりでもある。MV も作られている「BLCKMTL」は Limewax と Bong-Ra のブルータリティと優れたプロダクションが高いレベルで融合しており、彼等の新しい方向性を映し出していた。

The Hard Way

Cause & Effect EP	オランダ
PRSPCT Recordings	2016

The Hard Way にとって最後となった作品。2016年に限定枚数のみカセット・テープでリリースされた。ハードコア・ドラムンベース / クロスブリードといったダンスミュージック・スタイルではなく、ギター、ベース、ドラムといった楽器をメインにしたバンドスタイルで作られている。全曲1分以内のストレートなハードコア・パンクの楽曲となっていて、Thrasher の荒々しいボーカルとギターが全面に出た力作。Mike Redman がバッキングボーカルで参加している。残念ながら今作で The Hard Way としての活動はストップしてしまった。

The Dead Cvlt

The Cataclyst EP	オランダ
PRSPCT RVLT	2019

The Hard Way 解散後、Thrasher と Limewax に Modern Life Is War のギタリスト Sjarm13 と、オランダのハードコア / グラインドコア・バンド Gewoon Fucking Raggen と Sick of Stupidity のドラマー Lemmy van Wilgenburg、ブルータルデスメタル・バンド Sepiroth のベーシスト Julian Schaap という実力派メンバーと共に結成されたバンド。ハードコア・パンクを軸に、ドラムンベース～ブラックメタル～ハードコア・テクノを掛け合わせたバンドとダンスミュージックの新たな混合スタイルを提示した力作。

Thrasher インタビュー

インタビュー：梅ヶ谷雄太
翻訳：Numb'n'dub

Q：Gareth、インタビューを引き受けてくれてありがとう！ 調子はどうですか？

A：やぁ、調子はいいよ、ありがとう。相変わらず、家庭と音楽に PRSPCT の運営全般と忙しくしてる。それでいいし、全然不満はないよ。

Q：あなたには過去に一度インタビューをしていますが、今回はその時に聞けなかった事をお聞きします。まず、あなたの家族のルーツを教えてください。あなたはイギリスで生まれたんですよね？ イギリスで幼少期を過ごされたのですか？

A：その通り。生まれはイギリスのエセックスハローだよ。生まれて程なくして、すぐにオランダへ引っ越したんだ。十代になった頃に、一年だけ戻ったことがあるんだけど、それ以外では人生のほぼ全てをロッテルダムで過ごしているよ。母親と３人の兄弟を含めて家族のほとんどはまだイングランドに住んでる。労働者階級の家庭に生まれ育って、親父はロッテルダムの港で働いてた。母親は専業主婦で俺達兄弟と家庭を守ってくれた。幼い頃の記憶はとても良いんだけど、徐々に面白くなくなっていった。両親は色々あって離婚して、いろんなことがストレスになっていたよ。でも、それが良かったのか、次第に音楽がその逃げ場所になっていった。その頃から怒り、フラストレーションや痛みとか諸々、そういうのが人生の大半を占めるようになった。その頃から、ずっと音楽は俺の中で欠かせない存在になってる。幼い頃の大好きな思い出に、夏休みにアウトドアに出かけて、そこで兄弟達と野球をして秘密基地を立てたり、ピンポンダッシュして、ちょっとしたトラブルを起こしたり、子供が考えそうな典型的な事はやってたね。今の若い世代にとってもまだそうだと思うが、ロッテルダムはすごく過ごしやすい場所だよ。

Q：最初に自分のお金で買ったレコード /CD を覚えていますか？

A：始めて買ったレコードは Vanilla Ice の『Ice Ice Baby』で、CD は MC Hammer だな（笑）。でも、自分の好きな感じが分かってからは、まずロックのレコードを買ったよ。確か、Guns & Roses の『Appetite for Destruction』。ぶっ飛ばされたよ。そっからはもうドンドンやばい方向になっていったね（笑）。

Q：ハードコア・パンクとの出会いについて。オランダのハードコア・パンク・シーンは Pandemonium や Larm といったバンド、コンピレーション『Holland Hardcore』などが知られていると思いますが、あなた自身はオランダのハードコア・パンクからも影響を受けていますか？

A：12、3歳の頃に、MTV とかではグランジの波が来てたから、Bad Religion の『Generator』、Rancid の初期の作品、NOFX の『White Trash, Two Heebs and a Bean』にめちゃくちゃハマってた頃だったけど、Nirvana みたいなバンドにも完全に食らわされていた。後は、初期の Down by Law のリリースにハマってたな。これらのバンドが何に影響されてきたのかってのを知るのに、そんなに時間は掛からなかった。大好きな 1980 年代のハードコア・パンクのレコードを手にした時に、これがまさにそれだって気づいたし、Minor Threat、Bad Brains、Black Flag、TSOL、Dag Nasty のレコードにも人生を変えられたんだ。音楽を作るのに、完璧なミュージシャンである必要はなかった。心や

魂にあるものを叫んだり、歌ったり出来るように なれるってのは重要だった。初めてギターを買っ てから、程なく 3 コードを覚えた所でバンドを始 めた。その時からずっと前だけを見てる。ロッテ ルダムのパンクやハードコア・シーンはめちゃく ちゃにデカくて、その当時から健在だった。家庭 環境や学校外に憤りを感じてた 13、4 歳のガキ にとっては、本当に最高の時間だったよ。そこで 自分の家族、友達、音楽、人生に必要なもの全て と出会った。

（PS:Larm は本当に素晴らしいバンドで、今で もベストだ。オランダのハードコア・パンクのムー ブメントには愛とリスペクトしかないよ）

Q：オランダのハードコア・パンク・シーンで重要な場所などは？

A：それぞれの世代でそれぞれのヒーローとか、そういう重要なバンドがいると思うんだけど、Larm や BGK みたいなバンドがそうだったね。最初のバンドをやり始めて、ずっと憧れでもあったアムステルダム にある NRA というライブ・ハウスでライブをし始めた。ライブを見たりして、色々感じてたことも全部 覚えているよ。すんげー最高じゃねぇかって、俺も彼等みたく、クールになりたい！ってね（笑）。でも、 あの当時は本当に周りには凄いバンドだらけだった。パンクやハードコアは決して死なないぞ！ってね。

Q：バンドで活動していた時期にはアメリカ・ツアーも行われたそうですが、それはどういった経験になり ましたか？

A：最初に Deuce というバンドを組んだんだ。今振り返って思うと全然イケてなかったよ。地元オラン ダのレーベルから CD をリリースして、ずっと地元でプレイし続けてた。確か、14 歳から 17 歳までこ のバンドはやってた。楽しかったし、楽曲は怒りやフラストレーション塗れで、下手くそだったけどね。 その中で幾つか成功していたバンドもあったけど、それ以外はずっとアンダーグラウンドだったね。例え ば、The Apers ってバンドでは全米ツアーをやった。Springrain というバンドでは、かなり大きなラ イブに出たり、凄く楽しい時間だった。ニューヨークにある伝説的なクラブ CBGB やシカゴの Fireside Bowl、アナハイムの Gilman Street とか、アメリカではライブを 38 本連続したこともあった。ステー ジの下、ステージの上、バンの中、立ち入り禁止の所で寝たり、若かったけどそれに勝るものは無かった。 あの時ほど、生きてるんだって強く感じられる事はなかったね。パンクから一つ学んだ事があるとしたら、 夢を追いかけるのに、大きなレーベルやエージェンシー、クラブ・マネジメントなんていらないってこと。 やりたいことをやるだけ、DIY さ！

Q：The Hard Way や The Dead Cvlt のファンにオススメのハードコア・バンドは？

A：俺にとって最高のバンドってのは結局、荒削りで人間臭い感じがするところだな。もし、たった一つレ コードやバンドをオススメしなきゃならないなら、それは無理だよ。でも、みんなが聴くべきオススメのハー ドコア・パンクのレコードが幾つかある。

Minor Threat 『Out Of Step』
The Dead Boys 『Young Loud & Snotty』
Bad Brains 『Banned in DC』
Black Flag 『Damaged』
Iggy and The Stooges 『Raw Power』
Stiff Little Fingers 『Inflammable Material』
Discharge 『Hear Nothing See Nothing Say Nothing』
ちくしょう、オススメのレコードなんて 100 個以上あるよ！（笑）

Q：バンド時代に経験した事で最も記憶に残っている事は？

A：最高の友達と一緒にバンに乗り込んで、初めて来た街で新たに出会った奴等の前で曲を演奏した事かな。 若い頃はそれが夢だったし、それに勝るものは無かった。

Q：あなたは全身にタトゥーを入れていますが、タトゥーには何か意味を込めているのでしょうか？

A：初めて入れたタトゥーは Dag Nasty というバンドの Frame ロゴで、その近くに息子の名前、そして亡くなった姉の名前、ほとんどのタトゥーは特に意味なんてないよ。ファーストタトゥーを入れた時、まだタトゥーを入れること自体、反抗的な行為だったからね。きっと全体的にそんな感じの意味合いがあったんだと思う。近頃はタトゥーを入れないこと自体が、ほぼ反抗的って言うくらいに世界的に普通なことになったと思うよ。

Q：ハードコア・テクノとの出会いはいつ頃でしたか？

A：最初に聴いて、凄く衝撃を受けたハードコア・テクノは Neophyte & the Stunned Guys の「Get This Motherfucker」かな。ハードコア・パンクキッズだった時は、ガバとか、この手のものはあまり聴いてなかったけど、このトラックは完全にヤバかった。ロックンロールに没頭してたから、ガバと言われているハードコア・テクノに、ハマるまでは少し時間が掛かった。でも、この音楽が持つエネルギーは本当に好きだったし、これもまさにアウトサイダーの音楽だと思った。

Q：あなたが最初に見たハードコア・テクノの DJ は？

A：初めてやられたハードコア・テクノの DJ は The Outside Agency（Eye-D & DJ Hidden）だ。あとは、The DJ Producer や Hellfish、初めてイギリス出身のハードコア・テクノを見た時だったな。これらのセットに完全にぶっ飛ばされたよ。

Q：オランダの伝説的なライブ・ハウス / クラブ Nighttown であなたは働いていたそうですが、どれ位の期間働いていたのですか？　あなたが働いていた時期、どういったジャンルが Nighttown では人気でしたか？

A：Nighttown は俺を育ててくれた。多分、15、6 歳の頃かな。初めてパンクのフェスをオーガナイズしたんだ。オーガナイズの右も左も分からない、保証も何も無いガキに伝説のクラブである Nighttown は、ただイエスと一言でやらせてくれて、さらにいろいろと手助けまでしてくれたって想像出来るか？　それが Nighttown さ。俺達みたいなガキにも、例えばヒップホップだと Mike Redman とか、もっと多くの若い情熱的な奴等にやりたいことをやるチャンスを与えてくれたんだ。18 歳の頃、ステージマンとして働き始めた。幾つものコンサートやイベントをこなしてきたよ。それから間もなく、事務作業に回ってプリプロダクションを担当して、そのずっと前からブッキングも担当してたし、沢山のコンサートやパーティーのブッキング担当もしていた。先輩達はみんな俺を可愛がってくれて、音楽ビジネスのやり方とかを色々と教えてくれたよ。そして、何よりもユニークなのが人気のあるジャンルだけじゃなくて、それ以外のあらゆるジャンルの音楽、そして様々なジャンルのバンドもブッキングしたりしている事だったな。どうなってんだって思うかもだが、Cannibal Corpse から Prince、Public Enemy、Goldie までね。

Q：あなたが Thrasher としての活動を始めた時は、ドラムンベースの DJ としてだったんですよね？　ドラムンベースでは、どういったレコードをプレイしていましたか？　その当時からハードコア・テクノもプレイしていましたか？

A：DJ を始めたキッカケはドラムンベース・ナイトを続けたかったからさ。当時、オランダで流れてた音楽より、もっともっとハードなのをね。誰もこの音楽を推そうなんてしてる奴はほぼ皆無だった。だから、俺次第だなって思ったんだよ。Renegade Hardware や Freak Recordings 辺りからリリースされたのは使ってたし、ダークで重たいものが中心だったね。ハードコア・テクノとドラムンベースの融合をやるまでに、そう長くは掛からなかった。当初は全然違うジャンルだったけど、両ジャンルともやばいし、自分がしてることは間違ってないって思ってたよ。

Q：PRSPCT 以前に、ハードコア・ドラムンベースやダークなドラムンベースをオランダでオーガナイズしていたパーティーなどはあったのでしょうか？

A：全く無かった。PRSPCT を始めたての頃は本当に誰もいなかったな。

Q：オランダのドラムンベース・シーンで重要なアーティスト /DJ は誰だと思いますか？

©GOVERT KREUK

Photo by Govert Kreuk

A：俺にとっては、Black Sun Empire はオランダで最重要のドラムンベース・アーティストだ。彼等は自分がやり始めた頃から、もう既に大好きなオランダのアーティストだったし、あの頃から 18 年経った今もまだ健在さ。彼等は間違いないくオランダのドラムンベースを世界に導いた存在で、リスペクト以外ないよ。この 20 年以上ずっと成し遂げてきてるからね。

Q：PRSPCT の一番最初のパーティーを覚えていますか？　初期の PRSPCT を支えたアーティストとは？

A：初期の頃、PRSPCT のパーティーは Nighttown の地下でずっとやっていたんだ。Tech Itch、Goldie から Eye-D & DJ Hidden まで様々なアーティストがプレイしてくれてたよ。PRSPCT XL の初回に、Tech Itch、Dylan、Bong-Ra、Robyn Chaos、Adi J を筆頭に沢山の DJ がプレイしてたね。あの頃はもっと尖ってたし、ぶっ飛ぶ為にパーティーを企画してたようなもんだった（笑）。俺達をサポートしてくれたアーティスト達は今もずっと最高だし、重要人物ばかりでずっと今もサポートし続けてくれてるよ。例えば、Eye-D & DJ Hidden とかね。

Q：2000 年中頃からスカルステップやハードコア・ドラムンベースはアンダーグラウンドを中心に人気を得ていき、2000 年後半には Aphex Twin もそれらのレコードをプレイしていました。なぜ、2000 年中頃から後半に掛けて、スカルステップやハードコア・ドラムンベースは人気を得ていったと思いますか？メインストリームのドラムンベースにフラストレーションを持っていた人々からのサポートもあったのでしょうか？

A：PRSPCT が人気になっていった理由と同じだと思うんだけど、ドラムンベースもどんどんダークでヘヴィーになっていったが、同時にとてもつまらなくなってしまった。スカルステップやハードコア・ドラムンベースが来るのは必然だったんだよ。キッズ達はハードな音にロックされて、日々のストレスとかを忘れて、よりハードでアグレッシブな音楽に渇望し始めていた。もちろん、退屈なメインストリームに対するアンチテーゼでもあったけどね。

Q：PRSPCT に出演した最初のハードコア・テクノのアーティストは？　ハードコア・テクノに対する、ドラムンベース・ファンからのリアクションを覚えていますか？

A：初期の PRSPCT で始めてハードコア・テクノをやったのは、The Outside Agency か Brian Fury だったかな、ハッキリ覚えていないけど。The Outside Agency はかなり成功したよ、Eye-D & DJ Hidden の影響もあってドラムンベースをセットに入れていた。Brian Fury はもうちょっとエクストリームな感じだったかな。俺自身もセットの中でプレイしていた。PRSPCT のお客さんは常にオープンだ。もちろん、全員が全員そうなるって訳じゃなかったし、最初の頃は 2 フロアで開催していて、メインでドラムンベース、セカンドでブレイクコアやハードコア・テクノって感じで、どの音で踊りたいか選べるようにしていた。

Q：PRSPCT はクロスブリードの土台を作り上げたレーベルであり、そのスタイルを推し進めていました。クロスブリードの原型となったトラックは何だと思いますか？

A：まさに、PRSPCT がそのサウンドのクロスオーバーを世界にプッシュした最初のレーベルだってとこは完全に同意だよ。クロスブリードかハードコア・ドラムンベースか、呼び名はそんなに重要じゃないね。どのトラックが最初のクロスブリードかって論争は今もあるけど、The DJ Producer や Hellfish みたいなイギリスのハードコア・テクノ・アーティストだって説もある。また、Limewax & The Panacea の「Operation X」だって言ってた奴もいたな。俺にとっては、2005 年にリリースした PRSPCT 001、DJ Hidde の「The Resonators」だね。

Q：クロスブリードはドラムンベースとハードコア・テクノ双方のファンに最初から支持されていましたか？

A：俺が思うにされてたと思う。インダストリアル・ハードコアやハードなドラムンベースの要素があったり、それらが融合されてるからね。それらのレコードをミックスするってのは、以前から DJ の時にいつもよくやっていた。現在はドラムンベースの要素も、ハードコアの要素も一つのトラックに入っていることも多いし、とにかくブルータルで最高だよ！

Q：2011 年にハードコア・テクノ専門レーベル PRSPCT XTRM をスタートさせましたが、なぜハードコア・テクノ専門のレーベルを立ち上げたのですか？

A：PRSPCT にとって、ハードコア・テクノはとても重要な要素になってきている。でも、ハードなドラムンベースのレーベルとして、BPM175 辺りのリリースってことは決めてやってきてるんだ。ハードコア・テクノから派生したジャンルもとても好きだから、それらのサブジャンルもレーベルからリリースしたいと

思って、メインのものとは別でサブジャンルとして PRSPCT XTRM を立ち上げたんだ。

Q：PRSPCT XTRM がスタートしたと同時期に、あなたは Dominator と Thunderdome に出演しました。メインストリームのハードコア・シーンに参加することにプレッシャーや違和感を感じましたか？

A：その時は自分のやるべきこと（PRSPCT）に集中してたから、メインストリームのハードコアやそれを取り巻く巨大なショービジネスのことは全く考えてなかった。全然期待もしなければ、そこでプレイをしたいって渇望してもなかった。運営側が俺をブッキングし始めるまでは、特に心の中によぎる事はなかったよ。それは別に良いことで、俺がアンダーグラウンドのアウトサイダーのポジションから来た奴だから、普段からやってることをただやっただけで、それが上手くいったと思う。PRSPCT XTRM はまさに初期PRSPCT の様に、ドンピシャのタイミングでスタートした。

Q：PRSPCT のリリースの中でターニングポイントとなった作品は？

A：重要な礎になったものや、自分自身の中で特別だって思えるリリースが沢山あるから難しい質問だな。例えば、PRSPCT XTRM の一番最初のリリースは、今までと違う新しい事が始まったというのを感じ取れるものにした。新しいサブレーベルが当時のドラムンベース、ハードコア・シーンにこれだけ大きな影響を与えるなんて想像出来なかった。以前は、混ざり合うことがなかった両ジャンルが融合して全く新しいジャンルへと消化されていく大きなきっかけを PRSPCT が作ったんだ。もし、一枚何かを選ばなければならないとすると、DJ Hidden & Limewax の『The Resonators / Pain』（PRSPCT001）だね。これがその始まりとも言える作品だからさ。

Q：今までに音楽活動の中でスランプや挫折を味わう事もあったのでしょうか？　そうなった時、あなたはどうやってその状況から抜け出しましたか？

A：大体いつもそうだよ（笑）。音楽に生きる、こんなクレイジーな生活を送っているとメンタル面もフィジカル面もかなり犠牲にしてると思う。最先端のトレンドを把握し続けながらも、それに影響を受けないでいるのは、落ち着かない。でも、ネガティブな方向じゃなくて、もっとポジティブな方向で向き合っていかないといけないからね。不満は必要だよ、自分自身の重いケツを叩いて、やるべき事をやるように追い込む事が出来るから。この広い世界において、感動と沢山のエネルギーを与えてくれて、不条理に Fuck って叫ばせてくれたりする音楽の素晴らしいパワーは本当に無限大で、常に元気をくれて活動する為の活力になっている。

Q：PRSPCT と PRSPCT RVLT からはブレイクコア・シーンのトップ・アーティスト達が作品を発表しています。PRSPCT は初期から積極的にブレイクコア・アーティストをブッキングされていますが、あなたにとってブレイクコアとはどういった存在なのでしょうか？

A：ドラムンベースと同時期にブレイクコアにもハマっていた。ブレイクコアの要素は、今日のハードなドラムンベースの中にも受け継がれている。その逆も然りだ。PRSPCT RVLT をやり始めた頃は、ブレイクコアのムーブメントには興味が無くて、むしろ、その逆だったよ。でも、その時ブレイクコアのシーン自体が、ほぼ消滅しかけてるって気が付いたんだ。素晴らしいアーティストが曲を作ってもホームと呼べるリリース先が無い。それが PRSPCT RVLT を始めたキッカケだったんだ。自分自身が好きなシーンを蘇生させる方法はこれしかなかった。お金儲けが出来るという感じじゃなかったよ、利益とはほど遠かった。当時の PRSPCT RVLT は凄くお金が掛かってた。だから、サブレーベルを立ち上げるのに少し時間が必要だった。最近は FFF、Ruby My Dear、Deformer も新譜をリリースしたね。でも、本当に始めたての頃は、凄くお金も掛かってたけど、儲けが無くたって構わなかったし、ただ俺はそれらのリリースをしたかっただけなんだ。

Q：最後に、あなたと PRSPCT/PRSPCT XTRM にとって以下のアーティストは重要な存在だと思います。あなたにとって彼等がどんなアーティストであるか教えてください。

A：

The DJ Producer

いつだって好きな DJ の一人さ。彼はパンクの精神を体現してて、DJ セットも作曲も全てを解放しきっていて凄い。本当に最高さ。愛してるぜ。

DJ Hidden

レジェンドだよ。PRSPCT の中でも、一番 PRSPCT、とても重要なアーティストの一人だ。彼とは初期の頃からの付き合いだからね、おそらくこの先もずっと一緒にいるだろう。Eye-D と同じく、クロスブリードを築き上げた最高のプロデューサーだ。忘れてはならない存在だよ。

Deathmachine

過小評価されがちなプロデューサーの一人だけど、今まで出会った中で一番多彩でナイスガイだ。Deathmachine が曲を作ると、他の人はそれが聴きたいが為に彼をブッキングするんだ。完全に金メダリストだよ、これからもどんどん名前が広がっていくはずだ。

Detest

このシーンでよくつるむ最高の連れの一人だよ。シリアスな俺達のシーンに、少し変わった要素を与えてくれる、愛すべき存在だ。

[KRTM]

[KRTM] に関して言う事は、他のみんなが自分のスタイルを模索している中、[KRTM] は [KRTM] でしかないというか、彼の作り上げるものはガチなんだ。人間性が全て滲み出ていて、ユーモアがあって才能に満ち溢れている。長い間シーンに君臨するアーティストの一人だよ。

Crossbreed/Hardcore Drum'n'bass Disc Review

The DJ Producer / Throttler

KSHEEPV006　　　　イギリス，アメリカ
Killing Sheep Records　　　　　2007

ハードコアとドラムンベースが正面からぶつかり合った歴史的な一枚。UK ハードコアのメンタリティをそのままドラムンベースに落とし込んだ The DJ Producer の「Obituary」は、速度感こそハードコア寄りではあるが、ドラムンベースとハードコアが濃い純度で混ざり合った最上級のハイブリッド・トラックである。ドラムンベース・アーティスト Throttler も、ハードコアを意識したトラックで Killing Sheep Records の姿勢に寄り添っている。クロスブリード / ハードコア・ドラムンベースのフォーマットには遠い作風であるが、今作はそのジャンルが生まれる重要な一歩目だった。

eRRe & Dr. Chekill

Untitled　　　　スペイン
Da Putas Clan　　　　2007

クロスブリード / ハードコア・ドラムンベース・シーンに大きな影響を与えたスペインの eRRe と Dr. Chekill のコラボレーション・シングル。シュランツとハード・テクノをドラムンベースとミックスさせ、ラップのアカペラと分厚いキックがクレイジーに打ち込まれるテクノイド・スタイルな「Dale Con La Talega Alex」、フランス産のジャングルテックやトライブ系に通じるドラムンベースとハードテックを独自配合させた「Dale Canoa Manue」の２曲を収録。後のハードコア・ドラムンベースやクロスブリードの原型とも言えるスタイルを作り上げている。

Cooh

Duuure / Ventil　　　　ブルガリア
Position Chrome　　　　2008

ブルガリアのドラムンベース・アーティスト Cooh が 2008 年に Position Chrome からリリースした 12" レコード。ハードコア・テクノのメンタリティと手法をドラムンベースに反映させた、テッキーでマッシブな迫力のあるトラックを完成させており、「Duuure」は Cooh の代表曲の一つと言えるだろう。前年に同レーベルからリリースされた Panacea の『Cryptonomicon EP』と Limewax との『Empire EP』と並んで、ハードコア・ドラムンベースの歴史を語る上で欠かせない作品だ。

Dr. Chekill & eRRe

Untitled　　　　スペイン
Da Putas Clan　　　　2008

Dr. Chekill と eRRe のコラボレーション・シングル第二弾。スピーカーから凄まじい風圧が飛び出してきそうな迫力満点な高速シュランツ・キックに、グリッチ・エフェクトの掛かったブレイクビーツが重なり、シュランツとドラムンベースがケミカルに混ざり合った「Guns & Moustaches」、eRRe のクロスブリード / ハードコア・ドラムンベース・スタイルの原点とも言える「Delitos Informáticos」を収録。彼等が追求していたシュランツやハードテック / テクノとドラムンベース / ブレイクビーツの混合スタイルの完成形である。

Mystification / Unabomber

Computers / Warrior Code	ハンガリー
Manticore Recordings	2008

フランスの Manticore Recordings から 2008 年に発表されたハンガリーのドラムンベース・アーティスト Mystification と Unabomber のスプリット。Mystification の「Computers」は、テクノイドをベースにしているがフォーマットとしては完璧にクロスブリードといえる。2008 年の時点で、ここまで完成されたクロスブリードがある事にとても驚く。Manticore Recordings から 2009 年にリリースされた Skull のシングルもクロスブリードを先取りしており、クロスブリードの歴史に彼等は大きく関わっていた。

Broken Note

Fueling the Fire EP	イギリス
Damage	2008

現在は Moody Good としてダブステップ・シーンで活躍している Eddie Jefferys 在籍時に作られた一枚。Peace Off のサブレーベル Damage からのリリースとあって、ブレイクコアも反映された異形のドラムンベースを披露している。Position Chrome 周辺のテクノイドにも近いが、Broken Note 独自のハードコアなテクノイドを作り上げた「Pyrotek」は現代でも十分に通じる革命的なトラック。Eddie Jefferys が Kidnappa 名義でブレイクコアやハードコアを作っていた経験が活かされている。初期ハードコア・ドラムンベースの傑作として世に伝えたい作品である。

Cooh

Moth Machine EP	ブルガリア
Position Chrome	2008

天才的な技術とアイディアによって作り出されたハードコア・ドラムンベース史に残る名盤。2000 年代に生まれた様々なドラムンベースのサブジャンルからの影響も随所で現れており、ハードコア・テクノの音色や手法、そして Cooh のルーツであるメタルの要素も反映された規格外のトラックは、リリースから 10 年以上経った今でも新しさがある。高揚感と恐怖が同居した危ないサイケデリックな「Ferta」、ハードコア・テクノをドラムンベースの手法で鳴らした「Alarmax」、地面が割れる様な迫力のある「Smush」など、全曲名曲である。

V.A.

Prspct Limited	オランダ、スペイン、ロシア、ポーランド
PRSPCT Recordings	2009

Mumblz、Gancher、Dub Elements、Switch Technique、Dereck が参加したコンピレーション。同年にリリースされていた『Blood & Steel』や今作を聴くと、同時期に Position Chrome がテクノイドからの流れを汲んだハードコア・ドラムンベース・スタイルを構築していた中、PRSPCT はテクノイドの影響も受けながらも既にハードコアを強く意識していたのが解る。伝統的なダークステップやハード・ドラムンベースに比重を置いたハードコア・ドラムンベースの可能性を探っていた様に見え、PRSPCT がレーベルとして当初からブレていないのが解るコンピレーションだ。

Donny & Current Value / B-Soul & Dextems

The Rebirth EP - Part Two	アメリカ、ロシア、イギリス、ドイツ
Future Sickness Records	2009

Future Sickness Records のコンピレーション『Way of the Future EP』に収録されていた Donny と Current Value のコラボレーション・トラックを SPL がリミックスした「Nightmare Man (SPL's Nightmare Techno Mix)」は、SPL が当時作っていたインダストリアル・ハードコアの余韻も反映されたテッキーなドラムンベースとなっており、3 者のサウンドが緻密に交じり合った力作。このリミックスと Limewax の「He Will Find Us (SPL Remix)」を聴くと、SPL にはこの路線を続けて欲しかったと思ってしまう。

Propaganda

Hardcore Will Never Die / the Happening	イギリス
Position Chrome	2009

Offkey からシングルをリリースしていたイギリスのドラムンベース・ユニット Propaganda のハードコア要素の強い名曲テクノイド・トラック「Hardcore Will Never Die」を収録したシングル。今作と 2007 年にリリースされた『Nobody Listens to Techno』で Propaganda は一時期の Position Chrome の方向性を支えていた様に思える。今作はハードなテクノイドの可能性を広げ、後に Position Chrome が開拓していくハードコア・ドラムンベースの重要なファウンデーションとなった一枚だろう。

V.A.

Nekrolog1k EP 001	オランダ、ベルギー、ポーランド、ギリシャ
Nekrolog1k Recordings	2009

AK-Industry 主宰レーベル Nekrolog1k Recordings の第一弾作品。DJ Hidden、Throttler、I:Gor、Igneon System が参加したコンピレーション・レコード。当時アンダーグラウンド・シーンで盛り上がり始めていたハードコア・テクノとドラムンベースの混合スタイルを明確に打ち出し、一つの作品としてパッケージングした最初期のコンピレーションではないだろうか。ハードコア・ドラムンベース、そして後のクロスブリードへと繋がる伏線が多く感じられる。それぞれのアーティストが実験的な手法や挑戦的な姿勢を込めており、今聴き返しても非常に刺激的な作品である。

I:Gor

Nekrolog1k EP 002	ポーランド
Nekrolog1k Recordings	2009

クロスブリード / ハードコア・ドラムンベースの発展において、非常に重要な役割を果たした名盤。1 曲目「Ice Breaker」は、I:Gor がそれまでに試していたインダストリアル・ハードコアとドラムンベースのミックスを完成させた名曲であり、この曲によって、その後の Nekrolog1k Recordings のレーベルカラーを決定づけた。「Ice Breaker」の異様な迫力がこの EP を支配しているが、フォーマットとしては「Everything Is War」と「Lets Get Dirty」の方がクロスブリードとして固まっており、I:Gor もこのジャンルのパイオニアである事が証明されている。

Of God & Itzokor

Soul Seller
オーストラリア

Hell's Bassment Records　　2009

オーストラリアのドラムンベース・レーベル Hell's Bassment Records から発表された Of God と Itzokor のコラボレーション作。ハンマーで殴りつける様なパワー型のハードコア・ドラムンベースで、彼等がこれまでにクリエイトしていたハード・ドラムンベース・スタイルの発展形と言える内容。同年に同レーベルからリリースされた Of God と CTG のコラボレーションでも、過激なエネルギーに満ちた図太いハードコア・ドラムンベースを披露している。Of God と Hell's Bassment Records はオーストラリアのハードコアやブレイクコアからの影響も感じさせる魅力的な作品をリリースしていた。

Dub Elements

Bass up to the Tope EP
スペイン

PRSPCT Recordings　　2010

スペインのドラムンベース・ユニット Dub Elements が 2010 年に PRSPCT からリリースした超名作 EP。現在までに繋がるハードコア・ドラムンベース / クロスブリードの原型とも言えるスタイルを作り上げており、リリース元である PRSPCT にとっても重要な作品になっていると思われる。eRRe とのコラボレーション・トラック「Popim」と「Bass up to the Tope」はリリース当時から異彩を放っていた。今やドラムンベース・シーンのトップ・ユニットとして人気の Neonlight とのコラボも必聴だ。ハードコア・ドラムンベース / クロスブリードの歴史を語る上で外せない作品。

DJ Hidden & Switch Technique

Imagination / Intelligence
オランダ、ポーランド

Union Recordings　　2010

職人的な技術とぶれない姿勢を元に、長年に渡ってクロスブリード・シーンを支え続けている Switch Technique が自身主宰レーベル Union Recordings からリリースしたシングル。DJ Hidden とのコラボレーション「Imagination」は、緊張感のある冷たくシリアスなストリングスに引き込まれた後、強烈なガバキックとアーメン・ブレイクの殴打が浴びせられるキラーチューン。両者の妥協の無い音作りが見事に混ざり合っていて、抜群の相性を見せている。Switch Technique のソロトラックも無駄の無いストイックなクロスブリードで素晴らしい。

The Outside Agency / SPL / Cooh

Crossbreed Definition Series Part 1
オランダ、ブリガリア、アメリカ

Genosha One Seven Five　　2010

クロスブリードという単語が始めてタイトルとなった記念すべき作品。前年に、The Outside Agency がリリースした『Surreal / Chaos Theory』で開拓したドラムンベース＋ハードコアの混合スタイルをさらに推し進めている。Genosha Recordings からシングルをリリースしていた SPL との「Separate Ways」、同じくハードコアやテクノをドラムンベースとミックスしていた Cooh との「Soul Keepers」の 2 曲を収録。この頃はドラムンベースとハードコアの要素が綺麗に半々使われており、理想的なバランスを保っている。

The Outside Agency / Counterstrike / Donny

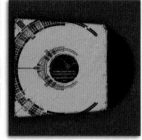

Crossbreed Definition Series Part 2 オランダ、南アフリカ、イギリス
Genosha One Seven Five 2010

シリーズ第二弾は、自身のレーベル Counterstrike Recordings から
革新的なコラボレーション作品を発表し、ハードコア・ドラムンベース
の土台を作っていた Counterstrike と、唯一無二の邪悪なトラックでア
ンダーグラウンド・シーンで絶大な支持を得ていた Donny の２組が参
加。The Outside Agency のコアなサウンドをベースとしながらも、
Counterstrike の男気のあるメタリックな部分や、Donny のホラーテイ
ストなメロディとハンマービートなど、それぞれの音素材や持っている世
界観がしっかりと組み合わさっている。

The Outside Agency / Current Value / Switch Technique

Crossbreed Definition Series Part 3　　オランダ、ドイツ、ポーランド
Genosha One Seven Five 2010

前２作がリリースからすぐにハードコア / ドラムンベース双方のシーン
で話題となり、他ジャンルのリスナーまでをも巻き込んで大きな注目を集
めた『Crossbreed Definition Series』の第三弾。スカルステップ / ダー
ク・ドラムンベース・シーンのトップに君臨していた Current Value と、
Switch Technique が参加。Current Value 印のスネアを駆使した「They
Are Human」はトラックの完成度も非常に高く、このシリーズの中でも
一二を争う出来だ。数年後に DJ Hidden による同曲の VIP バージョン
も公開された。

Noize Punishment / Switch Technique & Forbidden Society

Riotbringer (Forbidden Society Remix) / Shelter チェコ、ポーランド
Future Sickness Records 2011

超狂暴な楽曲の数々で未だに多くのファンを持つ Forbidden Society に
よる伝説的なブレイクコア・プロジェクト Noize Punishment の楽曲を
セルフリミックスした曲と、Switch Technique とのコラボレーション
を収録したスプリット。「Riotbringer (Forbidden Society Remix)」
は原曲のパンキッシュなエネルギーをそのままクロスブリードへと流し込
んだマッシブでパンクなリミックス。Switch Technique のコラボトラッ
クも、パンクとハードコア・テクノにドラムンベースを掛け合わせた変則
的かつ、攻撃性の高いクロスブリードとなっている。

V.A.

Lose your Faith - LP 001 ドイツ、チェコ、オランダ、ロシア、イタリア
Nekrolog1k Recordings 2011

レーベル設立当初からハードコア・ドラムンベース / クロスブリードの
原型と言えるスタイルを提示してきた Nekrolog1k Recordings が、
2011 年にリリースした名盤コンピレーション。Nekrolog1k の面々に
加えて、Current Value や Forbidden Society も参加。それぞれが自
身のサウンドを表した自由で過激なトラックからは、当時のハードコア・
ドラムンベースが持っていた熱気と勢いを思い出させてくれる。今作は
ハードコア・シーンとドラムンベース・シーンでも話題になっており、こ
のコンピレーションによって Nekrolog1k Recordings を知った人も多
いと思われる。

Igneon System vs Lowroller

Great Violence / Ultimate Weapon　　　　ベルギー、イタリア
PRSPCT Recordings　　　　2011

以前から Nekrolog1k Recordings で共に活動をしていた Igneon System と Lowroller のコラボレーション・シングル。Lowroller の特徴的なベースとスネアに Igneon System の複雑で緻密なプログラミング技術が一体となり、両者の個性が上手く混ざり合っている。彼等のドラムンベース・サイドが大きく反映されたシンプルなクロスブリード・スタイルであり、普段の作風から違って地味な印象も受けるかもしれないが、フロアでの機能性は抜群である。この頃から、シーン全体でドラムンベース寄りの使いやすいクロスブリードが増えた印象がある。

Current Value

Hitman / Target　　　　ドイツ
Subviolenz　　　　2011

『Crossbreed Definition Series』への参加や Cooh とのコラボレーション・シングルなどで、クロスブリード / ハードコア・ドラムンベース的なアプローチも行っていた Current Value が、自身のスタイルの中にクロスブリードを取り込んで吐き出した実験的な名曲「Hitman」と、メカニカルなハーフステップ「Target」を収録。「Hitman」を聴くと、クロスブリードとは一定の距離を取って接していた様に見えた Current Value も当時のクロスブリードの勢いには少なからず影響を受けたのが解る。

Switch Technique

Altered　　　　ポーランド
Union Recordings　　　　2011

Genosha One Seven Five や Union Recordings からリリースされたシングルで、クロスブリード・シーンをリードする存在となっていた Switch Technique が満を持して発表した 1st アルバム。Dean Rodell との「Everything Changes」では、両者の個性的なサウンドが完璧なバランスで混ざり合っており、展開の仕方も刺激的でフューチャリスティックな世界観もまた魅力的である。Mindustries、The Outside Agency、Deathmachine とのコラボレーションやソロトラックももちろん素晴らしい。

Machine Code / Katharsys & Forbidden Society

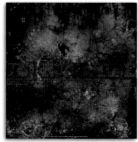

ID / Run & Hide　　　　ドイツ、チェコ, フランス
Yellow Stripe Recordings　　　　2011

Current Value と Dean Rodell のメカニカル・ドラムンベースユニット Machine Code と Katharsys & Forbidden Society のスプリット・シングル。Machine Code の「ID」は後半から叩き込まれるスカルスネアが容赦なく、Current Value の要素が若干多めに出ている。Katharsys & Forbidden Society の「Run & Hide」は、ハードコア・ドラムンベースの枠組みの中で両者のメタリックなサウンドとパンク的なアティテュードが真正面からぶつかり合っており、彼等の数あるコラボレーションの中でも特に激しいトラックだ。

Gancher & Ruin Feat. Triamer

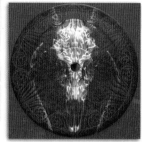

Larum / Avanger	ロシア
PRSPCT Recordings	2011

当時ドラムンベース・シーンだけではなく、ハードコア・シーンも賑わせ始めていた Gancher & Ruin が PRSPCT からリリースした 12" レコード。Triamer とのコラボレーション「Larum」は、ホラーなサンプルと荒々しいシンセを使ったクロスブリード・トラックとなっており、既に彼等のスタイルと世界観が完成している。Ruin のソロトラック「Avanger」はテクノイド的なハードコア・ドラムンベースを披露。同年に PRSPCT からリリースされた Panacea とのコラボレーション・シングルでも大きなインパクトを残していた。

Cooh & Counterstrike

Manual Control / Kentar	ブルガリア、南アフリカ
Smackdown Recordings	2012

ハードコア・ドラムンベース・シーンの名コンビによるクロスブリードに特化した強力なシングル。UK ハードコアやインダストリアル・ハードコア、クロスブリードをリリースしているオランダの Smackdown Recordings からのリリースとあって、いつもよりもハードコア色を強めたクロスブリード・トラックを提供。Cooh による神秘的で煌びやかなシンセに、Counterstrike のハンマービートとオールドスクール感もあるガバキックが叩き込まれる「Manual Control」は、両者の特徴的なスタイルが見事にミックスされた名曲だ。

I:Gor

Testify / Power to Distort (I:Gor Remix)	ポーランド
PRSPCT XTRM	2012

リリース当時大きな話題となったモンスタートラック「Testify」と、Counterstrike が 2006 年に PRSPCT からリリースした「The Power to Distort」をリミックスした 2 曲入りシングル。「Testify」は Rage Against the Machine「Testify」のアカペラを大胆に使ったハードコア・トラックとなっており、クロスブリードからハードコア系の DJ 達もプレイしていた。「Power to Distort (I:Gor Remix)」は、2000 年後半のカテゴライズされる前のハードコア・ドラムンベースのゾクゾクする様な危険な雰囲気を思い出させてくれる。

Forbidden Society

To the Threshold	チェコ
Forbidden Society Recordings	2012

Forbidden Society 節が炸裂するパンキッシュでストレートなハード・ドラムンベースを軸に、クロスブリードやダブステップの要素も持ち合わせたパワフルなトラックが満載の名盤アルバム。Deathmachine、Sei2ure、Sinister Souls、Gancher & Ruin、Katharsys がコラボレーション参加している。日本のファンの為に作ったという「Tokyo Hardcore」はまさかの大ネタ使いで驚いた。ハードコア・パンク、メタル、ドラムンベースのヘビネスさを極限まで高めた強靭なトラックは、世界で活躍する一級のバンド達とも肩を並べる程にハードでオリジナリティがある。

Zardonic

Vulgar Display of Bass
Big Riddim Recordings　　　ベネズエラ　　2012

ドラムンベースからメタル、EDM シーンでも人気の覆面 DJ/ プロデュー
サー Zardonic が 2012 年に Big Riddim Recordings からリリースし
たフルアルバム。Gein、Robyn Chaos、Throttler、Cooh や重鎮ハー
ドコア・アーティスト Omar Santana が参加した豪華な内容。スタジア
ム感のある派手でロッキンなサウンドとメタリックなビートを用いたハー
ド・ドラムンベース～ダブステップ～クロスブリードを披露している。翌
年には、Eye-D、Counterstrike、Delta 9 & Fiend などが参加したリミッ
クス・アルバムもリリースされた。

Current Value / Bryan Fury

Best of Both Worlds EP
Smackdown Recordings　　　ドイツ、イギリス　　2012

オランダのハードコア・レーベル Smackdown Recordings からリリー
スされた異色のスプリット・レコード。スカルステップ～ハード・ドラム
ンベース界の絶対王者的な存在であった Current Value による、ハーフ
ステップ的なビートを駆使したメロディアスで神々しい変則的クロスブ
リード・トラックは流石の完成度である。UK ハードコア・シーンの重鎮
Bryan Fury はメタルバンドのサンプルを使い、スカルステップとインダ
ストリアル・ハードコアを力技で繋ぎあわせた男気溢れるトラックで、ハー
ドコア・シーンの実力者である事を証明している。

Dub Elements

Party Program
PRSPCT Recordings　　　スペイン　　2012

『Bass up to the Tope EP』のリリースから 2 年後に PRSPCT から
リリースされた Dub Elements の名盤 1st アルバム。Counterstrike、
Gancher & Ruin、Alexander Head、eRRe がコラボレーションで参
加しており、2012 年のハードコア・ドラムンベース・シーンのトピッ
クとなった。このリリース後、Dub Elements はドラムンベースと並行
してダブステップや EDM テイストのトラックを制作していき、メインス
トリームでも人気を得ていった。2019 年には待望の初来日も行う。

C-Netik

Catatonic State EP
Yellow Stripe Recordings　　　ポルトガル　　2012

ポルトガルのドラムンベース・シーンを代表する C-Netik が Yellow
Stripe Recordings から 2012 年にリリースした EP。Gancher &
Ruin とのコラボレーション「Killer Partition」では、彼等の凶暴なハー
ドコア・サウンドが C-Netik のストロング・スタイルのドラムンベー
スとガッチリと組み合わさったマッシブなクロスブリード・トラック。
Syrinx と Fragz とのコラボレーションでもそれぞれの特徴を活かしたク
ロスブリードを作っている。ハードコア・テイストの強い C-Netik のソ
ロトラック「Bam Bam」も抜群の仕上がりだ。

Human Resource / The Hard Way

Dominator / Suck Satan's Cock ドイツ、オランダ
PRSPCT Recordings 2012

オランダのハードコア・テクノ / ガバ・シーンを代表するグループ
Human Resource が 1991 年にリリースした特大ヒットチューン
「Dominator」と、The Hard Way が 2012 年にリリースした「Suck
Satan's Cock」を Panacea がリミックスしたシングル。「Dominator」
のリミックスでは、Panacea らしいダークでレイビーなドラムンベース・
スタイルに作り上げており、「Suck Satan's Cock」では原曲に忠実な
がらもテッキーでパワフルな Panacea サウンドを上手く織り交ぜてい
る。

C-Netik & eRRe

Common Dance / Judgement ポルトガル
PRSPCT Recordings 2012

2012年にPRSPCTからリリースされたC-NetikとeRReのコラボレー
ション・シングル。両者の骨太なハードコア・ドラムンベース・スタイル
が見事に組み合わさった強靭な「Common Dance」は、今もフロアで
抜群の機能を発揮するだろう。クロスブリードが進化していく過程の中で
生まれた重要な曲である。このシングル以降も両者は数曲コラボレーショ
ン・トラックを発表している。ONYX Feat Biohazard をサンプリング
した C-Netik のソロトラック「Judgement」も男気溢れるハードコア・
ドラムンベースで痺れる。

Fragz

Chaos Reinvented EP ポルトガル
Yellow Stripe Recordings 2012

Yellow Stripe Recordings の中心メンバーとしてポルトガルのドラム
ンベース・シーンを支え続けている Fragz の初期傑作 EP。ずっしりと
重いタフなドラムンベースを下地にした力強いクロスブリードを中心に
している。デスメタリックなサンプルを駆使したブルータルな「This Is
Chaos」、Cooh とのコラボレーションによる大地が揺れ動くかの様な迫
力と重みのある「Tempo」、そして EP の最後を飾るシュランツ・トラッ
ク「Party Banger」など、オリジナリティ溢れる名曲が収録されている。

Fragz

The Hunger / Rage Within ポルトガル
Future Sickness Records 2012

パワフルでメタリックな Fragz のハードコア・ドラムンベース / クロ
スブリード・スタイルの完成形とも言えるシングル。テクノやシュラン
ツのグルーヴや鳴りをクロスブリードに反映させたハードコアかつテッ
キーな「The Hunger」、サタニックな雰囲気を感じさせるメロディに、
デスメタルなボーカルのサンプルを使ったブルータリティ全開の「Rage
Within」の 2 曲が収録。この時期はメタリックなクロスブリードやハー
ドコア・ドラムンベースが多く作られていたが、「Rage Within」はその
中でも上位の出来だ。

Hardlogik & eRRe

Massive Murder / Everybody Dance Now スペイン
Tech Cycle Recordings 2012

スペインのハードコア・ドラムンベース / クロスブリード・シーンを
代表する最強タッグであった Hardlogik と eRRe が 2012 年に Tech
Cycle Recordings からリリースしたシングル。ブロステップのギザギ
ザとしたノコギリ・ベースに、インダストリアルな硬いスネアが、ハード
コアなキックと重なるドラムステップ調の「Everybody Dance Now」
は、彼等が後に提唱していく Bumba スタイルの原型を感じさせる。
Hardlogik のクロスブリード・トラック「Massive Murder」も攻撃性
が高く魅力的だ。

eRRe & Hardlogik

Party スペイン
Union Recordings 2012

Nekrolog1k Recordings と Tech Cycle Recordings に 続 い
て、2012 年に Union Recordings からリリースされた eRRe と
Hardlogik のコラボレーション・シングル。ブレイクコア的なアーメン・
ブレイクに、ブロステップの要素も交えたハードコア要素の強いクレイ
ジーなクロスブリード・チューン「Party Non Stop」、eRRe の初期テ
クノイド・スタイルを彷彿とさせるテッキーなドラムと、シンセを用いた
ケミカルな雰囲気が漂う「Crack the Party」が収録。

Noizeskill

Untitled イタリア
Ego1st Recordings 2012

イタリアのハードコア / ドラムンベース・アーティスト Noizeskill が
Nekrolog1k Recordings のサブレーベル Ego1st Recordings から
リリースしたシングル。スカルステップとハードコア・ドラムンベース
/ クロスブリードを絶妙にミックスしたトラックの上に、デスメタル・
ギターとボーカルを組み合わせたダンサブルかつ、ブルータルなスタイ
ルを確立している。同じ方向性であれば Satan が連想されるだろうが、
Noizeskill の場合はバンド的な構成となっており、より生々しいサウン
ドになっている。デスメタル・ファンにも是非オススメしたい。

Lowroller + AK-Industry

Ep1dem1k EP イタリア、スイス
Nekrolog1k Recordings 2012

PRSPCT と Genosha One Seven Five と共に、クロスブリード・シー
ンの代表格的なレーベルになっていた Nekrolog1k Recordings の看
板アーティストであった Lowroller と、AK-Industry によるコラボレー
ション EP。今作では両者のハードコア・サイドをメインとした作りと
なっており、ドラムンベースの要素は比較的少ない。前年にリリース
された Lowroller の『Mixbreed EP』や AK-Industry の『Night Hunt
Machine』の進化形とも言える内容で、彼等独自のハードコア・スタイ
ルが完成している。

AK-Industry

Monster	スイス
The Third Movement	2012

Homeboy と Mayhem によるユニット AK-Industry が The Third Movement からリリースした 12" レコード。タイトル・トラック「Monster」は直球のインダストリアル・ハードコアであるが、Switch Technique の VIP ヴァージョンではオリジナルの音素材と世界観を重視した重みのあるクロスブリード・トラックとなっていて、両曲とも聴き応えがある。変則的なビートの展開で独特なグルーブを作り出す「Whitewalkers」、Igneon System と N-Vitral とのコラボレーション「Reloaded」での超アッパーでブチ切れたハードコア・トラックも素晴らしい。

V.A.

Dawn of Paranoia	オランダ、ロシア
Tainted Audio	2012

DJ Ruffneck が 2012 年にスタートさせたレーベル Tainted Audio の第一弾作品。Gancher & Ruin、Lowroller、Dither といった当時クロスブリード・シーンを盛り上げていたアーティスト達と、ハードコア・シーンからは Ophidian/Meander、Strobcore、そして Ruffneck が参加。ハードコア側からのクロスブリードへの回答ともいえる内容で、シーンを活性化させる要因ともなった。オープニングを飾る Ruffneck のソロトラック「Dawn of Paranoia」や、Ophidian のリミックスでは彼独自のクロスブリード・スタイルを作り上げていて流石である。

Sinister Souls

Beat the Drum Hard	オランダ
PRSPCT Recordings	2012

Excision 率いる Rottun Recordings からデビューし、Mindtrick Records や Wicky Lindows から凶暴なダブステップをリリースしていた Sinister Souls が PRSPCT からリリースした 1st アルバム。ガバキックを使ったダブステップ（コアステップと呼ばれていた）から、ハードコア・ドラムンベース / クロスブリードまで迫力と勢いのある凶暴なトラックが満載の名盤である。Sinister Souls の代表曲となった「Tuh Tuh Duh」や、リリース当時多くの DJ 達がプレイした「Perfect Organism」などは今聴いても古さを感じさせない。

Sinister Souls

Black Book / into Our Claws	オランダ
Union Recordings	2012

PRSPCT からのリリースで一気にハードコア・ドラムンベース / クロスブリード・シーンをリードする注目の存在となっていた Sinister Souls が、Union Recordings からリリースしたシングル。UK インダストリアル的な要素も感じさせる「Black Book」と「Into Our Claws」の 2 曲を収録。今作から彼等はハードコアの要素を強めていくが、ドラムンベースのグルーブやアッパーなアトモスフィアが上手く活かされており、独自のクロスブリード / ハードコアを展開していた。Sinister Souls の歴史においてターニングポイントとなった作品ではないだろうか。

Gancher & Ruin

The Awake EP
ロシア
Position Chrome · 2012

Panacea とのコラボレーションでも素晴らしい相性を見せていた Gancher & Ruin が、2012 年に Position Chrome からリリースした EP。彼等が強く影響を受けたであろうハードコア・ドラムンベース、テクノイド、ハードコア・テクノを自身のスタイルに取り込み、吐き出された新種のトラックは、当時とても衝撃的であった。テッキーなサウンドや哀愁を感じさせる泣きのメロディなど、彼等のトレードマークと言える部分が形となり始めた頃でもあり、Gancher & Ruin のキャリアをステップアップさせた重要な作品である。

Thrasher & Limewax

Q-Base 2012 Official CD Mixed by Thrasher & Limewax オランダ、ウクライナ
Q-Dance · 2012

2012 年に開催された『Q-Base』に PRSPCT vs PRSPCT XTRM エリアとして参加していたレーベルのオーナーである Thrasher と、レーベルの看板アーティストの一人である Limewax による DJ ミックス。クロスブリードとハードコアを主体としつつも、PRSPCT らしいハードコア・ドラムンベースも絶妙に織り交ぜている。PRSPCT のオフィシャル・アンセムとして作られた Thrasher & Limewax の「The Expensive Squat Party Anthem」も収録。当時のヒリヒリとしたハードコア・ドラムンベース / クロスブリードの熱気が肌で感じられるミックスである。

Cooh

ReBirth
ブルガリア
Position Chrome · 2013

2013 年に Position Chrome からリリースされた名盤アルバム。Cooh がそれまでに作っていた独自のハードコア・ドラムンベース・スタイルが、このアルバムにて極められている。ハードコア・テクノのエッセンスを十分に交えていながらも、クロスブリードとは違ったテッキーでパワフル、そしてスケールの大きいトラックが収録。全曲驚く程にクオリティとオリジナリティを持ったトラックばかりだ。その中でも、美しいメロディとストリングスから一転して、ドラムとスカルスネアが高速で機械的に叩き込まれるブルータルな Current Value とのコラボトラック「Misbit」のインパクトが凄まじい。

Cooh & Counterstrike / Memtrix & Mathizm

Crowd Surfer (The Outside Agency Remix) / Cardiak Arrest ブルガリア , 南アフリカ
Yellow Stripe Recordings · 2013

Yellow Stripe Recordings から、2011 年にリリースされた Cooh と Counterstrike によるメタリックなハードコア・ドラムンベースの名曲「Crowd Surfer」を The Outside Agency がリミックス。原曲のメタリックなサウンドを The Outside Agency のサウンドと組み合わせた超ヘヴィーウェイトなクロスブリードを生み出している。Memtrix & Mathizm のエネルギッシュなクロスブリードも勢いがあり、The Outside Agency の圧倒的なサウンドに負けずに爪痕を残している。

Bong-Ra

Monolith - The Remixes　　　　　　　オランダ
PRSPCT Recordings　　　　　　　　　　　　　**2013**

2012 年にリリースされた Bong-Ra のアルバム『Monolith』のリミックス集。Akira、Cooh、DJ Skull Vomit、Lowroller、そしてデジタル版には Enduser も参加している。大地を揺るがす様な迫力のあるベースを駆使した Cooh のハード・ドラムンベース・リミックスや、ダブステップとドラムンベースの要素を巧みに使った Lowroller らしいクロスブリード・リミックス、「XTRM Is What We Are」のプロトタイプ的な印象を受ける Akira のハードコア・リミックスなど、Bong-Ra のメタリックなサウンドを活かした素晴らしいリミックスばかりである。

Goldberg Variations & Gancher & Ruin

Detune / Nie Of Kreuzzucht　　　ドイツ、ウクライナ、ロシア
L/B Recordings　　　　　　　　　　　　　　**2013**

L/B Recordings からリリースされた凶悪なスプリット・レコード。A 面には、Gancher & Ruin のハードコア・テクノ・サイドが存分に発揮されたブルータリティのある「Detune」を収録。彼等の凶暴性が L/B Recordings のレーベルカラーに抜群にハマっている。B 面に収録されている Goldberg Variations と Gancher & Ruin のコラボレーション・トラック「Nie of Kreuzzucht」は、Limewax と Panacea のソリッドなドラムンベースのエレメントが活かされた異形のハードコア・トラックを完成させている。

Endymion & the Viper Featuring FERAL is KINKY

Raging in the Dancehall　　　　　　　オランダ
Neophyte Records　　　　　　　　　　　　　**2013**

ハードコア・シーンで長きに渡って活躍している重鎮 Endymion と The Viper のコラボレーション・シングル。テイ・トウワや Rebel MC のアルバムにも参加している UK の MC/ ボーカリスト FERAL is KINKY をフィーチャーしたオリジナル・トラックに、Coone、The Outside Agency 、SPL、Hecq のリミックスを収録。軽快なラガマフィンに重厚なクロスブリード・トラックをミックスした The Outside Agency のリミックスが流石の出来である。このリミックスは当時多くの DJ 達がプレイしていた。

Bratkilla

Killer Gene LP　　　　　　　　　　　スウェーデン
Bad Chemistry Recordings　　　　　　　　　**2013**

Sinister Souls とのコラボレーションでハードコア・ドラムンベース・シーンからも人気を得ていたデス・ステップ系プロデューサー Bratkilla が 2013 年にリリースした 2nd アルバム。重量感のある歪んだギターの様なベースを駆使したメタリックなデス・ステップをメインにしていたが、このアルバムからハードコア・ドラムンベースやクロスブリードを取り込んだトラックも作り出していく。トランシーなハードコア・ドラムンベース「Kontrast」や、クロスブリードとデス・ステップをクレイジーにミックスした「Incoherent Thoughts」など、ハイクオリティなトラックが収録されている。

Micromakine

Behind the Machine	イタリア
Union Recordings	2013

神業とも言える優れたプログラミング技術と斬新なアイディアを元に、ドラムンベースとハードコア・テクノのブルータリティを極限まで引き出した Micromakine の最高傑作。Current Value に通じるフューチャリスティックでメカニカルなドラムンベース・スタイルであり、初期スカルステップが持っていたデスメタル的な残忍さを受け継ぎながらも、Micromakine 独自のサウンドと世界観が全編に広がっている。Igneon System、Deathmachine、Switch Technique といった凄腕達とのコラボレーションでも相手を食ってしまうかの様な勢いを見せている。

N3AR

Nekromutant	
Nekrolog1k Recordings	2013

ダブステップとハードコア・テクノにドラムンベースを織り交ぜたエネルギッシュなクロスブリード / ハードコア・トラックでシーンを賑わせた N3AR が 2013 自に Nekrolog1k Recordings からリリースしたシングル。ブロステップのマッシブさをそのままハードコアに落とし込んだスタイルは、若々しさを感じるがそれがプラスに活かされ、独自のスタイルを作り上げる事に成功している。今聴き返してもこのシングルのインパクトは当時と同じく、非常に衝撃的だ。ハードコア・シーンからの人気も高く、2014 年に Masters of Hardcore からアルバム『Zenith』もリリースしている。

YmB

The End / Your Destination	オランダ
Future Sickness Records	2013

Yellow Stripe Recordings、Lowbreed Recordings からシングルを発表していた YmB が 2013 年に Future Sickness Records からリリースしたシングル。ソロトラック「The End」では、無駄をそぎ落としたシンプルなクロスブリードを披露しており、Mathizm とのコラボレーション「Your Destination」は鋭く重い強靭なビートが容赦無く叩き込まれるハードなクロスブリードとなっている。他にも、YmB は Battle Audio Records や Drumatch Records からのリリースでも、クロスブリード・ファンから支持を集めていた。

The Clamps

Facing Demons	フランス
Heresy	2013

Karnage Records や Trendkill Records からのシングル /EP リリースや Disphonia、Black Sun Empire & Noisia、Forbidden Society へのリミックス提供でドラムンベース・シーンとクロスブリード / ハードコア・シーンからも熱い支持を受けるフランスの The Clamps が、2013 年に Heresy からリリースしたシングル。メタリックなビートとサンプルを駆使したストイックでマッシブなクロスブリード・トラックとなっており、ハードコアの要素が強い。

DKaos

We Are the Virus EP	ポルトガル
Yellow Stripe Recordings	2013

Yellow Stripe Recordings に初期から参加しており、Hallucinator や Gancher とのスプリットを発表していた DKaos の初単独 EP。Yellow Stripe らしいパワフルなクロスブリード／ハードコア・ドラムンベースを主体としており、煌びやかでスペーシーなシンセが特徴的で、聴きやすく踊りやすいバランスの取れたトラックが収録。当時の Yellow Stripe のレーベルカラーを最も解りやすい形で今作は表している。Fragz、Treo、Cooh がコラボレーションとリミックスで参加。

Dr Mathlovsky

Big Booty LSD EP	ベルギー
Peace Off	2013

現在は Mathlovsky 名義にてヒップホップ、テクノ、IDM、パンク、ブレイクコアを混ぜ合わせた実験的な作品を Planetary Nil や Industrial Strength Records から発表している Dr Mathlovsky が Peace Off からリリースした 12" レコード。アンビエントやポストロック的なエモーショナルで美しいメロディに、メタルやブレイクコアをクロスブリードとミックスした変則的なトラックを作り出しており、この頃から一貫して自身の世界観を貫き通している。一味違ったクロスブリードを楽しみたい方はマスト。

eRRe / Hardlogik

Da Spanish Bumbaclart EP	スペイン
Aggravated Music	2013

Dub Elements と Sinister Souls とのコラボレーションにて革命的なトラックを生み出し、クロスブリード・シーンで大きな注目を集めていた eRRe と、Abused Recordingz からソロでのリリースも行っていた Hardlogik のスプリット EP。これまでに積極的にコラボレーション・シングルを発表していた彼等であったが、今作ではお互いのソロ曲のみを収録。eRRe はデスメタルなサンプルを使ったブルータルなクロスブリードやインダストリアル・ハードコア的なトラックに、Hardlogik はスカルステップやドラムステップを巧みに取り込んだアッパーなクロスブリードを収録。

High Rankin

The Rat / Horrorcane	イギリス
Position Chrome	2013

Suicide Dub や Temper D Productions からのシングル・リリースでダブステップ・シーンでも人気のあったイギリスの High Rankin が 2013 年に Position Chrome からリリースしたシングル。クロスブリード／ハードコア・ドラムンベースのフォーマットが形作られてきた時期に、突如として予想もしなかった所から放たれた驚異的な作風によってクロスブリード／ハードコア・ドラムンベース・シーンを賑わせた。Panacea や Cooh のスタイルに近い印象も受けるが、High Rankin 独自のレイビーなサウンドとグルーブによって新種のトラックを生み出している。

Noizeskill

God's Violence / Panic Exhale
イタリア
Negative Audio 2013

Nekrolog1k Recordings のコンピレーションへの参加や、Ruffneck & Predator のリミックス提供でアグレッシブなクロスブリード・スタイルを確立していた Noizeskill が、Negative Audio からリリースしたシングル。Noizeskill 印の付いたインパクトのある鋭いスネアが鳴り響き、無慈悲で残忍な世界観が演出されるダークなクロスブリード・トラックを収録。ハードコア要素が強く、I:Gor などのインダスリアル・ハードコア系ともシンクロする。デスメタルなギターやボーカルは無いが、前作と同様にブルータルなサウンドに仕上がっている。

Lowroller

Collabs and Resurrections
イタリア
Nekrolog1k Recordings 2013

Lowroller が 2013 年にリリースしたコラボレーション・アルバム。クロスブリードがムーブメント化していた時期に絶妙なタイミングで発表された事と、圧倒的なクオリティとフレッシュなサウンドによって、Lowroller はクロスブリード・シーンを代表する存在へと上り詰めた。Angerfist、Lenny Dee、Negative A といったハードコア・シーンの大物達が参加した事によって、Lowroller 並びにクロスブリードはハードコア・シーンのリスナーからも注目を集める事に成功し、今まで以上にハードコアとクロスブリードの結びつきが強くなるキッカケを作った。

Ruffneck

Wraith
オランダ
Tainted Audio 2013

Tainted Audio からクロスブリードにフォーカスを当てた作品を連発していた DJ Ruffneck が 2013 年にリリースしたシングル。Ruffneck Records の看板アーティストの一人であり、90 年代からハードコアとドラムンベースを同時に作っていたオランダの Predator とのコラボレーションも収録しており、両者の個性が交じり合ったクロスブリード・トラックは昔からのファンは特に嬉しい内容であった。Noizeskill によるリミックスも収録。

Gancher & Ruin

The Atmosphere of Destruction LP
ロシア
Yellow Stripe Recordings 2013

ハードコア・ドラムンベース / クロスブリード・シーンが最も盛り上がっていた 2013 年にリリースされた 1st アルバム。Yellow Stripe Recordings のレーベルカラーに合ったハードコア・ドラムンベースを中心に、アシッドやテッキーなサウンドを用いたクロスブリードなど、彼等の持ち味が存分に発揮されている。C.A.2K と Panacea とのコラボレーションでもお互いの個性を引き出しあっており、アルバム全体を通して統一感がある。リリースから大分時間が経過したが、今聴いても刺激的でありフロアでの爆発力も衰えていない。

Counterstrike

Rotterdam Sangomas / Impossible Mission　南アフリカ
PRSPCT Recordings　2014

長年に渡って数多くのクラシックをリリースし続けている南アフリカのベテラン・ドラムンベース・ユニット Counterstrike が、2014 年にPRSPCT からリリースしたストレートなクロスブリード・トラック。「Rotterdam Sangomas」は、ガバキックがトラックの中心にありながらもドラムンベースのグルーブを最大限に活かしたダンサブルな内容になっており、「Impossible Mission」では、ロボット・ボイスに強靭で無骨なビートとマッシブなベースを駆使したハードコア・ドラムンベース調のトラックを披露。ベテランならではの説得力とクオリティを兼ね揃えた流石のトラックである。

Micromakine & Sei2ure / Switch Technique & Cooh

Sell Your Soul / Iron Factory　ブルガリア、オランダ、ポーランド
Union Recordings　2014

奇抜なアイディアと優れたプロダクションで驚異的な作品をリリースしていた Micromakine と、インダストリアル・ハードコア・シーンで活躍する Sei2ure が作り出したネクストレベルな奇形クロスブリード。うねるアシッド・サウンドに、暴れまわるブレイクビーツ、太く重いガバキックが高速で混ざり合うカオティックなトラックは、リリース当時から衝撃的であった。インダストリアル・ハードコアの要素が大きく反映されているので、Sei2ure のファンは特に楽しめるはずだ。Switch Technique とCooh のインダストリアルなスカルステップとクロスブリードをミックスした凶暴なトラックも素晴らしい。

Gore Tech

Heretic EP - Re-Engineering Blasphemy　イギリス
Peace Off　2014

ブレイクコアやドラムンベースにインダストリアル、ドゥーム、パンクをミックスした攻撃的なサウンドに、サイバーパンクな世界観を付け加えたスタイルで人気の高い Gore Tech が 2012 年にリリースしたハードコア・ドラムンベースチューン「Heretic」のリミックス集。Dr Mathlovsky、Khaoz Engine、Rotator、DJ Skull Vomit によるクロスブリード・スタイルのリミックスも見逃せないが、Stazma the Junglechrist のリミックスではブレイクコアとクロスブリードが絶妙なバランスでミックスされたメロディアスでダンサブルな内容で衝撃的だ。

BSA

Back to the Future EP　ポルトガル
Yellow Stripe Recordings　2014

ハードコア・ドラムンベース / クロスブリード・シーンで高い人気を誇る BSA の記念すべき初単独作品。アートワークからも感じるが、全体的にデスメタル的なブルータルさと重量感があるトラックが収録。Counterstrike のメタリックなドラムンベース・スタイルや、Gancher & Ruin のクロスブリードにも近い印象を受けるが、彼等とは違ったスペーシーでグルービーな BSA 独自のサウンドをしっかりと確立している。レイビーなシンセやボーカルサンプルをパワフルなクロスブリードに組み合わせる事によって独特な高揚感を作り出す事にも成功しており、今でも十分にフロアで機能するトラックばかりだ。

Lucy Furr

Desolation EP
オランダ

PRSPCT Recordings
2014

Miss Hysteria 名義では Enzyme Records からハードコア・トラックをリリースしている Malin Kolbrink のドラムンベース・プロジェクト Lucy Furr のデビュー作。ハードコアの要素を巧みに使った個性的なクロスブリードを披露しており、他のクロスブリード系トラックとは違った壮大でメロディアスなトラックを披露している。Sinister Souls とのコラボレーション・トラックでも両者の持ち味が上手く溶け合った迫力のあるトラックを完成させており、ハードコア・ドラムンベースの新しい方向性が感じられた。現在は Adamant Scream 名義でも作品を発表している。

Acid Diaper

Get Hard/Get Loud
ウクライナ

PRSPCT XTRM
2014

Limewax の別名義である Acid Diaper が 2014 年に PRSPCT からリリースしたクロスブリード / ハードコア・トラック。「Get Hard」はハードコア・テクノのエッセンスを最大限に活用したクロスブリード・トラックとなっているが、Limewax らしいケミカルなシンセサウンドとデジタル感のある鉄骨ビートを巧みに使ったドラムンベースのメンタリティが強く出ている。「Get Loud」はインダストリアル・ハードコアの要素を感じさせながらも、他のインダストリアル系とは違った独特な音の広がりとグルーブを展開している。

Bratkilla

Nefertitie / Corona Virus
スウェーデン

Yellow Stripe Recordings
2014

Yellow Stripe Recordings から 2014 年にリリースされた Bratkilla の 2 曲入りシングル。「Nefertitie」はダブステップ系プロデューサー Syrebral とのコラボレーションとなっており、ハードコアな声ネタがボルテージを上げるメタリックなクロスブリード・トラックで、「Corona Virus」では C-Netik とのコラボレーションによるハードコア・テクノ要素が強めに出たクロスブリード・トラックを作り出している。Bratkilla の特徴的なデス・ステップのベースサウンドが見事に活かされており、他のクロスブリード系トラックには無い破壊力が素晴らしい。

Hallucinator

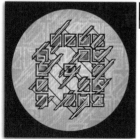

Extinction / Annihilation
イタリア

PRSPCT Recordings
2014

Luca Lodi と Simone Sighinolfi によるイタリアの覆面ドラムンベース・ユニット Hallucinator が 2014 年に PRSPCT からリリースした 12" レコード。前年に PRSPCT からリリースした『Kill Them All/ Eternal Darkness』でメタリックなクロスブリード・スタイルを披露していたが、今作では鍛え上げられた力強いビートをさらに磨き上げたパワフルなクロスブリード・トラックを完成させた。2 曲共にストイックな彼等の姿勢が現れている。ハードコア・テクノ・テイストが強く出た「Annihilation」は、ハードコアの DJ セットでも十分に使えるだろう。

Hallucinator

Fuck the System EP	イタリア
Yellow Stripe Recordings	2014

Hallucinator の存在をハードコア・ドラムンベース / クロスブリード・シーンに広く知らしめた名作 EP。彼等が追求していたメタルとドラムンベースとの融合が完璧な形で現れている。ボーカルに Isacco Pattini を迎えた「Raise Your Middle Finger」は、メロディアスなハードコアの要素をドラムンベースと掛け合わせた規格外のエネルギーと力強いメッセージが込められたクラシック。イタリアのデスメタルバンド The Modern Age Slavery とのコラボレーション「Redlines」でも強烈な一発を放ってくる。全曲が名曲の最高傑作だ。

C-Netik & Switch Technique

Beyond from Now	ポルトガル、ポーランド
Industrial Strength Records	2014

Yellow Stripe Recordings の C-Netik と Union Recordings の Switch Technique というクロスブリード・シーンで人気の実力派アーティストがタッグを組んだ EP。Industrial Strength Records からのリリースとあってか、ハードコア / インダストリアル要素が強まっている。この頃はクロスブリードのスタイルも単一化されていたが、両者の優れた技術とセンスによってクロスブリードの持つ可能性を広げている。Industrial Strength Records のファンや、ハードコア寄りのクロスブリードがお好きな方は絶対にマストだろう。

Satan

The Killing Instinct EP	ロシア
TriaMer Recordings	2014

ブレイクコアとスカルステップにスピードコアやハードコア・テクノ、そしてデスメタルを掛け合わせた残忍極まりないハイブリッド・スタイルで Peace Off や Murder Channel から作品を発表していたロシアの Satan がクロスブリードに接近し始めた頃のシングル。この頃はまだブレイクコアの要素が強く、使っているサンプル素材や展開も非常に複雑で手数も多いが、過去作よりも DJ ユースな部分も増えている。ブレイクコアからクロスブリードへと変化を遂げる瞬間が収められており、Satan の歴史においてもターニングポイントとなった作品ではないだろうか。

Limewax

Lumpeth / Various Castrations	ウクライナ
Yellow Stripe Recordings	2014

当時、The Hard Way や Acid Diaper、Goldberg Variations としてクロスブリードやハードコアを作っていた Limewax が、自身のプロジェクトでもそれらの要素を反映させたシングル。Limewax らしいケミカルなベースラインとシンセに、重みのある歪んだキックが合わさった「Lumpeth」、グルグルと回るアシッドに変則的なドラムがノイズと重なってサイケデリックな効果を生み出す「Various Castrations」と、圧倒的な Limewax の世界観とサウンドが広がっており、改めて Limewax の天才的な才能を感じられる。

Detest

Every Second VIP / Origin of Life (Detest Remix) ドイツ
Future Sickness Records   2014

Strike Records や Deathchant、Rebelscum からのリリースでハードコア・シーンでは絶大な人気があり、現在はメインストリーム・シーンからも支持されているドイツの Detest が 2014 年に Future Sickness Records からリリースしたクロスブリード・トラック。硬派でストイックなハードコア・サウンドを軸とし、不必要な物が一切無い強靭なクロスブリードが完成している。ハードコア側からのクロスブリードへのアプローチとしては、最良な形をしており、双方の DJ が使える内容である。

Fragz & Erre

Bounce / in Da Place   スペイン、ポルトガル
Big Riddim Recordings   2014

Big Riddim Recordings から 2014 年にリリースされたコラボレーション・シングル。Fragz の男気溢れるロッキンなハードコア・ドラムンベースに、eRRe のメカニカルでケミカルなサウンドが交じり合い、両者の共通点であるメタルのサンプルも駆使したコラボトラック「In Da Place」は、お互いの得意技を上手く利用した良作トラックとなっている。Fragz のソロトラック「Bounce」は、ヒップホップとドラムンベースのエレメントをミックスした上にクロスブリードの要素も付け加えたダーティーなサウンドが魅力的だ。

eRRe

World is Changing   スペイン
Future Sickness Records   2014

Hardlogik とのタッグでのリリースをメインとしていた eRRe が、久々に単独で発表したシングル。タイトル・トラック「World Is Changing」では、責め立てる様なドラムの連打に捻れたグリッチ・エフェクトとノイズなどを駆使した eRRe らしいハードコア・ドラムンベースで、続く「Candela」はファンキーなサンプルやビートを使い、グルーブ感が強調されたドラムンベースの要素が強いクロスブリードとなっている。両曲共に、eRRe の持ち味である暴力的でテッキーなサウンドがまた違った形となって現れている。

Triamer & Nagato

Symphony of Horror   ロシア
Heresy   2014

お互いソロとしての活動も行い、様々なレーベルからシングルをリリースしているロシアのドラムンベース・ユニット Triamer & Nagato が 2014 年に Heresy からリリースしたシングル。タイトル・トラックの「Symphony of Horror」は美しいストリングスと妖艶なメロディが魅力的なクロスブリードとなっており、続く「We Are」では彼等のコアなサウンドを凝縮した無駄の無い優れたトラックを生み出している。ハードコア寄りの作風であるが、彼等のドラムンベース・クリエイターとしてのスキルが見事に反映されている。

Freqax & Ogonek

OMG / Fucked Up ルーマニア、ブルガリア
Future Sickness Records 2014

Future Sickness Records からリリースされたルーマニアの Freqax とブルガリアの Ogonek によるコラボレーション・シングル。クロスブリードの手法を彼等独自にアレンジし、マッシブなサウンドとグルーブを活かしたダンサブルなハードコア・ドラムンベース「OMG」と、DJ ユースでロッキンなクロスブリード「Fucked Up」の 2 曲を収録。Freqax は 2017 年に Algorythm Recordings から自身のオリジナルなニューロファンク・スタイルを提示した『The Sound of Fury』をリリースしており、そちらもオススメである。

Sinister Souls

Horns Up! オランダ
PRSPCT Recordings 2014

前作『Beat the Drum Hard』がヨーロッパだけではなく、日本でも好セールスを記録した Sinister Souls が 2 年の時を経て作り上げた 2nd アルバム。MC Dart と MC Swift を迎えたタイトル・トラック「Horns Up」、ハードコア・シーンのベテラン Ruffneck との「Executioner」、先行カットされた Proton Kid との「Danger Time」など、今作も名曲揃いである。『Beat the Drum Hard』以降に得た知識と手法が最大限に活かされており、彼等のスキルの高さとアーティストとしての幅の広さが現れた名作だ。

Sinister Souls

Edited & Forgotten オランダ
2014

2014 年の 1 月に突如として自身の Bandcamp で発表したフリーアルバム。彼等が DJ セットでプレイしていた未発表曲や VIP バージョン、エディットなどハイレベルなトラックが収録されている。アートワーク同様に彼等の遊び心がトラックにも反映されており、ドラムンベースからダブステップ / コアステップ、クロスブリードと全てのスタイルに統一性がある。Marilyn Manson ネタの「Beautiful Pipo」や「Beat the Drum Hard (VIP)」など、見逃せないトラックが満載。今もフリーダウンロード出来るので気になった方はチェックして欲しい。

Gancher & Ruin

Helltrap ロシア
Tainted Audio 2014

Gancher & Ruin のハードコア・サイドにフォーカスが当てられたアルバム。インダストリアル・ハードコアやスカルステップを独自配合させたダークでラウドな作風となっており、彼等の本質を感じる事が出来る。1 曲目「Barrier Breaker」から一気にアルバムの世界観に引き込まれ、気づけば最後までノンストップで聴き入ってしまう。Ophidian に匹敵する壮大で美しいメロディや重みのあるノイズが合わさって作られるトラックからは、ダンスミュージックの枠を超えた Gancher & Ruin のアーティスティックな側面が現れている。

Counterstrike

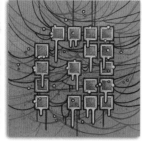

Crushed / Ready for the Pain
PRSPCT Recordings
南アフリカ
2015

アグレッシブなメタル・ネタのドラムンベースを多数リリースしている
Counterstrike の中でも、特にメタル要素が強いシングル。ハード・ド
ラムンベースのフォーマットを軸に、ハードコアなボーカル・サンプルと
メタル・ギターがグルービーに展開する「Crushed」と、スカルステッ
プ的なドラム連打とデスメタリックなギターが抜群の相性を見せるクロス
ブリード調の「Ready for the Pain」を収録。彼等のルーツであるメタ
ルとドラムンベースが高次元でミックスされたエクストリームかつダンサ
ブルなトラックを作り出している。メタル・ファンにも是非聴いて欲しい。

Bong-Ra

Experiments in Nihilism
Murder Channel
オランダ
2015

PRSPCT からのリリースや The Hard Way での活動を得て、ハードコ
ア・ドラムンベースとクロスブリードを取り込み自身のスタイルへと落
とし込んだ Bong-Ra のアグレッシブなサウンドが凝縮されたコンピレー
ション CD。ブレイクコアやジャングルを下地とした一味違ったハードコ
ア・ドラムンベース / クロスブリードが味わえる。PRSPCT からリリー
スしたシングルや未発表曲を中心に構成されており、ハードコア・シーン
でも話題になった Angerfist「Street Fighter」の Bong-Ra によるリミッ
クスは、さらに激しさを増したニューヴァージョンとして収録されている。

V.A.

PRSPCT Loves Yellow Stripe
PRSPCT Recordings
ポルトガル
2015

ポルトガルのドラムンベース・シーンを牽引するレーベル Yellow Stripe
Recordings のアーティスト達を PRSPCT がコンパイルしたコンピレー
ション・レコード。C-Netik、DKaos、Fragz、BSA の 4 組が参加して
いる。Yellow Stripe らしいパンチの効いたパワフルなハードコア・ド
ラムンベースを披露しており、彼等のアティテュードもハッキリと表れて
いる。デジタル版にはボーナストラックとして C-Netik の「Checkmate
VIP」が収録されているのだが、これも見逃せないトラックになっている。

Hallucinator

The New World Disorder
Yellow Stripe Recordings
イタリア
2015

2015 年 に Yellow Stripe Recordings か ら リ リ ー ス さ れ た
Hallucinator の 1st アルバム。彼等のドラムンベース / クロスブリード・
スタイルを総括した、2015 年時点での Hallucinator が持っていた全て
の実力を出し切った名盤だ。メタルとドラムンベースが激しくぶつかり合
う「Fuck the System」は、ありがちなバンドとダンスミュージックの
ミックスではなく、双方のエレメントを最大限に引き出して合体させてい
る。「Raise Your Middle Finger」の VIP バージョンも収録。

Satan

Bad Motherfucker / Bad Blood	ロシア
Future Sickness Records	2015

Harder & Louder Recordings や TriaMer Recordings からのシングルも話題になり、ハードコア・ドラムンベース・シーンに欠かせない重要な存在になっていた Satan が 2015 年に Future Sickness Records からリリースしたシングル。ブレイクコアやデスメタル的な要素は抑えられ、テンポや構成も通常のクロスブリードに合わせた形となっている。だが、Satan 特有のブルータリティは変わっておらず、一音一音の殺傷力は高まっている。この頃からインダストリアル・ハードコアのエッセンスも強まり、更に音に厚みと重みが増していく。

Satan

First Blood / Cut and Run	ロシア
Yellow Stripe Recordings	2015

ブレイクコア＋スカルステップ＋ハードコア・テクノにデスメタルを融合させた Satan のブルータルなクロスブリード・スタイルが完成した名作。不気味なストリングスから一転して強靭なビートと鋭く尖ったスネアが容赦なく叩き込まれる「First Blood」と、DJ ユースな視点から作られたストレートなクロスブリード「Cut and Run」の 2 曲を収録。両曲共に、デスメタルのエッセンスが活かされており、ブレイク後のビートダウンのパートなどはかなり本格的に仕上げていて、クラブのフロアにモッシュピットを作り出しそうである。

Dr Mathlovsky

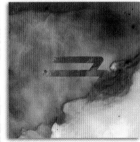

Do Androids Dream of Analog Basslines	ベルギー
Murder Channel	2015

Peace Off からのレコード・リリース以降は Noisj.nl LTD、Harder & Louder Recordings、Black Hoe Recordings といったハードコア／クロスブリード系レーベルから作品を連発していた Dr Mathlovsky が、2015 年に Murder Channel からリリースしたアルバム。ストレートなクロスブリードをメインにした構成となっており、Dr Mathlovsky のクロスブリード時代を総括する内容となっている。様々な音楽的要素が活かされており、DJ ユース的でもあるが深みのある実験的な作品でもある。

eRRe

Dark Rituals EP	スペイン
Yellow Stripe Recordings	2015

2015 年に Yellow Stripe Recordings からリリースされた EP。C-Netik、Fragz、BSA といった Yellow Stripe の面々からスペインのドラムンベース・アーティスト Infamous、お馴染みの Hardlogik とのコラボレーション・トラックを収録。アートワークとタイトルからも分かる通り、今作はダークでホラーテイストな作風となっている。デスメタルなボーカルにアシッドやテッキーなサウンドが合わさる「Syke」を筆頭に、今までに eRRe が作り出してきたスタイルと手法が全曲で活かされている。

Switch Technique

Scars　　　　　　　　　　　　　　　　　　　　　　　ポーランド
Union Recordings　　　　　　　　　　　　　　　　　　　　　2015

The Outside Agency と並んで圧倒的な実力を元に、クロスブリード・
シーンの最重要アーティストとして絶大な支持を受けるていた Switch
Technique が、2015 年に発表した 3rd アルバム。全 20 曲収録のボ
リューミーな内容で、前半は Switch Technique のソロトラックとリミッ
クス、後半からは Eye-D、Cooh、DJ Hidden、Synthakt とのコラボレー
ション・トラックで構成されている。ハードコアの要素が強くなってはい
るが、ソロでもコラボレーションでも自身のコアなサウンドを貫き通して
おり、毎回作品を発表する度に進化した姿を見せているのが本当に凄い。

Sinister Souls

Dead Eyes　　　　　　　　　　　　　　　　　　　　　　　オランダ
PRSPCT Recordings　　　　　　　　　　　　　　　　　　　2015

『Horns Up!』で開拓したハードコア・ドラムンベース / クロスブリード・
スタイルを、さらにアップデートさせた Sinister Souls 史上最もアグレッ
シブで破壊力のある EP。メンバーの Fred Huurdeman が Xaturate
名義にてハードコアを作り始めたのもあってか、ハードコア / インダス
トリアルの要素が大きく反映されている。タイトルが全てを表している
「Snare Factory」の凶暴性や、C-Netik との殴り合うかの様なタイト
な「Dracula」、ハードコアの大ネタを使った「To the Bone」など、
Sinister Souls らしさが全面に出ている。

BSA

Clubwalker EP　　　　　　　　　　　　　　　　　　　　ポルトガル
PRSPCT Recordings　　　　　　　　　　　　　　　　　　　2016

Yellow Stripe Recordings の主要アーティストとしてハードコア・ド
ラムンベース / クロスブリード・ファンから注目を集めていた BSA が
2016 年に PRSPCT からリリースした超名作 EP。タイトルにもなって
いる「Clubwalker」は、ハードコア・ドラムンベース・シーンのトップ
DJ 達がこぞってプレイした事もあり、2016 年を代表する 1 曲となっ
た。今もこの曲のインパクトは薄れておらず、ハードコア・ドラムンベー
スのクラシックとしてプレイされ続けている。BSA の存在を一気に知ら
しめた EP であり、新たなハードコア・ドラムンベースの方向性を指示し
た重要な作品である。

Deformer

Counter Carnage　　　　　　　　　　　　　　　　　　　オランダ
PRSPCT RVLT/Redrum Recordz　　　　　　　　　　　　　2016

Mike Redman のジャングル / ブレイクコア・プロジェクト Deformer
が 2016 年にリリースした 12" レコード。タイトル・トラックの「Counter
Carnage」は、ハードコア・テイストが強く現れたメッセージ性のある
曲で、このレコード全体の雰囲気やテーマを象徴している。注目すべきは
Predator のリミックスで、90's スタイルのハードコアにニューロファ
ンク的な要素も若干感じさせるスタイリッシュなハードコア・ドラムン
ベースとなっており、非常に素晴らしい。The DJ Producer、Akira、
N-Vitral のリミックスもそれぞれの個性が活かされた抜群の仕上がりに
なっている。

Hallucinator

Satanism EP	イタリア
PRSPCT Recordings	2016

Hallucinator のハードコア・テクノサイドが存分に発揮された傑作クロスブリード EP。ハードコア・テクノの要素を強めているが、デスメタルやメタルコア的要素が力強いグルーブと破滅的なサウンドの核を補っている。The Outside Agency とのコラボレーション「The Desert」は、シネマティックでディープなサウンドスケープに、吹き飛ばされそうな迫力のあるガバキックが落とし込まれるインダストリアル・ハードコア風味のクロスブロードで素晴らしい。この後、Hallucinator は PRSPCT XTRM と Brutale からストレートなハードコアをリリースしていく。

eDUB

What's Under the Bed / Stupid	スペイン
Future Sickness Records	2016

Heresy や Motormouth Recordz、PRSPCT XTRM からのリリースで、近年インダストリアル・ハードコア・シーンで人気を集める若手アーティストの一人であるスペインの eDUB が、2016 年に Future Sickness Records からリリースしたシングル。インダストリアル・ハードコア寄りのクロスブリードとなっており、随所でブレイクコアやスカルステップ的な要素も感じられる。作り込まれたビートや展開からは Igneon System を連想させるが、eDUB 独自のサウンドとスタイルをしっかりと提示している。

Goldberg Variations

Bad Name of EP	ドイツ、オランダ
Position Chrome	2016

Position Chrome や L/B Recordings からのリリースやライブパフォーマンスで話題を集めていた Panacea と Limewax による Goldberg Variations が 2016 年にリリースした EP。両者のシニカルなユーモアのセンスがハードコアと合わさった「Keta of London」や、Limewax の神業とも言えるアーメン使いとメロディメイカーとしての才能が活かされた「Skull of Kickings Feat. David of Tirol」など、彼等にしか作り出せないトラックを収録。改めて、彼等の実力の凄さを痛感する作品である。

Triamer & Nagato

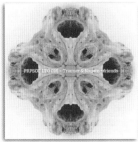

Triamer & Nagato + Friends	ロシア
PRSPCT Recordings	2016

TriaMer Recordings を中心に Karnage Records や Heresy からもシングルをリリースし、ハードコア / クロスブリード・シーンでも注目を集めていた Triamer & Nagato が、ドラムンベース・シーンで人気のアーティスト達とコラボレーションして作り上げた EP。Savage との「Colombo」はニューロファンクとハードコア・ドラムンベースをブレンドしたマッシブなトラックとなっており、後半からの展開が激熱な Nais との「Fairy Tales」、ニューロやダブステップのベースを巧みに使ったスイング感のある Gancher & Ruin との「Nihils」の 3 曲を収録。

Cooh

Moth Scream EP	ブルガリア
Position Chrome	2016

Cooh と Position Chrome に縁のあるアーティストとのコラボレーションとリミックスで構成された EP。オールドスクール感漂う Fragz との「Vitamin」、流石としか言いようがない安心感のある「Misbit (Counterstrike Remix)」、そして Cooh による Limewax と Panacea のリミックスからは彼等が時間を掛けて作り上げてきたハードコア・ドラムンベースの偉大な歴史が浮き上がっており、ハードコア・ドラムンベースの変わらない絶対的な魅力が感じられる。この後にリリースされたアルバム『Transcension』では、進化したディープなドラムンベースを披露した。

Bratkilla

Melankolia EP	スウェーデン
Mindocracy Recordings	2017

Gancher & Ruin や BSA のシングルもリリースしているアメリカのハードコア・ドラムンベース / クロスブリード系レーベル Mindocracy Recordings から発表された EP。独特の丸みがあるテッキーなキックはハード・テクノ的であり、4 つ打ちの高揚感を兼ねそろえながらもブルータルさもしっかりと裏側で活かされている。ノイジーでダークなディストーションと、冷たいシンセが高速ビートと合わさり、ブラックメタルにも通じる雰囲気がある。乱れ打つアーメン・ブレイクからはブレイクコアを作っていた Contrage 名義での作風も活かされており、他にも様々なジャンルの要素を見事に組み合わせている。

Katharsys

Metallicity	フランス
OtherCide Records	2017

Katharsys のアルバム単位としては 2 作目となるボリューム満点の一枚。一聴しただけで Katharsys と分かるドラムは以前よりもさらに鋭く磨かれ、ベース部分もインパクトのある太さになっており、全てのトラックが圧倒的な鳴りを誇っている。「Destruction」と「Psychosis VIP」など、クロスブロードを通過して作られたトラックなどもあり、Katharsys がこれまでにクリエイトしていたスタイルがアップデートされ収録されている。最初から最後まで緊張感のあるストイックなトラックでまとめられているが、ハイレベルなプロダクションもあって全体を通して聴いても飽きさせず疲れさせない。

Fragz

Trigger Finger EP	ポルトガル
Position Chrome	2017

ハードコア・ドラムンベース / クロスブリード・シーンだけではなく、ニューロファンク・シーンでも注目を集め始めていた Fragz が Position Chrome から 2017 年にリリースした EP。原点に立ち返ったかの様なアグレッシブでブルータルなハードコア・ドラムンベースをメインにしており、スカルステップやニューロファンクをレイビーなサウンドとミックスしている。Position Chrome のカラーに合わせつつも、Fragz のコアなパートが研ぎ澄まされており、ドラムンベース・プロデューサーとしてのさらなる成長が感じられた。

High Rankin

Fear of a Bland Planet	イギリス
PRSPCT Recordings	2017

Position Chrome からのリリース以降、クロスブリード / ハードコア・ドラムンベース・スタイルを積極的に取り込んでいき、注目を集めた High Rankin が 2017 年に、PRSPCT から発表した EP。「Bow or Burn」や「Active Shooter Event」では、スカルステップやオールドスクールなハードコア・ドラムンベースの要素もミックスしたアグレッシブなトラックとなっており、レイビーでハードコアなニューロファンク「Get Loose」など、High Rankin にしか作り出せない独特なバランス感覚を持ったトラックが収録されている。

Switch Technique

Nekrogasm EP	ポーランド
PRSPCT Recordings	2017

2017 年に PRSPCT からリリースされた衝撃作。Switch Technique の驚異的な進化のスピードと圧倒的なサウンドをシーンやリスナーに改めて知らしめた。重く歪んだノイジーなキックとスネアがブルータルに高速で叩き込まれる狂気的なタイトル・トラック「Nekrogasm」は、美しさすら感じさせる芸術的な暴力性を持っている。オールドスクールな雰囲気も感じさせる「Forbidden Diversity」や、ドラムンベースのエレメントを見事に使った「Art of Fears」など、全曲が恐ろしいまでに完璧だ。

End.User

Resurface	アメリカ
HANDS	2018

ブレイクコア・シーンだけではなく、ドラムンベース・シーンからも絶賛され続けている End.User が 2018 年に老舗インダストリアル / テクノイズ系レーベル HANDS からリリースしたミニアルバム。今作は End.User の攻撃的で荒々しいドラムンベース・スタイをメインにした内容。クリアでシャープかつ厚みもある End.User 印のアーメン・ブレイクが乱舞するダークでメロディアスなドラムンベースも素晴らしいが、スカルスネア的な硬いスネアに地鳴りの様なベースとガバキックを用いたハードコア・ドラムンベースチューン「Red Line」が特に凄まじい。クロスブリードやハードコア・ファンにもオススメの一枚だ。

The Satan

Unreleased Evil EP	ロシア
Future Sickness Records	2018

PRSPCT からのリリースを得て、ストレートなハードコア・スタイルをメインにしていた Satan がドラムンベース / クロスブロード・スタイルを久々に披露した EP。ハードコア・トラックの制作で得た経験が存分に発揮されたダイナミックでブルータルなトラックには、ブレイクコアを作っていた頃の Satan を思い出させる所がある。特に、「Strangers」では初期 Satan のトレードマークであったデスメタルなギターとボーカルにスカルスネアを使っており、抜群の殺傷力を見せている。Satan 流の捻れたニューロファンク「Satellite」も今までになかったスタイルで非常に良い。

Ulcerium

Sadistic Intent
チュニジア
Mindocracy Recordings　　　　2018

Peace Off や Murder Channel から EP をリリースしているチュニジア出身で現在はドイツで活動している Ulcerium が、2018 年に Mindocracy Recordings からリリースしたアルバム。2015 年以降クロスブリードをメインにした楽曲制作を行い試行錯誤を繰り返していたが、その成果が今作で見事に形となっている。デスメタルとブレイクコアをルーツに持つだけあって、一筋縄ではいかないプログレッシブな展開があり、まったく先の読めない刺激的なトラックを作り出している。Ulceriumの最高傑作であり、クロスブリードの進化形とも言えるだろう。

Lowroller

Dying Breeds EP
イタリア
PRSPCT Recordings　　　　2018

少しの充電期間を得て、久々に PRSPCT から発表されたシングル。1 曲目「Clang」は Lowroller 印の鋭いスネアとヘヴィーなキックが印象的で彼の初期クロスブリード期を思い起こさせるが、格段にアップデートされたスタイルを提示しており、続く「Dying Breeds」では、ドライブ感のあるニューロファンク調のビートとベースを駆使した新しい Lowroller のスタイルを披露している。このリリース以降も、Nekrolog1k Recordings や OtherCide Records からもシングルを立て続けにリリースしてファンを喜ばせた。

Brainpain

No Soul / the Plan / Ugly MF
ポーランド
PRSPCT Recordings　　　　2018

Nekrolog1k Recordings や Future Sickness Records からアルバムや EP をリリースしており、メタリックなハードコア・ドラムンベース / ダブステップで人気を集める Brainpain が PRSPCT からリリースしたシングル。ハードコア・ドラムンベース / スカルステップ / クロスブリードが本来持っているダンスミュージックとしての機能性を存分に引き出したグルービーでフロアライクなトラックを完成させており、Brainpain の集大成的なシングル。Counterstrike や Zardonic とも違った独自のロッキンでメタリックなスタイルを確立している。

Gancher & Ruin

Outlaw EP
ロシア
PRSPCT Recordings　　　　2018

メインストリームのドラムンベース・シーンでも人気を博すレーベル Eatbrain からアルバムやシングルをリリースし、人気を拡大させていった Gancher & Ruin が久々に PRSPCT からリリースした EP。ハードコア・ドラムンベース / クロスブリード / ハードコアをメインとした原点回帰とも言える内容。彼等がデビュー当時から持っていた容赦の無いラウドなサウンドが時を得てさらに攻撃性が増し、ダンスミュージックとしての機能性もアップデートされている。残虐なまでに叩き込まれるキックとスネアが魅力的な「Mastodon」には、彼等の変わらない姿勢が感じられる。

Gein, Synthakt & East Kingdom

Einstein Is a Trainwreck EP
アメリカ、オーストリア
Future Sickness Records
2018

Bad Chemistry Recordings からのリリースでもお馴染みのアメリカの
ドラムンベース・ユニット Gein による DJ Hidden「Einstein」のリミック
スは、クロスブリード的なスタイルに近づきながらも US ドラムンベース
らしいマッスル感のあるドラムンベース・スタイルで幅広いファン層に
アピール出来るリミックスとなっている。ハード・ドラムンベース・ファ
ンは Gein と DJ Hidden というベテラン同士の音のぶつかり合いに否が
応でも興奮するだろう。Synthakt による Katharsys のリミックスも、
いつも通りに殺気立っている。

Rogue

The Reincarnation EP
イギリス
PRSPCT Recordings
2019

Deathchant や Oblivion Underground Recordings、Karnage
Records からのリリースで UK ハードコア・シーンで人気の Tugie に
よるドラムンベース・プロジェクト。前半のニューロファンクの要素が
活かされたドラムンベース・トラックも良いが、UK ハードコア / インダ
ストリアル・サイドが大きく現れた「Absence of Faith」と「Mental
Chaos」などのクロスブリード・トラックは、過去のクロスブリードを
模範としながらも今までに無かった新しいアプローチが感じられる。今後
も Rogue としての作品に期待したい。

Broken Note

Exit the Void
イギリス
MethLab Recordings / Slug Wife
2019

長い制作期間を経て発表された Broken Note の 2nd アルバム。以前よ
りも攻撃性を増した Broken Note 印のダブステップ / ドラムステップを
中心にアルバムは構成されているが、後半に収録されている「Suspect
Device」ではハードコア・ドラムンベースの進化系とも言えるトラック
を作り上げており、続く「Murderboii」でもインダストリアル・ハード
コアやブレイクコアをブレンドさせたまったく新しい何かを作り上げてい
る。今後、Broken Note がこの方向性をさらに追求すれば、ハードコア・
ドラムンベースに革命を起こすかもしれない。

Razat

Lost Generation EP
ポルトガル
Yellow Stripe Recordings
2019

ハーフタイムやダブステップといったベースミュージックをリリースして
いる Razat によるハードコア・ドラムンベース EP。クロスブリード / ハー
ドコア・ドラムンベースがムーブメント化していた頃の勢いと手法を受け
継ぎながらも、現代的なサウンドのアプローチによってハードコア・ドラ
ムンベースをアップデートさせている。SATURATE! から作品をリリー
スしているだけあって、ベースの作り込みがずば抜けており、他のドラム
ンベース系のトラックとは違ったグルーブと鳴りがある。ハードコア・ド
ラムンベースをさらなる高みへと引き上げた傑作。

番外編 ハードコア・テクノ
/Rave ミュージックとドラッグ

『ハードコア・テクノ・ガイドブック』を執筆していく過程で改めて実感したが、ハードコア・テクノの歴史を掘り下げていけばいく程、ハードコア・テクノとドラッグの関係性は想像していたよりも強く繋がっており、ハードコア・テクノを深く理解する為には、この二つの結びつきに関しても触れなければいけないと感じた。

このチャプターでは、ハードコア・テクノとドラッグ、そして Rave ミュージック / カルチャーの繋がりに関して、ハードコア・テクノに関わりのあるアーティスト達にインタビューし、その発言を元にコラムを構成している。まず、断っておきたいのは、このコラムは決してドラッグ体験を肯定したり、推薦するものではないということだ。

そして、参加してくれたアーティスト達は扱うテーマ的に多少なりともリスクはあったはずだが、こちらの趣旨を理解し協力してくれた。コラムを書き進める前に、参加してくれたアーティスト達に心から感謝したい。

クラブ/Rave ドラッグ

クラブ・ドラッグ /Rave ドラッグ、またはパーティー・ドラッグと呼ばれる物がある。1960 年代のイギリスのサブカルチャー「モッズ」、1970 年代のディスコ、そして 1980 年代から現在のナイト・クラブ、そして Rave に関連し、MDMA（エクスタシー）、2C-B（ネクサス）、アンフェタミン、コカイン、抑うつ剤や鎮静剤（クアリュード、GHB、ロヒプノール）、幻覚剤（LSD、マジックマッシュルーム、DMT）など種類は多岐であり、これはその一部である。

Rave ドラッグについては、日本でも翻訳されている Rave シーンに関する記事やドキュメンタリーなどを見れば、そこに幾つかの Rave ドラッグに関する記録も見つける事が出来る。ハードコア・テクノを主体とした Rave シーンにも、当初から Rave ドラッグ (またはそれ以外の) は存在していたのだろうか？

「ドラッグは非常に重要な要素だ。90 年代の初めは、すべてがエクスタシーと LSD で素晴らしかったが、その後コカインとスピードがより流行し始めて、それが良くなかった。その後、正直なところ、物事の制御が効かなくなった。今起こっていることは、僕にとっても意味が分からない。ドラッグは複雑になり過ぎて、残念なことにより危険になっている。(Kurt Eckes)」

「ドラッグは常にここにあった、特に Rave 文化のあらゆる側面において。初期の頃はみんなやってた。ほとんどは、自分が摂取できるよりも多くね（笑）。多くの人は、オーバーヒート、過剰摂取、過剰なボディワークと息切れで壊れる。最初の数年間は一部の人々にとってそれは、大麻とハシシ、E(MDMA の錠剤)、マッシュルーム、LSD からスピード、コカイン、そしてヘロイン。パーティーはさまざまなドラッグ・シーンとユーザーのるつぼだった。ほとんどの人は LSD、キノコ、またはエクスタシーを摂取して、アルコールを飲み、ジョイントを吸ったり、スピードをやった。コカインは、エリート主義的で金銭的なもので、他のものより少しマシと信じている人達の為だけにあった。大衆はまだ安くて、長持ちするものを摂取している。(DJ Moonraker)」

「まず、僕はハードコア・シーンの起源の直接の目撃者ではないということは言っておきたい。ティーンエイジャーとして、2000 年代初頭のエレクトロニック・ダンスミュージック全般と関わってきた。そういう経緯なので、この数年、ハードコア・テクノ / ガバ・シーンの多くの人達にインタビューを実施してリサーチをしてきた一ファンとして答えようと思う。あなたの質問は、Rave シーン全体に当てはまると思う。我々の想像通り、ソレはあったのか、エクスタシーは無かったか？ 恐らく、あっただろう。とはいえ、スピード、大麻、コカイン、LSD やマッシュルームの様なサイケデリック、ケタミン、ラッシュ (亜硝酸アミル) など、当時、様々なドラッグが使用されていた。実際には、エクスタシーは幾つかの場所では全く使われていなかった。90 年代前半のシカゴや中西部では、Rave は主にサイケデリック・ドラッグに関するものだった。これは、Drop Bass Network などのレーベルからリリースされた驚くほど混乱し

た音楽からも明らかだ。(Federico Chiari)」

　ドラッグは音楽そのものだけではなく、Rave やそこから派生したパーティーやフェスティバルの変化と発展の裏側に常にあり、大きく関わり続けている様に見える。音楽を好きな人だけではなく、ドラッグを目的とした人々の参入によってその規模が拡大していったのだろうか？　結果的に、ドラッグは Rave やパーティーに良い影響を与えたのだろうか？

　「僕はこの質問に「白黒」の答えがあるとは思えない。ポジティブな面とネガティブな面がある。それはその人次第だよ。イギリスの文化は明らかに西洋の文化で、西洋の文化では、過剰であることが非常に一般的で、賞賛さえされていて、それこそがドラッグがネガティブになる側面であると僕は思う。人は、ドーパミンボタンを押したり、叩きつけたりすることを強く望むように設計されていると思う。これも問題になる可能性がある。ドラッグは、楽しい経験をあなたに与え、人生を変える体験、そして非常に前向きな体験を生み出してくれる。僕達の文化は頻繁にやり過ぎる傾向があって、楽しみを増強させるのが目的であるはずのドラッグが、ドラッグ自体が目的になってしまっていることが多くあると思う。それは非常に早くダークになる可能性を孕んでいる。僕は個人的に、ほぼ毎日、Rave 体験の一部として特定のドラッグを使うけど、多くは自宅でやるようになった。それらは、すぐに僕の逃げ道になった。自分自身を解放し、心に囚われたトラウマや恥から脱出する経路。人それぞれだけど、それはあなたの人生の前向きな部分を引き出し、あなたの人生の残りを歩む事になる「家族」との出会い、繋がりを生み出し、非常に効率よく簡単に多くの事柄を実行出来るようになる。下らないテレビを見続けて、泣きながら引いたラインを吸い続けるなんてことなく。ドラッグについての良い教育と初期に間違いを犯した我々の世代からの幾つかのガイダンスがあれば、将来の世代はドラッグに人生を操られることなく、それらから最大限の恩恵を得ることが出来ると考えている。食べ物、セックス、アルコール、ウォーハンマー (武器) など、他の多くの事についても同じことが言えるけど、要するに良いものについて。(The Teknoist)」

　「ドラッグと Rave は共存していたので、僕達は決してそれを避けては通れなかった。我々のフライヤーには皮肉で「ドラッグ・フリーイベント」とよく掲示している。当局は僕達にそれを本気で望んでいたけど、Raver 達は僕達が本気ではないことを知っていたよ（笑）。(Kurt Eckes)」

Unit Moebius – Golden Techno Classics

　ある特定のアーティストとレーベルは、ドラッグからの影響や関係について表にしている訳ではないが、結果的に広く知られているケースがある。例えば、アメリカの Drop Bass Network などが代表的であるが、彼等と同等にフランスの一部のシーンはドラッグからの影響によって他の国のハードコア・テクノよりも、さらに過激で高速なスタイルへと変化していき、異様な作品を連発していたと語られている。

　そして、アシッド・テクノとインダストリアル・テクノ好きにはお馴染みであり、Cross Fade Enter Tainment からのリリースや N-Vitral の DJ ミックスに使われた事で、ハードコア・テクノ・シーンとも繋がりのあるオランダの Unit Moebius が拠点としていた伝説的なレーベル Bunker Records には、数々のドラッグに関する逸話がある。Bunker Records の資金源には、レーベルのメンバーが販売した強力な LSD の売上も含まれており、それにより Bunker Records とそのサブレーベル兼パーティー Acid Planet からは数々のカルトなク

ラシックが発表されたといわれている。

　「フランスよりも、オランダの方がドラッグが豊富だったと思う。La Peste や Armaguet Nad などは、Liza 'N' Eliaz の先駆的なスタイルに非常に影響を受けていた。彼女のスタイルはとても激しく、速く、クレイジーだった。彼女のルーツは、80 年代のインダストリアル及びニューウェーブミュージックにあった。また、フランスではハードコアのシーンは主に違法 Rave として開催され、倉庫、下水道、または田舎で行われていたという事を考えてみて欲しい。これは明らかに彼等のスタイルに影響を与えた。また、ドイツ、オランダ、アメリカで起きていた事により影響を受けたプロデューサー達もいた (Manu Le Malin や Dr. Macabre など)。だから、ドラッグは確かに重要な要素ではあったが、ヨーロッパのどこでも同じ位に人気があったのも事実だ。(Federico Chiari)」

コカイン/隠語

White Breaks – Volume I

The Prodigy - Charly

　ハードコア・テクノ以前、Rave カルチャーがヨーロッパで大きく発展するよりも前から、ドラッグは音楽とナイトライフとは切り離せない関係であり、モッズではアンフェタミンが、ディスコではコカインとメタカロンが人気であった。そして、ドラッグ・ユーザーによるドラッグの隠語も当時からあったようで、例えばメタカロンは、1970 年代のディスコ・ムーブメントの中で広く使用されていた事からディスコ・ビスケットやルード、アメリカではソーパー（ソープとも）、イギリスやオーストラリア、ニュージーランドではマンドレイクやマンディなどと呼ばれていた。

　90 年代の Rave シーンにおいて、レコードのタイトルやアートワーク、フライヤーには LSD を連想させるサイケデリックな物が目立つが、曲のタイトルにはコカインも多い。Basic Energy「Gimme a White Line」、Exit EEE「White Line」、ハードコア・テクノ / ガバでは Paul Elstak や DJ Rob & Tim もリミックスしたベルギーの初期ハードコア・クラシックである Krid Snero「White Line」、Marc Acardipane の White Breaks 名義「White Line」、Ruffneck Records からリリースされた Trickster「White Line」などがある。

　ホワイトラインとは、映画などでよく見ると思われるが、粉末のコカインをテーブルなどに引いた状態を指している。コカインの別名には、チャーリーというのがあり、初期 Rave クラシックである The Prodigy の「Charly」のタイトルは、イギリスの子供向け短編アニメ『Charley Says』からのサンプルであるが、コカインとのダブルミーニングも感じさせる。隠語を使わずにストレートに表す物も多く、Kaotic Chemistry(2 Bad Mice)「L.S.D.」、Juggernaut「The World of the LSD-User」、DJ Isaac「I'm in XTC」、DJ Radium「Smiley LSD」などもある。ドラッグをタイトルに使う事によって、ドラッグ・ユーザーというイメージが付いてしまうのではないか？と思うが、良い悪いの前にそれだけ音楽とその周りの環境に根付いており、日本の様にドラッグ・ユーザー＝犯罪者や悪人というイメージは直結して結びつく事では無さそうだ。だが、ドラッグを連想させる行為は、少なからずリスクは生じていたのではないだろうか。それとも、ドラッグ・ユーザー達からの支持を得る事に成功し、さらなる売上と人気に繋がっていったのだろうか？

　「それは冗談のようなものだと思う。シーンの外にいる他の人を除いて、シーンの誰もが、それが何かを知ってるよ。The Stranglers「Golden Brown」はヘロインについての曲だけど、一般のラジオリスナーにとって、それは単なる別の曲なんだ。(FFF)」

「ハードコア／テクノ／ガバが何らかの形で存在する前でさえ、ドラッグへの言及は Rave シーンの至る所にあった。Lennie De Ice「We Are I.E.」、Joey Beltram「Energy Flash」、Moby「Next is the E」や数え切れない他のトラックについて考えてみて欲しい。90 年代の初め、ほぼ全員がパーティーで "E" を使っていて、それは新鮮で刺激的だった。そして、プロデューサー達は確実にトラックにエクスタシーを関連付けた。それは理解出来る。(Federico Chiari)」

Krid Snero - White Line 1996
Remixes

「ほとんどのものはかなり本気だった。例えば、XTC(エクスタシー) は新しいものでハウス・シーンでとても人気があった。最終的には、オーディエンスの 95% はなんらかのドープ (ドラッグ) を使用し、トラックのタイトルはそんな群衆とコミュニケーションを取る方法であったと思う。90 年代半ば以降は少しジョークぽくなったけど、それは主に手っ取り早く金儲けしたかった外部のシーンのプロデューサー達によるものだった。(Mike Redman)」

曲のタイトル以外では、アーティストやレーベル名にもドラッグと紐づけられる物がある。代表的なのは、ハードコア・テクノ・シーンで最も影響力のあるドイツの Planet Core Productions だろう。通称 PCP として呼ばれているが、PCP とはフェンサイクリジン (Phencyclidine) の意味もあり、PCP はエンジェル・ダストやボートとも呼ばれる。1952 年にアメリカの製薬会社によって麻酔薬として開発されたが、副作用が起きる為に 1965 年に使用が断念され、その後、幻覚剤として乱用されるようになった。Planet Core Productions の由来については、『ハードコア・テクノ・ガイドブック オールドスクール編』での Marc Acardipane のインタビューで本人によって語られている。他にも、PCP のサブレーベルには Cold Rush Records があり、こちらもドラッグを連想させる意味がある。

Cold Rush Records は、ハードコア・テクノ史の中でもダークで実験的なハードコア・テクノのクラシックを残しており、Pilldriver の「Apocalypse Never」や「Pitch-Hiker」などで有名だ。Cold Rush Records をドラッグと結びつける考察の一つとして、『ブレイクコア・ガイドブック 上巻』でのインタビューにて、90 年代初頭のリアルな Rave とドラッグ体験を語ってくれた DJ Scud が、ある回答で MDMA の恍惚感の後にくる「Cold' Rush experience」という発言を残している。

「言うまでもなく、Rave が誕生する前でさえも、極端でダークでエッジの効いた音楽に夢中だった奴等 (自分も含め) がいたけど、恐らく「ダンスに参加する」為に説得が必要な連中だった。一度それが始まったら、通常は、友人に初めての Rave にしぶしぶ連れて行かれ、初めての錠剤を貰い、音楽とサウンドシステムのよりブルータルな原理を知り、Rave の傘の下で開拓し、探索し、一緒に出来る事が沢山あると気づく。次に、毎週のレコードディグや、行くと決めたパーティーや、フォローしている DJ から教えて貰い、そういった音楽を探し出す。僕はこの Post Summer-of-Love 降臨の仮説にはいつもイライラして、抵抗を感じる。夢が上手くいかなくなり、ドラッグは何であれ悪になる。参加した全ての Raver は各々が異なるタイムラインで個人的な物語があり、それぞれ別の天国にいたんだけどな。Rave とドラッグの歴史は、それ自体の論理では、こんな単純化された物語には決して当てはまらないが、どちらかといえば、この時期は、それが本当に面白くなり始めた時だったよ。それが寒々しい「多幸感の終わり」を迎えた時、同じくらい快楽主義的な Rave 体験となった。より多くの知識を得た時、既にかなりの量の物質を摂取し経験を積んだ、経験豊富な Raver となり、消費量とスタミナの限界をダンスフロアでテストし、少しやさぐれた、戦闘で鍛えられたベテランとなった。共生的で循環的なドラッグと音楽の関係を完全に理解し、今や彼等の耐久力のより強靭

V.A. - The Last Judgement Part One
EP

な限界を模索した人々。彼等はもはや、ソフトで簡単な方法では満足出来なかった。まるでマラソンランナーが立ち向かって、「壁」を突き抜け、以前のベストタイムを塗り替えていく様に、もしくはクライマーが特に露出したルートに取り組み、パニックにならず、自分の恐怖を乗り越えなければならない様に。それらと同じことだ。自身を獣と成すこと。どこまで自分を押し進められるか？ 落ちることなく、どこまで行くことができるか？ Rave の激しい夜の終わりには、個人的な満足感と達成感と疲れ切った爽快感が同時に押し寄せた。そして明らかに、Cold Rush と呼ばれる明示的なレーベルに出会った時、同じ事を理解しているマニアが他にもいることを認知し、同じ部族だと知った。これらのトラックの最良のものの多くは、本当に不快な G フォースの移動遊園地のライドの様であり、機械的、科学的、完全に反抗的、後悔のない、典型的なドラッグノイズの様な、ほとんどピュアな音の懲罰だった。ただひとつ唯一の目的；極端に変化したダンスフロアの状態に付き添い、支援し、増幅させる事だ。(DJ Scud)」

エクスタシー

Marc Acardipane が Red Bull Music Academy のセミナーに登場した時、ドラッグについても語っていたが、そこで彼は 90 年代は E (エクスタシー) がカギであったと言っていた。確かに、エクスタシーは、ダンスミュージックの歴史を振り返る時に無視出来ない程の影響を与えている。

C of E「Church of Extacy(Pray for Acid)」や Search & Destroy「Happ-E-People」といったトラックもハードコア・ファンには知られているだろうが、ハードコア・シーンにおける最も有名なエクスタシー

Rob Gee – Punk, Funk & Live EP

関連の曲は、Rob Gee「Ecstasy You Got What I Need」だろう。Biz Markie の「Just a Friend」と同じく、Freddie Scott「(You) Got What I Need」のメロディを引用し、「Oh Ecstasy, You, you got what I need, to make me feel right and to make me feel nice」という歌詞の通り、エクスタシー賛歌と言える曲である。この曲は Rob Gee の代表曲として認知されており、複数のハードコア系コンピレーションに収録されている事もあって、ハードコア・ファンならば一度は耳にしたことがあるかもしれない。

「90 年代初頭の個人的な経験から、それはほぼ独占的に E (エクスタシー)、LSD、後は僅かにスピードとマッシュルームって感じだったと思う。それは今と比べて見つけるのがとても難しくて、はるかに高価だった。人気の組み合わせは、E と LSD を同時にキメる「キャンディフリップ」と呼ばれていたコンボ。スプリフ (大麻のジョイント) の喫煙も Rave キットの一部だった。あとは正直なところ、正確にはあまり覚えていないかな。あ、幾つかの Rave で何度か酸化窒素のシリンダーと医療用マスクを背負ってダンスフロアに入って来た奴が、欲しいやつ誰にでもヒットしてたのを思い出した。あと、たまにそいつらは追加のブーストの為にポッパー (アルキルニトリル) の小さなボトルを回してたよ。(DJ Scud)」

「Simon Reynolds は著書『Energy Flash』で、音楽のアグレッシブさとエクスタシーの質の低下を関連付けている。彼によればスピードの錠剤が供給されて、より高価な MDMA の総量が減った事により、総体的なドラッグによる感覚が変化し、Raver 達はこのアンフェタミニックな流行に合うよりハードな音楽を要求した。僕が言えることは、あくまで一般論だけど、ハードコア・ファンの背景はより貧しい労働者階級だったということ。彼等はより安価なドラッグを使用することを余儀なくされた。エクスタシーの値段が上がるにつれ、スピードやラッシュなどのより手頃なドラッグに行き着いたのだろう。それらの種類の薬物によって引き起こされる感情はエクスタシーとは異なり、パーティーに異なる雰囲気をもたらす。しかし、繰り返しになるが、ハードコア・シーンで「一般的な」ドラッグについて話すのは困難だ。なぜなら、全てのシーン （およびすべての Raver ）がドラッグと各々異なる関係にあった訳だから。(Federico Chiari)」

「きっと、ドラッグピラミッドの頂点には高所得者がいたのは確かだが、中西部では品質は一貫して良

好だ。(Kurt Eckes)」

　メチレンジオキシメタンフェタミン (MDMA) はエクスタシー、またはモーリーと呼ばれる合成麻薬で、ナイトライフや Rave といった環境から離れた一般的な場所や人々にまで行き渡り、それによって若年層への普及でも問題視されている。日本でも、数人の著名人が MDMA によって逮捕され、大きく報道されたのもあって、MDMA の存在を知っている人も多い。
　エクスタシーは 80 年代からナイト・クラブでの使用が広まり、スペインのイビザ島からイギリスの The Second Summer of Love ムーブメントによって拡散され、Rave カルチャーのシンボリックな存在の一つとして認識されている。

　「僕は初めてのエクスタシーをとても若い頃にやったんだ、確か 14 歳で学校内でね。僕の世代は Rave ドラッグで本当にひどい仕打ちを受けた世代だと思う。僕達は素晴らしい時間を過ごしたけど、それらはまだかなり新しいもので、容易にそして大量に入手出来た。節度というものを学ぶのに何十年もかかったよ。僕の同年代はみんな同じ様なものだった。僕が知っている多くの人々々は不幸で、それでドラッグに幸せを見出していた。僕達にとってエクスタシーとスピードとアシッドは、僕達の親世代で言うパブの酒の様なものだ。繰り返すけど、僕は最高の時間を過ごし、最も古い友人の何人かに会い、ドラッグ無しでは非常に困難な方法で繋がっていた。僕自身は既に量を取り過ぎており、睡眠不足が僕の精神疾患をさらに蝕んでいた。僕は無謀だった、とにかく無謀だったという事だけど、僕がドラッグを使用した時は僕を無限にし、控えめに言っても僕の決定を非常に貧しいものにしたものだ。僕の話はみんなの話じゃない。でも、その多くの部分が他のユーザーと共通していると思う。責任を持って使用する分には、僕はドラッグは素晴らしいものだと思う。それは、僕達が責任を負う事と格闘しているだけのことだけど。僕達の世代は全ての世代と同様に、苦境、トラウマ、子供時代のクソ、そういった世界の状況を抱えこんでいる。そして、それらに対処する為、または現状に対処する為に、利用可能な脱出方法としてドラッグを用いている。僕達の両親世代の多くは、アルコール依存症になった。僕の世代、僕達はすぐにアルコールを手に入れることが出来ただけでなく、文字通り、「エクスタシーパイプでブッ飛ぶ」為の無数のおやつ屋があり……そして、僕達には全てにおいて最高のパートナーがいた、Rave ミュージックと Rave 自体だ。(The Teknoist)」

　「様々な多くの異なるドラッグがあり、それらを使用する多くの方法がある。エクスタシーはポジティブな効果をもたらしただけでなく、僕達が知っている様な Rave シーンを形成した。多くの人にとって、それは宗教体験の様であり、シーン全体に初めての熱意と理念を与えた。また、過去数十年のサブカルチャーを壊滅させたヘロインから多くの人々を救った。しかし、この有益な効果は、過剰消費や薬物取引に関連する問題、他の副作用も相まって、すぐに消し去られた。エクスタシーは現実からの短絡的な逃避、快楽主義、そして空虚なものだったと言う人もいるだろう。薬物自体を非難することは出来ないと思う。ドラッグ消費だけに焦点を当てたサブカルチャーは最初から破滅する様に運命付けられてる。幸いな事に、ハードコア / ガバ・シーンの多くの人々が音楽を最も大切にしており、それがその長寿の理由の一つだと考えている。(Federico Chiari)」

裏社会との関係

　Rave カルチャーが世界中に飛び火していき、その影響は音楽を通じてファッションやライフスタイル、映画やドラマなどの大衆文化にも登場した。テクノのドキュメンタリー『TECHNO: Space and Flow in the Radical Frame』や、Merzbow のドキュメンタリー『Beyond Ultra Violence: Uneasy Listening by Merzbow』を制作している Ian Kerkhof 監督が 1996 年に公開した『Naar de Klote!』（放題『アムステルダム・ウェイステッド!』）は、Euromasters の「Alles naar de Klote」がタイトルの由来となっており、ストーリーはオランダのドラッグ・カルチャーと DJ、クラブを舞台にしていた。90 年代後半から 2000 年代に掛けて『Human Traffic』『It's All Gone Pete Tong』（邦題『フランキー・ワイルドの素晴らしき世界』）『24 Hour Party People』『Berlin Calling』『EDEN』など、ナイトライフからクラブ /Rave カルチャー、そしてドラッグ・カルチャーを扱った映画は多く、D*Note がサ

V.A. - Naar De Klote! (The Original Soundtrack)

ウンド・トラックを担当したショート・ムービー『Coming Down』や、Irvine Welsh 原作の『Ecstasy: Three Tales of Chemical Romance』などの小説、その他にも TV ドラマなど含めればその数は非常に多く、様々なサブカルチャーにその影響を見出せる。

　最近では、イビザ島を舞台に DJ とドラッグ／クラブ・カルチャーを扱った Netflix のドラマ『White Lines』も記憶に新しく、映画では『Enter the Void』や『Irreversible』(邦題『アレックス』)の監督である Gaspar Noé が 2018 年に公開した『CLIMAX』も印象的であった。『CLIMAX』は、廃墟の校舎に集まったダンサー達が LSD の入ったサングリアを飲み、次第に精神と肉体が崩壊していく様子が生々しく、ドラッグの恐ろしさを見事に表現しながらも、Aphex Twin や Giorgio Moroder の楽曲の使い方も印象的であり、ダンスミュージックとドラッグの関係についても、また違った視点から映し出していた。Gaspar Noé は『CLIMAX』公開時のインタビューで、ベルリンにある有名なクラブ Berghain について語っており、『CLIMAX』は Berghain を縮小した様なものだとも発言している。こういった映画の中では、詳しくドラッグの入手先などは描かれることは少ないが、実際はどうやって Rave にドラッグを持ち込んでいたのだろうか？　Rave にはドラッグ・ディーラーやマフィアが関わっていたのだろうか？

　「うん、YES だ、ほとんど全ての大規模な Rave/ クラブに (大抵あからさまな)「イン・ハウス」ディーラーがいたよ。君はただ歩き回ってそいつらを見つけるか、周りの奴に聞くだけさ。後に、Ministry of Sound みたいな高級クラブのドアのポリシーとチェックが滅茶苦茶厳しくなったのはその為だよ。(DJ Scud)」

　「中西部では、マフィアではなく、ギャングだった。それが物事が複雑になり始めたキッカケだ。それは、デッドヘッドの麻薬の売人の様なバイブスではなく、高騰していくお金の問題だった。両者との関係については、僕は Rave のプロモーターでドラッグを売っていた。麻薬の売人は沢山いたよ。(Kurt Eckes)」

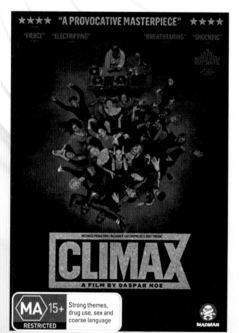

　「一部の主催者は、イベントを「クリーン」に保ちたいと考えている。人々は麻薬を使用するだろうけど、彼等はディーラー達に対して厳しい態度で臨む。これは、主に警察とのトラブルを避ける為で、イベントをオーガナイズするライセンスを失わない為だ。しかし、多くの場合、パーティーや組織はよりお金を稼ぐ為にハウスディーラーを抱えている。数年前、ロッテルダムのクラブはトイレ係の女性からドープを購入出来る事が公になり、閉鎖に追い込まれた。(Mike Redman)」

　「全ての状況について答えることは出来ない。音楽好きでパーティーがしたい人にとっては、ドラッグは重要ではない。他の人々、例えば組織犯罪はと言えば、ショー全体を支配するだろう。他のケースでは、フーリガン達はドラッグを欲しい人々がいることを知っているので、ただ麻薬を売る為に現れる。それは毎回異なるけど。Rave はドラッグ

販売の対象となった領域の一つに過ぎない。スポーツイベント、コンサート (ビール)、ナイトクラブ、学校、ストリート、職場も全てドラッグの流通拠点だった。Rave はこの歴史の中で特別な役割を果たしているけど、それらは大きなパズルの 1 ピースに過ぎない。(Deadly Buda)」

「当初はセキュリティはそれほど多くなくて、ほとんどのパーティーや Rave は違法な「プライベート」パーティーだった、ディーラーもあまりいなかった。友達が友達を助けたんだ（笑）。(DJ Moonraker)」

　実際に自分が体験した事でいえば、イギリスに DJ とイベントの主催をしに行った際、クラブのフロアにいた時、エクスタシーを買わないかと声を掛けられた。東京のクラブでは逆にディーラーに間違われ、コカインを持ってないか？と聞かれた事もあった。もちろん、自分はまったくそういった類の物をやらないので買っても売ってもいないが、クラブ / ナイトライフの中にドラッグが当たり前に存在している事を改めて体感した瞬間であった。

　「残念ながら、僕は日本の社会構造と政府についてあまり詳しくないので、アメリカとヨーロッパのいくつかで見たことについてのみ話すことが出来る。僕の考えでは、ダンスは男性と女性がどのように相互作用し、関係するかということの一部だ。違法な時は、いつでも社会に問題がある。振り返ってみると、Rave という現象は後に人々を統制する暴君的な方法論を導入する為に、違法薬物と結びついたと考えている。実際、それは Rave シーンの目標の一つに過ぎなかった。メディアは故意にドラッグとダンスを結びつけていたので、人々を締め付ける為のより多くの安全対策のアイデアを導入することが出来た。イギリスでは、最終的にキャッスルモートンで最高潮に達し、その後、人々が自由に集まれる人数に制限をかけるといった、クリミナル・ジャスティス法 (Rave 禁止法) が制定された。アメリカでは、彼等は最終的に RAVE Act と類似した別の名前で可決させた。ちなみに、Joe Biden がその法律を導入したんだ。企業の権限として、以前はインディペンデントにイベントを主催する為の法的リソースがあった。例えば、ロサンゼルスではインディペンデントのハードコア・テクノ・パーティーが数千人の人々を簡単に集めることが出来たが、これらの法律の後では、それはもはやありえない。僕の考えでは、Rave やダンスパーティーは、どこであっても、違法であったことなどない。もしそうなら、それは僕達が抑圧されていることを意味する。そして、それがよくあることは明らかだと思う。問題を認め、それに直面することが、これらのことを変えるための最初のステップだ。パーティーは一晩中続かなければいけないと言い張っていたことも後悔している。それは愚かだった。重要なのは、人々が集まり、音楽を聴き、創造し、そして楽しむ事。それは昼も夜も何時でも構わない。これは、企業メディアによってみんなの頭に植え付けられた、また別の自滅的なアイデアだ。「クレイジーなドラッグがあるワイルドなオールナイトパーティーをやってるよ。違法かって？　子供達は楽しんでるよ」つまり、振り返ってみると、ある種の違法行為を人々が求め、さもなければ、クールではないと思うというのは、完全に洗脳されていたという事だ。(Deadly Buda)」

大麻
　オランダのハードコア・シーンは世界で最も規模が大きく、夏に開催されるハードコア・フェスティバルには毎年多くのハードコア好きが各国から集い、その数は数万人にも及ぶ。ハードコア・シーン以外でも、オランダには Daydream Festival や Awakenings Festival といったダンスミュージックのフェスティバルも有名であり、著名なダンスミュージック・アーティストを輩出している。2013 年に Armin van Buuren がオランダ新国王の即位式典イベントで DJ プレイを披露し、国王一家がステージに登場した事も話題となった。この様にオランダという国では、ダンスミュージックが文化の一つとして定着している。日本からすれば、オランダには驚く様な制度が導入されており、安楽死の選択が可能であったり、売春業の合法化も有名であるが、もう一つ、オランダの文化として知られているのが大麻が非犯罪化されている事だろう。
　今では、アメリカ、カナダ、ウルグアイ、スペインなどで大麻は合法化され、医療利用としても使用されているが、オランダは 70 年代から非犯罪化されている。オランダで大麻が非犯罪化されたのには、60 年代から 70 年代に起きたヒッピー・ムーブメントの影響もあり、LSD、コカイン、ヘロイン、アンフェタミン、

Technohead - I Wanna Be A Hippy

アヘンなどのハードドラッグに分類される物が乱用され、大麻の法執行が見直されたという。

　ハードコア・テクノ / ガバには大麻を連想させるものもあり、その中で最も知られているのが Technohead の「I Wanna Be a Hippy」だろう。Cheech Marin が出演した映画『Rude Awakening』での David Peel「I like Marijuana」を引用した Technohead の「I Wanna Be a Hippy」は、1995 年に Mokum Records からリリースされた 12" レコード『Mary Jane』の B 面に収録され、後に The Speed Freak、Ilsa Gold、Carl Cox、Flamman & Abraxas、DJ Dano & No Sweat などのリミックスを収録して再リリースされた。原曲よりもミュージック・ビデオも作られた Flamman & Abraxas のリミックスの方が広く知られているだろう。「I Wanna Be a Hippy」はオランダ、ドイツ、オーストリア、ベルギーのチャートで 1 位に輝き、1996 年にはイギリスの Top of the Pops に 2 度出演。ドイツでは 25 万枚、イギリスでは 20 万枚の売上を記録した。

　そして、大麻文化について知識があるハードコア・ファンであれば、ハードコア・シーンで活躍するある人物が思いつくはずだ。アメリカのハードコア・テクノ・アーティストである Delta 9 は、大麻の主要な有効成分とされるデルタ・9・テトラヒドロカンナビノール (Delta-9-tetrahydrocannabinol) から来ているのを連想させる。実際に Delta 9 とは大麻に関連した名前であったのだろうか？

　　「もちろん、そうさ！ 今日も使っているよ。一日中だね。毎日。15 歳の時に始めたんだ。ポジティブな
　　意味で本当に人生が変わる体験だったよ。(Delta 9)」

　『ハードコア・テクノ・ガイドブック オールドスクール編』での Delta 9 のインタビューを見れば、彼の音楽的なバックグラウンドにはアグレッシブなバンドミュージックからの影響が大きく反映されているのが分かる。元々、大麻はレゲエやヒップホップといったジャンルで人気があったのもあり、大麻の作用的に考えると、そのリラックス効果などは、ハードコア・テクノなどの高速で展開する音楽との相性について少し疑問に感じる。ハードコア・テクノ界隈で大麻を扱った作品が、ケミカル・ドラッグよりも少なく見えるのは、そういった作用的な部分もあって、あまり好まれて使われていなかったのだろうか？　それとも、オランダという場所に限っては、合法化されている物 (例えばアルコールも) をわざわざテーマとして扱う程では無かったのだろうか？　やはり、非合法というのが好奇心や同じ様なユーザーの心を動かすのだろうか？　Delta 9 の場合、大麻以外のケミカル・ドラッグに関しては以下の様に語っている。

　　「90 年代の Rave の頃に手を出したけど、遊びでだよ。僕等はコーク、グラス / メス、アシッド、マッ
　　シュルームを試した。本当に好きだったのはウィード (大麻) だけだね。医師がみんなにアヘン剤を処方
　　しすぎて、結果みんな中毒になってるんだ。処方のケミカル・ドラッグはクソだ。アメリカでのエピデミッ
　　クだけどね。みんなケミカル鎮痛剤の頻度が短くなることから始まって、ヘロインやフェンタニルにハ
　　マるんだ、処方薬よりも安いからって。すごく悲しい悪循環さ。(Delta 9)」

　安直な考えだが、オランダでハードコア・シーンが他の国よりも巨大化したのには、大麻の影響もあったのだろうか？　もし、それも要因の一つだとしたら、大麻が合法化されたアメリカなどの国でも、今後ハードコア・テクノが以前よりも人気を得ていくのだろうか？

　　「オランダの当局はこれらの問題を別のより良い方法で解決した。より大きな会場内には、錠剤を持ち
　　込んで分析して貰って摂取して安全かどうかを確認できる場所があって、この体制は多くの命を救った。
　　それに反して、イタリアでは弾圧の方針があった。錠剤が何で出来ているのか誰も確認出来なかったの
　　で、これによりドラッグの質を低下させた。だから、オランダのダンスミュージック・シーンは、大麻
　　のお陰で成長したのではなく、国の産業として許容され、歓迎された為だと思う。アメリカでのダンスシー

ンがヨーロッパのシーンに匹敵する事は決してないだろうが、これは社会や文化の違いと関係がある。(Federico Chiari)」

　先に挙げた国の様に、近年大麻は嗜好や医療目的で使用する事が可能となっており、つい最近では韓国でも医療大麻が解禁された。この様に、大麻の医療効果が注目され、それに伴い、世間も大麻に対する見方を改めている。だが、別の意見では大麻がドラッグの入り口（ゲートウェイ・ドラッグ）になるのではないかという指摘もある。大麻に慣れたユーザーが、更にハードな物を求めていってしまい、ケミカル・ドラッグに手を出してしまう可能性が懸念されているのである。

　　「大麻はゲートウェイ・ドラッグではないと思う。何もしないようにと言えば、やりたくなるだけだと思う。全ての薬物の合法化というより、良いガイダンス／アドバイスなどが僕の考え方さ。(FFF)」

　　「違うよ、それは単にバカげたドラッグだ（笑）。ここに当てはまるのかは解らないけど、90年代の我々のマニフェストは次の通り。我々は異教徒だ。我々は退廃と快楽主義を信じ、ドラッグを使用し、金曜から日曜まで起きていて、真にヘビーな音楽を聴いている。(Kurt Eckes)」

　大麻の危険性や依存性についての議論になった時、煙草とアルコールと比べた統計レポートがよく出される。大麻と煙草／アルコールのどちらが有害であるのかを見比べてみた時、大麻よりも合法化されている煙草／アルコールの方が有害であるというレポートは多い。
　もちろん、大麻にもリスクはあり、人によってケースはバラバラだろう。大麻が引金となって発祥した精神的な病気もあるとされている。盲目的に大麻の有効性にのみ目を向ける訳ではないが、アルコールによる事件事故、そしてアルコール中毒などの深刻さは、それ以上に頻繁に目にする。大麻とアルコール、どちらに危険性があるかは統計だけでは明確に出来ない部分もあり、考えれば考える程、合法／非合法の境目が曖昧に思えてしまう時がある。

　　「(危険性については)アルコールだと思う。人々はとても予測不能になるよね。僕は長年に渡って酔っ払い達の奇行を何度も目撃してきた。笑えるものも幾つかあるけど、大抵は非常に攻撃的で、見るに堪えないものだ。大麻は、ただ単に人を遅くする。大麻の最悪な所は、多くの大麻ユーザーがキマってる間に重要な計画を立てるけど、結局それを実現しないことだと思う。一部の人は実際に行動するだろうけど、ほとんどの場合は文字通り空中に煙の城を建てているだけだ。(Mike Redman)」

　大麻の合法化によって、大麻ビジネスは大きく発展している。食品やコスメにも取り入れられ、ヒップホップ・アーティストによる大麻ブランドも人気である。様々な業界の人間が参入しており、大麻ビジネスは今後も拡大していくのは間違いないだろう。この様に、ビジネスとして成功し、国に多くの税金を納めた実績を作れた物は、例えばケミカル・ドラッグでも今後解禁される可能性が出てくるのだろうか？　前々から噂されるLSDの有効性も、近年再び取り上げられていた。作用や質をコントロールして合法化すれば、ドラッグによる事件事故を減らし、裏社会の撲滅にも繋がる可能性もあるのではないだろうか。

　　「僕はドラッグが好きだけど、薬物の擁護者ではない。大麻は好きではないので合法なのも気に食わない。マッシュルームはここで合法になり始めている。アメリカで合法になるドラッグが沢山出てくるとは思わない。政府は麻薬戦争をあまりにも高く評価しているので。(Kurt Eckes)」

　　「政府と企業がそれに途方もない税金を課せると分かったから、合法化されたのさ。例えば、君が医療患者なら、7グラムで100から120米ドルだ。レクリエーションで使う場合は、20から25%の追加税が掛かって、より高くなるんだ。それでもまだ、すべてのハイプが消えた後、まだ希望価格で買うけどな（笑）。(Delta 9)」

クリミナル・ジャスティス法

1994 年から 1995 年に掛けて、ハードコア・テクノ周辺を取り囲む状況は大きく変化し始めていた。スタイルやサウンドが細分化されていき、より過激でハードな作品を扱うレーベルも生まれ、スピードコアやインダストリアル・ハードコアの原型となる作品が作られていった。

ここで改めて、ドラッグが音楽に与える影響について考えてみる。Rave シーンの最初期、エクスタシーは新しいドラッグであり、その作用によって Rave カルチャーとミュージックは変化しながら発展していった。エクスタシーの多幸感が途切れた後に映った光景とは、果たしてどういったものであったのか。ハードコア・テクノとその周辺の音楽において、そのサウンドがさらにハードにダークになっていく過程に、どれ程ドラッグは関係していたのだろうか？

「YES、そう思う。人々が「ハードさ」または「コアさ」をスピード /BPM によって定義していると思うから。多分、最近音楽が退屈になってきて、このシットをスピードアップする必要があって、それでなんとなく攻撃的または圧倒的に聴こえるんだ……。(DJ Moonraker)」

「初期の Rave とのラブラブな日々の後の失望は確かに音楽に影響を与えたと思う。ドラッグがムードを変えて、音楽をより暗く、よりハードに、より速く変えた。(FFF)」

「少なくともロッテルダムでは、ドラッグは常にハードコア・シーンの一部となっている。音楽がよりラウドにより速くなるにつれて、ドラッグも背中合わせでよりヘビーになっていった様に見えたよ。ハードコアは特にメディアで不名誉な烙印を押されたけど、薬物使用は様々な音楽スタイルの様々なパーティーで発生していた。メディアはハードコアのパーティーだけを狙い撃ちしたんだ。多くの人がドラッグを使用していたけど、ドラッグの使用者は現在が最も多いと思うし、もはや、ほぼ注目されていない。(Mike Redman)」

オランダのガバ・シーンは 1993 年から 1994 年に掛けて、数多くのガバ・クラシックがリリースされ、そのスタイルの幅を広げていた。パーティーの規模も拡大していき、1995 年には一万人規模のイベントも開催され、Paul Elstak は「Don't Leave Me Alone」や「Rainbow in the Sky」といったシングルでヒットチャートの上位に入る程の人気を得るまでになった。だが、当時のオランダではドラッグによる問題が深刻化していた。オランダのメディアはドラッグ問題を当時のガバ・シーンと結びつけ、それによってガバのイメージは悪くなってしまう。その為、ガバという単語が使いづらくなり、一部の人々はハッピーハードコアに移行していき、ハッピーハードコアが発展していったという説がある。

「それは、90 年代の特定の地域では間違いなく大きな問題だった。ロッテルダムの Perron 0 やユトレヒトの Hoog Catharijne のような場所。それは少なくなったと思うけど、同時に「問題のある」エリアから移動し、おそらくもっと広まったとも思う。また、特定の地域のより良いケアと監視によって、現時点でそれが表沙汰になっていないんだと思う。問題はまだここにあると思うけど、それが理にかなっているから目に見えてこないんだろう。(FFF)」

Orbital – Are We Here?

そして、イギリスでは 1994 年に Criminal Justice and Public Order Act 1994 という法律が施行される。日本でもクリミナル・ジャスティス法、反 Rave 法としてダンスミュージックの歴史を紐解く記事で度々取り扱われており、Autechre の『Anti EP』や Orbital の『Are We Here?』といったクリミナル・ジャスティス法に反対する作品も有名だ。この法律は、無免許で開催される Rave やフリー・パーティーの取り締まりや、特定の反社会的な行動に対する罰則の強化とされ、さらに反復するビートに対する規制でもあった。それによって、イギリスでの Rave シーンは変化

していく事になる。

　オランダやイギリスのように、メディアと政府が Rave カルチャー
を攻撃、または規制する様な動きが 90 年代中頃にはあったが、一方
アメリカでは、Rave シーンとハードコア・テクノの勢いは持続して
おり、それらを扱うメディアも始まり、1994 年には US Rave シー
ンで重要な Even Furthur も開催されている。

Autechre - Anti EP

　　「カリフォルニアでは、Rave に沢山のお金が費やされた。カリ
　　フォルニアには、国内の他のどの地域よりも遥かに大きなプロダク
　　ションがあり、その他の地域はより小規模だった。僕達の数名は常
　　時 Rave を 100％宣伝していたし、それが僕達の仕事だった。しか
　　し、ほとんどの人は定職を持ち、その傍ら Rave の宣伝をしていた。
　　(Deadly Buda)」

　　「イタリアでは、クリミナル・ジャスティス法案の重大さに公で反発が起きることは、一度も無かった。
　　もちろん、違法な Rave があり、警察はそれらをシャットダウンしようとしたけれど、海外程は体系的で
　　はなかった。事実、イギリスとフランスで Rave に対する法律が可決された後、トラベラーとクルーが最
　　終的に行き着いたのはイタリアだった。メディアにおけるモラルパニックの大半が「土曜の夜の虐殺」
　　と呼ばれるものに向けられていた。それは、オールナイトでのダンス明けの車の事故による犠牲者達の
　　事を意味していた。イタリアには遠い郊外の田舎にクラブの盛んなネットワークがあり、Raver 達は車
　　で長距離を移動する事がよくあった。そして、クラブに対する取り締まりもあった。エクスタシー関連
　　の死亡事故によって、2000 年代初頭に多くのクラブが閉鎖された。一つの例は有名な Number One で、
　　ある少年が過剰摂取による心臓発作で駐車場で死亡した後、ハードコアのイベントを取り辞めたんだ。
　　クラブは既に数年間に渡って、クラブ内の暴力や麻薬の売人に関する深刻な問題に直面していた。イタ
　　リアのハードコア・シーンの（主に合法的なクラブで発生していた）主な問題は、麻薬ではなく暴力で
　　あったと思う。ハードコアの評判が悪かったので、プロモーター達は会場を見つけるのが困難になった。
　　(Federico Chiari)」

　ガバがハッピーハードコアとして発展していく様に、環境と状況によってスタイルが変化を迫られるパ
ターンもあり、その中でも、イギリスのダークコアはドラッグによる環境の変化によって誕生し、発展した
側面もある。
　ダークコアは、ブレイクビーツ・ハードコアから派生し、1993 年前後に形成されていったサブジャン
ルの一つとされている。ダークコアが生まれた背景には、それ以前の Rave シーンにおいてのエクスタシー
の横行やドラッグ問題によって起きた治安の悪化、さらに大量の失業問題などが重なり、Rave シーンに暗
く重い要素が入り込んで出来上がったという説が強い。ダークコアによって、Rave はさらに粗野で凶暴な
雰囲気になっていき、クラックなどのドラッグが使われていった。クラックとは、粉末コカインを重曹（炭
酸水素ナトリウム）などと煮沸して吸引するドラッグとされ、有害度が高い事でも認識されている。ジャン
グル・シーンの最前で活躍していた T.Power は、ダークな音楽がクラックの様なドラッグを Rave に蔓延
させたのを見たと発言しており、それによって一部の人々は Rave から遠ざかり、Rave の雰囲気は陰鬱化
していったと言っていた。これが正しければ、音楽そのものが人間に与えるネガティブな影響についても、
考えるべきかもしれない。

　　「デタラメだ。頼むよ、僕はそんな偽りの仮説は信じないぜ。そんなのは本当に寝ぼけた偽情報だ。個
　　人的に、ジャングルのイベントの夜でさえ、Rave でクラックが使われてるのを見たことなんてない。絶
　　対なかったとは言わないけど、確率的に明らかだ、そうなんだよ。だが、クラックの使用が他の薬物の
　　使用（乱用）に比べて暗黙的に「暗」（またはより暗い）なんて考えは認めないよ。例えば、コカイン（ロッ
　　クではなくパウダー）の「デザイナー／クリーン」のイメージは遥かに陰湿で、シーン、クラブ、人々の
　　行動に急激に悪影響を及ぼしたと思うね、数年後に値段が下がってからは特に。クラックのハイは他の

Rave ドラッグと比較して効きが短すぎるし、オールナイトの状況ではほとんど機能しないから、「暗い音」に関連づけるのは「誇張されたナンセンス！」だと思う。インダストリアル・テクノは昔も今も「暗い」性質だけど、僕は (まだ) クラックスモーカーで沢山のダンスフロアなんて見たことないんだ。どういう訳だか、フォースの暗黒面の啓示で奴らがパイプの受け渡しを強要されてるなんて光景は！それに、昔かなり頻繁にクラックを使用してて、所謂「クラックハウス」の常連だった友人を何人か知ってるけど、奴らのハイを見た上では、そいつらのムードが暗くて、恐ろしかったなんてコレっぽっちも思わなかった、さらに言えば奴らがリアルにレールを踏み外してくたばるなんてこともなかったよ (あいつらが全ての財産を売っぱらって、道端で物乞いして、犯罪に走るなんてことはね)。それは長い精神的な「死の灰」で、スローモーションで下向きに螺旋を描き、後にいつも悲しい物語を作るんだ。忘れないでくれ、アルコールも全く同様に機能することを。そして、僕は凄まじい大麻のヘビースモーカーを何人も見てきた、それに誘発されて統合失調症を引き起こし、二度と元に戻らなかった奴らを。要するに、それは結局のところ、そいつ次第で、個人個人の状況と回復力次第なんだ、大概 DNA の宝くじさ、寝ぼけたよくある風刺劇なんかじゃなくてね。Rave を取り巻く／浸透する麻薬取引は、常に犯罪者／ギャングがやってきた事だ。それは、いつだって本質的に「不機嫌」だろ⁉　最初からあったけど、今も変わらない。これまでと同様だ。(DJ Scud)」

アンチ・ドラッグ

　ドラッグ経験者達の回想記や、このコラムでの発言を読むと、ドラッグを摂取して作られた音楽を理解するのには、聴き手側も同じ状態になって、もしくは経験した後で、初めて理解出来る部分があるのかもしれない。ドラッグ・ユーザーが話すサイケデリックな体験は、大半の人々にとっては非現実な話であるが、ドラッグ・ユーザーは実際に見ていて感じているのは想像出来る。

　以前、とある日本の音楽クリエイターと話をしている時に、ドラッグ経験が無いから「リアル」な音楽を作り出せないのかもしれない、という話を聞いた事がある。その人の言う「リアル」というのは、何を指していたのか、正確に読み取る事は今となっては出来ないが、何となく言っている事は理解出来る。ドラッグ経験者の作る音楽と、まったく経験の無い人が作る音楽に、ドラッグ・カルチャーから少なからず繋がりがあるジャンルを作る場合、果たしてどちらがリアルとされるのか。

　　「どちらもリアルだと思う。何か良いものを思いつくのに薬が必要だと考える人もいる。他方では、自身でとんでもないアイデアを持っている。60 年代は、LSD 使用の結果として、サイケデリックロックが有名だけど、Frank Zappa の様なドラッグとは関係なく天才である人もいた。DJ Hidden、Akira、FFF のようなプロデューサーは素晴らしい音楽を作っていると思うが、僕の様にドラッグは使用しない。では、ドラッグを使用しないアーティストの曲をドラッグをキメて聴くことには何か意味があるのかな？　薬物なしで音楽を鑑賞することが出来ない場合、その音楽は君にとって本当の価値はない。あくまで、自分の視点でしか話せないけど、何も使わなくても色んな音楽を楽しんでいるし、やはり改めて、カントリーミュージックのファンじゃない。馬に乗ったことがないからかな？　時には、薬物使用はパーティーでの音楽よりも一般的だ。音量が大きければ、何を再生しても構わない。音楽をまったく体験せず、実際にそこにいた時にあまりにもめちゃくちゃだったので、何が起こったのかを確認する為に後で YouTube でパーティーのビデオを見る必要がある。FFF と僕は『DeFFFormer』に収録している「Dope」でそれを少し茶化した。僕はいつも、プレイしている音楽の事よりも、自分がどれ程ハイについて自慢するのを聞いている。ちなみに、ハードコア・シーンはオランダでとてもプロフェッショナルになり、ドラッグの影響下で音楽を制作して成功しているアーティストを僕は今のところ知らない。(Mike Redman)」

　　「僕は単にドラッグをやってただけだ。それは確かにリアルに見えたけどね。(Kurt Eckes)」

　日本のハードコア・シーンに関していえば、全てを知っている訳ではないが、自分が体験したパーティーやシーンではドラッグはもちろん、アルコールを摂取しない人も多く、非常に健康的でクリーンな環境であった。それは、ハードコア・シーンだけではなく、他のジャンルでも、日本ではドラッグの環境がアメリカや

ヨーロッパに比べれば少ないだろう。来日した海外アーティスト達が日本のクラブの環境を聞いて、良い意味で驚いているのを頻繁に目にする。日本のお客さんは真剣に音楽と向き合って楽しんでくれている、という話を沢山聞いてきたが、音楽に熱心な人が多いのには、ドラッグが関係していない事もあるのではないだろうか。これには、様々な意見があるだろうが、自分はこの日本の環境はとても良い事であると思う。

「僕の音楽を知っている人達から、僕がとんでもないトラックを作った時にどんなドラッグをキメていたのかとよく聞かれるけど、もしキメていたら反作用で、むしろ普通のサウンドになっていただろう。真剣に答えるならば、僕はドラッグに惹かれた事がない。煙草も吸ったことがないし、僕を知っている人々はビールを3杯だけ飲んだだけでほろ酔いになることを知っている。頭がはっきりした状態で、身の回りの全てを楽しみたいんだ。麻薬が関わった時、自分の周りで多くのネガティブな事を見てきた。僕にとって、それらすべて摂取する価値なんかない。僕はそれに反対しているんじゃないんだ。人々は自分が何を望んでいるのか自分で決めるべきだ。僕はドラッグの使用が非常に一般的なシーンでパフォーマンスを行っているけど、僕の最大の問題は、何もやらないと言うと、彼等はそれを信じられない！ということ。(Mike Redman)」

MDMA はパーティー・ドラッグの中でも人気が高い反面、それによる事件は絶えない。海外では、フェスティバルやパーティーでのパーティー・ドラッグ関連の死傷者が続出した事によって、アンチ・ドラッグの姿勢を楽曲に込めた動きも起きている。
2014 年にリリースされた Yellow Claw, Diplo & LNY TNZ「Techno Ft. Waka Flocka Flame」はトラディショナルなガバキックを用いたアッパーなサウンドでフロアを盛り上げるトラックであるが、ミュージック・ビデオではドラッグの発生源からクラブでの売買までに至るまでの道のり、そしてドラッグ・ユーザーが命を落とす所までが描かれる。最後には「Drugs Are Not Worth the Risk(薬物はリスクに見合うものではない)」の文字が浮かび上がるという、シリアスな映像であった。ハードコア・テクノ関連でも、アンチ・ドラッグの姿勢を示したアーティストやレーベルを見つける事は難しいが、まったく存在していない訳ではない。Marc Acardipane のレーベルである PCP、Cold Rush Records、Resident E Recordings などはドラッグを連想させるが、実際には、Marc Acardipane 自身は 90 年代前半の早い段階でドラッグは止めていたそうだ。

Yellow Claw, Diplo & LNY TNZ - Techno Ft. Waka Flocka Flame

「エクスタシーに対して最初に声を上げたのは、1992 年の PCP だったと思う。『Frankfurt Trax vol. 3』は、CD とレコードの両方のリリースで小さなロゴがジャケットに表示されている。このロゴには、シンボリックな男がエクスタシーの錠剤をゴミ箱に投げ、"E？Neee！"（エクスタシー？いらないよ!）と下にある。その期間の幾つかのインタビューで、彼等は彼等の周りでとんでもない量のエクスタシーが摂取されているのを見ていると説明し、彼等はそれがシーンにとって有害であると見なしていた。(Federico Chiari)」

意図的にアンチ・ドラッグを表明したアーティストやレーベルはハードコア・テクノに限らず少ないが、その姿勢を持って活動に挑んでいる人々はいると思う。自身の作品について、発言する機会の無かったアーティスト達や、多くを語らないアーティストの作品には、そんな姿勢が込められていた可能性もあるだろう。
例えば、ハードコア・テクノではないが、2001 年にリリースさ

V.A. - Frankfurt Trax Volume 3 (The House Of Phuture)

Deformer & FFF present
DEFFFORMER

Green Velvet - La La Land

れたアメリカのテクノ / ハウス・アーティスト Green Velvet のヒット・チューン「La La Land」はアンチ・エクスタシー的なメッセージがあったのがリリース後に判明した。「La La Land」は、2001年のダンスミュージック・アンセムとして有名で、今もその独特なアトモスフィアと怪しげなボーカルで人々を虜にしている。記憶上では「La La Land」がリリースされた時、この曲がアンチ・エクスタシーをテーマにしているという事は語られていなかった。むしろ、その歌詞の内容から逆に薬物摂取の賛歌だとも思われていたらしい。Green Velvet はドラッグ摂取によって死に直面した際に神に祈り、そして蘇生したという。Marc Acardipane もオーバードーズによって死に直面し、神に祈った事を Red Bull Music Academy で語っていた。彼等に共通しているのは、オーバードーズの経験を経て、表面上じゃないにせよ、アンチ・ドラッグ的な作品を発表したところである。

　だが、一つ疑問に思う事がある。最終的に、フロアにいる人間にとっては、その瞬間に流れている音楽がどこから来たもので誰が作ったか、またはその曲のテーマがどういったものなのかは関係なく、その瞬間鳴っている音楽が最大に重要なのだが、そこに辿り着く前、DJブースのターンテーブルにレコードが乗る前までに、政治的なジャッジが行われている可能性を感じる時がある。例えば、Green Velvet の「La La Land」が当初からアンチ・エクスタシーというテーマがある事を説明していた場合、DJ 達は正当な評価とサポートをしていたのだろうか？　つまり、ドラッグを否定する様なレコードを DJ 達はクラブでプレイしただろうか？　もちろん、プレイする DJ の方が多いだろう。だが、もしかしたら環境と立場によっては、プレイしなかった DJ もいるのではないだろうか。ナイトライフとクラブとドラッグのビジネスやそれぞれの活動スタンスなど、複雑な関係が絡んだ時、アンチ・ドラッグをテーマとしたダンスミュージックはどういった風に迎えられるのだろうか。ダンスミュージック・シーンにおいて、ドラッグを連想させる作品を見つけるのは容易いが、アンチ・ドラッグの作品が少ない、または見つけにくい背景の裏には、こういった複雑な立場や関係といったものがある気がする。誤解を招きたくないが、「La La Land」はアンチ・エクスタシーであったとしても、そうではなかったとしても、非常に優れた曲である。

ストレート・エッジ

　『ハードコア・テクノ・ガイドブック オールドスクール編』での The DJ Producer のインタビュー内で、彼はオーストラリアの Bloody Fist Records に対してストレートエッジという表現を使っている。確かに、Bloody Fist Records、その中でもレーベル・オーナーである Mark Newlands と彼のユニットNasenbluten にはストレートエッジ的と感じる部分がある。ストレートエッジとはハードコア・パンクのサブカルチャーであり、アルコール、タバコ、麻薬を摂取しないという思想、ライフスタイルとされ、アメリカのハードコア・パンク・バンド Minor Threat の楽曲「Straight Edge」がキッカケとされている。

　「そうなの？　僕は全然気づいてなかったよ。確か、後に Mark N のインタビューを読んだけど、恐らく当時でも Bloody Fist のアーティスト達が誰もドラッグをやってなかったという印象はなかった。彼がブートキャンプのように運営してたとは思えないな。繰り返しになるが、X だか Y だかのドラッグが「暗い」という誤解について自分が語ったことに戻るけど、(今ではもはや古臭い) ストレートエッジの神話/ 教義が説くところの、薬物使用によって心が何らかの形で「鈍化」して、ある意味で不吉な力によって「支配」され、道を外れ、快楽の立ち入り禁止区域に入る様に仕向けられるとかいった話の数々。実際のところ、僕はストレートエッジに「エッジ (強さ)」があるなんて全く信じてなかったし、最近では全てのソーシャルメディアが啓蒙する「クリーンな生活」(食事療法のナンセンスやヨガカルトだかに関わらず)

とやらが道徳的に優れているだとか、他のどんなライフスタイルよりも政治的に反体制的であるだとか。そんなのは個人の選択に過ぎないし、それ以上でも以下でもない。そんなことを自慢したり、他人に説教したり、冷笑したりする必要は全くないね。お前はバカのままでいることも出来るし、ストレートエッジで退屈な菜食主義者にもなれるってだけだ。(DJ Scud)」

「Mark N の 90 年代の謎は、正直言って今に至っても最高だ。ハードコアにおける彼の居場所を愛していたし、今も愛している。誰も僕のようにマヌケである必要はないんだ。僕達は時には「黙れ。お前はアホだ」と言ってくれる人を必要としている（笑）。(The Teknoist)」

ハードコア・パンクをバックグラウンドに持つアーティストはハードコア・テクノ・シーンにもいるが、実際にストレートエッジ的なレーベルやアーティストは存在していたのだろうか？

「完全にストレートエッジなレーベルがあったかは分からない。頭に浮かぶのは、Killout Trash の「I've Got Straight Edge」(Minor Threat のカバー /『Most Wanted World Wide sp』収録）のカバーと、The Rebel Assault の「Straight on View(Unity)」のカバーくらい。ストレートエッジを公言したレーベルや、リリース時にシンボリックに使用したレーベルはなかったと思う。(FFF)」

「A'Simetric の Brandon Spivey は彼等の「Acid Casualties」というトラックが、実際にアンチ・ドラッグの曲である事を僕に教えてくれた。彼等は薬物使用に強く反対していた。(Federico Chiari)」

「何も思い出せないな！そして、もしあったとしても跡形もなく消えてしまったのさ！Rave の「スペクタクル (光景)」全体の文脈では、この種のメッセージを説く様な音楽に関与したレーベルは、信じがたいほど聖人ぶってて、無意味で、自己敗北的だったことだろうね。(DJ Scud)」

Melt-Banana / Killout Trash – Most Wanted World Wide sp

Bloody Fist Records の強烈なアティテュードに関しては、本書での彼等のディスクレビューで触れているが、そこでピックアップしていない物の中で、とても印象に残っている作品がある。それは、ドラッグに関連するレコードでもあり、Bloody Fist Records のファンとコレクターであれば、絶対に知っている作品の一つである。

Nasenbluten の 7" レコード『Rainbow Up My Arse / Show Us Yor Tits』については、もしかしたら彼等のファンの中でも賛否が分かれるかもしれない。1996 年に 50 枚限定で配布された『Rainbow Up My Arse / Show Us Yor Tits』は、A 面の「Rainbow Up My Arse」で DJ Paul Elstak を筆頭に、当時のガバ / ハッピーハードコアをディスしており、凄まじく攻撃的なサウンドがハッキリと意志を持って目標に向けられている。当時の Nasenbluten が作り出したトラックの中でも、激しさという部分では上位の仕上がりで、純粋にハードコア・テクノとしてのクオリティはとても高い。だが、問題は B 面の「Show Us Yor Tits」である。

このトラックは、1995 年 10 月 24 日オーストラリアのシドニー市内で開催された Rave パーティーで、MDMA を摂取した事によって引き起こされた事故で亡くなってしまった当時 15 歳の Anna Wood がテーマとなっている。Anna Wood の事件はメディアで報道され、薬物使用についての議論を生み、『Anna's Story』という回顧録も出版された。この事件によってオーストラリアの Rave はティーンエイジャーに対して悪い影響力を持っているとしてメディアから攻撃され、テレビのニュース番組にも取り上げられていたそうだ。まだ

A'Simetric – Untitled

Nasenbluten – Rainbow Up My Arse

15歳であった Anna Wood に対して、その年齢から考えれば彼女への批判的な意見というのは生まれづらいと思う。経験が少なく、判断基準が定まっていない年齢であったので、ある意味ではドラッグ・カルチャーの犠牲者でもある。

だが、Nasenbluten の「Show Us Yor Tits」は彼女自体を痛烈に批判している様に聴こえる。Leathernecks「At War」のボーカルをサンプリングしてストーリー仕立てにし、ニュースから流れる Anna Wood の名前に向けて数々の際どいサンプルを浴びせるという構成で、その背景を知っていると痛々しくも感じる。確かに、この事件によってメディアからの無関係な攻撃を当時のオーストラリアの Rave/ ダンスミュージック関係者達が受けていたのは想像出来るし、Nasenbluten のアティテュードやスタイルも理解しているが、まだ子供と呼べる年齢の Anna Wood に対して、ここまで攻撃的になれるのはファンであっても複雑な心境だ。さらに、レコードには Anna Wood と思わしき人物の写真が使われ「I'm having the best night of my life!」と書かれ、反対側には「I wanna see the rainbow high in the sky」の文字と共に Paul Elstak らしき人物の写真が使われている。「Show Us Yor Tits」は、Anna Wood だけに向けられたものではなく、メディア、もしくはドラッグやドラッグ・カルチャー全体にも向けられた怒りなのかもしれない。もし、そうであれば、『Rainbow Up My Arse / Show Us Yor Tits』は正式に発売された物ではないが、ハードコア・シーンにおけるアンチ・ドラッグ的な作品と呼べるかもしれない。

実験的なハードコア・テクノをクリエイトしていた Praxis は、ノイズやアヴァンギャルドといったバックグラウンドをダンスミュージックに反映させた活動で知られており、彼等の周辺にはノイズやアヴァンギャルド、インダストリアルといった非ダンスミュージック、または Rave カルチャー外の要素を活かしたダンスミュージックやハードコア・テクノが多く存在する。Praxis が主宰していたイギリスでのパーティー Dead by Dawn は、アンチ Rave/ エクスタシーであったという話もあった。Praxis には Nomex や 16-17 いったノイズやインダストリアル・ミュージック・シーンで活動していたアーティスト達も参加しており、彼等が関わっていたそれらのジャンルからはダンスミュージック程、ドラッグの影響は感じさせない。

「正直なとこ、僕は明らかにストレートエッジだった奴らなんて覚えてないよ。みんな何かしらキメてたな（笑）。僕は (マジの)「ノイズ」の奴らは本当に誰も知らなかった。ロンドンのパーティーはほとんど E(エクスタシー) さ、めちゃくちゃにダンスフロア向きのね。(知っとくべきだったよ、自分用の麻薬の資金源の為にいっぱい売れただろうに) Dead by Dawn は少し違ってたと思う。何人かの友人はそこにある種の反 E、反 Rave の要素があったと主張してるけど、僕がそれに気づいてなかったって思うか？お前らが言う様にダンスフロアで飛び回ってる奴なんて見た事なかったからな (結局のところ、そいつらがプロモーターだったんだが。)、多分、いつもキマってた、Lurker を除いてな（笑）！でも、奴ら / 僕等はみんなスピード狂だったし、それは言っとくべきだな。(それに僕はそれを知っとくべきだったんだ。なぜなら僕もかなり売ってたから) 調剤のスピード、テヌエートドスパン（アンフェプラモン）と呼ばれるアメリカの肥満 / 食欲抑制薬。すごくクリーンで、長時間の見事な作用、上がったり下がったり。僕は当時の彼女のママとそれを楽しんだよ。彼女は白髪混じりの年季の入ったスピードフリークで人生のほぼ毎日摂取してたんだ、通常は朝食として、モーニングコーヒーと一緒に。かつて彼女はそれをポートベローマーケットの果物と野菜の露店商に売ってたよ、それが本当の市場だった当時に。(DJ Scud)」

オーバードーズ

ハードコア・テクノ / ガバ、そして Rave ミュージックはドラッグによって機能性を高め続け、Rave やパーティーの雰囲気や演出なども変化させた。調べれば調べる程、その二つの関係は深く、今も脈々と繋がり続けているのが解る。もちろん、ドラッグは音楽だけじゃなく、様々な芸術にも、影響を与えているだろう。ある意味、ドラッグの影響によって、芸術が生まれ発展し、その芸術が結果的にポジティブな影響を引

き起こしている様にも見える。ドラッグとまったく接点の無い人にも、それらの芸術は影響し、人生の一部を豊かにしているのであれば、それは結果的に良い影響と言えるのかもしれない。だが、ネガティブな側面はそれよりも多く、大きすぎる程のリスクをユーザーは請け負う事になる。お決まりの展開であるが、ドラッグに関係するストーリーに負の側面は避けられない。

「個人的な経験で言えば、ロッテルダムでのパーティーがドラッグに関して僕が最も強烈に記憶している事の一つだ。女の子が僕に向かって歩いてくるのに気付いた、彼女はダンスすらしておらず、驚いた様な顔をして歩いていた。彼女は痩せていて、蒼白く、全て真っ黒な服を着ていて、(エクスタシーの副作用の要求で) おしゃぶりをしゃぶりながら、狂った様に黒い扇子で汗まみれの顔を煽っていた。彼女は辺りを凝視しながら、全く瞬きしていなかった。僕には彼女がチープなホラー小説の挿絵にある気味の悪い幽霊の様に見え、幾つかの理由で、ちょっとした地獄を垣間見た様な感覚に襲われた。僕は長年に渡って薬漬けの人々を見てきたが、このシュールレアリスムさに匹敵するものはない。ハードコアがダークサイドであるなら、僕にとって、あれこそ正にダークサイドだ。(Federico Chiari)」

「幾つか見た……灰色になり、生きた影像の様に凍りついた人々、バッド・トリップ、バッド・トリップによる刺し傷、極度のパニックとパラノイア、舌を噛み切った人、そして実際にそれを生き延びなかった数人、似た様なユーザーとディーラー。僕はいつも自分に問いかける。何かを使う価値は本当にあったのか？と。それなしで楽しめないものか？とね。これらのドラマはすべて起こらなかっただろう。(Mike Redman)」

ドラッグの過剰摂取によるオーバードーズによって命を落とすという最悪のケースは、自分が知る限りでも、公表されている人も公表されていない人も含めて、ハードコア・シーンで活動していたアーティストにも起きている。楽しさや解放感を求めて手に入れたものが、最終的に肉体も精神も狂わせてしまうという事は嫌というほど、過去の記録や証言から我々は学んでいるはずだが、その連鎖に自分は関わらないという自信なのか、人々はそのリスクを軽く見ている。

「僕達のパーティーでは多くの人が過剰摂取した。悲しい事に、僕達のイベントに関連した幾つかの死亡事故があった。僕達のクルーの何人かも麻薬で亡くなった。僕達は常に、大規模なイベントには状況への対処や、ハイになり過ぎた人達への対応が得意な人々を抱えていた。当時はなんとなく面白がっていたけど、多くの場合、あまりにも多くのアシッドを摂取した客は、彼等が落ち着くまで単に木にダクトテープで固定していた。でないと、彼等を一晩中ベビーシットする羽目になるからね。それこそが自己責任というものだ。異常なストレスだよ。イベントを行う上で最悪の部分だ。今でも、薬物のストレス程ではないにせよ、色んなストレスがある。現在、僕達はプロの専門家を雇って麻薬関連の問題に対処している。(Kurt Eckes)」

「ケタミンの流行こそが Rave の最も一般的な破壊者であり、Raver の魂を蝕んだ物で、それは、ここイギリスで本当の問題だ。ケタミンを楽しむ人にとって、それは彼等の現実逃避主義の好ましい方法であるかもしれないけど、それはクラブの雰囲気を殺すだけだ。クラブの " K ホール " の人々は、僕が目にする最も憂鬱なものの一つだ。特に、それが大勢の人なら尚更。ヒドいものだよ。また、ケタミンは「パーティー」ドラッグの中で最も社交性の低いもので、パーティー (団体) の薬物ではないけど、それをみんな (団体) で取る。本当にわがままだと思うよ。叱る様な事ではないかもしれないが、友達と一緒にやっていると、話す事もコミュニケーションも出来ないので、パーティーの目的に反し、正直なところ、赤ちゃんのように世話をしなければいけない事がよくある。ケタミンは僕の友人を破壊し、多くの命を奪った。心が痛むよ。(The Teknoist)」

「エクスタシーに反して、非常に破壊的なドラッグが他にも幾つかある。2000 年代の初めにトライブ・シーンの違法 Rave に関わっていたけど、ケタミンの使用が流行っていて、一部のパーティーで誰も自分の足で立てないという様な光景を見た。誰もがサイケデリックなトリップの最中で、地面に横たわって

Hardcore Techno and Drugs

いた。僕の見解では、これは自宅やプライベートなら完璧で最高だけど、しかし、この様なドラッグは集まって楽しむ事が目的であるはずの Rave においては有害で痛々しい限りだ。(Federico Chiari)」

「ポスト・パンク・シーンとその幾つものオフショットで、スピードが過剰摂取され、それがほぼ必須のアクセサリであった事はすごくよく記録されていると思うね。しかしながら、これは僕の想像の話で間違ってるかもしれないが、その特定の海域で使われたヘロインのせいで、頻繁にそのストーリーや軌跡が崩壊してる印象も常にあった。僕の知識は限られているから、それを偉そうに話す権利はないけど。(DJ Scud)」

この数年の間だけでも、ハードコア・フェスティバルや Rave での死亡事故はニュースとなって世界に発信されている。残念ながら、若者もその対象となっているのが現状だ。オーストラリアでは、2017 年に開催された Knockout Circuz で 18 歳の青年が MDMA と思われるものを過剰摂取して死亡してしまい、翌年の Defqon.1 では 23 歳の男性と 21 歳の女性が過剰摂取の疑いで死亡したという記録が残っている。オランダでは、2014 年に Hardcore XL で 22 歳の男性が MDMA を含む過剰な薬物使用の結果で死亡したとされ、同年の Dominator でも 24 歳の男性が薬物の過剰摂取の疑いで死亡している。

2020 年はコロナウイルスによって、世界中のクラブやフェスティバルが自粛を行う中でも、イギリスのマンチェスターにて開催された違法 Rave にて、薬物の過剰摂取の疑いで男性が死亡したというニュースがあった。その事件の元となったのは、パンデミックを避ける為に設けられた自粛期間中に開催されている Quarantine Rave というもので、そういった Rave は何度か開催されているそうだ。Quarantine Rave には多くの人が集まるケースがあり、刺傷事件やレイプが起きてしまったというニュースを見ると、人間のネガティブで利己的な側面が Rave を通して浮き彫りになってしまっている。

ドラッグと音楽、その関係を最後にもう一度振り返ってみて、果たしてそのリスクに見合った価値を得られる人は全体の何割なのか。生き延びられなかった人や心身に深刻なダメージを受けてしまった人は、その結果に何を想うのだろうか。

「振り返ってみれば、あんなものに時間とエネルギーを浪費したことを後悔しているし、知らないふりをしながら Rave シーンに関与したことは、大規模な心理操作の片棒を担いでいたのだと感じている自分がいる。その作戦の初めの目的は西側諸国の中産階級を破壊することだった。そして、誰かがこの考えに言及しない限り、近い将来アジアとアフリカがそれに続くだろう。青年期に、あなたは特定のことを望む。それは仲間からの信頼と友情であり、性交渉であり、一般社会の評価だ。これら多くの欲望を満たす事柄が彼等の手の届かないところにあるのは奇妙で、これらのことを望んでいることさえ知らない人もいる。これらの基本的なものが僕達から隠されているのは奇妙に見えないか？ 多くの人がドラッグで「超越」したり、「別のレベルに移動」したり、幾つかの大きな問題を解決したり、より良い次元に移行したりしている。しかし、あなたはあなたが満足すべき人生の基礎さえも獲得していない。それでも、それらのドラッグを望んでいると思うか？ それとも「超越」したいと思うか？ 究極的にそれは詐欺だ。麻薬の売人にお金を払うので、自由に想像して自分らしくなれる。それはいつもあなたの中にあったにも関わらず、でも、自らを害して感情にアクセスするようにと騙された。そして、彼等が何千、何百万年もの間、若者を満足させるものを知っているのと同じように、彼等はドラッグが何をするかを知っていた。非合法であれ合法であれ、ドラッグを誰が市場に出し、販売し、流通しているのか、そしてそれが社会、刑務所、病院をどのように管理しているかを見ると、より暗く、邪悪な絵が見えてくる。恐らく、それらのドラッグそれ自体は問題ないのかもしれないが、間違った理由で間違った人々によって管理されており、僕達はこの現在の状況の犠牲者なんだ。だから、僕はこのようにまとめる。あなたの想像力を信じて欲しい。結果に関係なく、社会的な恐怖および対人恐怖に立ち向かう。そうすれば、あなたが買えるどんなものよりもハイになれるし、幸せで充実した生活の基盤を築くことだろう。(Deadly Buda)」

Chapter 3
Extreme Hardcore

エクストリーム・ハードコア・テクノ解説

フランスのハードコア・シーンの特殊性

　このチャプターでは、ハードコア・テクノの中でもエクストリームに特化したものを紹介しよう。本書では激しく速い音楽をずっと紹介しているが、それでもまだ激しい音楽に出会えていないと感じている方は、今から紹介するフランスのシーンには満足して貰えるのではないだろうか。

　アンダーグラウンドなハードコア・テクノやブレイクコア、ノイズミュージックに少しでも精通していれば、フランスという国の特殊性を知っているはずだ。ハードコア・テクノ周辺に限らず、ヒップホップやレゲエ / ダブといったブラックミュージックもフランスからは個性的で過激、過剰と言える物が生まれてきている。フランスのアンダーグラウンドから放たれる音楽は全体的に過激なだけではなく、芸術的側面も綿密に繋がっており、一つ一つの作品にアーティストの美学が反映された美意識の高い物が多い。ハードコア・テクノに関しては、エクストリームに特化しながらも、実験的な部分を多く含み、挑戦を恐れずに他と違った事をやりきる姿勢がある。フランスのハードコア・シーンで初期から活動している Laurent Hô と Epiteth や、Explore Toi、Gangstar Toons Industry、SpeedyQ's と Contrarotative、Manu Le Malin と Torgull の Bloc 46、No-Tek Records といったレーベルがまさにそうだ。

　エクストリームなハードコア・テクノを筆頭に、フランスでインダストリアル・ハードコアやフレンチコアを作るアーティスト達は、楽曲制作において何かしらの条件を付け、その条件内で手法を生み出し、それを特化させ、尖らせていく趣向がある様に見える。その結果、フラッシュコアやアトモスフェリック・スピードコアなどが生まれているのかもしれない。そして、フランスのハードコア・シーンにはテクニバルとフリー・テクノの存在も重要だ。フリー・テクノから派生したハードコア・テクノをリリースしていた Passe-Muraille、Perce〜Oreille、Ksi Hard Records といったレーベルは、自由であるが過酷さも味わうフランスの DIY なフリー・パーティー・シーンの姿勢が作品から感じられる。Zyklon B や Anticore Records などのスピードコア / ハーシュコアやアミガコアをリリースしていたレーベルにも、フリー・パーティーやサウンドシステム・カルチャーからの影響を感じさせる部分がある。それらのレコードが他のハードコア系のレコードよりも、キックが太く、サイケデリックな作用を引き起こすディストーションが塗され、ストイックな構成でまとめられているのは、クラブのスピーカーよりも DIY なサウンドシステムで鳴らされる事と、フリーパーティーという特殊な環境に来る人々を想定していたからだろう。これは 90 年代だけではなく、現代でも昔ながらの流通方法を使い、レコードをベースに活動するアーティストとレーベルはフランスに存在している。今も昔も、フランスのハードコア・テクノには、パンク的とも違ったフランス独特の反骨精神論の様なものが伝統として受け継がれていっている気がする。そして、スピードコアなどのエクストリームなスタイルに満足できず、もっと過激で過剰なものを求める者はフランスのハードコア・シーンに辿り着き、こぞってフランス産のレコードを集めている。

　これから紹介する作品は、自分が所有する海外の Zine とインターネットに残された貴重なアーカイブ、実際にその作品を作ったアーティストの近くにいた人物達の発言を元にしているが、それでも他のサブジャンルよりも情報が少なく苦戦した。必要以上な情報を残さない、そのミステリアスで硬派な姿勢もまた人気の一つと言えるだろう。

No Name – Strike

Michelson姉妹

　フランスのエクスペリメンタル・ハードコアやエクストリームなスピードコア、そして、フラッシュコアの歴史において Michelson 姉妹は欠かせない。Christoph De Babalon、Eradicator、M.C.P.(Martin Damm)、Taciturne といったドイツのアーティストをリリースしていた Fischkopf Hamburg から、1996 年に Eve Michelson こと No Name のレコード『Strike』と『Les Loups Des Trois Lunes』、彼女の姉妹である Stella Michelson

No Name – Les Loups Des Trois
Lunes

Auto-Psy – Arachnide

こと Auto-Psy の『Arachnide』がリリースされ、彼女達の偉大で異端なハードコアの歴史が始まる。
　Eve Michelson は Erase Head、Stella Michelson は Mouse としても Fraktal Soundsystem のレーベルや Anticore Records、そして Fischkopf Hamburg からレコードをリリースしている。『Massive Magazine』と『Skreem』のレビューを見ると彼女達のレコードはとても好評で、フランスのアンダーグラウンド・シーンを飛び越えて当時からエクストリーム狂を魅了していた。彼女達の作品はフラッシュコアの源流とされる事から、フラッシュコアに惚れ込んだ人々が遡って彼女達の作品をチェックしている。90年代にリリースされた彼女達のレコードはレアな物が多く、高価な値段で取引されているので入手するのは簡単ではないが、世界中にいる熱狂的な彼女達のファンが Mixcloud や SoundCloud で彼女達のトリビュート・ミックスを UP しているのでオンライン上ですぐに聴く事が出来る。
　Michelson 姉妹は 1994 年から 1998 年に掛けて、トゥールーズを拠点に結成された Fraktal Soundsystem のクルーとして Matt Fraktal や Thanos と共に活動し、トゥールーズで最初のハードコアのフリーパーティーを開催。Fraktal Soundsystem は Praxis と Stormcore（Mark Harrison）の協力を得てレーベルをスタートさせ、Armaguet Nad と Christoph Fringelli & Invisible SP が参加したコンピレーションと Mouse の『Halloween EP』をリリース。Fraktal Soundsystem の設立者の一人である Thanos は 1996 年に Karnage Records を立ち上げ、Tuluz Hard Core soundsystem (THC) としても活動し、フランスにて数多くのフリーパーティーとテクニバルをオーガナイズする。その後、Karnage Records は Al Core や Radium をリリースし、南米や東ヨーロッパのハードコア・シーンと関わりを強め、フランスのハードコア・フェスティバルとして有名な Koalition Festival の運営も行っている。2000 年以降も Michelson 姉妹はアンダーグラウンドを拠点に活動し、Mouse & No Name としてライブも行っており、2015 年には Dominator に出演。近年はドイツの Synderesis Records から Erase Head、Auto-Psy、No Name のレコードが再発され、Noizekore と No Name のユニット No Noise としてもレコードをリリースしている。

フラッシュコアのパイオニアLa Peste

　日本でも一部で熱狂的な支持者を生み出しているフラッシュコアのパイオニアである Laurent Mialon のソロプロジェクト La Peste も、元々は 1992 年から DJ としてキャリアをスタートさせ、フランスのハードコア・シーンで活躍していた。当初は Hangars Liquides 名義で『Hardcore Fever』というコンピレーションに参加し、1998年にレーベル Hangars Liquides をスタートさせ、La Peste 名義のレコードをリリース。この当時はフレンチコアやインダストリアル・ハードコア的なストレートな４つ打ちをメインと

Les Caves du Marin's
98 quai de la Loire - Paris XIX - Metro Laumiere /Jaures
22h > 07h (et - si affinites!) - PAF 6 Euros

lives :
NO NAME vs MOUSE
[Fischkopf/Homicide\Hangars Liquides]
LAWRENCIUM [Destruction Rec]

djs :
ARMAGUET NAD [Go More Core]
HELIUS ZHAMIQ [K.Bal/K.Ni.Bal Rec]
MAT FRAKTAL [Fraktion Rec]
LE SEIGNEUR
des MOUCHES [TesT La HP]
BERU [TesT Ozore Age]
NONAME XTM vs OKTOBER
[TesT vs Graffiti Sonore]

myspace.com/testsoundsystem

しているが、奥行きのあるサイファイでケミカル
な電子音と曲の構成からは、通常のハードコア・
テクノからは外れた異形のものが感じられる。そ
れは、Laurent Mialon が影響を受けたとされる
Liza 'N' Eliaz、Iannis Xenakis、Groupe De
Recherches Musicales(GRM)、インドの古典
音楽といった音楽的なバックグラウンドが反映さ
れているのだろう。

　2000 年 に 開 催 さ れ た Hardcore
Resurrection のテラー・ステージに出演するな
ど、ハードコア・シーンとの繋がりは保たれてい
たが、La Peste の作品はスピードコアの高速感
と攻撃的な側面のみを抽出し、ストレートな 4 つ
打ちを放棄したプログレッシブでアブストラクト
なスタイルへと変化していく。

　一方、Hangars Liquides は La Peste 以外に
EPC、Fist of Fury、Senical、I:Gor によるエ
クストリーム / エクスペリメンタル・ハードコア
の名作を発表。この頃の La Peste と Hangars
Liquides の作品は、スピードコアやインダスト
リアル・ハードコアをルーツとし、あくまでもダ
ンスミュージックの一部として発表していた様に
見えるが、ダンスミュージックとしての意識と形
態をまったく無視している様にも思える。

　2000 年以降は IDM とも共鳴していき、La
Peste のプロダクションはさらに複雑な方向へと向かい、フラッシュコアというスタイルが出来上がる。
視覚的な表現にもフォーカスしていき、La Peste は音楽以外のメディアからも注目を集めた。Laurent
Mialon はフラッシュコアについて、コンピューターの高速化に焦点を当て、空気分子を移動させて意識の
領域を広げるのを目的としたサウンドアートである、と発言している。BPM と曲の長さも、ダンスミュー
ジックの平均的な形にはまったく適さず、その曲に必要とされる時間を使い、20 分を超える曲もある。
　La Peste のフラッシュコアは、ハイピッチなハーシュノイズや電子ノイズミュージックに近く、ビート
の概念が既存のダンスミュージックからは遠い場所にある。学術的とも言える方法や論理を用いている様だ
が、La Peste の楽曲にはブルータリティも存在している。そこからは、エクストリームなハードコアやス
ピードコアの背景が浮き出てきており、La Peste のコアなパートにハードコア・テクノはずっと残り続け
ているのだろう。
　La Peste のライブパフォーマンスはヨーロッパでも稀らしく、自分の回りでも彼のライブを体験した
人は少ない。ライブパフォーマンスではその場でしか生まれない即興性を重視しているらしく、過去のイ
ンタビューや音源を聴く限り、La Peste とフラッシュコアの本質はライブにこそあるのかもしれない。
Dance Affliction というフェスティバルに La Peste が出演した時の模様が高品質で残されているので是
非チェックして見て欲しい。La Peste の音楽を理解するのには最も適した素材である。La Peste の音楽
は精神的 / 空間的にも体験する事に意味を見出し、機械とテクノロジーをフル活用してスピリチュアルな
がらも現実的な理論を駆使している。多分、こういった文章で語るより、過去のインタビューを見るよ
りも、実際に La Peste の音楽を「体験」するのが一番なのだろう。現在はベルリンに拠点を置き、Krystal
Jesus 名義でも音源を公開している。

デス/ブラック・メタルとハードコア・テクノ
　スピードコアやテラーコアでは、デスメタルなどのブルータルなバンドの音源がサンプリングされる事が
多く、スピードコアなどのエクストリームなハードコア・テクノを構成する素材として重宝されている。

デスメタルとブラックメタルはハードコア・テクノとの相性も良く、実際にそれらの音楽とハードコア・テクノが交配した作品も生まれている。2010年代では、デトロイトから現われた謎の覆面バンド Phuture Doom はブラックメタルにダブステップやエレクトロ、さらにオールドスクールなハードコア・テクノをミックスさせ、PCP でお馴染みの The Ultimate MC をフィーチャーした楽曲を制作し、Skrillex のレーベル Owsla からアルバムをリリースした。デスメタルとドゥームメタルに精通していた Bong-Ra はベルギーのブレイクコア・アーティスト Sickboy とのユニット Servants of the Apocalyptic Goat Rave を結成し、ブラックメタル的なエッセンスを交えたドゥーミーなダークコア・スタイルを提示。2018年にリリースされた 2nd アルバム『Queen of Darkness』は、エレクトロニクスとブラックメタルの融合を目指し、自分達のスタイルをブラック・エレクトロニクスと称していた。

Phuture Doom

バンドとしてのアプローチでは、Thrasher(PRSPCT) は Deathwish からアルバムをリリースしている Modern Life Is War のギタリスト Harm Haverman(Sjarm13) とブルータルデスメタル・バンド Sepiroth のベーシスト Julian Schaap、オランダのハードコア/グラインドコア・バンド Gewoon Fucking Raggen と Sick of Stupidity のドラマー Lemmy van Wilgenburg、そして Limewax と結成した The Dead Cvlt でインダストリアル・ハードコアとドラムンベースにブラックメタルをバンドのフォーマットでミックスしている。他にも、ブラックメタル・バンドで活動していた Ripit はインダストリアルやリズミックノイズにハードコア・テクノやブレイクコアを掛け合わせた実験的な作品もリリースしていた。これらの先駆けとなったのは、ドイツの Miroslav Pajic(Miro) とイギリスの Jason Mendonca だろう。

Jack Lucifer – I Am Living Death

Miroslav Pajic が Stickhead と Jack Lucifer 名義で Kotzaak Unltd からリリースしたテラーコア/スピードコアは、デスメタルとブラックメタルの過剰なサウンドとメンタリティをハードコア・テクノと結びつけていた。Stickhead/Jack Lucifer としてリリースした作品は、ドイツのハードコア・テクノが持っていたダークで退廃的な Rave サウンドの中に、デスメタル/ブラックメタルのブルータリティを組み込み、高速 BPM でありながらもドゥームコア並みの重みと圧迫感を感じさせる。Stickhead/Jack Lucifer が90年代中期にリリースしたテラーコアのレコードは、ダンスミュージックのフォーマットには収まっているはずだが、より実験的な作風となっており、他のテラーコアやスピードコアと聴き比べるとその違いが明確に感じ取れる。さらに、ブラックメタルの神秘的なメロディは Miroslav Pajic と Marc Trauner が生み出すメロディと非常に似ており、PCP とブラックメタルの以外な共通点が浮き上がってくる。

バンドマンからの回答

もう一人のキーパーソンである Jason Mendonca は DJ Yubba、Neuroviolence、Johnny Two Times & Pete Da Killa、Lorenz Attractor、Disciples of Belial といった名義やユニットで90年代中頃にサタニックなハードコア・テクノやエクスペリメンタルなエレクトロ/ブロークンビーツ、そしてブレイクコアの先駆け的なレコードを発表しており、Manu Le Malin と Technohead のコンピレーションに楽曲が収録された事もあって、実験的なハードコア・テクノやブレイクコアが好きな人ならば絶対に辿り着く人物である。ちなみに、Jason Mendonca はプログレッシヴ/テクニカル・ブラックメタルと称される前衛的なブラックメタル・バンド Akercocke のボーカル兼ギタリストとしても活動している。Jason Mendonca と Baal Equananthorn のユニット Disciples of Belial が Praxis からリリースした二枚のレコードは、エクスペリメンタルなハードコア・テクノ/スピードコアの傑作としてカルト的な人気があり、同じく Praxis からリリースされた Jason Alexander(Warlock) とのユニット Lorenz Attractor では、

Xasthur / Acid Enema

Disciples Of Belial - Goat Of
Mendes EP

Acid Enema - King Of Deception

さらに実験要素が強いレコードも残している。
1995 年に DJ Yubba 名義でリリースされ
た Deviant とのスプリット『World's Fattest
Split』は、ジャングル的なボイス・サンプルとアー
メン・ブレイクを用いたトラックで、一部では最
初期のブレイクコア・トラックと言われている。
サンプリング以外の部分でブラックメタルやデス
メタルのサウンドやメンタリティーをハードコ
ア・テクノに落とし込んだ最初期のアーティスト
であり、ロンドンを拠点に VFM というハードコ
ア系パーティーもオーガナイズしていたらしく、
90 年代のイギリスのアンダーグラウンド・シー
ンでは非常に重要な人物として語られる。

　ブラックメタルとデスメタルのアーティストやファンがスピードコアやテラーコアを好むのには、そのブ
ルータリティや外側にも内側にも向かう破壊衝動に共鳴している部分が多い。その両方を兼ねそろえてい
るのがアメリカの Acid Enema だ。ボーカル兼プログラミングの Abhorrent と、ギター / ベースの Noth
Bloodstorm による Acid Enema は 1999 年に Paulblackout の Hardline Rekordingz から『The
Necro-Pedophile EP』という 12" レコードでデビューを飾り、Praxis や Ambush と並んで初期のブレ
イクコア・シーンを支えた Widerstand Records からもレコード『Hymns of Hate』をリリース。その
後も、アメリカのブレイクコア / ハードコア・アーティスト Minion や、ブラックメタル・ファン以外に
も広く知られている Xasthur とのスプリットも発表しており、Abhorrent はソロプロジェクト Sangre
としても Restroom Records、Cathartic Noize Experience、D-Trash Records からブラックメタ
ルとスピードコアにノイズを合体させたデプレッシブでエクストリームな作品を発表。Acid Enema は自
身の音楽を Blackened Speedcore と提示している通り、ブラックメタルとスピードコア・シーンの両
方で認識されている数少ないユニットとして、今もマニアックな人々から熱心なサポートを受けている。
2018 年には Acid Enema としてのアルバム『Cathartic Noize Experience』と『Hymns of Hate
Remixes』をリリースし、ライブパフォーマンスも披露していた。

エクストリームなハードコア・テクノに多大な影響を与えたオーストラリアン・ハードコアの代表格 Nasenbluten

　2020 年 2 月、Industrial Strength Records は Facebook に て Nasenbluten の『100% No
Soul Guaranteed』の 25 周年を祝うポストを投稿し、Spotify や Apple Music などのストリーミ
ング・サービスでの配信を開始した。4 月には Rinse FM での Gabber Eleganza のプログラムにオー
ストラリアはニューカッスル出身の Mall Grab が Bloody Fist Records を中心としたミックスを提供
し、Terrornoize Industry からは Nasenbluten の Aaron Lubinski のソロプロジェクト Xylocaine が

久々となるレコードを発表。Helena Hauff の Mix CD『Kern Vol. 5』に Nasenbluten の「Intellectual Killer」が収録される事がアナウンスされ、ハードコア・テクノのリバイバルも手伝ってNasenbluten に再び注目が集まった。

　オーストラリアのハードコア・テクノを語る時、それはNasenbluten と彼等のレーベルである Bloody Fist Records の話になる。1993 年から 2004 年までにオーストラリアはニューカッスルから放たれた彼等のレコードは、オーストラリアのハードコア・テクノ・シーンを活性化させ、その強力なサウンドとアティテュードに世界中のハードコア・ファンは熱狂した。彼等のレコードに収められたその驚異的な熱は今も冷めずに若い世代に受け継がれている。アミガコアやチープコアと呼ばれる Nasenbluten の作品は、その名の通りローピットのビガビガとしたサウンドがアイコン的となっており、ヒップホップのサンプルとブレイクビーツを多用したトラックの中に、怒りに満ちた攻撃的な反骨精神とシニカルでアイロニカルな姿勢を込めた唯一無二な物を作り出していた。

FISTOGRAPHY

BLOODY FIST RECORDS
Newcastle, Australia
1994-2004

　メンバーの Mark Newlands が 1997 年の DMC のニューサウスウェールズ州でのチャンピオンとしても知られている通り、スキルフルなスクラッチと豊富なヒップホップ / ブレイクビーツの知識が反映された事によって、Nasenbluten の音楽に特殊なグルーブとファンキーさをもたらし、彼等の音楽を特別にしている。Nasenbluten と Bloody Fist Records はハードコア・テクノ、スピードコア、そして、ブレイクコアのクラシックを残しているが、それらのジャンルやスタイルにカテゴライズされる前に、彼等の強烈な姿勢と意思にこそ意味があり、それが音になっていく工程がレコードから感じられ、音楽だけではなく彼等のアティチュードにも強烈な魅力がある。

　2014 年 10 月に Nasenbluten の Mark Newlands 著による『Fistography: Bloody Fist Records Newcastle, Australia 1994-2004』が出版され、Bloody Fist Records のアートワークやフライヤー、当時の写真や機材などが展示された『Fistography Exhibition』という個展がニューカッスルで開催。同年に Vice でも Bloody Fist Records は特集され、ハードコア・シーンを超えて彼等の存在は認知されているのが分かった。Mark Newlands は Mark N として Ground Zero Festival、Hardshock Festival、Footworxx、Dominator、Bang Face the Weekender といったフェスティバルに持続的に出演しており、数年前に Bloody Fist Records は Bandcamp をスタートさせ、入手困難だった過去の音源のデジタル化を進めた。初期のリリースはプレスされたレコードとカセットの数が比較的少なく、Discogs やオークション・サイトでは高価な値段で取引されていたが、デジタル化が進んだ事によって、新規のファンも獲得している。

Nasenblutenとオーストラリア

　オーストラリアといえば、日本でも絶大な人気を誇る Kylie Minogue や Pendulum が知られているが、インダストリアル・ミュージック史に多大な影響を与えたシドニーの SPK も有名であり、Severed Heads や Ben Frost といったインダストリアル・ミュージック文脈でも語られる重要なアーティストを輩出している。Mark Newlands はヒップホップとエレクトロに加えてインダストリアル・ミュージックからの影響を公言しており、Bloody Fist Records はハードコア・テクノだけではなく、ノイズミュージックもリリースしており、過去のインタビューでは Bloody Fist Records のリスナーにはゴシックであったり、Rave とは関係ないサブカルチャーに属している人達が多いと発言していた。

　実際にインダストリアル・ミュージックとの接点もあり、オーストラリアのインダストリアル・バン

ド Insurge が 1994 年にリリースしたシングル『I.M.F.』のプロモーション・オンリーで配布されたリ

Insurge – I.M.F. (Remixes)

ミックス集には Nasenbluten、Syndicate、Pendulum(De-Koder)、Disassembler が起用されていた。ちなみに、そのリミックス集に収録された Nasenbluten の「I.M.F.(You Piece of Shit Hardcore Re-Armament Mix)」は、彼等にしては非常に珍しい歌物のハードコア・テクノだが、スクラッチとブレイクビーツを駆使し、自身のスタイルを曲げずに素晴らしいリミックスを作り上げている。

　Bloody Fist Records の面々は非常に安価な機材を使ってノイズを作っていたとも発言しており、そのチープな側面はインダストリアル・ミュージックの初期衝動的な部分とフィットする。ハードコア・テクノ・シーンにおいて、Bloody Fist Records よりもストレートにインダストリアル・ミュージックからの影響を表しているアーティストは多いが、環境や心情的な側面において、Bloody Fist Records の作品の方が、インダストリアル・ミュージックとの強い親和性を感じさせる物が多いのも興味深い。そこも、多様なリスナーを引き付ける魅力の一つなのだろう。

　Nasenbluten と Bloody Fist Records 以外にも、オーストラリアには個性的なハードコア・テクノのアーティストがいる。Atomic Hardcore Recordings からもシングルをリリースしているシドニーの Geoff Da Chef、Rage Records と UHF Records を主宰していた Rage Reset、そして、Animal Intelligence や Noize Generator、2000 年代では Tymon といったアーティストが活躍。Bloody Fist Records からレコードをリリースしていた Paulblackout は、2000 年代にはハードコア・ドラムンベース・シーンで重要な役割を果たし、Epsilon もチップブレイクやブレイクコア・シーンで人気を集めた。

　Nasenbluten に限らず、System Corrupt 周辺のブレイクコアやノイズミュージックも含め、オーストラリアから生まれてくる作品にはどこか土着的な怒りや過剰表現といった趣向が目立つ。Nasenbluten のインタビューを見ると、オーストラリアのハードコア・シーンや当時の彼等を取り巻く様々な環境についてフラストレーションを感じているのが伺え、怒りのエネルギーが彼等の音楽の攻撃性を高めていたのが解る。彼等の代表曲の一つとして今もプレイされ続ける「Cuntface」や「No More Fucking Soul」などは、攻撃的なだけではなくアイロニカルな手法によって、ある種のキャッチーさを作り出す事に成功している。それは、ヒップホップやブレイクビーツ・ハードコアのサンプリング哲学やカットアンドペーストなどの要素が活きているからだろう。ただ、怒りに任せて安い機材をフル活用したチープなハードコア・テクノではない、音楽的な深みがある。

ブレイクコアの元祖としてのBloody Fist Records

　ブレイクコアのルーツを辿る時、そこには必ずと言っていい程に Nasenbluten の名前を見る。ブレイクコアを音楽的に形成する要素として、ハードコア・テクノ(ガバキック)とブレイクビーツ(アーメン・ブレイク)の融合というのがあるが、その理想の形を最初期

から形にしていたのが Nasenbluten と Bloody Fist Records であった。

　Nasenbluten の「Cuntface」では、オーストラリアのシンセポップ・バンド Boxcar の「Gas Stop」を茶化した様にサンプリングし、「Concrete Compressor(Remix)」で Bob James の「Sign of the Times」を高速ハードコア・トラックと掛け合わせ、相反する音同士を歪に繋ぎ合わせるスタイルは、ブレイクコアのサウンドと精神性そのものだ。Syndicate のラガジャングルを更にハードに高速にさせたスタイルや、Fraughman のジャンクなノイズとインダストリアルをブレイクビーツとミックスさせたスタイルもブレイクコア的と言える。彼等の影響は System Corrupt を筆頭に、2000 年代に台頭したオーストラリアのブレイクコア系アーティスト達に強く現れており、その結果 Bloody Fist Records を超える悪趣味で過激な作品が多く生まれた。

　Bloody Fist Records が幕を閉じた後も、Mark N はブレイクコア・シーンと積極的に関わっていき、自身の DJ セットにブレイクコアを取り入れていた。オーストラリアのハードコア・テクノの影響はブレイクコアだけに留まらず、ハードコア・テクノの様々なサブジャンルにも及んでおり、先程で触れた Mall Grab や Disco(Luke Collison) もその影響について公言している。Mark N はブレイクビーツ・ハードコアやオールドスクール・ハードコアの DJ セットでも若い観衆をロックしており、YouTube で公開している 7" レコードのルーティーンはとても評価が高く、1700 件以上のコメントが付けられ絶賛されている。

　特殊なものばかりのハードコア・テクノにおいて、オーストラリアのハードコア・シーンの異質さは群を抜いており、これから見て頂くレビューからもそれは感じられるはずだ。

日本国内におけるガバから
スピードコアに至るまでのミッシングリンクの考察

DJ C-TYPE(殺人ヨットスクール)

　現在ではスピードコアといえば、すぐ各自の脳内で大体どういうジャンルであるのかのイメージが湧くと思いますが、この項では、インターネットなど無かった時代に日本国内においてスピードコアというジャンルがどういった流れで浸透していったのかを考察していきたいと思います。

　日本国内における高速音楽の歴史は、90 年代初頭から紐解いていくことができます。オランダで Paul Elstak が Rotterdam Records を設立した 1992 年より、石野卓球氏が電気グルーヴのオールナイトニッポンなどを通じて日本にガバが浸透していきました。ガバは早い BPM とリミッターでわざと音を割った特徴的なキックがウリでしたが、それでも BPM は 180 程度でした。ちなみに、Rotterdam Records の看板アーティストである Euromasters の代表曲「Alles Naar De Klote」のアナログには 250BPM ミックスが収録されており、すでに高速 BPM へのアプローチが試みられていますが、まだネタ曲の範囲は出てないような作りでした。

　初期の日本のガバ DJ の先達は、直接レーベルに FAX を送るなどして交渉しレコードを入手していましたが、日本でのガバの普及が進むにつれ、輸入レコード店にガバの延長としてハードコアの音源が入荷されるようになりました。

　ターンテーブルを持っていず、レーベルの情報も Rotterdam Record 周辺しか持っていないリスナーは、まずレコード店の CD コーナーでガバ系の棚に入っているコンピ CD を片っ端から購入することになるのですが、ここで重要な役割を果たしたのが 1993 年よりオランダの ID&T からリリースされたコンピシリーズ『Thunderdome』です。同シリーズには、オランダ系のガバの他にドイツ系レーベルのハードコアやスピードコアの原型となるような高速曲、ユニークなサンプリングを作ったネタ曲など、いわゆるダッチ・ガバしか知らなかった層に新たなジャンルの高速音楽への扉を開かせました。

　そんな中、アメリカで 1991 年にハードコア・テクノ・レーベルとして Lenny Dee が設立した Industrial Strength Records より、D.O.A(Disciples of annihilation) が 1996 年にリリースした『Muthafuckin' New York Hardcore』に収録された「N.Y.C. Speedcore」が、日本で最初に「スピードコア」という呼称が広まった曲となります。

　看板アーティストの Delta 9 や D.O.A メンバー Sal mineo のソロプロジェクトである U.V.C. (Ultra Violent Core) も含めて、Industrial Strength Records からリリースされる曲は、TR-909 のキックに極端なディストーションをかけた所謂「ガバキック」に割れたボイスサンプルや、ギターリフを絡めて平均 BPM は 220 を超えた曲が多いのが斬新でした。また、Industrial Strength Records は日本盤のアルバムやコンピ CD がリリースされ、専門店でなくても購入することが出来るようになり、より全国にハードコアが浸透していきました。

　そして、1995 年に Industrial Strength Records からリリースされたコンピ『Bloody Fist Sampler』がリリースされ、日本国内に衝撃を与えます。これはオーストラリアで 1994 年に Mark Newlands が設立した Bloody Fist Records の代表的アーティストをピックアップしたコンピでしたが、これに収録された Nasenbluten の「We've got the balls」は、Metallica「One」のギターリフと Geto Boys「Do It like a G.O」のライムを組み合わせ、さらに割れたキックとブレイクビーツを重ねた、これまでとはまったく異なるアプローチの曲でした。これまでまったく情報がなかったオーストラリアからのヒップホップ・サンプルに倍速のキックを重ねたスタイルは、さらにハードコアの解釈を広げて BPM も遅い声ネタに同期させる為に (例えば原曲 120BPM だと 240BPM にして) 加速していきます。余談ですが、Bloody Fist Records の手法は日本におけるブレイクコアの礎となったレーベルでもあります。

　そしてドイツからは、1990 年より活動してきた The Speed Freak こと Martin Damm が 1994 年に立ち上げた Shockwave Recordings から数多くのハードコアの名盤がリリースされました。初期はハードコア・テクノ調のリリースが続きますが、徐々に過激化していきそれに合わせて BPM もどんどん上がり、

Chapter 3　　　　210

90 年代終盤には平均 240BPM まで上がります。Shockwave Recordings の特徴として、親レーベル名を伏せたサブレーベルが大量に存在しており、アーティスト名・曲名など一切伏せて超ハードなインダストリアル曲をリリースしていた Napalm や、日本の美少女イラスト・ジャケットでアシッド曲をリリースしていた Anodyne などがありました。その中で、まさに超高速曲のみをリリースするのに特化したレーベル SPEEDCORE が誕生し、Sonic Overkill や Amiga Shockforce などがギターリフを多用した良質の高速曲をどんどんリリースしました。90 年代のドイツでは Fischkopf や Kotzaak、Nordcore など速いハードコア曲をリリースするレーベルは沢山ありましたが、日本では情報量も少なく詳細が不明で、スピードコアという概念は日本では SPEEDCORE あたりから定着していったような印象があります。

　イギリスでは、1992 年に活動を開始した DJ Freak が立ち上げた HARD OF HEALING より Lasse Steen などが高速 BPM 曲を多数リリースしていますが、スピードコア的というよりは高速ハードコアといった曲調でした。フランスに目を向けると、1986 年（！）から現在まで活動を続けるアーティスト Explore Toi が立ち上げたセルフレーベルから 250BPM の無機質で機械的で主旋律や展開のない高速インダストリアル曲をリリースしていましたが（これが日本で最初にフレンチコアと称されていたジャンル）。また、1998 年に La Peste が立ち上げた Hangars liquides からも高速なハードコア・テクノがリリースされてましたが、どちらも所謂スピードコアとは離れた高速インダストリアルといった感じの曲調でした。

　90 年代後半になると、名称の中に「SPEEDCORE」と入れたレーベルが出てきますが、速いだけがウリで短命で消えていったものも多かったです。（1997 年にドイツで Karl-Christian Baginski が立ち上げた United Speedcore Nation、2001 年にカナダで DJ Plague が立ち上げた Canadian Speedcore Resistance、2005 年にロシアで Basil が立ち上げた Moscow Speedcore Scum など）

　2000 年代以降はネットレーベルが簡単に立ち上げられる環境ができ、個人でスピードコアをリリースする人も増えました。アナログをリリースするレーベルはほぼなくなり、デジタルリリースが主流となっています。スピードコアもさらに細分化・高速化され、フラッシュコア、エクストラトーン、スプリッターコアといったジャンルも増えました。

　日本国内では、90 年代のガバ黎明期より海外レーベルからリリースしていた OUT OF KEY、Hammer Bros、ニコニコ殺人団（スズキナオト氏）など高速 BPM 曲を作るアーティストは沢山いましたが、最初にスピードコアを前面に出したのは 1998 年活動開始の m1dy さんからではないでしょうか。m1dy さんの曲が音ゲーに収録されることによってスピードコアが一般層にも認知されることになりました。

　かなり急ぎ足になりましたが、実際にクラブとレコード店に通いながら私が感じていた日本国内における BPM の高速化及びスピードコア確立の流れはこのような感じで、はっきりとした定義が出来たのではなく、後から徐々にこういう感じがスピードコアなのだと決まっていったような印象があります。私にとってのスピードコアの魅力は、自分の常識的な範囲からさら凌駕する BPM の洪水の中に身を任せすべてもっていかれるようなところにあると思います。

　最後になりましたが、私が知る中でもっとも速い曲を紹介します。1996 年にリリースされた Johnny Violent の「Burn Out」は BPM20,000,000 です。どれだけ速い曲を知ってるかというマウントの取り合いの時は、こいつでほぼ勝てますので覚えておきましょう。それでは。

DJ C-TYPE

1993 年より大阪で DJ 活動を開始。フレンチコアをメインにあらゆる高速音楽を無節操にミックスする DJ スタイルは、実家のお母さんより高い評価を受けている。レーベル殺人ヨットスクールのオーナーとしても暗躍中。

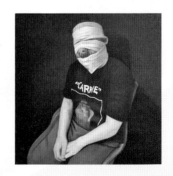

UVCとしてもスピードコアのクラシックを作った元祖

Disciples of Annihilation

◉ Industrial Strength Records
🕐 1994   🌐 アメリカ
⬤

Joey Beltram と共作を発表していたハウス・ユニット Twice as Good や日本の avex trax から 12"
レコードをリリースしていた Power Surge のメンバーとしても活動していた Carl Carinci と、Fuckin
Hostile や Leathernecks にも参加していた Sal Mineo、そして Nick Marchetti によって 1993 年に
結成されたスピードコア / ハードコア・テクノ・ユニット。活動期間は短く発表された作品も少ないが、スピー
ドコアのオリジネーターとしてカルト的な人気を誇る。テクノやハウスを作っていた知識と経験を元に、ダ
ンスミュージックとしてのグルーブを保ちながら機材と人間が作り出せる究極のエクストリーム・サウンド
を追求した狂暴なトラックの数々を生み出し、スピードコアというジャンルを形成。彼等の代表曲である
「N.Y.C. Speedcore」は、スピードコアそのものを象徴する曲として有名である。『Muthafuckin' New
York Hardcore』や『New York City Speedcore』といった名盤は日本でも人気があり、国内にも熱狂
的な支持者がいる。1997 年 3 月にメンバーの Nick Marchetti がヘロインの過剰摂取によって亡くなっ
た事により、Disciples of Annihilation としての活動はストップ。長い間沈黙が続いていたが、2019
年に Industrial Strength Records からリミックス集『Muthafuckin' Remixes』がリリースされ、DJ
Skinhead の『Extreme Terror Remixes』に D.O.A. & Darrien Kelly として参加し、ファンを驚かせた。

Disciples of Annihilation

Industrial Power '9d4	アメリカ
Industrial Strength Records	1994

200BPM を超える超高速ビートにメタルギターと怒号サンプルを組み合わせた破壊的なスタイルで、スピードコアの原型を作り上げた名盤。今も頻繁にプレイされ、リミックスやサンプリングもされているスピードコア・クラシック「Wanna Be a Gangsta」を筆頭に、数々の名曲が収録。前年には Fuckin Hostile がリリースされ、同年には Leathernecks の『Test Attack』が発表されており、この時期にエクストリームなハードコア・テクノの形式が生まれ、スピードコアのフォーマット化が進んでいったと思われるが、その中でも特に重要な一枚である。

D.O.A.

Muthafuckin' New York Hardcore	アメリカ
Industrial Strength Records	1996

スピードコアというジャンルを語る上で絶対に外せない名盤中の名盤。このアルバムによって、スピードコアというジャンルの大部分が出来上がったといっても過言ではないだろう。「Brooklyn Mob」「Ya Mutha Part III」「Total Annihilation」「N.Y.C. Speedcore」などの名曲は、スピードコア・ファンでなくても、ハードコア・テクノ好きならば一度は耳にした事があるはずだ。今作に収録されている名曲達は、これから先も間違いなくプレイされ続けるだろう。スピードコアの入門編にも最適である。

D.O.A.

Unleash the Brutality	アメリカ
Industrial Strength Limited	1996

Sal Mineo 制作の A 面「DJ Ass Fucker」は、グルーブ感をキープさせたリズミカルなスピードコア・トラックとなっており、Carl Carinci 制作の B 面「Unleash the Brutality」は、インダストリアル・ハードコアやノイズミュージック的とも言えるノイズを駆使したカオティックなハードコア・トラックとなっている。今作でも、ダンスミュージックの本質を失わずに、限界までエクストリームなスタイルを突き通しており、非常に優れたトラックを生み出している。残念ながら、D.O.A. としては今作が最後のシングルとなった。

Disciples of Annihilation

New York City Speedcore	アメリカ
Earache	1998

Disciples of Annihilation の最初で最後となったアルバム。1997 年に名門グラインドコア / メタル・レーベル Earache から CD で発表され、日本盤も Toy's Factory から発売された。『Industrial Power '9d4』と『Muthafuckin' New York Hardcore』を中心に、未発表曲を追加して作られたベスト的な内容。スピードコア並びに、エクストリーム・ミュージックを愛する人でまだ今作を聴いていない方は、各種ストリーミングでも聴く事が出来るので是非チェックして欲しい。

U.V.C.

Ultra Violent Core	アメリカ
Industrial Strength Records	1996

Sal Mineo による Ultra Violent Core こと U.V.C. のデビュー作。Disciples of Annihilation よりもシリアスな狂気を感じさせる危険なスピードコアを収録。ここまでエクストリームな音楽もなかなか存在しない。破壊衝動を呼び起こし、解放感へと結びつける原始的な叫びとビートは、ダンスミュージックのコアな部分を炙り出している。ハーシュノイズの高揚感にハードコア・パンクの疾走感を混ぜた様な至高のエクストリーム・ミュージックである。1997 年には Narotic とのスプリット・レコード『Step into the Pit』もリリースしている。

Overlords

Activate	アメリカ
Ruff Beats Records	1997

Disciples of Annihilation の Nick Marchetti と Carl Carinci によるユニット。Ruff Beats Records からのリリースともあって、ハードでレイビーなガバ・スタイルであるが、速度を落とした Disciples of Annihilation 的なノイジーなトラックも収録している。当時の US ハードコア・シーンの雰囲気も感じさせ、あの時代特有のサウンドが魅力的だ。他にも、Carl Carinci は Nukom 名義で Bastard Loud Records と Hong Kong Violence からレコードを発表している。

Infarct

The Anti-Christ	アメリカ
Bastard Loud Records	1997

Sal Mineo のソロプロジェクト Infarct の二作目となるシングル。タイトルにも現れている様にダークな世界観が全体を包み込んでおり、Disciples of Annihilation や U.V.C. とは違った攻撃的でシリアスな部分が浮き出ている。今作でのアシッドコアやインダストリアル・ハードコアを自己流にアレンジしたトラックは、2000 年後半に出現したシュランツコアに通じるハードでダンサブルなスタイルである。Infarct 名義では 1995 年に IST Records からシングル『Nuclear Fission』を発表している。

Disciples of Annihilation

Muthafuckin' Remixes	アメリカ
Industrial Strength Records	2019

Disciples of Annihilation のデビュー作から 25 年が経った 2019 年に発表されたリミックス集。Radium、Chaotic Hostility、A-Kriv & OMG909、Fiend, Stinger & Narotic、Kenny Campbell がそれぞれのスタイルで「Wanna Be a Gangsta」「Total Annihilation」「Unleash the Brutality」「This is DOA」、そして U.V.C. の「Kill Kill Kill」といった名曲をリミックスしている。

壮絶な怒りと皮肉を込めたブレイクコアの源流でもあるユニット

Nasenbluten

◉ Bloody Fist Records、dEAdGirL
🕭 1993
🌐 https://bloodyfistrecords.bandcamp.com/

🌐 オーストラリア

Mark Newlands、Aaron Lubinski、David Melo によるハードコア・テクノ・ユニット。1992 年にオーストラリアのニューカッスルで結成。Bloody Fist Records と dEAdGirL から数々の名作を発表している。煮え滾る様な怒りのエネルギーを元に、スキルフルなスクラッチと幅広い知識によってカバーされたブレイクビーツ、オールドスクールなラップやギャングスタ・ラップのアカペラといったヒップホップのエレメントをハードコア・テクノに落とし込んだスタイルと、Amiga と MOD を使って作り出されるローファイで歪んだ独特なサウンドで、ハードコア・テクノ・シーンに大きな衝撃を与えた。1995 年に Industrial Strength Records からリリースされた『100% No Soul Guaranteed』によって Nasenbluten の存在は世界中のハードコア・シーンから注目を集め、その後も Atomic Hardcore Recordings や Strike Records からも作品を発表。2001 年に最後のアルバム『Dog Control』を発表し、世界中のファンに惜しまれつつ解散。活動期間は短いが、Nasenbluten の活動よってオーストラリアのハードコア・テクノは世界中に知れ渡った。メインストリームのポップスなどを痛烈に批判した過激な姿勢と、様々なジャンルの素材を繋ぎ合わせた上に高速アーメン・ブレイクをミックスしたトラックは、しばしばブレイクコアの元祖としても紹介されている。各メンバーはソロ・プロジェクトでも活動しており、Mark Newlands は Mark N としての DJ プレイや Overcast、Aaron Lubinski は Xylocaine、David Melo は Disassembler としても作品を残している。

Nasenbluten

Live at Wobble	オーストラリア
dEAdGirL	1993

1993 年 7 月 31 日に行われた Nasenbluten のライブを録音した作品。様々なサンプルを巧みに使ったブレイクビーツ・ハードコアとガバ／ハードコア・テクノ・トラックをプレイしている。彼等の最大の武器であるブレイクビーツ使いは、この頃から非常に優れたセンスとプログラミング・スキルを持っていた事が証明されている。この頃はサウンド面においてRave 色が強く、かなりキャッチーな印象を受ける。後半から BPM が上がっていき、ストレンジなサンプルと展開を駆使したハードコアになるにつれて、彼等の本質が現れていく構成も良い。結成当初から彼等は並外れた才能と意思を持ったアーティストであった。

Nasenbluten

I'll Make Them Pay	オーストラリア
dEAdGirL	1994

1994 年に dEAdGirL からカセット・テープで発表されたアルバム。現在は Bloody Fist Records の Bandcamp でデータ版が購入出来る。1993 年から 1994 年に作られた音源を収めており、後にレコードでリリースされていくトラックのデモやプロトタイプ的なトラックが収録されている。ブレイクビーツ・ハードコアな「Letting Off」や、テクノを下地にしたインダストリアル・ハードコア的な要素を感じさせる「Big Cunts / Skullbash」、ブレイクコアといってもまったく違和感がない「Gravel Rash」など、Nasenbluten の初期傑作トラックが多数収録。

Nasenbluten

100% No Soul Guaranteed	オーストラリア
Industrial Strength Records	1995

『ブレイクコア・ガイドブック 上巻』でもレビューした Nasenbluten の出世作であり、ハードコア史に永遠に残る名盤 LP。ブレイクコアの視点から見ても重要であるが、ハードコア・テクノの歴史においてはより重要度が高い。全曲間違いない名曲のみが収録されており、今もこの LP からは尋常ではないエネルギーが感じられる。まったく色あせないどころか、時間が経過する度に輝きを増していっている。ハードコア・テクノが好きな方で、まだ今作を聴いた事が無ければ、ストリーミングでチェックする事が出来るのでまずは聴いてみて欲しい。

Nasenbluten

The Brick Shithouse EP	オーストラリア
Industrial Strength Records	1996

ノイジーなキックとシンセがノンストップで叩き込まれる容赦ないスピードコア・トラック「Klu Klux Cunts」、ガバの要素が大きく出ている「Dermal Plating」、Overcast の作風にも近いラップのサンプルを使ったダークな「Race Against Time」、ブレイクビーツ・ハードコアに黒く濃いヒップホップ・フレイヴァを塗った「Feel Discipline」の4曲を収録。各メンバーの個性が上手く反映された作りとなっており、後にOvercast や Xylocaine などのソロ・ワークへと繋がっていく流れが感じられる。

Nasenbluten

Cheapcore EP
Strike Records — オーストラリア / 1997

Suicide Commando や Rage Reset、Xylocaine のレコードをリリースしていたドイツの Strike Records から 1997 年に発表された 12" レコード。タイトルの Cheapcore とは、当時彼等が自身のスタイルを表す時に使っていた単語であったらしい。Nasenbluten 流のジャングル・トラック「Check the Sound」、まさに Cheapcore と言える「Underground Church」、アシッド・ハードコアな「Urinal Fun」など、Bloody Fist からのリリースとは違った雰囲気がある。

Nasenbluten

Not as Good as 100% No Soul Guaranteed EP
Industrial Strength Records — オーストラリア / 1997

1997 年に Industrial Strength Records から発表された EP。グルービーなブレイクビーツにスクラッチを交えたファンキーなハードコア「Knobs + Knockers」、ヒップホップ・フレイヴァ溢れるスピードコア「Fuckin Greedy Bitch」、ノイジーでアヴァンギャルドな「Wagga Wagga Wagga Is Wrong」、Nasenbluten ファンの中でも人気の高い「I Don't Fuck Around」などが収録。Nasenbluten の魅力がぎっしりと詰まったボリューミーな内容。

Nasenbluten

Nightsoil EP
Atomic Hardcore Recordings — オーストラリア / 1998

Ron D Core 主宰レーベル Atomic Hardcore Recordings から 1998 年に発表された 12" レコード。エクスペリメンタル要素の強いハードコア・トラックを展開しており、彼等の作品の中では異彩を放っている。EPC や Taciturne、Somatic Responses ともシンクロする変則的インダストリアルとも言える「What Kind of Cunt」、骨太なアーメン・ブレイクとキックが過激なサンプルと合わさって暴れ回る「Pessimistic Guy (Remix)」などを聴くと、Nasenbluten がブレイクコアの元祖と言われているのが理解出来る。

Nasenbluten

Concrete Compressor (Live Mix) / My Stines Make Gas
Old Rope — オーストラリア / 2017

Hedonist、Geoff Da Chef、Rage Reset や Bloody Fist 周辺アーティストのレア音源をリリースするレーベル Old Rope から、2016 年に発表された Nasenbluten の 7" レコード。A 面にはハードコア・クラシックとして今もプレイされ続けている「Concrete Compressor」のライブ版、B 面は未発表のジャングル・トラック「My Stines Make Gas」が収録。Amiga の音色を活かしながらも現代的な音圧に合わせられた素晴らしいマスタリングによって、近年リリースされたトラックと混ぜ合わせても違和感が感じられない様になっている。

オランダのハードコア・フェスティバルには欠かせない職人DJ

Akira

- Hong Kong Violence、Industrial Strength Records、Rebelscum
- 1998　　　　　　　　　　　　　　　　　　　　🌐 香港
- https://hongkongviolence.com/

世界中のエクストリーム・ミュージック好きから支持を受けているレーベル Hong Kong Violence のオーナーであり、テラーコア / スピードコア・シーンのトップ DJ/ アーティストとして 20 年以上に渡ってシーンをリードしている重鎮。1998 年に Drokz と Tails とのコラボレーション作『Los Torros EP』にてレコードデビューを果たし、2000 年には DJ Skinhead の名曲「Extreme Terror」のリミックス・レコードにも参加。2007 年に初の単独レコードを Terrornoize Industry からリリースし、以降は Industrial Strength Records、Rebelscum といった名門レーベルからもレコードをリリースした。2002 年に Hong Kong Violence を立ち上げ、Nukom（Carl Carinci/D.O.A.）、FFF、Matt Green & Liquid Blasted、The Outside Agency、Passenger of Shit のレコードをリリースし、エクストリームなハードコア・ファンから支持を集める。Akira のトラックは、90 年代のアンダーグラウンドなハードコア・テクノやエクストリームで実験的なインダストリアル・ハードコア、テラーコア / スピードコアを現代的に解釈したスタイリッシュかつ、ストイックなスタイルでメインストリームのハードコア・ファンからも注目されている。DJ プレイでは、UK ハードコア / インダストリアル、クロスブリード、ブレイクコア、オールドスクール、そしてテラーコアとスピードコアを次々と繋ぎ合わせていくライブ感の強いスタイルで、同業者達からも長年に渡ってリスペクトされ続けており、アーティスト /DJ としてもハードコア・シーンにおいて唯一無二の存在として絶対的な人気を誇っている。

Akira

Burst Tires Cause Flight Delay in Hong Kong EP	香港
Terrornoize Industry	2007

The Massacre のレーベルである Terrornoize Industry から 2007 年に発表された 12" レコード。テラーコアをベースに、UK ハードコア／インダストリアルの要素を大きく反映させたバウンシーなビートと、細切れにしたヒップホップ・サンプルが魅力的な「Deadnet 240」、爆音キックとノイズがリズミカルに重なり合う「Fast and Akkurad (Spaced out Version)」、オールドスクール・テイストを感じさせる「Unrepentant Deadbeat」の 3 曲が収録。現在レーベルの Bandcamp にてデジタル版が購入出来る。

Akira

Made in Hong Kong	香港
Industrial Strength Records	2007

90 年代のアンダーグラウンドなハードコア・テクノとスピードコア／インダストリアル・ハードコアのサウンドとスピリットを、2000 年代の技術と優れた感性によってアップデートさせた傑作 EP。D.O.A. や Industrial Strength Records への愛を感じさせる「Ripping Fuckin' Strength」、PCP 周辺のハードコア・テクノからの影響も伺えるインダストリアル・ハードコア「Planet 174」、初期 Rebelscum のテッキーなサウンドを独自解釈した様な「Marching Musou」など、見逃せない曲ばかりである。

Akira

Beatdown Anonymous	香港
Rebelscum	2009

2000 年代後半の UK ハードコア・シーンを振り返る時に外せない重要な一枚。The DJ Producer や Hellfish といったイギリスのアーティスト達とは一味違ったカオティックでプログレッシブな UK インダストリアルを披露している。この独特な UK インダストリアル・スタイルは、テラーコアのブルータリティ的な要素がトラックの重要な部分を支えており、ブレイクコアの継ぎ接ぎなグルーブ感も一役買っていると思われる。後に、Akira が開拓していくハイブリッドな UK インダストリアルのプロトタイプ的な「Succumbed」は、彼のベストワークの一つだろう。

Akira / Drokz

XTRM Is What We Are	香港
PRSPCT XTRM	2013

テラーコア・シーンのトップとして君臨する Akira と Drokz のスプリット作。様々なハードコア・スタイルが溶け合った革命的な「XTRM Is What We Are」は、リリース前から Akira や Thrasher の DJ セットで頻繁にプレイされており、発売前からハードコア・シーンで大きな話題を集めていた。Gang Starr の「Speak Ya Clout」を大胆にサンプリングした「Custom Grind」も、クロスブリードを独自解釈した様な変則的なハードコア・トラックで強烈な存在感を放っている。

Drokz & Akira

Still Here, We Ain't Going Nowhere   オランダ、香港
Drokz   2016

2016 年に Drokz の SoundCloud にて公開された Drokz と Akira によるコラボレーション・シングル。日本の MC Michel をフィーチャーした「Hentai Hardcore」は、シンプルなテラーコア・トラックであるが最後まで飽きさせない強力な音の説得力がある。同曲は YouTube にて MV も公開されている。Drokz と頻繁にコラボレーションをしている Mr Courage を迎えた「HKV Anthem」では、彼等の特徴的なサウンドがガッチリと組みあった B-Boy イムズを感じさせるテラーコアになっている。

Bryan Fury / Akira / Dolphin

The Bad EP   イギリス、香港
Pacemaker   2017

Pacemaker から 2017 年に発表されたスプリット作。Akira の「We Are the Illest」は、90's ヒップホップを UK インダストリアルのトラックとマッシュアップした様な、リアルタイム性のあるスリリングなスタイル。The Outside Agency の「Backpack Wisdom」に影響を受けたと思われるが、自身のフィルターにしっかりと通して作り上げたオリジナリティ溢れるトラックとなっている。Bryan Fury と Dolphin のコラボレーション「Radiobitch」も両者のシグネチャー・サウンドが見事に合わさった破壊力満点なトラックである。

Akira & Bryan Fury

Body Slam Musik   香港、イギリス
PRSPCT XTRM   2019

ファンキーなブレイクビーツとラップを使ったストレートな UK ハードコアをベースにした Akira と Bryan Fury のコラボレーション・トラック「Nutz Drillah」、Akira 印のキックとスネアが機械的に叩き込まれる「Body Slam Musik」、展開や音に無駄を省いたストイックな UK ハードコアの姿勢を見せた Bryan Fury の「Lethal Drilla」の 3 曲が収録。派手さは無いかもしれないが、彼等のコアなハードコア・スピリッツが全面に出ており、両者のファンにはたまらない内容だ。

Hellfish & Akira

The Sixsteen / Portland Street Blues   香港、イギリス
Fish and Rice Recordings   2019

2019 年にスタートした Fish and Rice Recordings の第一弾としてリリースされた Hellfish と Akira のコラボレーション・シングル。20 年以上に渡ってハードコア・シーンの最前で活躍してきた、両者の間違いないキャリアに裏打ちされた強力なトラックが収録。Hellfish のカオティックなサウンドを Akira が上手くまとめ上げており、サンプル元のラップと同じく、モダンテイストな UK ハードコア・スタイルを開拓。Fish and Rice Recordings の今後の活躍にも期待したい。

Akira インタビュー

インタビュー：梅ヶ谷雄太
翻訳:Numb'n'dub

Q：オランダを拠点に活動されていますが、ご出身はどちらですか？
A：出身は香港。70 年代に香港からオランダへ移住して、両親がそこで中華料理店を始めたんだ。

Q：あなたのご両親は中国のご出身ですか？
A：ああ、両親は共に香港出身で僕が 1 歳の時にオランダに渡った。母はいつもレストランで、中国のカントンポップ・ミュージックを流していたから、僕は中国の音楽とテレビに囲まれて育ったんだ。

Q：Akira のトラックにはヒップホップの要素が強く反映されています。ハードコア・テクノとヒップホップに共通点はあると思いますか？ また、メタル系からの影響はありますか？
A：ヒップホップとテクノが凄く好きだから、自分のトラックのほとんどはラップ・ミュージックの影響を受けている。ヒップホップは、古いファンクのレコードからのサンプルを使っていて、ハードコア・テクノは古いラップ・ミュージックのサンプルを使っていて、ファンク、ラップ、ハードコア・テクノというのは一つの大きなサンプルバンクから来ているから、実際にそれらには多くの類似点がある。メタルの要素はハードコア・テクノ / ガバにとてもピッタリで、どちらも非常に大きなエネルギーを持っている。BPM もお互いに近いものがあるから、それらを一緒に混ぜるというのは最高だよ。

Q：テクノとハウスミュージックからも影響を受けられていますか？ もし、そうであれば影響を受けた作品は何ですか？
A：ハウス / テクノよりも以前は、ラップ / ヒップホップのコレクターだったけど、その後すぐにハウス / テクノは大衆的になって、レコード・ショップでハウスのレコードを目にする事が多くなった。当時、伝説のクラブ Nighttown に Ronald Molendijk（レコード・ショップ Tinseltown で働きながらレジデント DJ もしていた）と行った時、彼がベルギーのハード・ダンスとヒップ・ハウスをミックスしていた事に感銘を受け、彼のプレイしていた曲名を聞いて、少しずつテクノのレコード・コレクションが増えていった。特に、Joey Beltram「My Sound」のキックの深さと極上の Rave サウンドには、本当に感銘を受けたよ。

Q：ハードコア・テクノ、もしくはガバを始めて聴いたのはいつですか？
A：あの頃は、ロッテルダムのガバ・サウンドが盛り上がっていた時期で、僕のお気に入りのテクノ DJ の Joey Beltram が DJ Paul Elstak とレコードを作ったんだ。それは、アーメン・ブレイクと歪んだキックドラムの完璧なミックスで、それから今日に至るまでこの音の虜になった。

Q：あなたが DJ を始めたのはいつですか？ 当初はヒップホップなどのレコードもプレイされていましたか？ Akira の由来は？
A：僕は DJ としてヒップホップをプレイした事はないけど、DMC チャンピオンシップの大ファンだったから、ヒップホップの DJ にインスパイアされていて、ヒップホップとテクノをミックスして練習を始めた。Akira の由来は、漫画の『Akira』から来ていて、凄くアジア人らしい響きだから使ったんだ。

Q：あなたの地元にはハードコア・シーンが存在していましたか？ 当時はどの様にしてハードコ

アのリリースやパーティーのインフォメーションを入手していましたか？

A：僕はロッテルダムから 15 分の距離に住んでいて、Midtown や Tinseltown のようなレコード店があり、それらは悪名高い Nieuwe Binnenweg にあった。レコードショップで音楽やフライヤー、DJ の情報をキャッチ出来ていたのは最高だったね。最近では、SNS で簡単に入手出来るけど、フィジカルじゃないってのが唯一の欠点かな。

Q：スピードコアの存在を知ったのはいつですか？

A：最初にスピードコアという用語を見たのは D.O.A.「NYC Speedcore」だったね、あとはご存知の通りさ。

Q：Akira は活動初期からスピードコア / テラーコア・シーンで活動されていますが、あなたは自身の事をスピードコアもしくはテラーコアのアーティストだと思いますか？

A：Akira はスピードコア、テラーコアの DJ として始まったけど、ハードコア・テクノの DJ として進化してきた。最近は昔のスピードコアやテラーコア、アーリー・ハードコアに UK ハードコアや PRSPCT スタイルなんかをミックスしている。ただ、自分が好きなようにやっているけど、BPM は 200 前後か、それ以上がほとんどだね

Q：オランダのスピードコア・シーンで重要なアーティスト /DJ とは誰でしょうか？　あなたが最も影響を受けたオランダのスピードコア・アーティストは？

A：僕にはオランダで好きなスピードコアのアーティストが二人いて、それが Bonehead と Drokz。Bonehead は、本当にその時代の最高のスピードコア・プロデューサーだ。そして、スピードコアの元祖の一人といえば、Richard Koek（Drokz）だろう。Tunnel of Terror のステージや伝説の Cunt Records での彼の画期的な仕事は、シーンにとって非常に重要なものだった。Tunnel of Terror のステージは本当に重要で、なぜなら彼等は最もブルータルでハードでダークなスピードコア / テラーコア DJ のパフォーマンスをプログラムしていたからね。

Q：90 年代のスピードコア・シーンはどういった人々がサポートしていましたか？

A：学生からヒッピーまで、いろいろな人々にサポートされてたよ。

Q：今も昔もオランダ / ヨーロッパのハードコア・シーンにはアジア人アーティスト /DJ がまだ少ないと思います。過去に、アジア人に対する迫害やネガティブなリアクションなどはありましたか？

A：90 年代後半は、ハードコアは過激派のイメージと重なっていたけど、時間が経つにつれて、そういった要素は音楽自体によって薄められていった。ハードコア・シーンでアジア人である事は全く問題では無かったよ。当初から、オランダのハードコア・シーンには Dark Raver や DJ Gizmo などの DJ 達がいた様に、非常に多文化的である為、アジア人であっても大した問題ではなかった。

Q：90 年代のハードコア・テクノ、もしくはスピードコアのパーティーで最も思い出に残っている事は？

A：Mystery Land 1998（Tunnel of Terror Stage）だね。僕は 7 時から 8 時までのプレイだったんだけど、お客さんも沢山フロアで踊ってて、楽しくなりすぎた結果、8 時 45 分までプレイしたよ。

Q：あなたが楽曲制作を始めたのはいつですか？
当初使っていた機材は？

A：確か 1998 年か 1999 年頃、Amiga
600 を使ってスピードコア・テラースタイルの
曲を作りを始めた。

Q：あなたのデビュー・レコード『Los Torros
EP』について。リリース元である Cunt
Records のオーナーであり、今作の共同制作者
である Drokz とは、どの様にして出会ったのです
か？ Drokz の第一印象は？

A：Drokz が Mystery Land で僕を含め
た多くの人々にインタビューをしている映像
が YouTube にあるんだけど、その中で彼が
「Akira、君は次の Tunnel of Terror で絶対
プレイすべきだ！」と言ってくれていて、それか
ら僕達は良い友達になったんだ。彼の第一印象
は、本当にガバ・ファーザーな感じで、今日でも
Gabbers のお父さん的な存在だ。『The Los
Torros EP』は、有名な General Noise Studio で Drokz と
一緒に制作した。TR909 と幾つかのアナログ・シンセを使用し
た。それはもう凄い経験だったし、「Kill Anyone」は今でもまだ
衰えぬ響き方をしている。Cunt Records からのリリース後、
Cubase で出来る事に感銘を受けて、すぐに PC を購入したよ。

Q：あなたは 90 年代から数多くの伝説的なハードコア・フェスティ
バルでプレイしていますが、最初に出演したハードコア・フェスティ
バルは何でしたか？ 初めてのフェスティバルでのプレイに緊張さ
れていましたか？

A：初めての大きなフェスは、1997 年の Thunderdome（The
Eastern Edition）だった。あれは特別だったよ。特に緊張もし
ていなかったね。当時は SNS やスマホ、インターネットも無かっ
たから、ただプレイするだけで何も気にせず楽しめた。

Q：あなたのレーベル Hong Kong Violence について。なぜ、ご自身でレーベルを運営しようと思ったの
ですか？ レーベルを立ち上げた時のコンセプトは？

A：ドイツでのギグを終えて Drokz と帰路についてる車内で、Richard（Drokz）にレーベルを始めた
いって言ったんだ。どこか、HK（香港）を代表しているような感じのにしたいと、それで「Hong Kong
Distorted」というのが浮かんだんだけど、Drokz が「Hong Kong Violence ってのはどうだ」と言っ
て、それだ！となり、その名前にしたのが歴史の始まり。2001 年にレーベルをスタートさせて、コンセ
プトは自分が好きな音楽をリリースするという事だけど、メインゴールとして、HK（香港）の人達がハー
ドコア・テクノを聴くキッカケになればなと思っている。

Q：Hong Kong Violence は定期的にレコードをリリースしています。デジタルが支流になった今でもレ
コードを作り続けるのはなぜですか？

A：僕のハードコアへの愛は、ヴァイナルを集める事から始まったんだ。自分の手に取れるフィジカルな
物を凄く大切にしているから、Hong Kong Violence からヴァイナル・リリースをする時は毎回、特
別価値のある物にしようとしている。最近、Hong Kong Violence のサブレーベル HKVDIGEE を
Bandcamp で始めたので、もっとクイックにリリースも出来る様にもなった。ヴァイナルをプレスする
には時間が掛かるので、デジタル・サブレーベルとベストな按配でやっていきたいね。

Q：Hong Kong Violence から Passenger of Shit は二枚のレコードをリリースしており、あなたの
DJ セットでは頻繁に彼のトラックがプレイされています。Passenger of Shit の音楽のどこに魅力を感

Akira vs Drokz @ Defqon 2004 (BLACK STAGE)

じられていますか？

A：Passenger of Shit は最高に狂ってるラスボスみたいな存在で、ヒップホップ、スピードコア、ブレイクコアの組み合わせは、まさに Hong Kong Violence のサウンドのあるべき姿だ。

Q：Hong Kong Violence は 毎 年 Dominator でステージを運営していますが、ステージを運営する事になったキッカケは？

A：Hong Kong Violence の 前 は、Preachers of Raging Noise（通称 P.O.R.N.）という集団の共同オーナーをしていた。それが数年後に終わりを告げ、自分のブランド Hong Kong Violence に専念することに決めた。それから、Dominator から新しいコンセプトのステージを依頼され、それは Terror Stage Powered by Hong Kong Violence と名付けられ、それを人々は HKV ステージと呼び続けた。

Q：Hong Kong Violence は Maladroit や FFF もリリースしており、HKV ステージには Bong-Ra、End.User、Stazma といったブレイクコア・アーティストも出演しています。あなたにとってブレイクコアとはどういったジャンルでしょうか？

A：僕はドラムのビート、ラップ、シンセ、ノイズ、クラップ、アーメン・ブレイク、グリッチ、IDM、EDM、スピードコア、テラーコアが混ざりまくって混沌としたものが好きなんだ。

Q：Hong Kong Violence のカタログの中で最もお気に入りのトップ３は？

A：とても難しい質問だけど、自分のお気に入りベスト３は

1 Hong
2 Kong
3 Violence

次の質問に……。

Q：あなたが最近使っている機材は何でしょうか？

A：PC で Cubase 8.5、live 10 を使っていて、他はプラグイン、RME baby のオーディオインターフェースと、Adam AX7 のモニタースピーカー、Macky bigknob と Subpac かな。最初にキックとブレイクビーツで始めて、そこからグルーブを作り出してさらに叩き込み、曲が完成するまでそれの繰り返し。

Q：あなたが PRSPCT XTRM からリリースした「XTRM Is What We Are」は、ハードコア・テクノ・シーンに大きな衝撃を与えた名曲だと思います。このトラックが生まれた背景を教えてください。

A：Gareth a.k.a Thrasher から PRSPCT XTRM でリリースをしないかと依頼されて、どうせやるなら PRSPCT のバイブスや姿勢を感じられるようにと気合を入れていた。PRSPCT XXL のアフタームービーを見ていたら、最後の部分でオランダ人のラッパー Steen がオランダ語で、とてもセンシティブなワードをシャウトしていた。リスクを冒してでも「XTRM Is What We Are」のトラックにそれをサンプリングしたんだけど、結果は素晴らしいものになったよ。Thrasher はリリースされる何ヶ月も前か

ら、この曲をクロージング・トラックとしてプレイしていて、クラウドは Steen のサンプルを叫んでいたよ。

Q：あなたは自身の音楽に何かしらのメッセージを込めていますか？

A：攻撃的でアグレッシヴな音楽が好きなので、サンプルを選ぶことに拘りがあって、全てのサンプルにメッセージを込めている。

Q：全てのジャンルに極端なアンダーグラウンド思考のファンがいます。スピードコアやテラーコア・シーンにもそういった人々が存在していると思いますが、彼等の極端なアンダーグラウンド思考をどう思われますか？

A：極端なアンダーグラウンド・スピリットで、「アンダーグラウンドにとどまるべきだ」と思う人もいることは理解出来る。でも、僕がオーバーグラウンドのフェスで Angerfist とエクストリーム・アンダーグラウンドをプレイする事によって、何千人ものメインストリームの人々がアンダーグラウンドの音楽を聴くことになり、それはアンダーグラウンド全般のファンを増やすことにも繋がるはずだ。

Q：最近のオランダのハードコア・シーンをどう思いますか？

A：とても健全でフレッシュな音楽が沢山あるし、アップテンポのムーブメントが速い音楽シーンを大きくしたね。

Q：あなたは近年テラーコアやスピードコアよりも、UK ハードコア / インダストリアルを多くプレイし、楽曲制作にも反映させていると思いますが、なぜそうなったのでしょうか？

A：確かに、最近はスピードコアをあまり制作してないね。でも、素晴らしい情熱を持った新しいアーティストが沢山出てきているのは見ている。素晴らしいね。

Q：今後、エクストリームなハードコア・テクノやスピードコア / テラーコアはもっとメインストリームでも人気を得ていくと思いますか？

A：エクストリーム・ミュージックの人気が出るには時間が掛かるんだよ。今だって 10 年前に比べたら、かなり人気があるよね。

Q：あなたが活動を始めた 90 年代と今では何が最も違うと思いますか？

A：良い面では、以前よりも多くの人々がこのクレイジーな音楽を聴き入れてくれてる点で、悪い面はクオリティコントロールがないから、ダイヤの原石を見つけるのに非常に苦労する点かな。

Q：最後に、読者にメッセージを。

A：ハードコア・シーンの一員を担えて非常に光栄だよ。いつか、あなたとこの地球上のどこかで会えるのを楽しみにしている。長生きして、ハードに Rave しよう！

Hellfish & Akira - Feed the llama/Rise of The Uptempians

Extreme Hardcore Disc Review

DJ Skinhead

Extreme Terror　　　　　　　　　　　　　アメリカ
Industrial Strength Records　　　　　　　　　　1994

初期 Industrial Strength Records の代表作であり、スピードコアの発展に大き
な役割を果たした一枚。インダストリアルなサウンドとエネルギーに満ちたディス
トピアな世界観を作り上げており、当時の混沌とした時代の風景も音から浮かび上
がってくる。一度聴いたら忘れられない印象的な「Extreme Terror」の叫びは、様々
なハードコア・トラックで幾度となくサンプリングされ、リサイクルされ続けてい
る。今作以降、Industrial Strength Records と DJ Skinhead の面々はどんど
んとスピードアップしていき、数々の傑作を生みだしていく。

Stickhead

Slaughterhouse EP　　　　　　　　　　　　ドイツ
Kotzaak Unltd　　　　　　　　　　　　　　　1994

90 年代に PCP 関連レーベルから数多くの傑作レコードを発表している
Miroslav Pajic のプロジェクトの中でも、スピードコアやテラーコア・
シーンでカルト的な支持を集める Stickhead のデビュー作。ドイツのハー
ドコア・テクノらしいドゥーミーなダークレイブ・サウンドを駆使し、デ
スメタルやインダストリアル的な要素と交えている。Stickhead として
は、他にも『World's Hardest Kotzaak』や『Gimme Death EP』といっ
た名盤を Kotzaak Unltd からリリースしている。

V.A.

Bloody Fist Sampler　　　　　　　　　　オーストラリア
Industrial Strength Records　　　　　　　　　　1995

1995 年に Industrial Strength Records からリリースされた Bloody
Fist のサンプラー・レコード。オールナイトニッポンの「Bitter Sweet
Samba」でお馴染みのジャズ・トランペッター Herb Alpert の「Spanish
Flea」をサンプリングした、元祖ブレイクコアともいわれる「Shaftman」
や、Metallica の「One」をサンプリングしたハードコア・シーンに永遠
と残る Nasenbluten の名曲「We've Got the Balls」に、Delta 9 と
D.O.A. のリミックスも収録している。

Temper Tantrum

Take Care, Comb Your Hair　　　　　　　　アメリカ
Industrial Strength Records　　　　　　　　　　1996

Alexander Chesler、Oliver Chesler (The Horrorist)、Rob Ryan の
ユニットによる LP アルバム。DJ Skinhead と同じく、インダストリア
ルなサウンドと世界観を持った無機質なハードコア・スタイルをメインと
しているが、以前よりガバとノイズの要素も大きい。Oliver Chesler の
ゴシック・テイストが良い味を出しており、彼の実験的な側面も現れてい
る。Rave の退廃的な側面をクローズアップした様な内容であり、アメリ
カのハードコア・テクノの裏側の部分が感じられる。

Amiga Shock Force

Core EP ドイツ
Speedcore 1996

スピードコア・シーンで未だカルト的な人気を誇るユニット Amiga Shock Force のデビュー作。Napalm のサブレーベルである Speedcore から 1996 年にリリースされた 12" レコード。破壊衝動を呼び起こす暴力的なスピードコアであり、この時代のスピードコアを象徴している様な作品。アナログ感のある歪みからはインダストリアル・ノイズとしても楽しむ事が出来る。Amiga Shock Force は Fischkopf Hamburg や Blut からもレコードをリリースし、2018 年には Terrornoize Industry から久々の作品を発表して再び多くのファン達を喜ばせた。

Auto-Psy

Arachnide フランス
Fischkopf Hamburg/Synderesis Records 1996

Mouse として知られる Stella Michelson が 1996 年に Auto-Psy 名義でリリースした 12" レコード。インダストリアル・スピードコアの傑作と評されており、リリース元である Fischkopf Hamburg のカタログの中でも根強い人気がある。Michelson 姉妹の作品に一貫して共通している、広がりのあるノイズと印象的なキックを使ったサイケデリックなハードコア・スタイルがこの時点で完成している。ニューウェーブやインダストリアル・ミュージックのエッセンスもトラックのバックグラウンドから感じさせ、フランスらしいダーティーであるが芸術性の高い作品を作り上げている。

DJ Tron

Fuckin' Deathcore EP アメリカ
Brutal Chud 1996

インダストリアル / ノイズミュージックの影響をハードコア・テクノに落とし込んだエクストリームかつ、実験的な作品の数々でアンダーグラウンドで絶大な支持を得ていた DJ Tron が Brutal Chud から発表した初期作品。ドラムの重ね方や展開、SE などには DJ Tron の個性的な部分が現れており、既に自身のスタイルと世界観を確立している。ドゥームメタル的な重みとダウナーさが感じられ、病的な雰囲気のあるスピードコア・トラックには危険な魅力がある。1998 年にリリースされた『Torture Traxxx Vol. 1』では、DJ Tron の実験的なハードコア・スタイルが完成しており、そちらも必聴である。

V.A.

Straight out of Newcastle オーストラリア
Strike Records 1996

印象的なレコードの盤面アートワークでお馴染みの名盤コンピレーション。Nasenbluten や Bloody Fist がドイツやヨーロッパのハードコア・シーンに広がっていくキッカケとなった重要な作品であり、彼等オーストラリアのハードコア・アーティスト達の強烈な個性が一枚に見事収まった素晴らしいショウケース・コンピレーション。Nasenbluten、Xylocaine、Syndicate、Overcast、Netas、Embolism が参加。現在は Bloody Fist Records の Bandcamp にてデジタル版が購入可能。オーストラリアのハードコア入門編にも最適である。

V.A.

Newcastle Sampler オーストラリア
Bastard Loud Records 1996

Industrial Strength Records の サ ブ レ ー ベ ル Bastard Loud Records から 1996 年に発表されたコンピレーション。Nasenbluten の David Melo によるソロプロジェクト Disassembler の「Ants」は、ポップな歌物サンプルに合わせてアーメン・ブレイクが終始グルービーに暴れまわるトラックで、デジタルハードコアや Riot Beats とも違ったハードで個性的なアーメン・ブレイクの使い方をしている。インダストリアルと Rave がハードコアの中で交じり合う Nasenbluten の「Treadmill」も必聴だ。

Jack Lucifer

96 Knights ドイツ
Kotzaak Unltd 1996

Miroslav Pajic のテラーコア / スピードコア・プロジェクト Jack Lucifer が 1996 年にリリースした名作シングル。テラーコア・ファンの間では今作は非常に人気が高い。デスメタルの要素が大きく反映されており、曲の構成もダンスミュージック的であるが、バンド・サウンドのフォーマットにも適している。Miroslav Pajic の深みのある電子音とダークなメロディは、おどろおどろしい北欧のブラックメタル的でもある。2003 年に再発もされ、現在は Kotzaak Unltd の Bandcamp にてデジタル版が購入出来る。

No Name

Strike フランス
Fischkopf Hamburg/Synderesis Records 1996

フランスの初期スピードコア・クラシックとしても語られ、フラッシュコアの発展にも大きく関わった重要作。エクストリームなハードコア・テクノ史においてカルト的な人気があり、人々を引き寄せるミステリアスな魅力を放ち続けている。エクスペリメンタルな作風であるが、これ以上にダンスミュージックを意識したハードコアのレコードも少ない。どういった思考とプロダクションによって今作が作り出されたのか、未だに多くの疑問が残る。2018 年に Synderesis Records からリマスターされ、レコードとデジタルがリリースされた。

Syndicate

Syndicate EP オーストラリア
Bloody Fist Records 1997

名盤『Appetite for Destruction EP』の翌年に発表された 12" レコード。シリアスさを増したストイックなハードコア / スピードコア・トラックは強度が高まっている。アッパーなガバ・ハウス調のビートから地獄のスピードコアへとなだれ込む「Ground Zero」や、荒々しいサンプルにガバキックとシンバルとスネアがパンキッシュに叩き込まれる「Muthafucker」は、スピードコアやエクストリームなハードコア好きの心を確実に射止めてくれるだろう。ラップとブレイクビーツの使い方が黒くファンキーな「Disable」と「Terrorists」も、血が滾るようなエネルギーが込められている。

DJ Freak vs Noize Creator

DJ Misfoster Od Groedpistolen EP	イギリス、ドイツ
Head Fuck Records	1997

90年代のインダストリアル・ハードコア/スピードコア・シーンに多大な影響を与えたイギリスのDJ Freakと、ドイツのNoize Creatorによるスプリット・レコード。両者共にインダストリアル・ハードコアとスピードコアを掛け合わせたハーシュなトラックで、一切無駄が無い。今作でのNoize Creatorの表現力豊かなノイズは、彼が後に展開していくハーシュステップの原型ともいえる。1998年に両者は再びコラボレーションを行い、『The Anti Nazi Pack』というレコードをBoneheddzからリリースしている。

Bazooka

Da Tankkilla	ドイツ
Shockwave Recordings	1997

2000年代はドラムンベース/ダークステップにフォーカスした活動でも注目を集めたドイツのBazookaの初期傑作レコード。今作はダース・ベイダーのテーマを使った「Evil Empire」も有名であるが、破壊力満点のスピードコア・トラック「Waz Gibtz Noyze?（FukDaNazisMix）」のインパクトは今聴いても凄まじい。ブレイクコア的な「Lethal Breaxx」でも分かる様に、今作も含めてBazookaが90年代に残した作品のミクスチャーな感覚は、かなり時代を先取りしていた。Speedcoreからリリースした『Deathcore EP』もスピードコア・ファンは必聴である。

Erase Head

Dome	フランス
Anticore Records/ Synderesis Records	1997

Poka MichelsonのErase Head名義での12"レコード。1997年にAnticore Recordsからリリースされ、今作もSynderesis Recordsによって2019年に再発された。No Nameと同じく、限られた音だけを使ってストイックに作られたトラックを収録している。今作もまた、DIYでハードなサウンドシステムの原理を具現化した様であり、ホームリスニングだけでは到底理解出来ない作りである。特に、トラックを覆うノイズはサウンドシステムで聴いたらまったく違った作用を我々に与えるだろう。

Sonic Overkill

Born in Hell	ドイツ
Speedcore	1997

The Noize Junkie名義やIndustrial Terror Squadとしても作品をリリースしていたSonic Overkillの12"レコード。メタル・ギターのサンプリングとノイズやアシッドを高速で叩き込む、オールドスクールなスピードコアの傑作。現代のスピードコアには速度や音圧では劣るかもしれないが、ひたすらにスピードコアを追求する熱いパッションは現代でも中々味わえない。スピードコア・ファンならば、今作を聴いて損はないだろう。Sonic Overkillとしては、2005年に『Welcome to Terrorland』というレコードをCSRからも残している。

V.A.

How to Kill All Happy Suckerz ドイツ、アメリカ、日本、イギリス、オーストラリア	
Brutal Chud	1997

Noize Creator のレーベル Brutal Chud が 1997 年にリリースした二枚組コンピレーション LP。Hammer Bros、DJ Freak、Nasenbluten、DJ Tron、Micropoint、DJ Choose、S37 といった豪華な面子が参加したグローバルな内容。日本、イギリス、アメリカ、オーストラリア、フランス、ドイツなど、それぞれの国の背景が映し出されており、90 年代後半の過激なハードコア・スタイルが凝縮されている。あの頃のアンダーグラウンド・シーンの雰囲気や勢いを収めた貴重な作品である。

Fraughman

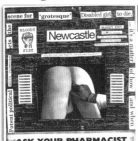

Fraughman EP	オーストラリア
Bloody Fist Records	1998

Evil Heat 名義でダークウェーブやインダストリアル・ミュージックを制作している Steve Spectre のハードコア・プロジェクト。アナログ機材を使用した独特な歪みを駆使し、ブレイクビーツ・ハードコアからジャングル、インダストリアル、スピードコア、ヒップホップ、ハーシュノイズなど、様々な素材をごちゃ混ぜにしたカオティックなハードコア・トラックは、今聴いてもまったく古さを感じさせない。2003 年に System Corrupt から『Carnival of Souls』というレコードをリリースしており、Fraughman はブレイクコア・シーンからも大きな支持を受けている。

The Goatblower Makes the Aquaintance of Anal Intelligence

The You Can Take Your E's and Shove Em up Your Arse EP	オーストラリア
Softline Wakordingz	1999

Senical や DJ Choose、Skullblower 名義で活動している Lasse Steen と Animal Intelligence の変名スプリット。Hardline Rekordingz のサブレーベルである Softline Wakordingz からリリースされている。The Goatblower は、変則アシッド・スピードコアやアナログの歪みが心地よいサイケデリックなスピードコア・トラックを披露しており、Anal Intelligence はジャングルやブレイクコア色のあるトラックでオーストラリアのハードコア・スタイルを貫いている。

Aftermath

Aftermath EP	オーストラリア
Bloody Fist Records	1999

Ryan Leeman (Embolism) と Fritz Cardozo (Guyver) によるユニットのデビュー作。退廃的で重い空気感を持ったインダストリアル・ハードコア / スピードコアで構成されており、トラックを誘導するストーリー性のあるメロディが印象的である。派手なサンプリングやブレイクビーツはほとんどなく、アーティストの内から出てくるメロディやビートが大きく反映された作家性を感じさせる内容。2003 年には、クラシックとダークアンビエントにジャングルを配合させた芸術性の高い『The Final Showdown』という作品も残している。

Template

Drops One	オーストラリア
Bloody Fist Records	2001

Hedonist としても活動している Croy Broodfood と Adam Quirk によるハードコア・ユニット。ローファイな電子音とブレイクビーツが印象的な変則的スピードコア「Fully Industrial A」、マーチングバンド的なリズミカルなドラムをハードコアとミックスしたプログレッシブな展開が魅力的な「How's Work」、ブレイクコアとスピードコアにインダストリアル・ミュージックが絡み、発狂気味にビートが乱舞する「Trash」、アシッド・テクノをハードコアに変調させた様な「21%」が収録。

The Berzerker

Dissimulate	オーストリア
Earache	2002

Bastard Loud Records や Speedcore からもレコードを発表し、デスメタル / グラインドコアにスピードコアを合体させた作品で絶大な人気を誇る The Berzerker の 2nd アルバム。Earache から数枚のアルバムを発表しているが、今作はその中でもバンドと打ち込みのバランスが非常に良いバランスでまとまっている。打ち込みを多用したメタル / グラインドコア系バンドは世界に多く存在するが、やはり The Berzerker は群を抜いてクオリティが高い。スピードコアの魅力を失わずにバンド・サウンドに持ち込めた貴重な成功例だろう。

Passenger of Shit

Vomit Wanking Shit Suck	オーストラリア
CORE-TEX Labs.	2002

ブレイクコア・シーンだけではなく、スピードコア / テラーコア・シーンからも絶大な支持を受ける Passenger of Shit の初期傑作シングル。この頃はオールドスクールなスピードコアをベースにしつつ、刺される様な鋭い痛みを感じさせるノイズやスクリーミング、グラインドコアやノイズロック的な要素も交えたエクストリームなスタイル。Passenger of Shit の特徴的な物悲しいメロディやファニーな音色はまだ使われておらず、ノイズとガバキックに下品なワードが感情的にぶつかり合い、制御不能な状態で最後まで突っ走っている。エクストリームなスピードコアを求めている方はマストである。

Nihil Fist

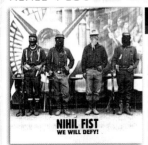

We Will Defy!	ドイツ
Sprengstoff Recordings	2003

この世に存在するありとあらゆる過激な音楽全てを煮詰めた作品を生み出し、世界中のエクストリーム好きを魅了し続ける鬼才 Nihil Fist の強烈な反骨精神が形になった名作。Nihil Fist の音楽には、スピードコアが核となる部分を補っているのは確実であるが、今作はハーシュノイズやパワーエレクトロニクスに近い作風となっており、スピードコア的な部分は表面的には感じられないかもしれない。だが、スピードコアの本質的な要素を深く理解し、表現しようとしているのが分かる。収録されている曲だけではなく、レコードのアートワークと盤面も含めて、Nihil Fist のぶれない姿勢が形となっている。

DJ Floorclearer

Roger's Massive Armpits EP	イギリス
Death$ucker Records	2006

スピードコアとブレイクコアにスカルステップをミックスしたエクストリームなスタイルで、2000年代に活躍していたイギリスのDJ Floorclearerの初単独作品。超高速でアーメン・ブレイクが乱射される「Roger's Massive Armpits」、スピードコアとブレイクコアが理想的な融合を果たした「Strangle the Giant Elephant」など、ハードコア・シーン外で活動していたからこそ、作り出せた独自のエクストリーム・スタイルを確立している。2007年には、スカルステップ要素が強くなった『Goat Slaughterer EP』という傑作も残している。

Acid Enema

Acid Enema	アメリカ
D-Trash Records	2008

ブラックメタルにスピードコアを掛け合わせたエクストリームなスタイルで知られる Acid Enema が、D-Trash Records から発表したアルバム。過去に Hardline Rekordingz や Widerstand Records といったハードコア／ブレイクコア系レーベルからリリースしたレコードの曲に、未発表曲を収録して構成されている。初期 Acid Enema の魅力を凝縮しており、ブラックメタルとスピードコアの最良のミックスが体感出来る。2010年代には Saw Blade Records から作品をリリースし、メンバーのソロ作品も定期的に発表されている。

Master Mind vs. D.O.M.

Micro Brain EP	イタリア
Head Fuck Records	2010

Head Fuck Records のオーナー Master Mind と、Psychik Genocide や Audiokore Records からのリリースでも知られる D.O.M. のスプリット・レコード。Headfuck Records のレーベルカラーを象徴したノイジーでダーティーなトラックを収録しており、エクストリームでありながらも非常にダンサブルだ。両者ともにオールドスクールなテラーコアのバイブスを、モダンなサウンドと技術の中に落とし込んでいる。タイトルが直球な Master Mind の「Terror Core」は、テラーコア・ファンを悶絶させる正真正銘のクラシックである。

Save

UPRising EP	フランス
Underground Perversions Records	2010

Mouse、Neurocore、C Mantle、Laboureur、R-ictus などの作品を発表しているフランスのハードコア・レーベル Underground Perversions Records からリリースされた Le Talium の変名プロジェクト。フラッシュコアにとても近い作風であるが、Le Talium のインダストリアル・テクノ的な側面も反映されたグルービーでアブストラクトなスピードコアを披露。今作からは90年代から脈々と続く、フランスのアンダーグラウンド・ハードコア・シーンの濃い文脈が感じられる。

DJ Balli / Ralph Brown

Tweet It! (Extratone Mix)	イタリア
Sonic Belligeranza	2012

2000年代初頭からレーベル Sonic Belligeranza を拠点に実験的なブレイクコアやハードコアをリリースしていた、イタリアの DJ Balli と Ralph Brown の共作。DJ Balli はエクストラトーンの活動でも知られており、今作は少数ないエクストラトーンのレコード作でもある。もはや、BPM はカウント不可能になっており、単音の連続となっている。1曲の平均分数も短く、曲名も難解で DJ Balli らしい作りである。現在は Bandcamp にてデジタル版が入手出来るので、エクストラトーンに興味のある方は是非チェックしてみて欲しい。

Satan

Beyond Death	ロシア
Bankizz Label	2013

デスメタルとブレイクコア / スカルステップに、スピードコアやハードコアをミックスしたエクストリームなスタイルに特化していた頃のシングル。今作よりも前にリリースされていた Peace Off からの EP では、ブルータリズムが制御不可能となった暴走気味なブレイクコアであったが、このシングルの前後から自身のブルータリティをダンスミュージックの中で上手くコントロールし始めている。スピード感は他の作品よりも落ち着いているが、Satan の容赦ない攻撃性は明確に音に反映されている。収録曲の「You was my favorite corpse」は本人も特にお気に入りの曲とインタビューで語っていた。

Fragment:

Die.Waffe.Mensch	スイス
Cathartic Noize Experience	2015

エクストリーム好きにとってはお馴染みである、実験的で洗練されたスピードコアを扱うレーベル Cathartic Noize Experience のオーナーでもある Messias と ARG によるユニットの 12" レコード。アンダーグラウンド・シーンで脈々と受け継がれる、エクスペリメンタル / エクストリームを追求する姿勢が形となった一枚。フラッシュコアに近い作風でもあるが、スピードコアへの忠実な想いによって、実験的でありながらもスピードコアの枠から外れずにいる。高速で叩き込まれるビートとノイズに包まれていると、真逆であるがアンビエントやドローンを体験している時と似た感覚に陥る。

Mouse

Doom Nation 01	フランス
Doom Nation	2017

2000年代は Reverse Records、Homicide、B2K Records といったレーベルからのリリースや No Name とのスプリットなどで、世界中のマニア達を熱狂させていた Mouse が久々に発表した EP。最後の作品から長い年月が経っていたが、90年代から一貫しているストイックな姿勢と Mouse のコアなサウンドのパートは変わらず、より洗練されたトラックを披露し、ファンの期待を超える素晴らしい作品となった。特に、最後の「Troire」は素晴らしい出来だ。以前の作品よりも、聴きやすくあるので Mouse の入門編にもオススメである。

The Kotzaak Klan Feat. DJ Skinhead

Totale Dunkelheit EP	ドイツ、アメリカ
Terrornoize Industry	2018

Miroslav Pajic を中心としたライブ・アクトとして活動している The Kotzaak Klan が、Oliver Chesler こと DJ Skinhead をボーカルに迎えて制作した EP。90 年代のハードコア・テクノのバイブスが全面に溢れたオールドスクール・ファン感涙の内容。注目すべきは、Oliver Chesler のボーカルでもあり、彼の存在感はやはり凄い。Miroslav Pajic のダークレイブ感のあるトラックに、Oliver Chesler の暴力的でフェティッシュな叫びが一体となり、異様な高揚感を分泌させられる。何度も繰り返して聴いてしまう中毒性がある。

Drokz

Defender of Terror	オランダ
Masters of Hardcore	2019

テラーコア・シーンだけではなく、オランダのハードコア・シーン全体から絶大な信頼を寄せられている Drokz のフルアルバム。無駄を省いたスリムながらも厚みのある Drokz 流のテラーコア・スタイルが存分に味わえる。2015 年にリリースした『We Are Taking No Prisoners』で新しいテラーコアの手法を開発し、芸術性を感じさせる作風にもなっていたが、今作で Drokz のテラーコアは更なる高みへと上り詰めた。アルバムというフォーマットを意識した作りでもあり、全体を通して聴く事によって今作への理解が深まる。

Noisekick

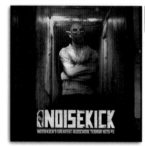

Noisekick's Greatest Oldschool Terror Hits #1	オランダ
Noisekick Records	2020

古くは Cunt Records や Terrornoize Industry、Head Fuck Records からもレコードをリリースしていたテラーコア・シーンのアイコン的存在である Noisekick のコンピレーション作。オールドスクールなテラーコア・トラックが収められており、ストイックな Noisekick のテラーコア・スタイルを堪能出来る。シリアスながらもどこかエンターテインメント性もあり、ある種の聴きやすさがある。リマスター版であるので現代的な音のバランスも意識され、最新のテラーコアと並べて聴いてもまったく違和感が無く、Noisekick のレベルの高さが証明されている。

DJ Narotic

The Voice of Speedcore	アメリカ
Dedicated to the Core	2020

過去には U.V.C. と Lenny Dee とのスプリットでスピードコア・ファンから支持を集め、最近では 909 Junkies としても活動する DJ Narotic が 2020 年に発表した LP アルバム。Nevermind、DJ Smurf、Kilbourne、Vatos Locos、The Horrorist、Xasverion など、新旧交えたハードコア・アーティスト達とのコラボレーション・トラックを収録。これぞアメリカ産ハードコアの荒々しいメタル・ギターのサンプルに、興奮剤の様な作用を引き起こすアジテーション的な MC がヒップホップ・サンプルと合わさり、バウンシーなグルーヴを作り出している。

Chapter 4
Japanese Hardcore Techno

日本ハードコア・テクノ史

　近年、日本のハードコア・テクノ・アーティストは海外のレーベルからも作品を発表し、ハードコア系フェスティバルに出演するまでになり、日本のハードコア・アーティスト達は世界を舞台に活躍している。海外には、日本のハードコア・テクノを熱心に聴く人々も多く、中には自国のハードコア作品よりも、日本のハードコア作品をメインに追いかけている熱狂的なファンがいる。RoughSketch はオランダの Megarave Records からシングルをリリースしており、彼の曲は Paul Elstak と Art of Fighters の Mix CD にも収録された。DJ Myosuke は A-Kriv とのコラボレーション・シングルを Industrial Strength Records からリリースし、Dogfight Records からもシングルをリリースしている。日本のスピードコア、テラーコア、デジタル・ハードコアなどのジャンルも人気があり、m1dy、RedOgre、OZIGIRI、Akiradeath/Coakira は海外のエクストリーム狂からも支持されている。

　オランダやイギリスのフェスティバルに、日本のハードコア・テクノ系アーティスト /DJ が出演する事も増えていた最中、コロナによって海外での DJ プレイが難しくなってしまったが海外で企画されるオンライン・パーティーに日本のアーティスト /DJ 達がブッキングされたり、国内で配信しているオンライン・パーティーに海外からのアクセスもある。2020 年以降、Twitch、Facebook、YouTube のライブ配信などを使ったオンライン・パーティーが格段に増え、世界中のハードコア・アーティストとリスナーがダイレクトに繋がれるようになった。今後、こういった形態のパーティーやコミュニケーションはもっと進化するであろうし、それによってハードコア・テクノ・シーンのコミュニティも広がっていくだろう。

　だが、この様にインターネット上でのコミュニケーションが当たり前になる前から、日本のハードコア・テクノは海外のレーベルから作品を発表し、世界のハードコア・シーンと繋がり続けていた。特に、90 年代の日本のハードコア・テクノは逆輸入的な形で国内で紹介されるケースもあった。もちろん、今ほど簡単にスピーディーに海外レーベルとコンタクトを取り、作品を発表出来ていた訳ではなかった。忍耐強く海外とのやり取りを続けてきた人々がいたお陰もあって、日本のハードコア・テクノはその最初期から海外にも届けられていたのである。

日本ハードコア・テクノ最初期

　まず最初に、日本人のハードコア・テクノ・アーティストが海外のレーベルから作品を発表したのはいつだったのかを調べていくと、その疑問は、日本人で最初にハードコア・テクノを作った人物は誰なのかという問いに対する答えにもなった。

Trance Media – The Frequency Sex EP

　諸説あるが、アンビエント・ミュージック界で高い評価と人気を得ていたテツ・イノウエが、1991 年にアメリカの Gyroscopic Recordings から Trance Media 名義で発表した『The Frequency Sex EP』が、日本人による最初のハードコア・テクノの作品であり、海外からリリースされた作品だったのではないだろうか。歪んだアシッドを用いたソリッドなトラックで、1992 年にはガバの発祥地の一つでもある Parkzicht の伝説的な Mixtape シリーズ『Underground Rotterdam House Party Tape 18』に Human Resource、DJ Hooligan、Lenny Dee と共に収録され、ハードコア・テクノをプレイしていた頃の DJ Tanith も Trance Media のレコードをプレイしていた記録が残っている。さらに、1993 年には IST Records や Mokum Records からレコードをリリースしていた Nico とのコラボレーション・レコードを Tetso & Nico Present Psychic Media 名義で Injection Records からもリリースしている。テツ・イノウエはアメリカを拠点に活動をされていたそうで、他にも Bill Laswell、Uwe Schmidt(Atom Heart)、細野晴臣、Andrew Deutsch とも幾つかのプロジェクトで作品を残されていた。日本を拠点にしていた訳ではなかったみたいだが、日本のハードコ

ア・テクノ史には欠かせない人物であるのは間違いない。

avex traxの功績

　ヨーロッパでハードコア・テクノ旋風が巻き起こっていた 90 年代頭、日本にも PCP 関連のレコードは入荷されていたそうだが、国内ではハードコア・テクノよりも、オランダのガバが注目を集める。AAA や浜崎あゆみなどが所属する大手のメジャー・レーベル avex trax が 1993 年に、Rotterdam Records の音源をまとめたコンピレーション CD『Rotterdam Techno Is Hard Hard Hard !!』を製作し、これが日本にガバ、そしてハードコア・テクノが根付いていく一つの大きなキッカケとなった。

　『Rotterdam Techno Is Hard Hard Hard !!』 に は Euromasters、Holy Noise、Sperminator、Rotterdam Termination Source、DJ Rob が参加しており、ライナーノーツは電気 GROOVE の石野卓球が担当。今作では Euromasters がプッシュされており、「Alles Naar De Kl - - Te (Rotterdam Mix)」「Amsterdam Waar Lech Dat Dan? (Maastunnel Mix)」「Fxxk DJ Murderhouse (Fuck Mix)」「Alles Naar De Kl - - Te (250 BPM Remixed by Dimitri)」の 4 曲が収録されている。今作以降、『Rotterdam Techno Is Hard Hard Hard !!』はシリーズ化され、1995 年までに 6 タイトルを発表。『Rotterdam Techno Is Hard Hard Hard !!』の第二弾からは、Parkzicht と Rotterdam Records のアートワークを手掛けていたオランダのイラストレーター Linia が CD のジャケットを描き下ろし、ビジュアル面も含めて、日本にオランダのガバのイメージを定着させた。

　『Rotterdam Techno Is Hard Hard Hard !!』が製作される以前にも、1992 年に放送されていた TV ドラマ『ずっとあなたが好きだった』で Euromasters の楽曲が使われ、電気 GROOVE のオールナイトニッポンでも Euromasters の曲はプレイされていた。他にも、『タモリの音楽は世界だ』に電気 GROOVE が出演した際にも、Euromasters のレコードが紹介され、一瞬だけであるが再び日本の TV で彼等の曲が流れるなど、Euromasters は日本との関わりが多かった。石野卓球は、ラジオでのプレイやライナーノーツの執筆を通じてガバをプッシュし、1993 年に発表された電気 GROOVE のアルバム『Flash Papa Menthol』に、Rotterdam Records の DJ Paul(Paul Elstak) が起用され、「カフェ・ド・鬼（かなりおもしろい顔 MIX）」というガバ・トラックを収録。

　石野卓球によって、電気 GROOVE のファンを中心にガバが浸透していった事は知られているが、同じ様に avex trax の功績も重要である。元々、avex trax はエイベックス・ディー・ディー株式会社として 1988 年に輸入レコードの卸販売業として始まり、1990 年に自社レーベルの avex trax を立ち上げ、ユーロビートやハイエナジーなどを展開。L.A. Style、Maximizor の 12" レコードから Lords of Acid、The Prodigy、Bizarre Inc の日本盤アルバム、XL Recordings のコンピレーションなどを手掛け、90 年代前半は Rave ミュージックに特化し、1993 年には東京ドームでの伝説的 Rave『avex rave'93』を開催。avex trax とガバの最初の接点となったのは、1992 年に発表された Holy Noise Featuring the Global Insert Project『James Brown Is Still Alive !!』の日本盤 8cm シングルからだと思われる。『Rotterdam

V.A. - Rotterdam Techno Is Hard Hard Hard !!

V.A. - Rotterdam Techno = Hard Hard Hard Vol. 2

V.A.- Hi Speed Techno Groove Vol. 2

Techno Is Hard Hard Hard !!』以外にも、1994 年に avex trax は『Hi Speed Techno Groove』といういうシリーズもスタートさせ、80 Aum、Overmind、DJ Gizmo、English Muffin、Human Resource などをフィーチャーしたハードコア・テクノのコンピレーションを製作。さらに、Carl Carinci(Disciples of Annihilation/Overlords) がメンバーであった Power Surge の 12" シングルも発表していた。

　当時の avex trax がガバやハードコア・テクノに関与した産物の一つとして、TRF が 1993 年にリリースしていたシングル『Open Your Mind』には Nico による「Open Your Mind (Amsterdam Mix)」が収録され、1994 年には『Maharaja Night Rotterdam Special』というコンピレーションも発表。小室哲哉並びに avex trax が所有していたディスコ・クラブ、ヴェルファーレのコンピレーション CD『Velfarre Vol. Zero』には、Euromasters「Euromasters Are Cool」と TRF「Boy Meets Girl」が収録されるなど、日本でのガバの受け入れられ方は、他の国とは少し違った形でダンスミュージック業界に流れ込んでいたようである。

　そして、『ロック・マガジン』の編集長としても知られるレコードプロデューサー / 音楽評論家の阿木譲の功績も非常に大きい。阿木譲は『美術手帳』で連載していたコラムにて、アシッド・ハウス、ニュービート、ブリープからの体系的な流れを汲んでハードコア・テクノを紹介。1993 年に出版された『クラブ・ミュージックの文化誌』でも、阿木譲はハードコア・テクノに触れており、Mescalinum United、English Muffin、DJ Rob、Euromasters といった初期ハードコア・テクノ / ガバのレコードについて書かれており、巻末のディスクレビューでは The Speed Freak『Sonic Mine EP』や V.A.『Frankfurt Trax Volume 3 (The House Of Phuture)』をピックアップしている。阿木譲が大阪でオーガナイズしていたクラブ Mathematic Modern(M2) では、ハードコア・テクノにフォーカスしたイベントも行われており、本人も DJ で Ace The Space「9 Is A Classic」などをプレイされていたそうだ。

　M2 では 1992 年に DJ Ishiii が Rotterdam Night をスタートさせ、翌年には Shigetomo Yamamoto 率いる OUT OF KEY が活動を始める。1994 年にはハードコア・テクノ / ガバのフリーペーパー『WAX』が発行され、avex trax 主導の Rave ミュージック系統のハードコア・テクノとは対極のアンダーグラウンドでストイックな日本のハードコア・シーンが形成されていく。

日本のハードコア・シーンが形成されるまで

Hammer Bros vs Out Of Key - Vol. 2

オランダ、ドイツ、アメリカ、イタリアといった国から革新的なハードコア・テクノ / ガバのレコードが続々と発表され、ハードコア・シーンが成熟期を迎えていた 1995 年。Martin Damm(The Speed Freak) 主 宰 レ ー ベ ル Shockwave Recordings は、Hammer Bros と OUT OF KEY のスプリット・レコード『Vol. 1』を発表。日本のハードコア・テクノが世界に向けて発信された歴史的な瞬間であった。

1995 年、Shockwave Recordings は Laurent Hô『Ingler 3』、Members of Shockwave『Gabberdisco』、The Shapeshifter『One More Record You Will Hate』、The Speed Freak『For You』といったハードコア・シーンに残る名盤を残しているが、Hammer Bros と OUT OF KEY のスプリット・レコードは、それらの作品に引けを取らない個性とインパクトを放っており、日本独自のハードコア・テクノを堂々と披露している。Hammer Bros と OUT OF KEY の楽曲は、Shockwave Recordings のコンピレーション・シリーズ『Braindead 3 - Hardcore Cyberspace』にも収録され、翌年には両者によるスプリットの続編『Vol. 2』がリリースされた。両者共に、ドイツのハードコア・テクノとオランダのガバのエクスト

V.A. - Braindead 3 (Hardcore Cyberspace)

リームな側面にフォーカスを当てた激しい曲で、当時のヨーロッパやオーストラリアのアンダーグラウンドのハードコア・テクノとシンクロするスタイルであった。Rave ミュージックとしての側面も残ってはいるが、ダンスミュージックという枠にギリギリ収まっている過剰さと勢いに満ちている。3 コードで突っ走るハードコア・パンクに似たバイブスと、強烈な歪みを用いたハードコア・テクノのトラックに、日本のサブカルチャーからの影響が混ざり合った本当に唯一無二なスタイルである。今作は、時代を超えて人々を魅了する何かがある。

Neptune 2000 – Japanese Wizards EP

　同年、OUT OF KEY はフランスの Epiteth から 12" レコード『Trans Killer』をリリースしており、Freddy Fresh のレーベル Analog Records USA からコンピレーション形式のレコード『Analog Japan』も発表。avex trax が企画した Drop Bass Network と Analog Records USA のコンピレーション CD『U.S. Acid Rub Sound from Drop Bass Network and Analog Recordings』にも OUT OF KEY の楽曲は収録され、後に OUT OF KEY は Neptune 2000 名義で『Japanese Wizards EP』というシングルを Analog Records USA からリリースしている。

　日本国内では、Hyper Rich がコンピレーション LP『デカメロン電設』『任天導師セガソニー』『拡張 I/O 暴動』をリリースし、Hard Core Baby Records は日本のハードコア・テクノ・アーティストが集結したコンピレーション CD『Hard Core Baby Volume 1』を発表。この時期に日本のハードコア・テクノが CD やレコード、カセット・テープなどの形となってリリースされる事が増え、イベントも徐々に開催されていった。

The Speed Freakの来日

　Hammer Bros と OUT OF KEY のスプリットがリリースされた 1995 年に、ドイツの The Speed Freak が初来日。東京と大阪でイベントが企画され、その時の記録が The Speed Freak Featuring Wendy Milan『Live in Japan』という 10" レコードとして残されている。確かな詳細は不明であるが、Patrick van Kerckhoven(DJ Ruffneck) と Lenny Dee は、90 年代初頭に日本のディスコでプレイしていたそうであるが、今に通じるハードコア・テクノが確立される前の頃であった為、現代のハードコア・テクノという括りの中では、The Speed Freak が日本で最初にプレイしたハードコア・テクノのアーティストになるだろう。

　翌年の 1996 年 2 月に出版された『Quick Japan』6 月号には、Big the Budo による The Speed Freak の来日レポートとインタビューが連載された事もあり、The Speed Freak の来日公演は当時の日本のハードコア・シーンにとって、一つのターニングポイントとなったと思われる。この来日以降、The Speed Freak は定期的に日本に訪れて東京や大阪のイベントに出演し、Sharpnelsound や X-Treme Hard といった日本のレーベルから Mix CD やコンピレーション CD を発表。また、Shockwave Recordings からも OUT OF KEY の Syntax(Shigetomo Yamamoto) と Yam Yam のスプリット・レコード『Washoku Test Zensen』のリリースや、The Speed Freak のリミックス・アルバム『WTR!?(What the Remix !?)』に DJ Sharpnel、Dustvoxx、M-Project を起用するなど、積極的に日本のハードコア・シーンと関わり続けている。2013 年にリリースされたコ

The Speed Freak Featuring Wendy Milan – Live In Japan

The Speed Freak – WTR!? (What The Remix !?)

ンピレーション CD『X-Treme Hard Compilation Vol.6』に提供した The Speed Freak の「King of Bong (J-Tek Edit)」の様に、日本のハードコア・シーンからの影響も伺えるトラックもあり、近年では Hardtek.jp のコンピレーションにも参加。The Speed Freak と日本のハードコア・シーンは長きに渡って お互いに影響を与え合っている。

　『Quick Japan』7 号では「"ガバ" は燃えているか？」という企画で、DJ Ishii、Hammer Bros、OUT OF KEY、The Speed Freak が紹介され、12 号では「日本の "ガバ"――BMP200 を超えるダンス・ミュージック」という特集が組まれた。

さらなるグローバル化

　1996 年に、Nawoto Suzuki は Smily Slayers として 12" レコード『Berserker in My Room』を

Hammer Bros - Police Story

イタリアの Hot Trax からリリースし、Burning Lazy Persons 名義でドイツの Fischkopf Hamburg から EP、そして、Deadly Drive 名義ではアメリカの Industrial Strength Records からもレコードをリリースした。その後も、Nawoto Suzuki は Absolute Terror Field、Blue Calx、Cynical Muscle Revenger、D.D.T. といった名義で海外レーベルからレコードをリリースしていき、国内外に熱狂的なファンを生む。日本では、KAK-A Recordings は Hammer Bros の 12" レコード『Shin Gen EP』をリリースし、Hyper Rich はコンピレーション『男の流儀』と Sonic Dragolgo のアルバム『のんびりポテトさん』をリリース。

　『Quick Japan』や当時発行されていた国内のハードコア系フリーペーパーを読むと、大阪で開催されていた EBORA OF GABBA を筆頭に、ハードコア・テクノ系のイベントは関西で開催される事が多かったように見え、DJ やライブ・アクトも関西を拠点に活動し

Technohead - I Wanna Be A Happy

ていた印象を受ける。だが、東京、広島、福岡、沖縄、仙台でもハードコア系のイベントは開催されており、フリーペーパーも関西、関東以外の場所からも発行され、中には女子高生が作っていたハードコア・テクノのフリーペーパーまであった。今でこそ、日本では東京が一番規模の大きいハードコア系のイベントが開催され、アーティスト / レーベルの拠点も東京が多いが、90 年代の日本のハードコア・シーンの規模や形態は現在とは違っていたようである。

　1997 年になるとグローバルな展開が拡大していき、アメリカの DJ Tron と日本の DJ Tact のコラボレーション・レコード『In Full Effect』が Symbiotic Love Recordings からリリースされ、Hammer Bros はアメリカの Digitalhut Sounds から 12" レコード『Police Story』をリリースし、ドイツのレーベル Brutal Chud のコンピレーション LP『How to Kill All Happy Suckerz』に Nasenbluten、Micropoint、Noize Creator と共に参加。同年、フランスから Epiteth の Laurent Hô、アメリカから Blood n' Guts Records の DJ Tron が来日している。また一方では、90 年代中頃からオランダでは Charly Lownoise & Mental Theo の「Wonderful Days」、Paul Elstak「Rainbow in the Sky」や「Don't Leave Me Alone」がヒットし、さらに Mokum Records のリリースによって、ハッピーハードコア (ハッピーガバとも呼ばれていた) が日本でも徐々に人気を集める。1996 年に、Roadrunner Records は Mokum Records からリリースされたハッピーハードコア系の楽曲をまとめたコンピレーション CD『Happy Hardcore(邦題：ハッピー・ハードコアの女王様)』を発表し、同じく Mokum Records からリリースされた Technohead のシングルをまとめた『I Wanna Be a Happy?!』、Party Animals のアルバム『Good Vibrations』も日本盤が発表された。

第一時期のピーク

1997 年、日本のハードコア・テクノにおける重要レーベルの一つである Kill the Rest がスタート。この頃の日本のハードコア・テクノの作品は、まだ数が少ないのもあるが、オランダやヨーロッパのメインストリームなガバ・スタイルよりも、インダストリアル・ハードコアやスピードコアなどを主体とした激しくアンダーグラウンドな雰囲気と、エクストリームなサウンドを持った作風が目立つ。とはいえ、海外のハードコア・テクノ / ガバを真似ただけではない、日本独自のハードコア・テクノを確立しており、世界のどこにもない、唯一無二の作品ばかりである。この当時、まだレコードがメインのフォーマットとしてリリースされているのには、リスニングだけではなく DJ プレイを目的とし、クラブを主戦場とした志も感じられる。

V.A. - The Silent Orbit - Bass2
Records Compilation Vol. 2

日本ハードコア・テクノ史に多大な貢献をした Kill the Rest であるが、その中でも Mix CD シリーズ『Turntable Junkee』の重要度もとても大きい。このシリーズには DJ Ishii、DJ Ya-Chi、DJ Shinya、DJ Psyba が参加しており、国内のダンスミュージック好き達にハードコア・テクノ / ガバの存在を気づかせたのと同時に、DJ ミックスという形式によってダンスミュージックとしてのハードコア・テクノ / ガバの魅力を証明した。その他にも、Kill the Rest は Kak-a Shadow Augusta、DJ Psyba、Osaka SS の楽曲を収めた『Interceptor Collection Vol.1』なども残している。

同じく 1997 年、C-TYPE のレーベル Murder Yacht School(殺人ヨットスクール) は初のコンピレーション CD『Murder Remix Show』をリリースし、翌年には DJ Sharpnel が高速音楽隊シャープネルとして『Sharpnel vs ProjectGabbangelion』と『フロム・ザ・はあと 地獄編』をリリース。ナードコアの登場とも重なり、アニメとハードコア・テクノの結びつきが以前よりも密接となっていき、日本のハードコア・シーンに新たな表現方法とスタイルが生まれてくる。

そして、1998 年には伝説的なイベント Gabba Storm が開催され、オランダから Euromasters、DJ Paul Elstak、DJ Panic が来日。東京では、新宿 Liquid Room で Gabba Storm が行われており、東京のクラブでも規模の大きかった Liquid Room で開催される程に、国内のハードコア・シーンは成長していた。Liquid Room での Euromasters のライブは、DJ Panic の DVD に収録され、当時の熱狂的な日本のクラウドの姿を見る事が出来る。1998 年の記録を見返してみると、国内レーベルのリリースも活発で、国内の様々な都市でイベントも開催されており、この時期に日本のハードコア・シーンは一つのピークを迎えていたのかもしれない。

1999 年はレーベル Maddest Chick'ndom がスタートし、第一弾作品としてコンピレーション・レコード『Twintower EP』と DJ Buzz Master & the Hellscreamers『Dance to Hardcore EP』を発表。Gabba Storm にはアメリカから Delta 9 が来日。高速音楽隊シャープネルは『アタック ザ シャープネル』と『Rave ☆ Spector』をリリースし、Murder Yacht School はレオパルドン、Syntax、C-TYPE、Jea、Karatechno、[232 Comit] などが参加したコンピレーション CD『Mental Burst』と『Terror Macro』をリリース。Bass2 Records はコンピレーション CD『The Silent Orbit - Bass2 Records Compilation Vol. 2』と Syntax『Stablecorps』、Donnerwolf『Lostnumbers』のレコードをリリースし、各レーベル / アーティストがそれぞれの道を歩んでいった。

リズムゲームとハードコア・テクノ

日本国内において、ハードコア・テクノという音楽ジャンルが広まったのには音楽ゲームなどのリズムゲームの存在が不可欠だ。

2000 年代に登場したハードコア・アーティストと、そのリスナーの多くはリズムゲームを通じてハードコア・テクノと出会っており、その影響力の強さにはいつも驚く。リズムゲーム以前にも、90 年代には『リッジレーサー』の「Rotterdam Nation」(1994 年) や『ベア・ナックル』の「Bulldozer」「Cycle II」(1994 年) など、オランダのガバを意識した BGM があり、日本ではゲームとハードコア・テクノ / ガバは昔から繋がりがあった。1998 年に発表された格闘ゲーム『鉄拳』のオフィシャル・リミックス CD

V.A. - Seven Remixes

『Seven Remixes』には、2 Terror Crew と DJ Ishii のハードコア・リミックスも収録され、同年には国内のハードコア・テクノ系アーティスト/DJ が多数出演した Sega Hardcore Generation というイベントも開催。それよりも前に関西では、Rotterdam Night vs Gamer's Night といったハードコア・テクノ/ガバとゲームを融合させたクラブ・イベントも企画されていた。

　実際、今に通じる状況を生み出したのは beatmania だろう。beatmania には数多くの国内ハードコア・アーティスト達が楽曲提供を行っており、過去には Art of Fighters や Scott Brown といった海外アーティストも参加している。今では、beatmania にハードコア・テクノが使われる事は当たり前であり、ゲーム内でも人気のサブジャンルとなっているが、その始まりともなったのが L.E.D.LIGHT-G「Hell Scaper」とされており、この曲は今も非常に人気がある。beatmania や Dance Dance Revolution などのリズムゲームを経由して日本のハードコア・テクノ/J-Core のファンとなるケースもあるそうだ。ハードコア・テクノが beatmania に参入した事によって、国内のハードコア・シーンが拡大したのは間違いないだろう。

2000年代の国内ハードコア・シーン

　2000 年代に入り、ハードコア・テクノには様々なサブジャンルが生まれ、フェスティバルやパーティーの規模に変化が起き始めていた頃、日本のハードコア・シーンにも変化が起き始めていた。ハードコア・テクノだけではなく、ナードコアを筆頭としたアンダーグラウンドなダンスミュージックをクリエイトするアーティストと DJ、それらの作品を制作するレーベルと扱うショップも増えた事により、海外の作品よりも国内の作品に注目が集まる。それにより海外よりも、国内の音楽に影響を受けるクリエイターが現れ、海外のハードコア・テクノの影響よりも、国内のハードコア・テクノの影響を強く受けた世代が誕生。そして、90 年代よりも別ジャンルを取り込む動きも活発となる。

Yam Yam vs. Noize Creator – Untitled

　Murder Yacht School は Violent Holiday、Utabi、Hally、T. Takayama(Maruosa)、Hex125 といったエレクトロニカやチップチューン系アーティストから、Knifehandchop、The Speed Freak、Sunjammer といった海外アーティストも交え、ハードコア・テクノを軸としながらも、ジャンルレスな展開を進める。レーベルオーナーの C-TYPE は、Mix CD シリーズ『Inoue Madness』でフレンチコアや UK ハードコアをベースにブレイクコアとラガジャングルもミックスし、最新のトレンドから普遍的なハードコア・テクノの魅力をパッケージングした作品を制作。元々、インダストリアル要素の強かった Bass2 Records は 2001 年にリリースしたコンピレーション CD『Temperamental Structure』で、エクスペリメンタルやブレイクコアにフォーカスしており、System609(Ka4u)、Absorb Design、ロ±ロといった 2000 年代に活躍する関西のアーティスト達も参加している。こういった関西のハードコア・シーンの特殊な繋がりは、ブレイクコアやエクスペリメンタルなハードコア・テクノを扱っていた大阪の Electoro Violence(Breakcore Records) の影響が大きいのだろう。

　2001 年に OUT OF KEY の Yam Yam は Noize Creator とのスプリット・レコードを Suburban Trash Industries から発表するが、残念ながら今作が Yam Yam にとって最後のレコード作品となってしまう。日本のハードコア・テクノに多大な影響を与えた Yam Yam が残した名曲の数々は、2008 年に Teikoku Records から発表されたベストアルバム『Best Tread Headstrong』で聴く事が出来るので、是非聴いて欲しい。

　2000 年代の国内ハードコア・シーンを代表するレーベルであり、今では日本で最大規模のレーベルともなった HARDCORE TANO*C は、2003 年にコンピレーション CD『Qimailla-8k』を発表し、

本格的に活動を開始。以降も HARDCORE TANO*C は定期的にコンピレーション CD を制作し、赤いひと (REDALiCE)、DJ Technorch、Technetium、kenta-v.ez、RaverRose、Betwixt & Between といった次世代のハードコア・アーティスト達がレーベルに集まり、彼等を中心に日本のハードコア・シーンはサウンドもスタイルも以前とは違ったメロディアスでキャッチーな方向に変化していく。2000 年代前半、HARDCORE TANO*C を中心とした次世代と DJ Sharpnel、M-Project、DJ Shimamura、m1dy といったアーティスト達は次第にリンクしていき、ハードコア・シーンに新たな層を取り込む。リリースやイベントを介してそれぞれのスタイルをアップデートさせ、その時々のトレンドも素早く飲み込み、彼等は多くの名作を生み出した。その同時期、海外のフォーラムでは J-Core という単語が目立ち始める。

V.A. - Swimsuit Squad

J-Coreの登場

　J-Core の発祥から定義に関しては、日本でも海外でも議論が起きており、明確な歴史が見えづらい。2015 年、Vivian Host が Red Bull Music Academy で『A Kick in the Kawaii: Inside the World of J-Core』という J-Core に関する記事を発表。2015 年前後は初音ミク、BABYMETAL、きゃりーぱみゅぱみゅが海外で人気となり、それら日本のポップカルチャーと親和性のある Sophie や PC Music 周辺アーティストがメインストリームの音楽業界でも活躍していた時期とも重なっていたこともあって、音だけではなく、ビジュアル面でポップカルチャーと親和性のあった J-Core にも注目が寄せられていた。この時期、Brainfeeder と LuckyMe から作品をリリースしていたアメリカの DJ Paypal もインタビューで J-Core をお気に入りと発言しており、他にも Porter Robinson は DJ Sharpnel「Torinouta (The Speedfreak's Noise Rave Remix)」を頻繁にプレイしていた。Vivian Host の記事は日本でも紹介され、それによって J-Core という音楽ジャンルが存在する事を知った人もいただろう。だが、以前から複雑であった J-Core の定義について、再び議論も呼び起こしていた。

V.A. - J-Core Masterz Vol.1

　2007 年に Mob Squad Black Label はコンピレーション・シリーズ『J-Core Masterz Vol.1』をスタートさせ、『J-Core Masterz』シリーズは 2014 年までに 15 タイトルを発表。国内外から様々なアーティストが参加し、国やジャンルを超越した多種多様な曲がまとまっており、その自由な発想とパッケージングの仕方こそが J-Core 的でもあった。

　J-Core を筆頭に日本のダンスミュージックがインターネットを経由して世界に広がっていき、日本のハードコア / サブカルチャーからの影響を自国のダンスミュージック・スタイルとミックスしたアーティスト達も出現。Mob Squad Tokyo/Mob Squad Black Label は積極的に海外アーティストの作品を制作し、日本と海外の橋渡し的な役割も果たしていた。Tanuki、DJ Shoujo、Black Ace、3R2、Shingo DJ/ Round Wave Crusher、Spy47 などの海外アーティスト達が日本のレーベルから作品をリリースしていたが、その中でも、イギリスの Jakazid の登場はセンセーショナルであった。伝統的な UK ハードコアをベースに、そこに日本のダンスミュージック /J-Pop のエッセンスも反映させたトラックは、2000 年代のハードコア・シーンに新たな方向性を見出したと思える。J-Core に関しては、DJ Technorch の『J-CORE 文化大革命』と書籍『読む音楽』で深く分析 / 解説されているので、J-Core に興味のある方は読んでみて欲しい。

これからの展開

　2006 年にスタートしたイベント The Day of Hardcore は 2008 年から入場無料のフリーイベント

Gabba summit 4

となり、ラインナップもハードコア・テクノだけに限らず、毎年ユニークなラインナップで開催されている。日本のハードコア・シーンのトップで活躍するアーティスト達が一気に集い、しかも入場無料という事もあって、それまでクラブ・イベントに縁が無かった人々を取り込む事に成功し、ハードコア・テクノ並びにその周辺ジャンルを伝え広めている。The Day of Hardcore は日本のハードコア・シーンの盛り上がりとクリエイティビティを象徴するイベントとして、海外から訪れる人もいた。そして、DJ Myosuke の HARDGATE を筆頭に、東京では大小問わずにハードコア・テクノをメインとしたイベントが開催され、リズムゲームや同人界隈から来たリスナーも積極的に取り込みながら、日本のハードコア・シーンの規模はさらに拡大。J-Core やハードコア・テクノをルーツの一つに持った新世代のアーティスト達は、様々なフィールドで活躍しており、月日が経つにつれて日本のハードコア・テクノの影響力は日本の音楽シーン全体に響き始めている。

　2020 年は日本のハードコア・テクノにおいても、分岐点となった年であったかもしれない。日本のヒップホップ・アーティスト達がハードコア・テクノ / ガバや Rave ミュージックを取り込んだ曲を制作し、メジャーフィールドで活動するアーティスト達もハードコア・テクノ / ガバに対して好意的な発言をしている。YENTOWN の kZm のアルバム『DISTORTION』に収録されている「バグり (feat. MonyHorse)」で Euromasters がサンプリングされており、Creative Drug Store の JUBEE は『Mass Infection 2』収録の「Mass Infection」でミクスチャー・ロックにガバもミックスしたモダン・テイストなデジタルハードコア調の曲を披露した。他にも、LEX「MDMA feat HEZRON」や Minchanbaby「NIZICORE」も印象的であった。ヒップホップ以外でも、TORIENA はアルバム『PURE FIRE』で Catnapp や Dorian Electra とも共鳴する天才的なポップセンスを駆使した Rave 色の強いダンスミュージックをクリエイトし、彼女独自のオルタナティブ・ハードコアを完成させた。

　冒頭でも述べた様に、海外の有名なハードコア・レーベルから作品をリリースするアーティストも増え、これからは世界を舞台に活躍する日本のハードコア・テクノのアーティストはもっと出現してくるだろう。国内でも、ハードコア・テクノがフリーフォーム化していき、今までとは違った文脈でのハードコア・テクノが生まれてくる事にも期待したい。日本のハードコア・テクノはまだ始まったばかりなのだ。

V.A. - Gabba Summit

日本とオランダのハードコア・シーン

　本国オランダのハードコア・シーンからの影響を大きく受けながらも、日本の J-Core シーンは全く違った発展を遂げている。J-Core とはオランダのハードコアをベースにゲームミュージックやアニメなど、日本に根付いた様々なカルチャーが混ぜ合わさった日本独自の音楽スタイルの一つである。

　ここでは国内の J-Core シーンとオランダの (主にメインストリーム) シーンを対比しながら私 RoughSketch が体験した事を中心にコラムとして執筆させていただきます。

パーティーの規模と音源のリリース

　オランダのハードコア・シーンのように、1 万人を超える動員のある野外フェスが 1 年のうちに何度も行われたり、毎週末に 1000 人前後の人が集まったりするようなパーティーは日本には無い。

　日本の J-Core シーンが作られた中で重要なのが即売会 (コミックマーケット /M3)、ゲーム音楽、動画サイトの存在だ。これらのお陰で日本のシーンにおけるハードコア (と、それから影響を受けた音楽) のリリース量は世界一といって過言ではない。

　大きな即売会は M3 春、夏コミ、M3 秋、冬コミと年に 4 回行われている。ハードコア・テクノのコンピレーションやアーティストアルバムは、それらのイベントに合わせて膨大な量の CD がリリースされる。手焼きで少量生産してリリースするレーベルもあれば、人気レーベルのタイトルになると 1 タイトル 2000 枚以上を売り上げることもある (もちろん、通販などをトータルした枚数であり、1 日に売れる枚数ではない)。

　この CD 売上は完全に日本のシーン独自のものだ。オランダのフェスやパーティに出演していてプライベートスタジオを構えている、とあるトラックメイカーが CD をリリースした時、その生産枚数は 500 枚だったそうだ。しかし、パーティでの彼のプレイでは枚数以上の人々が盛り上がっている。「じゃあオランダのお客さんはどこで曲を聴いているの？」と聞いたところ「違法アップロードでシェアされたものを聴いている」という回答が返ってきた。

　楽曲ダウンロード販売で大きな売り上げを立てるのは難しい。拙作『Samurai Terrorist』をオランダの Megarave からリリースした際、ありがたい事にハードコア・シーンではお馴染みのダウンロード販売サイト Hardtunes でチャートインした事があり、幾つかの楽曲が Mix CD に収録されたこともあった。Mix CD に収録される場合 CD の売上から何 % かがロイヤリティとして振分されるのだが、日本のハードコア・

コンピに1曲提供するのとは比べ物にならないほど小額であった。

現在はストリーミングやYouTubeのコンテンツIDで状況は良くなっているので楽曲あたりの売上金額の差は縮まってきていると思うものの、信じられない量のCDが年に4回売れていく日本のハードコア・シーンのインパクトは強いだろう。加えて日本には熱心なファンが多い。

年に4回もあるリリースをすべて追っているコレクターも少なくない。即売会やパーティーの現場に来られなくても、何年にも渡って長くサポートしてくれるファンがいて成り立っている。オランダのレーベルからリリースされるCDも日本へ出荷することも少なくないらしく、フィジカルを好む日本の趣向は国外のレーベルからも一目を置かれている。

パーティーの雰囲気もオランダと異なっており、来日したDJは口々に「日本のファンは最高だ！」と話す。多くのお客さんがステージ側に興味を向けており、ほとんど休むことなく音に反応している。「音楽をまっすぐ受け止めてくれるファンが多くて最高だ」と、オランダの大型フェスのブッキングを断ってまで来日ツアーを組むDJがいるくらい、ヨーロッパで活躍しているDJからリスペクトされるファンが日本には多い。

一方で日本のパーティーの規模はオランダから比べると小さい。年に数回EDP(EXIT TUNES)やHARDCORE TANO*C周辺のパーティーが音楽ゲームと親和性の高い大規模なパーティーを主催しているが、その規模クラスのパーティーがオランダでは毎週末のように開催されている。

オランダのハードコアDJはパーティーの出演料を多く得る。これはハードコアDJに限った話でもないし、言わずもがなだが、売れっ子DJともなると1プレイ100万円クラスの報酬になる。売れっ子まで行かなくてもパーティの規模によるが、日本のコンピレーションに1曲提供する金額程度は1プレイの報酬で得ることが出来る。

2019年12月、Rotterdam Terror Corps、The SATAN、Partyraiser、DJ Panic等が出演するオランダのパーティHardcore Gladiatorsに出演した。メインのハードコア・フロア / アップテンポ・フロア / アーリーレイヴ・フロア / テラー・フロアの4フロアがあり、土曜の21:00から開催。開催地のケルクラーデはほぼドイツの近くに位置しており、アムステルダムからは車で2〜3時間かかる場所なのだが1000人近くのハードコアヘッズでフロアが埋まっていた。

その際、アーティストとスタッフ、ゲストのみが宿泊出来るホテルが手配されていた。もちろん、全員分の朝食がついており、ステージドリンクやアーティスト専用のバックステージ内では飲み物が飲み放題であった。出演料に加えてパーティーの前後は何不自由なく過ごせる保証がされており、ゲストを含む出演者はその日、自分の財布を開ける事は無かっただろう。

日本国内の多くのハードコア・パーティーでは報酬を得られたとしても、その日のドリンク代に多くを使ってしまい、パーティーに出演すると結果赤字になってしまう事がある(これは完全に自分の所為なのだが……)。またハードコアに限った話では無いが、日本の多くのコンサートやパーティーは入場料の他にイベントのグッズやCDの物販もあわせて行う事が多く、中でも出演した後のCDの売り上げはとても重要でアーティストに還元される。日本でパーティーを主催するハードルはとても高い。

ブッキングで大きな報酬を得るオランダ。物販や楽曲制作で大きな報酬を得つつ、規模は小さめだが熱狂的なファンが多い日本。この違いはお互いに新鮮で「他人の芝は青い」と感じている人は両方の国にいるだろう。

お金の事に関して多く書いたが、日本もオランダも色々なアーティストがいる。音楽を本職のビジネスとしてヒット曲とブッキングを望むアーティストもいる。ビジネスは二の次に自分のやりたい音を突き詰めていくアーティストもいる。それらは両極端だが、その両極端な人はオランダにも存在するし日本にも存在する。素晴らしいアーティスト！と呼ばれるか、コマーシャルシット！と呼ばれるか、同人ゴロ！と呼ばれる

かは、受け取り手の解釈によって変わるだろう。

ヒット曲、アンセム
　オランダのパーティー映像でアンセムがプレイされた時に、大合唱が起きるのを見た事があると思う。若そうなハードコアヘッズが自分の生まれる前であろうネタのトラックを歌う事が出来ている。オランダにとって、ダンスミュージックはポピュラーで、強引に例えるならアメリカで言うロックやヒップホップ。日本でいう J-Pop のような感覚だと聞いた。日本の若い人が TRF の「E Z DO DANCE」を口ずさめる様に、オランダ人は「Zombie Nation」を口ずさめるのだ。そういった昔からのアンセムを抑えつつ、フェスのテーマである立ち位置のアンセムやヒット曲も毎年生まれている。J-Pop シンガーによるヒット曲カバーアルバムが出たり、ワンクールごとにドラマやアニメのタイアップ曲が生まれる様な感覚でコンスタントに認知度の高いダンスミュージックがリリースされている。しかし、オランダ人がハードコアを知るきっかけは決してテレビがメインなわけではない。18 歳以上になるとフェスへ行きその場でハマっていく、というパターンが多いのだという。
　J-Core シーンは J-Pop やメジャーシーンからは離れている。膨大な量の楽曲が即売会でリリースされる日本のシーンでアンセムが生まれるのか？　今の J-Core シーンを広げていくのに重要な役割を果たし、日本独自のアンセムを生み出したのは「ゲーム音楽」と「動画サイト」だろう。
　ゲーム音楽について、前述した EDP や HARDCORE TANO*C 周辺のライブをメインにしたパーティーでは、BEMANI シリーズを始めとしたゲームの楽曲が数多くプレイされて盛り上がっている。地方のパーティーや DJ メインのパーティーでも 2005 年、beatmania に収録された kors k「SigSig」や、2008 年にリリースされた L.E.D.LIGHT-G「HELL SCAPER -Last Escape Remix- Remixed by DJ TECHNORCH fw.GUHROOVY」、2010 年 Art of Fighters「Breaking the ground」などはゲームの枠を超えてよくプレイされ、盛り上がっていたように思う。2012 年頃から、HARDCORE TANO*C が主催するパーティーではテーマ曲となるアンセムが制作されており、以降パーティーのアンセムを制作する流れは定番となっている。即売会でもゲーム音楽の収録された CD は特に人気があり、パーティーでプレイされても盛り上がる。
　音楽ゲームはジャンル名が表記されているので、そこからハードコアに触れる人も少なくない（もちろん、ゲーム音楽なので「ダンスをしてもらう音楽」というよりも「ゲームを楽しんでもらう音楽」に比重が乗っている曲が多い）。ゲーム音楽にハードコアを取り入れた細江慎二氏や BEMANI の角田利之氏もまたオランダ産のガバに感銘を受けて、自身の楽曲やディレクションに取り入れている。石野卓球氏のオールナイト日本からハードコア・テクノに触れた人が多い中、ゲームを通じてより若く、クラブ以外、都市以外の地方にまでハードコアを広げたのは彼らの功績だろう。国産ハードコアトラックメイカーでゲーム音楽をきっかけにしている人は少なくない。私もその一人だ。さらに、若い層へアプローチ出来たのが「動画サイト」の存在だろう。ニコニコ動画を軸にハードコアを使った MAD 動画やハードコアの影響を受けた電波ソングの登場、東方 Project というゲーム BGM のハードコア・アレンジなどが人気を博した。人気の出た楽曲に関連して「○○が好きな人にオススメのハードコア Mix」が投稿されハードコアを深く知ることも出来た。
　近頃はインターネットがより身近になったお陰で、オランダのアンセムもより容易に知る事が出来る。日本でもオランダのシーンを意識したパーティでは本国のアンセムがしっかりと盛り上がる。間違いなく、ハードコア・テクノは日本国外から渡ってきたものだが、独自に進化した「本場の日本産ハードコア」が好きな海外のファンも存在しており、日本のパーティに来てはゲームや動画サイトの音楽で盛り上がってくれている。

アートワーク
　「ハードコアに大切なのはアートワークのイメージだ」
　「ハードコアのトラックで一番大切なのは印象的なフレーズと、一体になれるボイスサンプルだ」
　と、来日した DJ をアテンドした時に話した事がある。ヨーロッパのハードコア・テクノにおけるアートワークは、マッチョイズムや退廃的なイメージが強調される。楽曲もビートに重きを置きつつ、アンセム楽曲は一体感が得られる様なボイスサンプルとシンプルなメロディが多い。楽曲のミックスダウンは信頼できるエンジニアに任せることがある。
　一方で、J-Core のアートワークはアニメ調のイラストが多く用いられる。楽曲もメロディやシンセ、ボ

イスサンプルも派手なものが多い。ミックスダウンまでを完全に一人でやり切って、マスタリングのみお任せというパターンが多い。

J-Core アーティストがリリースをして行く上で、主戦場にしているコミックマーケットの基本理念として「主義、志を同じくする人たちが自分達の作品を発表する場である」と言うものがある。そもそも商業やマーケティングといった所から離れた場所が元々の主戦場になっているので、当然リリースされるものは「主催者の好きな音、好きなアートワークの詰め合わせ」なのだ。今でも CD をリリースするレーベルのオーナーには「好きなイラストレーターにジャケットをお願いしたくて CD を作る」という人もいる。「ハードコアが好き！　そしてこういうイラストも好き！」という具合に詰め込んだものが定番化して J-Core のイメージがついたのかもしれない。一時期自分が Megarave からリリースしていた EP のジャケットのイメージがアニメイラストだった。自分から指定した訳ではないのだが、後々聴いてみると「日本人のハードコアだから」と気を遣ってくれていた様子だった。オランダから見ても J-Core ＝アニメイラストのイメージを持っている人は多くいる。

おわりに

みんな、本場のハードコアに憧れている。

もちろん、自分もオランダのハードコアに憧れて活動をしている。ただ、逆もいる。「本場のジャパニーズハードコアに憧れるヨーロッパ人」も確実に増えている。

オランダに行くと必ず会う友人がいる。Neodash Zerox という DJ で、J-Core 好きなオランダ人だ。彼は J-Core に憧れて活動をしている。自分はオランダ産のハードコアに憧れて活動をしている。凸凹ながらも共通点が多い彼は特別な対応をしてくれる。彼の家族とホームステイをさせてくれるのだ。ホームステイをして改めて「オランダと日本の " そもそもの " 文化の違い」を感じることが出来た。

大晦日、ビーチに木材をタワーの様に組み上げて火をつける『Vreugdevuur Scheveningen』のような刺激的な文化は日本に無い。逆に東京のようなカルチャーが入り混じったカオスはオランダに無い。日本にとってドラッグカルチャーは蔑まれタブー視されるが、オランダにとっては親子で笑える笑い話になってしまう。それぞれの土地の価値観と時代に合わせて進化している過程が、今のそれぞれのシーンなのだと私は思う。

時代や価値観が目まぐるしく変わっていく現代。オランダでも日本でも規模や状況、お金の動きが違えどハードコア・シーンが残っているのは、文化や歴史よりも原点回帰で語彙力を必要としない「ハードコアが好き」な人が絶えずそれぞれの国に、それぞれの地方に居続けたからこそだろう。私が拠点にしている札幌 YATSUZAKI HARDCORE や Sapporo Hardcore Channel も「ハードコアが好き」な人達で支えられている。札幌に限った話ではなく東京・大阪の主要都市以外にも日本全国各地に散らばったハードコア・ファンがそれぞれの地方でハードコアを続けている。私が会って話した日本国外のアーティストは皆ローカルで続けている DJ をリスペクトしており、規模や売り上げで蔑むような人はいなかった。

今は YouTube や Instagram など SNS で気軽にパーティーやリリースの情報を知ることが出来る。これを読んでいるあなたの近くのハードコアを是非検索して触れてほしい。私の主催するレーベル Notebook Records やパーティー YATSUZAKI HARDCORE も、YouTube で楽曲と MIX を公開しているのでこの機会にぜひチェックしてほしい。

RoughSketch

https://twitter.com/uno_roughsketch
北海道札幌市を拠点に活動中。レーベル Notebook Records(JP) やイベント YATSUZAKI ARDCORE(SHC) の主催。ハードコア・テクノに様々な要素を加えたスタイルが特徴的。オランダの老舗レーベル Megarave Records をはじめ、自主レーベル Notebook Records(JP) や beatnation RHYZE、HARDCORE TANO*C から作品を発表している。uno(IOSYS)、RoughSkreamZ、臨界モスキー党、DJ Laugh、Chameleonheads など作風によって名義を使い分けており、様々なフィールドで活動している。

アシッド対談

Murder Channel が都内で不定期に開催している Murder Channel Talk Show から、2018 年 1 月 8 日に企画された Gabba Summit PT.2 でのアシッドに関してのトークをテキスト化。ハードコア・テクノの中でも特に人気があり、ダンスミュージックとしての機能性を高めるアシッド・サウンドの魅力について、DieTRAX（以降 D）、DJ SHARPNEL こと JEA（以降 J）、DJ Technorch（以降 T）と本書の著者である梅ヶ谷雄太（以降 U）が語っている。

U：前回の Gabba Summit は、Mike Redman を迎えての日蘭ハードコア会談となりましたが、今回は「アシッド」に関して皆さんにトークしていただきたいなと。
J：Die さんはもちろん、Technorch さんも元々フリーフォーム系のアシッド・ハードコア的な文脈から来ているじゃないですか。なので、このタイミングで一回アシッドを見直してみてもいいかなと。石野卓球さんもアシッドをテーマにしたアルバム（『Acid Tekno Disko Beatz』）をリリースされましたし、今年（2018年）でアシッドハウスから 30 年目でもあり、アシッドハウス・リバイバルのリバイルということで（笑）。
D：1988 年に生まれたアシッドハウスが遂に 30 年だもんね（笑）。

U：去年（2017 年）は重鎮 Hardfloor から Cheephax Acid Crew や Luke Vibert も来日していたし、日本でもアシッドに関するトピックが多い年でした。
J：Hardfloor は新譜（『The Business of Basslines』）をリリースしたり、『交響詩篇エウレカセブン』に新曲「Acperience 7」を提供していましたしね。
D：「Acperience 6」を越して 7 が先に出るっていう（笑）。

U：皆さんがアシッド・ミュージックの存在を知ったキッカケは何だったんでしょうか？　特に衝撃的だった曲とかはありますか？
J：僕は元々、電気 GROOVE のオールナイトニッポンのヘビーリスナーだったんです。1993 年のアシッドハウス・リバイバルの真っ只中に放送されていて、その流れで、アシッドを知りました。僕が高校 1 年生の時に卓球さんのオススメ・コーナーで掛かってい

Beltram – Phuture Trax

Gamma Loop – Stagmato Seven

Hardfloor – Acperience

た曲で自分の魂を深く傷つけたのが Beltram の「Tales from the RZ」。この曲はアシッドのベースラインも非常に良いんですが、キャッチーなボーカルがアシッドのトラックにマッチしているのが特に良くて。こういったキャッチーな歌モノでアシッドは中々無いので、1曲選ぶならこれかな。

D：オールナイトの最終回あたりでも、卓球さんがイギリスに行ってロンドンが凄い事になっている！って、買ってきた最新のアシッド系テクノがラジオで沢山流れてたよね。それもあって日本でも303ブームが起きた。僕等の世代は、いきなりガバとかハードコア・テクノから始まったんじゃなくて、普通にテクノを聴いていた流れでガバやアシッドに出会っているから。どんどん細分化されていって今に至る。

J：あと、電気 GROOVE の『Vitamin』も重要。アルバムのポスターと中面でメンバーが303とか606を持っていて、オールナイトニッポンでも303の話をしていて、その影響もあって303が中古で高くなった。定価5万3千円だったのが、中古で10万から20万とかまでになって。

D：当時はクローンも無かったしね。普通のシンセのレゾナンスを弄って近い音を真似るしかなかった。

J：同時期に『ele-king』も創刊されて、卓球さんがオールナイトを通じてテクノを牽引されて、段々と日本にテクノのクラブシーンが形成されていってた頃ですね。僕は当時大阪にいたんですけど、難波 Rockets でやっていた Chaos West とかによく遊びに行っていました。

D：本当に、とにかく TB-303 の音が流行ってたよね。あの音が入っていると当時手当たり次第に買ってた。日本からも『Hard Trance 303』っていうコンピレーション CD が出たりしていたし。自分がアシッド系で好きなのは、あんまり知られていない人なんだけど、Exit EEE もやっていた Gamma Loop っていうジャーマン・トランスのアーティストが出した「Stagmato Seven」って曲。今では普通だけど、当時は303にディストーションを掛けるのが流行で、ちょっとずつ音が重なる展開とか、今聴いてもしびれる。

J：「Stagmato Seven」は元気な感じで良いですよね。このシンプルさ。ダシをちょっとずつ足していく感じというか。

D：塩入れてコショウ入れてカツオ節入れてみたいな（笑）。日本では、基本的にアシッド・ミュージックってノードラッグじゃない？ クリーンな環境だから、海外でアシッド・ミュージックが流行ったのは分かるけど、日本でも流行ったのが凄いよね。

T：僕は Hardfloor の「Acperience」です。10代の頃はタワレコで一日6時間位ハードコア・テクノの CD を探してたんですけど、その時に Hardfloor を発見して、名前からしてこれはハードコア・テクノに違いないと（笑）。それで、『The Best of Hardfloor』を買って。その中の1曲目が「Acperience」で、ハードコアじゃなかったけど、めちゃくちゃカッコよくて衝撃を受けました。

U：Hardfloor は瀧勝「人生」のリミックスもやってましたからね。日本には馴染み深い。

J：Hardfloor の Ramon Zenker は、Interactive で「Forever Young」とかのハッピーハードコアも作ってましたしね。Ramon Zenker はハードコア・シーンにとっても欠かせない。

D：Hardfloor の『Funalogue』で速いアシッドの曲あるじゃない？ 『Roarrh』って曲。あれは、Hardfloor

がハードコアを作ったらこうなるんだって感じだよね。

T:Hardfloor が 2nd アルバムのスペシャル・サンクスの所でめちゃくちゃ一杯名前を書いてるのは参考になりましたね。

D:そうそう。シカゴハウスの重鎮達のね。

U：Die さんは Hardfloor と共演しましたよね？

D:お陰様で 3 回もさせて貰いました。始めて一緒になった時はWomb だったんだけど、ステージ上の機材を見て感動したよね。303 が 3 台並んでて。昔は 909 と 303 × 3 でライブをやってたけど、今は PC からリズムを出して 303 とかを被せるスタイルになってた。有難い事に自分の TB にサインを貰って。あと、個人的に思い入れの強かった Interactive とかの別名義の作品にもサイン貰ったり（笑）。

Hardfloor - Respect

T: お二人がクラブでテクノを聴いてた時には、ジュリアナ東京も流行っていたと思うんですけど、テクノとジュリアナの距離感はどんな感じだったんですか？

J：距離感は結構ありましたね。卓球さんがアンチジュリアナだったから、僕等もガバとかデステクノとかの Rave ミュージックは好きだったけど、クラブとディスコは違うというメンタリティを持たされたので、中々ジュリアナ側には行けなかった。

D：Prodigy はいいけど 2 Unlimited はダメみたいな（笑）。

T：僕はあの頃の Rave ミュージックが大好きで、誰にでも通じるからジュリアナテクノって言ってるんですけど怒る人がいる。Prodigy が日本の Rave だと聞かされて出たら、2 Unlimited も出ていて怒ったとか。

J：avex rave だね。あそこで一回日本の Rave は頂点を迎えたんだけど、迎えたまま今に至るっていう。

U：DJ Pierre や Phuture はどのタイミングで知ったんですか？

J：もちろん、リアルタイムではなかったので卓球さんや田中フミヤさんのセットリストを調べてみたり、ミニコミとか雑誌を読んで掘っていって知りました。Relief Records とか、日本でもシカゴハウスが流行った時期もあったので。

D：1994 〜 1995 年になるとシカゴハウスも流行ってきて、昔のレコードも中古で入って来たし。それで、Trax Records を集め始めたかな。

T:Die さんはいつから 303 を持っているんですか？

D：1995 年くらいだったかな。楽器屋を物色してたら売りにきた人がいて、そこにたまたま居合わせて「売ってください！」と。303 を買うまでは、D20 とかのシンセで近い音を出してみたりしてたけど。あとは、ディスカバリーファームから出たTB-303 のサンプリング CD。あれが出た時は驚愕したね。単音もシーケンスも入っていて、ススム・ヨコタがシーケンスを作ってる。当時このサンプリング CD は結構売れたと思うよ、本当に 303 ブームだったから。

J：303 を買えた人は 303 エリートなんですよ（笑）。僕は買えなかったですから。303 のスイープ音を細かく切って、シーケンスで 303 っぽく作ってましたね。VSTI でちょくちょく出てたフリーのエミュレーターとかも使ってました。

U：JEA さんは 303 以外にはどういった機材を使われていましたか？

J:SC88 みたいなローランドのいわゆる MIDI 音

源からはじまって、JP8000、α JUNO なんかも使ってましたね。PC のシーケンサーからパラメータを直接いじってレゾナンスをあげて303 っぽくしてみたり試行錯誤してました。303 は買えないので憧れを気力でカバーする的な。

T：303 はどんなに適当に打ち込んでも、それなりの物になるのが発明ですよね。打ち込むのは複雑そうですけど。

D：303 は打ち込みものがめんどくさいって言われるけど、実際めんどくさいんですよ（笑）。でも、適当にランダムで打ち込んでもそれなりのフレーズとかは出来る。つまみをちょっといじるだけでも音が変わるから、毎回紙に書いていて。Hardfloor も書いてたよ。303 を使っている人は、みんな自分独自の303 打ち込みシートとか持っているんじゃないかな。お気に入りのフレーズを図で残さないといけないから。

U：ライブで303 とか808 とかの実機を使っていると、だんだんずれてきちゃいますよね。

D：MIDI じゃないから、どうしてもよれちゃう。今の規格は MIDI だけど、その前はテンポしか送れない DIN Sync って信号だったから。707 とか909 も MIDI はあるけど、808 はない。DIN だけ。だからその頃の機材はコンバーターが無いと同期も出来ない。相当めんどくさい。

T：割と最新の方になる MC909 を使ってましたけど、あれもずれますからね。最初は遅れるのに、後から遅れを取り戻そうと速まるんですよ（笑）。だから中々合わせられない。

J：ローランドの伝統芸なんですかね、ずれるってのは（笑）。

U：Die さんはアシッド田宮三四郎として、完全実機のみのライブもされているじゃないですか。不便さもありながら実機を使い続けられていますが、実機の最大の魅力って何でしょうか？

D：圧倒的な存在感と説得力の為です。音的にはコンプとかかけないとスタジオ録音の音にはかなわないかもだけど、それでも実機でやるっていうのは、テクノをライブで演奏したいから。PC に組んだ曲のスタートボタン押す、っていうのに対してアンチとして始めたのもあるので。あとは機材的にリアルタイムでしか演奏出来ないんだけど、偶然全員の息が合うタイミングがあるのね。ブレイク＞スネアロール＞ワンツースリーフォーでキック入って TB がビキビキ～！って。それがすんげ～気持ちいい。お客さんを含めて、メンバーとその場のノリがかみ合うと本当にライブ！って感じがするし、うまくハマると楽しい。是非一度体験して欲しいよ。

U：ハードコア・テクノやガバでアシッドが定着してきたのは、いつ頃だと思いますか？

J：今では、フーバー、ガバキック、ブレイクビーツ、そしてアシッドっていうのは Rave ミュージックの四種の神器ですけど、その辺りの音がハードコア界隈でも使われ始めたのは 1993 年前後じゃないかと思います。The Speed Freak や Biochip C、Cenobyte、Tellurian とかですかね。

T：Cenobyte とかそうですけど、アシッドが増えてくるとフリーフォームと区別が付かなくなる。あと、ガバで使われるアシッドは結構扱いが雑ですよね。

J：確かに、展開に困ったら取り合えず入れてみるっていう（笑）。

D：90 年代中頃だと 303 が流行り過ぎて皆使ってた。大体アシッドサウンドが入ってるよね。

Tellurian – War Against Machines

U：その中でも、ハードコア系で印象に残った曲だと何がありますか？

D：Euromasters の「Oranje Boven (Club Mix)」がカッコいい！　あと、303 Abuse の「Approach Phase」。

J：The Speed Freak のアルバム『Return to Speed City』に入ってる「The Hard One」。この曲はフレーズも効果音っぽいのもバキバキに入ってるので最高です。

T：Helix & Fury の「Insane Asylum」です。フリーフォーム・ハードコア全盛期の顔みたいな曲ですけど、さすがジャンルの顔だけあって 303 抜きには絶対に成立しない迫力があります。一応フリーフォーム・ハードコアだから、シンセサイザーの方にメインフレーズがあるんですけど、どう考えてもシンセフレーズよりも 303 自体の方が格好いいという。

U：国内でハードコアとアシッドを最初にミックスした人って誰なんですかね？

D：電気 GROOVE の「ムジナ」はハードコア・アシッドだと思うよ。

J：自分は曲作りを始めた時からアシッドは取り入れてましたけど、ちゃんとした形としてアシッドとハードコアを組み合わせた人は少ない。NRG 系だと Yoji さん (Yoji Biomehanika) がやってましたけど、ハードコアのアプローチなら Technorch 君が最初とかじゃないですかね？

T：そうなんですか？　僕は相当遅い方だと思ってましたけど。

U：Technorch 君が楽曲制作でアシッドを取り入れたのはいつ頃からだったんですか？

T：2005 年に発表した「axs」「そして時は動き出す ～ Time to Move ～」だと思います。特に「axs」の方は「Access」「Acperience 1」ネタなのでガバキック以外のほぼ全ての音がずっとアシッドサウンド鳴りっぱなしという曲で、そうですね……そう考えると確かに作ってますね……。でも、本人としてはやり尽くされた後だと思ってやっていました。

U：最後に、皆さんにとってアシッドの魅力とは何でしょうか？

J：音楽的な制約から解き放たれた様に感じられる部分かな。アシッドや 303 の音色はコードとかを意識しなくても単体で音楽として成立している。そもそもはベースマシーンとして使われていたという経緯も含めて、自分にとっても特別な物ですね。

T：機械が音楽を作ってくれるのがいい。こんなに機械が作ってくれる音楽も無いので好きです。

D：「バウンッ」とか、変な音に言葉で言い表せない気持ちよさがあって、そこがやっぱり好き。アシッドに関しては 303 に特別な拘りがある訳じゃなくて、他の機材でも出せるならそれでもいいし。今後は昔のに限らずに、機材も音楽も新しいアシッド・ミュージックを探して行きたいな。

OZIGIRI インタビュー

本書ではハードコア・テクノ・シーンのベテランから若手まで様々な世代にインタビューをしており、使用機材や曲の作り方などの貴重な話を沢山聞いており、その部分だけでも相当な価値がある。日本では近年 DTM がちょっとした流行になっているのもあって、DTM に関する様々な情報が日本語で得られるようになったが、海外のハードコア・シーンで活躍するアーティスト達の楽曲制作に関する情報はまだ少ない。

だが、国内のハードコア・アーティスト達は積極的に DTM 情報を発信し、素材を共有してくれるケースも多く、以前よりは身近なものになってきている。ここでは、デジタルグラインドというグラインドコアとハードコア・テクノを融合させた独自スタイルを押し進める OZIGIRI 氏に DTM に関するインタビューを行い、ハードコア・テクノをまた違った側面から分析してみた。

Q：ハードコア・テクノを知ったのはいつ頃ですか？

A：特に最近の日本国内においてはベタな回答になりつつあるかもしれませんが、beatmania に収録されていた「Hell Scaper」という楽曲がファーストコンタクトでした。1999年ですね。本格的にエクストリーム・ミュージックに傾倒していくのはもう少し後なんですが、ここでハードコア・テクノを認知したのは間違いないです。

Q：ご自身で楽曲制作を開始されたのはいつ頃でしょうか？

A：クラブミュージックにドップリ浸かり始めたのが高校生の時だったんですが、この頃は bms やサンプラーで軽く遊ぶ程度でした。大学生になってから暫くして、何となく Roland の MC-909 を買ったんですね。2007 年くらい。当時はバンドに精を出してたんで、それのデモ音源制作用に使ったりとか。それから Moconorb っていう OZIGIRI とはまた別のデジタルグラインドコア・ユニットをやっていたんですが、それのバックトラックを作ったりとか。で、それからちょっと経った所で OZIGIRI を始めました。当時はもうメチャクチャでしたよ。セオリーなぞ何もなくて、1st の『妄想少女』（2009 年）なんか音が全部センターですからね。パンもクソもない。MC-909 で打ち込んだ曲を DAW に取り込んで貼り付けてギャーギャー喚いてるだけでした。本当にただただ勢いだけで作っていました。恐ろしい話です。

Q：OZIGIRI さんはご自身の音楽スタイルをデジタル・グラインドと表していますが、デジタル・グラインドの定義とは何でしょうか？

A：明確な定義は正直ありません（勝手に名乗っているだけですし）。楽曲展開や楽器編成は元であるバンドサウンドとしての「グラインドコア」を踏襲し、一部音色をハードコア・テクノ的にしたものといった所でしょうか。僕の場合、ドラム類は完全にハードコア・テクノ的音色ですが、他はそのままだったりしますし。かなり曖昧ですね。最近は色々な要素を取り入れ過ぎていて、果たしてデジタル・グラインドコアを名乗っていいのやら自分でも悩んでおります。

Q：スピードコアなどではメタル系のバンドからギターをサンプリングするのが一般的ですが、OZIGIRI さんはサンプリングではなくプログラミングしたギターを使われていますが、このスタイルになった経緯は？

A：サンプリングだと自由が利かないのです。いいフレーズだなと思っても、ガッツリ他の音がかぶっちゃってたり。誰かに弾いてもらうという事も考えたのですが、それだと後になってフレーズを差し替えたくなっても、小回りが利かなくなっちゃうなと……だったら自分で打ち込んでしまえというのが始まりでした。まあ……自分で弾けるのが一番なんですが……（笑）。

Q：ギターサウンドを作る工程を教えてください。

A：色々と環境変遷があるのですが、最新のものを。

まず、元となるギター音源ですが幾つかを使い分けています。最近だと Heavier7Strings (Three-Body Technology)、The Odin II (Solemn Tones)、Shreddage 3 Hydra (Impact

Soundworks）辺りが良い音を出してくれ
ますね。ギター音源が決まったら次はアンプシ
ミュを。メジャーどころだと BIAS シリーズ
（Positive Grid）や Amplitube シリーズ（IK
Multimedia）辺りが候補に挙がってくると思い
ますが、Neural DSP 製のものがマイブームで
す。ギター音色は 1 本だけだと厚みが足りないの
で、メイン・サブ・アタック強調用・隠し味のシ
ンセを 4 種類用意し重ねています。これを L と
R でそれぞれ用意しますので、計 8 チャンネル。
更にベースも加えます。ベースの足し方によって
も音色はガラッと変わってきますので慎重に。

ギター

Q：音作り以外でもギターのフレーズやニュアン
スにおいて、OZIGIRI さんのギターはとてもバン
ド的なグルーブがあり、人間が弾いたギターと錯
覚してしまいますが、グルーブ感であったり、フ
レーズのアイディアはどの様にして作られている
のでしょうか？

A：実はあまり深く意識せずに作っている部分
だったりします。影響を受けたバンドのフレーズ
を参考にしている内に自然とそうなっているのか
なと。アイディアとしては、作曲中に頭に浮かん
だフレーズをそのまま打ち込んでいきますが、イ
マイチいいものが出てこない場合は好きなバンド
の音源を聴いてインスピレーションを得ます。
Pig Destroyer、Nasum、Discordance
Axis 辺りのモダンなグラインドコアを参照する
ことがやはり多いです。他には Meshuggah や
Slayer 辺りも。

アンプ

Q：ギターサウンドの制作において、最も大変な
作業は何でしょうか？

A：ミックス作業時における他の音との兼ね合い
です。ミックスにおいてディストーションギター
はなかなか厄介な存在でして、深く考えずに EQ
で低域〜中低域をガーッと削ってやりたい所なの
ですが、それだとコイツの良さは死んでしまうの
です。削りがちな低域〜中低域にも旨味があるん

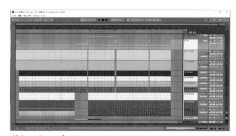
ギターチャンネル

ですね。かといって、ソコを主張させすぎると今度は他の音とバッティングしてしまう。ここのさじ加減は
慎重に見定めていきます。僕はガバキックを多用するのですが、こいつとギターの相性は本当に悪く、毎回
調整に苦労します。

Q：モニターとヘッドフォン、オーディオインターフェースは何を使われていますか？

A：まず、モニタースピーカーに KRK の VXT4、サブウーファーに KRK の 10s を使っています。
10s はノリで買ってしまったのですが、近所迷惑になるのでサブベースの確認程度にひっそり使っており
ます (笑)。ヘッドフォンは Sennheiser HD 25 をメインで使いつつ、あえて低価格帯のヘッドフォン
で聴き比べてみたり、イヤホンでもチェックしています。イヤホンは Shure SE215 を愛用していますね。
オーディオインターフェースは Focusrite Scarlett 2i2 を何となくずっと使ってます。そろそろ高価
格帯のも試してみたい。

Q：使用されている PC とソフトは何でしょうか？初期投資にどのぐらいの金額が掛かりましたか？

A：PC は BTO のものです。確か 18 万くらいだったはず。Intel(R) Core(TM) i7-8750H CPU @ 2.20GHz 2.21 GHz、32GB、CPU 等は正直あまりよく分かっていないので丸コピーです (笑)。注文した当初は外に出ることが多かったので、外で時間が余った時にも制作できるようにとノート PC にしました。持ってるソフトは FL Studio → Studio One → Ableton live と渡り歩いてきて、今は live に落ち着いています。

Q：デジタルで作られるギターにしか出来ない事などはありますか？

A：人間には演奏が難しい無茶苦茶な BPM での演奏ですかね。バンドのデモ音源なのにこれをやってしまって「こんなもん弾けるか！」と度々怒られます。おもいやりを忘れないようにしたいですね。

Q：キックの制作方法についても教えてください。

A：まず、ベースとなるキックを用意します。お手軽にガバキックのサンプルを拝借する事が多いですが、後で融通が利きやすい為シンセで作る場合もあります。ベースとなるキックを用意したら CamelCrusher や Fabfilter Saturn といった歪み系プラグインでより理想の音に調整した後、EQ を挿して不要な帯域を削ります。そこへアタック成分の強いキックを重ねてやります。元音色のアタック成分を生かしたいので、ここはあまり音を弄りません。更に低音部を補強してやる為にサブベースも重ねます。サブベースはあまり主張させすぎるとバランスが崩壊してしまうので控えめに。ここまでが大体の基本動作ですかね。その後は、Transient 系のプラグインでアタックを強めてみたりだとか、思い切って Waves の RBass なんか突っ込んだりして低音のニュアンスを変えてみたりだとか試行錯誤していくのですが、この辺は最初に選んだキックの音色やトラックで使用している他の音との兼ね合いによって変わってくる部分ですね。

Q：アーメン・ブレイクなどのブレイクビーツ素材を使う際に、キック（ガバキック）と合わせる時に大事にしている事はありますか？

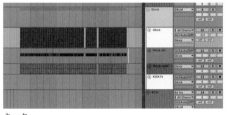

キック

A：その時々で「どちらを主役とするか」ですね。例えば、キックを主役として捉えているパートでは低域をキックに譲ります。ブレイクビーツのキック部分も音量を抑えるか或いは削っちゃってそこにキックを配置します。逆にブレイクビーツを主役にする場合は、そこそこ低域を残しておきますね。キックもブレイクビーツのをそのまま使ったりとか。同じトラックの中でも、場面場面でこれらを使い分けたりします。これはキックとブレイクビーツに限らず、他の音色に関しても意識していますね。

Q：200BPM を超えるスピードの楽曲制作において、キックやギターの音が潰れずに、バランスよく聴かせる為に工夫されていることはありますか？

A：キックの音色選びと、ディケイ・サステイン・リリースの調整なんかはかなり気を使っています。特にブラストビートをやる時は、前のキックが次のキックに被っちゃうんで、かなり歯切れ良くしてやります。ここは非常にデリケートな部分で、BPM の上下によって最良の設定がコロコロ変わるので適宜調整していますね。ギターに関しては、リフを打ち込む時点で周りの音色や BPM との相性を意識しています。疾走感やグルーヴ感が損なわれてるなと思った場合は丸っきりリフを変えたりだとか、BPM の方を上下させて一番気持ちの良いテンポを探ってみたりとか。毎回なにかと試行錯誤している部分です。

Q：スピードコアやテラーコア系のアーティストで影響を受けたアーティストや、シンパシーを感じるアーティストはいますか？

A：ガバキック＋ディストーション・ギターという組み合わせを最初に聴かせてくれた Delta 9 はやはり挙げておきたいですね。『Disco Inferno』を聴いてなかったら、今の自分は存在してないかも。ここ最近で一番ブッ飛んだのは、かめりあさんですかね。音はもちろんイカついですし、矢継ぎ早に突っ込まれてくる様々なジャンルがどれも高度に融合してる。正にクラブ版カオティックハードコアって様相なんですが、それでいてポップに仕上がってるのが本当に凄まじいなと。シンパシーを感じるといえば『Serial Experiments Lain』を好きな方。これ好きな人は勝手に自分と通じるものを感じてます。クラブ界隈に限らずクリエイターは Lain 好きがやたら多い。

Q：音楽制作の中で一番楽しさを感じる瞬間は？

A：僕は曲制作の際、イントロから順を追って作るのではなく、まず好き勝手にループ作ってそれを最後に結合するようなやり方をしているのですが、結合が終わって曲の全体像が見えた時が一番テンション上がりますね！　仕上げ作業を放棄してしばらく部屋で踊っちゃったりして。

Q：スピードコア / テラーコアといったダンスミュージックにおけるブルータリティと、デスメタル / グラインドコアなどのバンドミュージックでのブルータリティでは何が最も違うと思いますか？　デジタルで作り出す音楽においてもバンドと同等のブルータリティやグルーブを作り出せると思いますか？

A：スピードコア / テラーコアに関してはもはや「踊らせる」ではなく、「暴れさせる」音楽だと認識しております。そういう意味では音像は異なるものの、クラブサウンドもバンドサウンドも両者の根底にある部分は共通しており、大きな違いはないのかなという持論です（もちろんアーティスト・バンドによってそれぞれ意図があると思うので一概には言えませんが）。

バンドと同等のブルータリティ・グルーヴを出せるかについては、バンドの出す生演奏故の揺れ / ランダム性を再現するのは困難ですし、無理に再現する必要もないと思っていますが、こと「暴れさせる」という目的に絞った場合、バンドと比べても遜色のないサウンドを出せるのではないかなと。DAW の進化で今は本当にエグイ音が出せるようになりましたので。

metricAB

Q：これから DTM を始める方にアドバイスがあれば教えてください。DTM において何かオススメの練習法などはありますか？

A：「自分はこの音を目指すぞ！」という参考音源をハッキリさせておく事ですね。所謂リファレンス音源ってやつです。何曲か用意しておくのが好ましいですね。曲を聴き込んだり、スペクトラム・アナライザーと睨めっこしながら理想の音に近付けていきましょう。直接的に音が出たり音圧が上がったりする訳ではないので最初の頃は投資を渋ってしまうかもしれませんが、自分の音源とリファレンス音源との比較がしやすくなる Metric AB（ADPTR）や Tonal Balance Control（iZotope）は用意しておくと便利です。あとは過去の名作だけじゃなく最新の音源もしっかりチェックしておくこと。音色選びやミックスにもトレンドというものがありますので、トレンドに沿うにしても敢えて外すにしても、最新のモノを把握しておくのは大事だと考えております。最初からオリジナリティを出していくというのは悪い事ではありませんが、基礎が伴っていないとなかなか難しいモノです。まずは偉大なる先人達の音源からしっかり学び、真似ていきましょう。なんて偉そうに言っておりますが、僕は最初思いっきり基礎無視オリジナリティ突っ走り路線でした（笑）。そのせいで後年苦労する事が多かったからこそ、今回のようなアドバイスが出てくるのかもしれませんね。

tonal balance controll

OZIGIRI

https://ozigiri.bandcamp.com/

ZUHO によるワンマンエクストリームプロジェクト。グラインドコア、デスメタル、スピードコア、ブレイクコア、ダブステップ等のあらゆるエクストリームサウンドをごちゃ混ぜにした超高速暴力的キメラサウンド「デジタルグラインドコア」を捏造。悪意ある音源を日々世界中にばら撒く。2020 年末、実に 6 年ぶりとなる新作 EP『おじぎりなら死にましたけど？』『ハッピィエンド』を突如立て続けに配信。今もその勢いは増しているという。

DJ Myosuke & RedOgre対談

日本のハードコア・ファンが集う国内最大級のハードコア・パーティー HARDGATE。過去には Art of Fighters、AniMe & DJ Mad Dog、Dirty Bastards、DJ Ruffneck、F. Noize、Mat Weasel、Meccano Twins、Noize Suppressor、Ophidian、Partyraiser、The Wishmaster、The Sickest Squad といったハードコア・シーンのトップで活躍する実力派アーティスト達が出演。海外のハードコア・シーンの伝統的な部分や、最新のトレンドなどを日本のハードコア・シーンと融合させた唯一無二のパーティーで世界的にも注目を集めている。HARDGATE のブログではリリース情報からサブジャンルの特集など、ハードコア・テクノの魅力を積極的に紹介し、日本にハードコア・テクノの魅力を根付かせようとしており、国内のハードコア・ファンにとっては貴重な情報源にもなっている。

HARDGATE の主宰者であり、自主レーベル Freakin Works や Japanese Stream Hardcore の運営で常にクオリティの高い作品を発表している DJ Myosuke と、Maddest Chick'ndom や Freakin Works からのアルバム・リリースでテラーコアをメインにエクストリームなサウンドをクリエイトする RedOgre に、国内と海外のハードコア・シーンに関してや HARDGATE が出来上がるまでの経緯をお聞きした。

Q：まずは、ハードコア・テクノとの出会いについて聞かせてください。どういったキッカケでハードコア・テクノを知られましたか？

DJ Myosuke（以降 M）. 出会いは beatmania で、teranoid さんの「gigadelic」でしたね。その時に、ニュースタイル・ガバという単語を認識しました。それ以前は、ユーロビートから入ってトランスに結構ハマっていて、あとは J-Pop とかしか聴いていなかったです。

RedOgre(以降 R). 自分も Myosuke さんと同じでゲームからなんですけど、Dance Dance Revolution が最初のキッカケでした。時期的には「gigadelic」も印象が強かったです。あとは、Mobile Music G6 という携帯の着メロ配信サイトにハードコアというカテゴリがあって。その中に、ニュースタイル・ガバ系の曲があったんですけど、それが特に印象的で。ハードコアを意識し始めたのはその頃ですね。

Q：海外のハードコアを聴き始めたのはいつ頃でしょうか？

M：ハードコアというか、どちらかというとガバって単語を知って、そこから Amazon で検索していたら Scott Brown の Mix CD に出会って。それが、最初に買ったハードコア系の CD でした。そこからは、主にニュースタイル・ガバの CD を集めていって、GUHROOVY のサイトで試聴して店舗に買いに行ったり。ニュースタイル・ガバ以外では、スピードコアも好きだったので m1dy さんの CD を聴いてました。

R：これも Myosuke さんとまったく同じなんですけど（笑）。自分も GUHROOVY の存在が大きいです。頻繁に CD を買いに行かせて貰ってました。その頃は、国内も海外もハードコアに対する知識が無かったんで、ジャンル問わず買ってました。何も知らなかったので、ジャケ買いに近かったです。その中でも、やっぱりガバ系統が好きだったので、キックが歪んでるのを中心に買ってました。

Q：その当時は並行して他のジャンルの音楽も聴かれてたんでしょうか？

M：ハードコア以外ではメタルとビジュアル系と J-Pop を聴いてましたね。

R：僕はテクノが好きで四つ打ち系をずっと聴いていました。

Q：その頃はハードコア系のリリース情報などはどうやって入手されていましたか？

M：情報源は無かったですね。当時から SNS はありましたけど、今に比べたら情報が無くて、あるとしたら Mixi 位でした。とにかく、インターネットで検索して収集していくしかなかった。YouTube は出来たばっかりの頃で、そんなに機能していなかったし。国内の情報を得るのには、Muzie がよかったですね。当時、日本のインディーズ音楽のプラットフォームとしては、Muzie が一番大きかったと思います。海外で起きている最新のハードコア情報を追いかけるのは難しかったので、CD を買っていくしかなかった。

Q：お二人が楽曲制作を始める前に最も影響を受けたハードコアの作品とは？

M：やっぱり、最初に買った Scott Brown の Mix CD ですね。

R：僕は国内のアーティストになるんですけど、Warst さんのアルバムにはかなり影響を受けました。音源を聴く前にライブを拝見したんですが、それが本当に衝撃的で。自分は最初の頃は海外よりも日本のハードコアからの影響が大きかったです。

Q：ハードコア・テクノのどういった所に魅力を感じられましたか？

M：えーと、なんだろう。純粋にカッコいいと思ったんですよね。言葉にして言い表せられるものではありませんが。

R：キックドラムですね。歪んでいるキックと、そのスピードにも魅力がありました。

Q：ハードコア系のイベントに行かれたのはいつ頃からですか？

M：多分、2009 年の The Day of Hardcore が最初だったかな。

R：僕も The Day of Hardcore でした。2006 年だったんですけど、それが最初のハードコア系のイベントだったと思います。Mixi のハードコア好きが集まるコミュニティで知って行ってみたんですよね。

Q：お二人がハードコアの活動を本格的にスタートさせたのはいつ頃からですか？ それ以前はどういった音楽活動をされていたんでしょうか？

M：DJ Myosuke としてのデビューは 2010 年なんですが、平行して Filthy という名義でスピードコアとメタルを掛け合わせたスタイルの音源とかも出していて。もっと遡ると、最初はバンド活動がメインでした。

女性ボーカルのロック系のバンドとかデスコアのバンドをやってました。

R：2007 年の終わりからハードコア・テクノの曲作りを始めて、最初はフレンチコアみたいなのを作って
いました。そこから、ちょこちょことハードコアを作っていたんですが、2010 年に Myosuke さんに誘っ
て貰って Psycho Filth Records のコンピレーションに参加して、自分の曲が CD に収録されるようになり
ました。

Q：お二人はどういった形で出会われたんですか？

M：確か、僕から赤鬼 (RedOgre) さんに声掛けたんだよね？　当時、自主レーベルを始めてメンバーを探し
ていたんです。多分、490 に赤鬼さんを教えて貰ったのがキッカケでコンタクトを取ったと思う。

R：そうですね。当時は DJ Noriken さんや DJ 490 さん達と『SKETCHING!』というパーティーをやっ
ていて、そこで活動していました。Psycho Filth Records に関しては、当時から一方的に知っていて。国
内でスピードコアのレーベルというのが、その当時はまだ珍しかったのもあって注目していたんです。僕も
同じ系統の音楽を作っていたので、お話を頂いたのでこれはご縁だなと。

V.A. - プチアゲスピードコア

**Q：Psycho Filth Records を立ち上げた経緯は？　同世代の
ハードコア・アーティスト達とシーンを盛り上げようみたいな意識
などもあったのでしょうか？**

M：自分でレーベルを立ち上げるまでは、Solidbox Records や
Maddest Chick'ndom から CD を出してたんですけど、自分でもレー
ベルをやってみたいと思ったのがキッカケでした。取り合えず、一
度やってみようという軽いノリで始めたんです。周りのシーンとか
を盛り上げたいとかは全然考えてなかったですね。そういう想い
は、もっと後になってから芽生えたというか。

**Q：RedOgre さんと Myosuke さんもスピードコアをずっとク
リエイトされていますが、スピードコアの魅力とは？**

M：速くてカッコいい、という所ですかね。赤鬼さんは？

R：正にそれに尽きます（笑）、速くてカッコいいという。去年、

Noisekick のイベントに出させて頂いたんですが、そこで改めてスピードコアはクラブで聴く音楽だなって思いました。低音がしっかりと出ているシステムで聴くと、スピードコアは低音の感覚が凄いんですよね。バスドラムが連打される音楽なので、体が持ち上がる様な低音を浴びせられた感覚でした。そういった部分でも、エンターテイメント性があるというか。クラブミュージック全般はそうなんですけど、スピードコアもクラブで聴いて真価を発揮しますね。

M：でも、スピードコアといってもいろいろと幅がありますよね。BPM300 位のスピードコアとかテラーコアはクラブミュージックとしての機能性はあるんですけど、僕のレーベルから出しているスピードコアには、BPM1000 を超えるのとかもあって、そういったのを音楽として認識出来る人はあんまりいないかもしれない。ハーシュノイズの良さとかに近いので、ノイズミュージック的な側面もある。

Q：スピードコアを知らない人にスピードコアの魅力を伝えるとしたら、どうやって説明しますか？　スピードコアの楽しみ方の提案みたいなのはありますか？

M：型にはまらない、とにかく激しい音楽が好きな人には是非お勧めしたいです。自分自身、スピードコアはノールールで自分のやりたいことを自由にやっていますし、個性的な楽曲が多いのも魅力の一つですね。日本のクラブで聴ける機会はなかなか少ないのですが、自宅で爆音で聴くのもまた一興かと思います。音源採集がなかなか難しいと思いますが、自分の Psycho Filth Records の作品は自信を持ってお勧めできますので是非チェックしてみてください。

Q：2010 年から 2015 年に掛けて、ハードコア・シーンでクロスブリードやアップテンポといったサブジャンルが人気となっていき、新しい世代のアーティストも多く出現してきました。この時期（2010 年〜 2015 年）のハードコア・シーンで印象深かった事などはありますか？

M：自分が活動を始めた年でもある 2010 年前後の楽曲には非常に大きな影響を受けています。この頃に、いわゆるメインストリーム・ハードコアのサウンドが固まったように思います。キックのアタックが強調され始めたのもこの頃で、当時木魚みたいだと仲間内で話していたのを覚えています。クロスブリードに関しては、2012 年リリースの Angerfist「Buckle up and Kill」で認識しました。その後、徐々に浸透していき、自分自身そっち方面に作風が傾倒した時期もありました。2015 年には現在にも引き継がれるようなメインストリームのサウンドの基盤が出来ていたように思います。アップテンポという呼称は 2016 年に認識しましたが、2015 年にはその流れもあったかもしれません。その頃は、まさかここまで大きなムーブメントになるとは思いませんでしたね。

R：ハードコア系の国外ゲストの来日が多く、国内、海外ともにアクティブな時期だったと思います。ジャ

ンルがくっきりと細分化された現代シーンの土台がここで作られた。Noisekick が Terrordrang というイベントをスタートさせたのも、丁度 2015 年でした。同名のコンピも発売されており、よく聴いてました。同じテラーコアでも、アーティストによってスタイルが違っており、斬新だった記憶があります。発想が自由というか。ギミックよりは考え方に影響を受けました。HARDGATE とは別パーティーになりますが、Nawoto Suzuki 氏と共同で開催した K.O.R.E. というパーティーで Noisekick を初めて招聘したのも、2015 年でした。バタバタしていましたが、インプットの多い変革期だった印象です。

Q：2015 年に Myosuke さんは HARDGATE をスタートさせられますが、HARDGATE をスタートさせられたキッカケとは？

M：当時、国内で（キックが歪んだ）ハードコアに特化したイベントが少なかったんです。キッカケとなったのはヨーロッパのハードコア・ユニット Dirty Bastards を日本に呼ぶ事になって、その話を振って貰ったのが始まりです。Army of Darkness というイベントを Heavysick Zero でやってたんですけど、それとは別のをやってみようかと。HARDGATE は、国内でキックが歪んでいるハードコアで一番大きいイベントとしてやっていきたい、という気持ちは最初からありましたね。内装とか環境にも拘ってみたり、イベントとしてのコンセプトは一回目からありました。

Q：HARDGATE の一回目はどういったイベントになりましたか？

M：予想していたよりもお客さんが沢山来てくれましたね。ステージ前の柵を飛び越えて来るお客さんとかもいたりして、凄い盛り上がりだった。一回目は Flame Tokyo という所で開催して、二回目は Circus Tokyo に移って開催したんですけど、その時点でフロアがパンパンになっていて。需要があったんだなと思いました。

R：自分にとっても大型のハードコア系のイベントは初だったんですよ。立ち上げ当初はこんなに大きくなるとは思わなかったというか。今では、規模の大きいハードコアのイベントっていうだけじゃなく、日本では無くてはならないイベントの一つになりましたからね。

Q：HARDGATE は開催前にアンセムを発表されていますが、これはヨーロッパのハードコア・フェスティバルのアンセムを意識されてるんでしょうか？

M：そうですね。ヨーロッパのハードコア・フェスティバルに憧れていたんで。アンセムもコンセプトの一環としてやってみた感じですね。

Q：回を重ねる度に規模が大きくなられていますが、運営していく中でプレッシャーとかはありましたか？

M：自分は特にないですね。環境を整えたいというのはありました。やっぱり、フロアがパンパン過ぎるのはよくないと思うので、それで会場の規模を大きくしていったんです。

Q：海外ゲストを呼ぶ際に基準としている事などはありますか？

M：まず、HARDGATE クルーが日本でプレイを見てみたいアーティストであること。そして、日本のハードコア・ファンに見て貰いたいアーティストであること。あとは、日本に来たいと言ってくれている人は、こちらとしても呼びたくなります。過去にお呼びしたアーティストは、みんな自分と元々繋がりがある人で、

日本に対する気持ちをあらかじめ知っていたので、こちらも高いモチベーションで準備にあたることが出来ましたね。

Q：HARDGATE に出演した海外アーティストは日本のお客さんに対して、どういった印象を持たれていましたか？

M：お客さんの盛り上がりと熱気が凄いって出演してくれたアーティストは皆言ってます。ヨーロッパの人達って、友達同士で好きに遊んだり踊ったりしている感じなので。でも、日本はライブという側面が強いじゃないですか。お客さんがみんなステージに向かって、熱心にコールアンドレスポンスしてくれるとかって珍しいと思うんですよ、ヨーロッパで活動している人からしたら。みんな満足して帰ってくれるし、また来たいって言ってくれる人がほとんどですね。

Q：HARDGATE の客層はどういった風に見えますか？　海外のハードコア・ファンだったり、国内のハードコア・ファンも上手く混ざっている様に見えますが、お二人にはどう見えていますか？

M：もちろん、みんなハードコアが好きな人なんですが、普段あんまり見ない様な人が多い気がする。他のイベントには行かず、HARDGATE にしか来ない人もいるのかな。赤鬼さんはどう思う？

R：独特ですよね。あと、遠方からも来てくださってる方も多いと思います。

Q：HARDGATE には今まで数多くの素晴らしいアーティストの方々が出演されていますが、その中でも特に印象に残っているのは？

M：Art of Fighters が初めて来た時の第3回目ですかね。Art of Fighters のライブは、パフォーマンスも含めて凄く良い。めちゃくちゃ盛り上がりました。毎回、国内も海外も出演してくれている人は全員カッコいいですよ。自分としては、特に深い事などは考えていなくて楽しく盛り上がってればそれでいいんです。

Q：Myosuke さんと RedOgre さんは HARDGATE のアンセムを作られたり、OZIGIRI さんと三人で『Delta Violence』というコラボレーション作も発表されていますが、改めてお互いのスタイルに関してどう思われているか聞かせて頂けますか？

M：赤鬼さんはキックが非常にかっこいいですね。キックの刻みも細かくて、そこが赤鬼さんっぽいんですよね。独特なグルーブがあって、リズムで攻めてくるストイックな所がカッコいい。

R：Myosuke さんはクオリティ面がすごく、この上ない存在です。自分のキックはどちらかというと無機質なんですけど、Myosuke さんのは有機的というか。僕には作れない部分ですね。完成されたハードコアを作られていると思います。

Q：お二人共にオランダのハードコア・フェスティバルやパーティーを体験されていますが、その時に印象に残った事や思い出深い事などはありましたか？

R：ベタかもしれないんですが、やっぱり日本とは規模が全然違う事にまず驚きました。Noisekick のTerrordrang に呼ばれた時なんですが、周りの人達からは小さいイベントだと聞かされてたんですけど、実際に行ってみたら全然違くて（笑）。テラーコアがメインのイベントだったんですが、メインフロアが体育館くらいある見たこともないような大きさで、1000 人以上は来てたと思います。お客さんも BPM230オーバーのテラーコアでずっと Hakken してるんですよね。本物の Gabbers は凄いと思いました（笑）。
僕はセカンドフロアのオープンでプレイさせて貰ったんですが、事前に僕の音源をチェックしてくれてた人もいたみたいで、オープンから人が集まってくれてました。イベントとしては、凄く自由な場所というか、遊び場の一つという印象でした。

M：オランダは遊びも含めると 4 ～ 5 回位行っていて、多分最初に行ったのは、2012 年の Masters of Hardcore だったかな？　言葉が通じなくて大変でしたね。でも、楽しかったです。丁度、Japanese Stream Hardcore のコンピレーション CD を出した時だったんで、これを Masters of Hardcore で配りたかったんですけど、許可を貰えなくて。だから、Neodash Zerox の Hardcore Radio に出た時に、そのCD を全部彼等に渡して配って貰う様にして。Hardtunes の社長に直接交渉して販売の契約を取り付けたりとか。当時は、ほぼコネクションが何もない状態だったのでとにかく行動しました。
二回目にオランダに行った時は AniMe と Mad Dog がプレイして

DJ Myosuke & Redogre & OZIGIRI –
Delta Violence

V.A. - Japanese Stream Hardcore
Vol.1

いたイベントに行って、フロアの最前で叫んでたら近づいて来て
くれて、後で楽屋に呼んで貰ったんです。『This Is Hardcore - The
Remixes』に参加した後でもあったんで。その時に彼等にいろんな
人を紹介して貰って、Traxtorm Records のアーティスト達と面識
を持ったのもその時です。その時、このまま一緒に車でドイツのイ
ベントに行こう！と誘ってくれたりしてとにかく友好的で嬉しかっ
たことを覚えています。

**Q：Myosuke さんは 2019 年に Dominator Festival のメイ
ンステージに立たれましたが、その経緯は？**
M：あれは結構ゴリ押しで行ったんですよ。当初は遊びに行くだけ
だったんですけど、どうせなら出られないかと思って。所属事務所
に相談したら難しいとの返答で、そのことをメインステージへ出演
が決定していたレーベルメイトの Broken Minds に話したら一緒に
やろうって言って貰えて。そこに辿り着くまではかなり大変でした

けどね。もう、ラインナップも出ていた後だったし、開催の一か月前とかだったんで。数万人規模のフェ
スですから、やっぱりいろいろと厳重ですよ。自分の名前で出た訳じゃないですが、ハードコアのトップの
ステージがどういった感じなのかは見えました。バックステージでは、始めて会う人とか、やっと会えた人
とかも多かったし、良い経験になりました。

Q：海外での経験を経て、楽曲制作において何か変わった事などはありますか？
R：オーストラリアのイベントに出た時に Detest と Thrasher(PRSPCT) と一緒だったんですが、彼等の
プレイが衝撃的で。低域が凄くて、ブレイク中でも低音が無くならなくて。そこから、体を止めない様な曲
の構成を意識する様になりましたね。

**Q：日本のハードコア・シーンの特徴としては、M3 とコミケの文化があると思うのですが、アーティスト
またはレーベル・オーナーとして M3/ コミケに合わせて作品を作っていくというのはペース的に厳しくは
ないのでしょうか？**
M：だいぶ忙しいです。ヘヴィーですよ、げっそりします。自分のレーベルは三つあるので、M3 とコミケ
に合わせて大体年に 8 ～ 10 枚程度 CD を出してます。常に何かしらの企画を動かしている感じです。

**Q：そのペースの中でクオリティを保つ秘訣とは？　締め切りが常にある様なスケジュールだとストレスも
あるんじゃないでしょうか？**
M：自分は締め切りが無いと曲が作れないんですよ。終わりがないと同じ曲を一生作ってしまう。自分で好
き勝手やってるだけだと、あんまり完成しないんですよね。アイディアスケッチだけが無限に溜まっていっ
てしまったりとか。曲として完成させるのは自分は苦手です。作曲は正解とか 100 点とかないから、詰めれ
ば詰めるだけ新しい可能性が出てくるじゃないですか。それだと終わりが無い。どこかでパチっと完成させ
ないと。締め切りがあればゴールがあるんで。

**Q：お二人共そういった過酷なスケジュールの中でも常に刺激的で完成度の高い作品を発表し続けていて、
日本のハードコア・シーンの中でもプロフェッショナルな存在だと思うのですが、お二人にとってプロフェッ
ショナルの定義などはあったりしますか？**
M：プロとアマって境目が難しいですよね。例えばですけど、お金を貰って曲を作っている人はそれ相応に
誰かを満足させないといけないのかな、とは思います。個性というのも重視している所なんですけど、個性
的だからプロなのかというとそうでもないけど。でも、アーティストの魅力としては、個性というのはクオ
リティよりも重要だと思ってます。最低限、クオリティは必要ですけど、他の誰かでも作れる様なのは需要
が無くなってしまうので。
R：自分は本業が音楽とは無縁なので、プロとは言い切れないところがあるのですけれど、一つ言えるとし
たら、日本のハードコア・シーンにはコミケや M3 という文化があるから、コンスタントにリリース出来
る環境がありますよね。作品を定期的に出せているから、今の自分の立場があるのかなと思います。納期と
戦いながらも、きちんとアウトプットし続けること。これが一つのプロの定義なのではと思います。もちろ
ん、サポートしてくれるレーベルには感謝をしながら。

Q：国内のハードコア・シーンが今後さらに良い方向に進むには、何が必要だと思われますか？

M：大きな視点で見ると、そもそも日本でクラブに行っている人の母数がまだ少ないんで、まずはそこが課題かと思います。HARDGATE に関しては、毎回やる度に問題点を改善していて、イベントの内容自体には自信がある。あとは、外に向けた情報発信が課題ですかね。ハードコアをまったく知らない層にも聴いて貰う方法を模索しています。取り合えず、閉鎖的にはなりたくなくて、間口を広げることを大事にしてます。最終目標とかはないんですけど、出来るだけ規模は大きくしていきたい。

Q：EDM 以降、ハードで速いダンスミュージックが日本でも人気を得るかと思ったんですが、まだ現状大きな変化は起きていない様に思えます。ハードコアが日本に根付きづらい部分があるとしたら、それはなぜだと思いますか？

M：そうなんですよね、EDM を聴いてる人はハードコアには中々来ない。根付かない部分は、速さもあると思う。僕も昔はみんな聴いた事がないだけで、聴けばハマると思ってたんですけど、一般的に好かれる音楽じゃないなというのは感じていますね。

Q：ハードスタイルがヒップホップ方面にも取り入れられて広がりましたが、ハードコアが他ジャンルにもアプローチする良い方法などはあると思いますか？

M：音だけで言ったらハードコアが他のジャンルと融合出来る要素はあると思います。アニソンやアイドル、メタルバンドなんかでたまに見ますね。自分はヒップホップシーンはよくわかりませんが、ハードスタイルのサウンドが馴染んで要素の一つとして受け入れられたのかもしれません。それで、ハードスタイルのリスナーが増えてシーンが盛り上がっているのなら素晴らしい事ですね。しかし、元々ハードスタイルをずっと昔から頑張ってた人達がポピュラーな所で活躍出来るようになった訳じゃないなら、それは音楽の要素として使われてるだけに感じます。

例えば、ポピュラーなアーティストや YouTuber なんかがハードコアの要素を含んだボーカル曲を作ったとして、それが凄く流行って他の人も真似し始めて、歪んだキックが一般層に届いたところで、一過性のサウンドの流行なだけで文化として根付く事はないと思います。オランダに行くと数万人のハードコア好きがいる訳じゃないですか。特に、オランダってハードコアという音楽を超えた文化があって、不良はハードコアのフェスに行って酒飲んで、ナンパしてみたいな。そういうカルチャーなんですよね。若い子達が目立ちたくて、ハードコアのフェスに集まっているという側面もあって。そこには長い歴史と努力がある訳です。それは日本では難しいと思います。だから、日本は日本らしく地道に頑張っていって、当たり前にハードコアを聴いて好きっていう人をどれだけ増やせるかが重要だと思います。衰退させない様に少しずつ地道に成長させていくのが大事かもしれません。正直、自分としてはみんなに楽しんで貰えれば何でもいいんです。にわかファンを排斥するような思想はまったく無いんですけど、パッと流行ってすぐ終わってしまうジャンルにはなって欲しくないですね。話がだいぶそれましたが、他のジャンルとリスペクトをもって交流して、お互いのファンを増やしていくっていうのは全然アリだし可能だと思っています！

R：少しずれるかもしれないんですけど、後追いばかりではシーンの向上には繋げられないのかな、とは思います。海外に行った経験から、自分で得た感覚としてハードコアは音楽を超えたエンターテイメントだと思うんですよね。海外では遊園地とかカラオケみたいな感じで、ハードコアを消費している様に見えたんですよ。ハードコアというエンターテイメントを。だから、変化し続けてるんですよね。エンターテイメントの性質として、固定化すると面白くないので、移り変わりがあるから刺激も生まれる。そこを消費する側は楽しめていて、求めているんじゃないかと思います。ハードコアだとアップテンポだったりとか、そういった新しいギミックが生まれ続けている。日本は独特なシーンじゃないですか。コミケも M3 も音ゲーもあって。日本のハードコア・アーティストはそういった環境で育っているから、センスやスキルはかなり高いはずなんですよ。なので、敢えてヨーロッパのハードコアばかりに目を向けるのではなく、そういった部分を武器にして、現地のシーンに対して提案出来る位の感覚でやっていくのが良いのかもしれません。そっちの方が海外から見ても刺激的だと思います。

Q：最後に、お二人にとってハードコア・テクノとは？

M：何事も病的なまでに飽きっぽい自分にとって、ハードコアは唯一長きに渡り関わり続けたものであり、今では生活の一部となり切り離せない存在ですね。

R：「冒険」ですね。音楽としてわくわくするのはもちろん、このエンターテイメントを通じて新しい景色や人々との出会いが沢山あると思います。音楽そのものも、これから新しくなっていくかもしれません。刺激的ですよね。ずっと楽しんでいけそうです。

Hardcore Top3

ハードコア・テクノは長い時間をかけて世界中に飛び立ち、ありとあらゆる音楽と交配し、様々なジャンルのアーティストに影響を与えてきた。例えば、エレクトロニック・ミュージック・シーンで高い人気を誇るドイツの Apparat は Euromasters などのオランダのガバや Acid Planet/Bunker Records を十代の頃に聴いていたとインタビューで発言しており、Björk のプロデュースや Skrillex との共作でダブステップ・シーンで活躍する Eddie Jefferys(16bit/Moody Good) も UK ハードコアをプレイしていた過去があり、自身の作品にもその要素を反映させている。彼等以外にも、ティーンエージャーの頃にハードコア・テクノ / ガバを愛聴していたアーティストは多い。

ここでは、国内でもハードコア・テクノが様々なジャンルのアーティスト達から支持され、影響も与えているのを証明する為、ハードコア・テクノ外のフィールドで活躍されているアーティストの皆さんにハードコア・テクノ関連でお気に入りのトップ 3 をお聞きした。日本の気鋭ダンスミュージックレーベル TREKKIE TRAX からトラップ / ベースミュージックにハードコア /Rave ミュージックのエッセンスを織り交ぜたトラックでワールドワイドに活躍する Masayoshi Iimori 氏、Gqom を中心に現行のアフリカン・ミュージックにフォーカスした TYO GQOM やプロデューサーユニット HABANERO POSSE としても多様なジャンルとカルチャーをクロスオーバーさせている Hiro "BINGO" Watanabe 氏、インディーズからメジャーレーベルまで様々なジャンルの CD ジャケットを手掛け、アパレル、広告等、幅広い分野にアートワークを提供されているアートディレクター / グラフィックデザイナー GraphersRock 氏、鶴岡龍とマグネティックスや LUVRAW & BTB での作品やライブパフォーマンスでジャンルを超えて音楽の素晴らしさを届けるトークボックス奏者／ DJ ／プロデューサー鶴岡龍氏に参加して頂いた。

Masayoshi Iimori

https://twitter.com/masayoshiiimori

The Outside Agency & Cooh - Soul Keepers

この曲は自分をクロスブリードというジャンルにハマらせてくれたきっかけの曲です。激しいキックと４つ打ちという概念をぶち壊すような自由なリズムパターン、しっかりと低音を聴かせてくれるベースに当時は衝撃を受けました。ここから、自分も作りたいという思いが強くなりハードコアのトラックメイクを見よう見まねで始めるものの、なかなか芽が出ませんでしたが、このときに培ったセンスは今でも間違いなく役に立っています。10 年経った今でも燦然と輝く名曲です。

Sinister Souls - Beat the Drum Hard

この表題曲が収録されたアルバムがリリースされた PRSPCT Recordings は数あるレーベルの中でもリリースされる曲、所属アーティスト、どちらをとっても本当に個性的なレーベルだと思います。2012 年はダブステップも非常に盛り上がりを見せており、ハードコアとドラムンベースの合体がクロスブリードならこの曲はそのダブステップ版。遅い BPM で４つ打ちじゃなくても最新のハードコアを表現できるんだ！と当時は驚きました。アルバムの完成度も非常に高く必聴です。

Current Value - Hitman

Current Value も多大な影響を受けたアーティストの一人です。もはやこの曲はブレイクコアの域に到達しているような気がしますが、ベースやドラムの音色はしっかりとクロスブリードを感じさせてくれます。

この乾いたスネアは本当に特徴的で、激しさとインテリジェンスさ、クラブミュージックの鳴りと芸術性を奇跡的なバランスで1曲の中で成り立たせています。彼は「スピーカーやフロアでの出音を完全に理解しているのですべてイヤホンで作業する」と語っていて、本当に職人のようなアーティストだと思います。

Hiro "BINGO" Watanabe

https://twitter.com/Bingo_Habanero

Gabber Modus Operandi - HOXXXYA

2020年、名前に"ガバ"が入る新世代アーティストで真っ先に思いつくのがこの Gabber Modus Operandi。しかも彼らはインドネシアのバリ島を拠点にしているという。ネットの発達により今まで現地でしか知ることの出来なかったローカルダンスミュージックが世界各国の好事家の耳に入り、逆に西洋の音楽や技術、機材が辺境の地にも行き渡るようになりました。彼らの音楽はガバ / ハードコアと地元のガムランやダンドゥットなどがハイブリッドされ、まさにそのようなネット以降の現代っぽさを感じる。来日公演の際ステージでゲロを吐いていたのはパフォーマンスだったのかリアルなのかは誰も知る由はない。

Amorphous Headz - Computer Controlled

勉強不足で詳細は分からないのですが、1994年の作品です。DJの時になぜかめちゃめちゃ使ってます。

レオパルドン - Cake or Girl?

ナードコアの金字塔。最高ですね。リリース当時（2000年頃）にライブを見られなかったことが相当悔やまれます……。2000年ごろの自分はサウスヒップホップとダンスホールにどっぷり浸かっており、元来エクストリームな音楽が好きだった私はハードコア / ナードコア / レイブをそうとう気にしながら club HARLEM や club Jamaica に夜な夜な通っていました。GUNHEAD と HABANERO POSSE を結成するのはそのまだだいぶあとの話です。

GraphersRock

http://graphersrock.com/

V.A - Red Alert Records Compilation 1

テレビや CM、広告業界の音楽制作会社であるグランドファンク内で立ち上げられたレーベル Red Alert Records のコンピレーション盤。なぜかサイケアウツ, カストロ, L.L.COOl JUNKIE 等、ヴァーチャコア勢が参加。それまでカセットテープで手売りされていたナムコのゲーム「ニューラリー X」をサンプリングしたサイケアウツの「New Rally X' 96」を収録。原曲のコミカルなメロディと激しいブレイクビーツのコントラストが鮮やか。ブレイクコアにありがちな排他的な雰囲気も無く、非常にキャッチーな曲で、当時ドラムンベースに傾向していた渋谷系のイベントでもこれがよくプレイされていた。

Nasenbluten - Not as Good as 100% No Soul Guaranteed

畳みかけるような歪んだ４つ打ちキックの連打と鳴り響くシンセのリフという王道的なガバの構成から、ブレイクビーツ的なフレーズ使いや随所にスクラッチを多用したヒップホップの要素を盛り込み、新たなハードコアの側面を提示したマスターピース。当時、何か新しいものを聴いたという充実感と興奮で満たされた。

Rob Gee - Ecstasy, You Got What I Need

オールディーズの名曲「Freddie Scott - (You) Got What I Need」の哀愁漂うメロディラインを引用したピアノが印象的な切ないガバ。と思いきや Rob Gee の「エクスタシー最高〜！」的なダミ声ラップと共に４つ打ちキックが鳴り響くバカなのかシリアスなのか分からない傑作。Rob Gee が暴れまくり変顔を披露する MV も意味不明すぎて最高。

鶴岡龍（LUVRAW）

https://twitter.com/LUVRAW_

Omar Santana - Bum Rush Da Sound

この路線では H2OH よりも、Ruffneck/Ruffex/Gangsta のが好きなんですけど、この盤は特別。同収録の Hardcore Rampage もキレてて最高。NU-NRG や UK ハードハウスのエグさをもっともっと！と求めてたら、ガバと出会ったのでそういう意味で正に完璧だった。これは暴走族の音楽だ、やっと暴走族を表現した音楽に出会ったとも思っちゃった。トラックの完成度も高すぎ。

Delta 9 - The Hate Tank

それにしても、ハードコア・テクノのベストを３曲選ぶというのは難しい。どのジャンルよりも難しいかも？好きな曲の好き温度が異常に高くなる魅力がある音楽だ。この曲はどんな敵が来ても秒で倒す最狂の戦士のテーマ。名曲。Drop Bass はアシッドもハードコアも最高なレーベル。この二枚組は全曲気合い入りすぎて良い。バカだがバカすぎない。Delta 9 はおしゃれ。彼のハードシカゴ〜スピードコアまで繋いだ Mix CD は一生物。

MDTEK - Operation Sorrow

マジで悩む。Hammer Bros か、KAK-A 作品。Industrial Strength ？　いや kotzaak でしょう！でも、マジで決まんないからガバ系ではない曲を。トライブやハードテックが日本で流行らないのは悲劇だ。無限に良い曲ある。ハードコア好きは是非、強いサウンドシステムでフレンチコアや Teknival サウンドを体験して欲しい。人生のリミッター無くなるかも。Tanukichi くんは勇者だ。

Japanese Hardcore Techno Disc Review

V.A.

The Last of the Mohicans　　　　　　　　　　日本
Kill the Rest　　　　　　　　　　　　　　　1997

日本のハードコア・テクノを語る上で絶対に外せない最重要コンピレーション。Hammer Bros、2 Terror Crew、Blasterhead、Sieste、OUT OF KEY、Yam Yam などが参加しており、当時の日本のハードコア・シーンの勢いや情熱が感じられる。同時代にリリースされていた海外のハードコア・テクノと並べて聴いてみても、今作に収録されている曲はそれらにまったく負けていない。収録曲のバランスやアートワークも含めて、コンピレーションとしての出来が非常に優れている。日本のハードコア・テクノに興味がある方は是非とも入手して頂きたい。

Yam Yam

Punisher　　　　　　　　　　　　　　　　日本
Kill the Rest　　　　　　　　　　　　　　　1997

OUT OF KEY のメンバーとして日本のハードコア・テクノの土台を作った Yam Yam が残した単独 12" レコード。PCP からの影響が窺えるダークな Rave サウンドに、オランダのガバ、フランスのインダストリアル・ハードコアの要素が優れたプロダクションによって一つとなっている。「Hardcore Kingdom」や「Punisher」など、収録曲全てクオリティが高く素晴らしい。2001 年にリリースされた『Washoku Test Zensen』では、エレクトロやブロークン・ビーツをハードコア・テクノと掛け合わせた名作も発表している。

DJ Ishii Ver.10.25 & Crystalboy

Parleon EP　　　　　　　　　　　　　　　日本
Kill the Rest　　　　　　　　　　　　　　　1997

90 年代初頭からガバ DJ として活動し、Mix CD『Turntable Junkee』などで日本にガバ／ハードコアの魅力を広めた DJ Ishii が Crystalboy と制作したオリジナル作。ブレイクビーツとシンセの使い方などから、Ruffneck Records を筆頭としたオランダのガバからの影響が現れている。リリース当時、日本のハードコア・シーンではインダストリアルやスピードコア的なスタイルが多かったのもあり、この様なスタイルは逆に異彩を放っている。日本にオランダのハードコア・サウンドを浸透させた要因の一つとして、『Turntable Junkee』と共に重要な役割を果たしたと思われる。

Sieste

Kitty Whip EP　　　　　　　　　　　　　　日本
Kill the Rest　　　　　　　　　　　　　　　1997

Jap Hardcore Masterz Team の一員としても活動していた Sieste による 12" レコード。アグレッシブでメタリックなハードコア・スタイルで、現代のテラーコアにも通じる部分がある。非常にストイックなアンダーグラウンド・テイストが感じられ、90 年代の関西のハードコア・シーンの雰囲気を形にしている。某有名メタル・バンドをサンプリングしたタイトル・トラック「Kitty Whip」は後に、ドイツの War Records からリリースされた Sieste のレコードにも収録され、Noize Creator のリミックスも制作された。

Absolute Terror Field

Komm Süßer Tod EP	日本
Blut	1998

Burning Lazy Persons、Blue Calx、Smily Slayers など、多数の名義で海外のレーベルから名作を残している Nawoto Suzuki がドイツの Blut からリリースした 12" レコード。名義と曲名からも分かる様に、日本の某有名アニメが素材として使われている。様々な音楽的要素が反映されたレフトフィールドなハードコア・スタイルを作り上げており、それ故に今作はブレイクコア系アーティスト達からの支持も多い。ハードコア・テクノという枠に囚われない Nawoto Suzuki の独創性と天才的なプロダクションが他の作品よりも解りやすく現れている。

DJ Buzz Master & the Hellscreamers

Dance to Hardcore EP	日本
Maddest Chick'ndom	1999

Maddest Chick'ndom からリリースされた Buzzmasta の初期傑作。アグレッシブなハードコア・スタイルをメインとした作風であり、レーベル元の Maddest Chick'ndom や当時の関西のハードコア・シーンにフィットした内容。Hammer Bros や OUT OF KEY などの日本のハードコア第一世代からの影響も見受けられるが、Buzzmasta のアーティストとしての世界観やプロダクション面での優れた才能が既に完成している。今作以降、スタイルを変化させていき、Ravin Beatz Japan や Full Circle Recordings からも素晴らしい作品を発表していった。

DieTRAX

The Eight Bit Strikes Back	日本
	1999

イギリスのブレイクビーツ・ハードコアやハッピーハードコア、オランダのガバなどに、日本のゲームミュージックやダンスミュージックをミックスさせた最高にナードで Rave なアルバム。サンプル素材のチョイスとプログラミングに個性がハッキリと出ており、DieTRAX にしか作り出せない世界観が出来上がっている。Rave ミュージックの解釈が興味深く、レイブコアの先駆けともいえる部分もある。今作に収録されている「Takahashi Attack!!」は、2007 年に続編も作られ CD リリースされた。時代を超えて多種多様なリスナーを喜ばせる名盤である。

The Raverz Project!

The Sound of Madness	日本
Raverz Project!	2000

DJ Shimamura による The Raverz Project! のアルバム。この時点で、彼の天才的なメロディセンスとネタ使いが完成されており、イギリスのハッピーハードコア /Rave ミュージックを日本のポップミュージックと配合させた独自のハードコア・サウンドを確立している。ハッピーハードコア /Rave ミュージックのブートレグ文化を継承しつつも、そこに自身のオリジナリティをしっかりと反省させたトラックは、時代に囚われないフレッシュな輝きを放ち続けている。後に展開されていく、J-Core の基盤の一つを作った作品ではないだろうか。

谷町 65535 丁目

溶解人間 日本
Murder Yacht School 2002

Murder Yacht School の C-TYPE とゲーム音楽史研究家の田中 "hally" 治久によるユニットのアルバム。ブレイクビーツ・ハードコア、テクノ、アシッド、エレクトロ、ハードコア・テクノ、スピードコアといったトラックに、レトロなチップチューンのメロディやアシッドのフレーズが合わさった楽曲は、どことなくストーリー性も感じさせる。両者の濃い個性が最良なバランスで溶け合っており、関西アンダーグラウンド・シーンそのものが形となっている。Murder Yacht School のコンピレーション・シリーズと共に、今作は日本のハードコア・テクノの多様性を表している。

Sonic Dragolgo

Sweet Pain 日本
Mirex 2002

Hyper Rich からのリリースで知られる Sonic Dragolgo が、ドイツのブレイクコア系レーベル Mirex から発表した 7" レコード。メランコリックなギターとボーカルをガバキックとディストーションで歪ませたエモーショナルなダンスポップの名作。Hyper Rich 時代からの過剰な歪みがポップミュージックとして生まれ変わっており、世界のどこにもない歪なストレンジ・ポップを吐き出している。初期 Múm の世界観にも似たものがあり、病的な魅力が宿っている。同時期にリリースされていたアルバム『Don't Stop the Music』と合わせて改めて聴き返すべき作品。

m1dy

Speedcore Dandy 日本
Sharpnelsound 2002

日本が世界に誇るスピードコア・アーティストm1dyの名盤アルバム。2014 年に Maddest Chick'ndom から復刻版もリリースされている。収録曲の「SpeedCoreDandy」と「TokyoStyleSpeedCore」はm1dyの代表曲でもあり、スピードコアというジャンル自体を進化させた重要な曲だろう。今作は日本だけではなく、海外のスピードコア・アーティストにも影響を与えている。スピードコアの本質を捉えながらも、キャッチーで聴きやすく、普段スピードコアを聴かない人にもオススメ出来る。日本のスピードコア史に欠かせない一枚。

DJ Sharpnel

アニメガバイト = Anime Gabba It! 日本
Sharpnelsound 2003

J-Core のパイオニア的存在であり、世界中に多くのフォロワーを生んだ鬼才 DJ Sharpnel が 2003 年に発表したアルバム。Killingscum 名義でのラガジャングル的な「Under Style」など、今作でも一つのスタイルやジャンルに縛られる事なく、自由に自身の音楽的表現を行っているが、最終的なアウトプットにハードコア・スピリットが宿っている。一枚のアルバムの中で、こんなに多くの音楽や文化を体験出来るのは本当に凄い事だ。後に、大きな展開を巻き起こす「Torinouta (The Speedfreak's Noise Rave Remix)」も収録されている。

Warst

King of the Street	日本
Maddest Chick'ndom	2005

ハードコア / スピードコア・トラックに、メタルコアやニュースクール・ハードコアのボーカルやギター、ラガマフィンのサンプルをミックスした超攻撃的な楽曲で構成された名盤アルバム。ブレイクコア的なアーメン・ブレイクやユニークなサンプル素材の使い方など、この当時に活躍していた国内のハードコア・アーティスト達とは違った、独自の方向性を見出している。DJIPE や The SATAN のブルータリティとも共通する部分があり、実際のバンドミュージックにも匹敵する勢いがある。2007 年にリリースしたアルバム『Deathshit』も同等に素晴らしい。

V.A.

Cock Rock Disco Presents: Maddest Chik'ndom 1	日本
Cock Rock Disco	2006

Jason Forrest 主宰レーベル Cock Rock Disco からリリースされた日本人ハードコア・アーティストのコンピレーション・レコード。Warst、2 Terror Crew、DJ Technorch、DJ Chucky のトラックが収録。当時ブレイクコア・シーンの中心的なレーベルであった Cock Rock Disco からのリリースともあって、海外のブレイクコア・ファンの間でも話題となっていた。収録曲の一つである DJ Technorch「Boss on Parade」は特に人気を集め、Cock Rock Disco のアーティスト達からも評価された。

DJ Technorch

Boss on Parade: XXX Meets Gabba	日本
Hardcore Technique	2006

デトロイト・テクノ、シュランツ、トライブ、ハード・ミニマルといったジャンルをハードコア化させ、リズムゲームやナードコアなどのバックグラウンドも反映させた革新的な名曲がおさめられた名盤アルバム。「そして時は動き出す ～ Time to Move ～」や「復活富士山頂大回転 ～ Fujiyama Panic ～」の様に、今作によって DJ Technorch は独自の低速ハードコア・スタイルを開拓し、ガバキックの可能性も大きく広げた。国内外問わず、今作に影響を受けたアーティストは多く、今もその影響力は衰えていない。2000 年代の日本のハードコア・テクノを代表する一枚である。

RoughSketch and 臨界モスキー党

印度のソバ屋	日本
Notebook Records	2008

人気と実力共に日本のハードコア・シーンのトップ・アーティストとして、世界を舞台に活躍する RoughSketch が臨界モスキー党とのコラボレーションで生み出した和製ハードコアの傑作。ハッピーハードコアな「おはようさん！」やニュースタイルな「Gabba Yakuza」など、オランダのハードコアを勢いそのままに、日本語で歌ったらこうなるであろうという妄想を具現化している。全曲どれもクオリティが高いが、「印度のソバ屋」のインパクトとアイディアはずば抜けたものがある。臨界モスキー党のパンク・アティテュードを感じさせるボーカルも素晴らしく、全曲を通して聴くと謎の爽快感が得られる。

Unuramenura

Underground Works 1999-2005

日本
Murder Channel | 2009

日本のブレイクコア・シーンの第一世代である Unuramenura のコンピ
レーション・アルバム。ハードコア・テクノ、デジタル・ハードコア、
IDM、エレクトロニカ、インダストリアルなどの要素を混ぜ合わせたカオ
ティックなブレイクコアを収録。特に初期の曲はハードコア・テクノの影
響が色濃く、Noize Creator や Taciturne、Somatic Responses に
も通じる。日本におけるハードコア・テクノとブレイクコアの関係性も、
それぞれの曲に反映されている。Unuramenura は 2000 年後半からハー
ドコア・ドラムンベースを取り込み、国内でもいち早くクロスブリード・
トラックにも挑戦していた。

OZIGIRI

電子粉砕虐殺 -Digital Grinding Slaughter-

日本
Mob Squad Black Label | 2010

デジタル・グラインド・アーティスト OZIGIRI の 2nd アルバム。前作『妄
想少女』よりもフィジカル度が増し、スピードと重みを兼ぜそろえたブルー
タルな曲を作り上げ、デジタル・グラインドというスタイルを完成させ
た。アニメなどの素材の使い方も非常に上手く、バンド的なグルーブや展
開も非常にレベルが高い。トラックの背景に様々なエクストリームな音楽
のエッセンスが感じられる。次回作の『電子粉砕神罰 -Digital Grinding
Retribution-』では、更にストイックにそぎ落とした硬派なデジタル・グ
ラインドに変化した。

DJ Chucky

Extremegasm

日本
Maddest Chick'ndom | 2011

長年に渡って日本のハードコア・シーンを支え続けている DJ Chucky
が、シュランツとハードコアのミックスにフォーカスしたシリーズの第一
弾。シュランツのフォーマットにハードコア / ハード・テクノなどの要素
を独自配合させ、ハイレベルなトラックを生み出すことに成功している。
『Extremegasm』シリーズでは、ジャンルを掛け合わせただけではな
く、そのジャンルのコアなパートや音楽的背景も溶け合わせている事に、
DJ Chucky の音楽制作に対する情熱と忠実さが現れている。硬派なスタ
イルながらもキャッチーなメロディやフレーズもあり、その独特なバラン
スにも魅力がある。

V.A.

The Best of J-Core Masterz

日本
Mob Squad Black Label | 2014

Mob Squad Black Label の名物コンピレーション『J-Core
Masterz』のベスト盤。二枚組仕様となっており、Disc-1 には DJ
Schwarzenegger、Shingo DJ、3R2、撲殺少女工房、Muzik
Servant、Bubble-B feat Enjo-G などのセパレート・トラックが収録。
Disc-2 には DJ Sharpnel による『J-Core Masterz』のメガミックス
が収録されている。2000 年代後半から 2010 年代前半のカオティック
な J-Core シーンの雰囲気も感じられ、新旧問わず J-Core ファンは必聴
である。

Dustboxxxx

Reprogram the Mind -The Cybercore Experience- 日本
Freakin Works 2014

2014年にリリースされたDustboxxxxの1stアルバム。フレンチコアをベースとしつつも、IDMやグリッチ的な要素を交えており、細部まで作り込まれたサイケデリックなサウンドデザインに耳を奪われる。フランスの初期インダストリアル・ハードコア/フレンチコアが持っていたクリエイティビティと実験精神を受け継いでおり、フレンチコアの革新的な部分が今作には込められている。現在は名義をDustvoxxと改め、レーベルCyclik Controlなどから定期的に作品を発表しており、どの作品もレベルが高い。今後の日本のハードコア・シーンに新たな側面をもたらす存在になるだろう。

RedOgre

Jet Riddim for the Hardest 日本
Freakin Works 2017

Psycho Filth RecordsとMaddest Chick'ndomからのリリースでスピードコア/テラーコア・ファンにはお馴染みのRedOgreが、活動10周年を記念して発表した1stフル・アルバム。テクノ的なグルーブやサウンドエフェクト、サイケデリックなアシッドなどがテラーコアに落とし込まれ、ダンスミュージックとしてのテラーコアの側面を見事に表現している。Nadecoとのコラボレーションやダストvoxx、Kobaryoのリミックスもお互いの持ち味を活かしたクオリティの高い楽曲を生み出している。

DJ Myosuke

Source of Creation 日本
Japanese Stream Hardcore 2018

自身の主宰レーベルを中心に海外レーベルからもシングルをリリースし、その完成されたスタイルとサウンドで、現在の日本のハードコア・シーンを代表する存在となったDJ Myosukeの5作目のアルバム。作品を発表する度に恐ろしい勢いで進化していき、自身のコアなパートをアップデートさせ続け、今作でも新たなサウンドを披露した。ハードコア・シーンのトレンドも取り込みながら、メタルのバックグラウンドも反映させた硬派で揺るぎないオリジナリティがあり、現行のハードコアを再構築している。ストレートなハードコアへの情熱が感じられ、世界のハードコアと肩を並べている。

M-Project

Tokyo Gabbers 日本
Mokum Records 2020

数々のクラシックをリリースしてきたオランダの老舗レーベルMokum Recordsから発表されたM-ProjectのEP。90年代の伝統的なガバ・スタイルに、現代的な要素も交えたトラックはマニアックなガバ・ファンも納得させる。EPのコンセプトやプロダクション面においても、プロフェッショナルさを感じさせる流石の出来だ。2020年には、イギリスのベースライン・ハウス・レーベルOff Me Nut Recordsからもハイブリッドなハードコア・トラックを収録した『Tokyo Rave』というシングルもリリースした。

Chapter 5
Experimental Hardcore

エクスペリメンタル・ハードコア解説

　ハードコア・テクノは誕生の瞬間から常に実験を繰り返し、止まることなく進化し続けている。多種多様な音楽的背景と体験を元に、ハードコア・テクノを再構築していく事は、特にアンダーグラウンド・シーンでは当たり前であった。アンダーグラウンドで日夜実験を繰り返して生まれた手法や表現は、難解で少数にしか伝わらない場合もあるが、そういったアンダーグラウンドの成果がシーン全体の土台を支え続け、時にメインストリームのハードコアに影響を与えている。

　実験的、という言葉をどう受け取るかは人それぞれだが、ここで紹介する「エクスペリメンタル・ハードコア」は、ハードコア・テクノとその文脈から意図的に離れた、または外れた音楽や文化をハードコア・テクノの中に反映させた、枠に収まらないという「枠」で半ば無理やりまとめている。既存があれば異端がある。何にでも反対するという訳ではないが、既にある形や物に対して、それとは別方向に向かっていく姿勢も、エクスペリメンタル・ハードコアという枠組みで紹介するアーティストやレーベルに共通している。作家性が強く、技術的な側面を追求するアーティストがこのジャンルに多いのも特徴だ。そして、もう一つ共通しているのはハードコア・テクノという形態を壊し、もはや別のジャンルになってしまっていたとしても、その根本は他のサブジャンルの中でも、最もハードコア・テクノ的といえるものが多い。

ドゥームコア

　ハードコア・テクノのサブジャンルの中でも長い歴史があるのがドゥームコアである。ドゥームコアは120-150BPM というハードコア・テクノから派生したものの中では、スロウと呼べるテンポと、その名の通りドゥーム (破滅、死、(神が下す) 最後の審判など) な世界観とサウンドで構成されている。速度感的にはテクノに近いが、ダンスミュージックとしてのグルーヴ感が一部欠落した体を引きずる様なダウナーなビート感と、淡々と鳴らされるキックと体全身を覆る様なシンセのメロディなどからは、ストーナー・ロックやサイケデリック・ロックに通じる酩酊感がある。

　代表的なアーティストは、イギリスの作曲家 / パフォーマー Rob Lurker による Fifth Era。90 年代後半から同名の自主レーベル Fifth Era を拠点に、現在までにマイペースにレコードをリリースし続けており、Manu Le Malin の Mix CD や Acardipane Records のコンピレーション『Resident E - The Best in Hardcore, Gabber & Rave! - Episode 2』にも参加。抽象的でありながら心に深く残るディープなメロディはダークであるが聴きやすい。その他にも、ドゥームコア・レーベル Hellfire Records のオーナー兼アーティストとして活動している Darkside、ドゥームコア好きにはお馴染み Doomcore Records のオーナーであり、エクスペリメンタル・ハードコアやブレイクコアにも精通しているアーティスト Low Entropy、ジャングル / ブレイクコア・アーティスト FFF による ▲ NGST などが、ドゥームコア・シーンでは人気だ。

Fifth Era – We Are F.E.-Vo

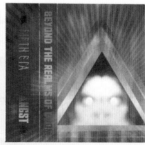

Fifth Era / ▲ NGST – Beyond The Realms Of Doom

Hermann Kopp vs Fifth Era – HK VS FE

元来、ドゥームコアは他のハードコア・テクノのサブジャンルに比べるとリリース数は少ない。デジタル・フォーマットが主流になってからもレコードや CD-R、カセット・テープや VHS テープといった変わった形式でリリースされ、しかも少数限定しか作られないなど、必要以上に大きく展開しない趣向がある。一定の層以外には広まりづらいジャンルであるが、その姿勢も「ドゥームコア」としてファンからは理解されている。

ドゥームコアの起源としてのPCP

　ドゥームコアに関わるほとんどの人は、Marc Acardipane の作品がドゥームコアの起源であると話す。少しでもドゥームコアの歴史について調べれば、Marc Acardipane がドゥームコア・シーンにおいて絶対的な存在であるのがすぐに解るはずだ。皆が口を揃えて語る程に、Marc Acardipane と PCP(とそのサブレーベル) の影響は大きい。Marc Acardipane/The Mover の冷たく重いキックと灰色のメロディから連想される退廃的な世界観は、先程挙げたストーナー・ロックやサイケデリック・ロックのダウナーさにも通じる。特に、初期 Marc Acardipane のレコードはデトロイト・テクノとエレクトロをクラウトロックやインダストリアルと混合させた様な、機械と肉体がカオティックに交じり合うダークなサイケデリック感があり、既にドゥームコア的と言える作品が多く、Mescalinium United「We Have Arrived」にも、ドゥームコアへと発展していくものが混入されている。

The Mover – The Final Sickness

　同じく、PCP から多くの作品をリリースしていた Miroslav Pajic の Miro、Rat of Doom、Reign のレコードもドゥームコアとカテゴライズされている事から、ドゥームコアは彼等と PCP から派生していったもので間違いないだろう。PCP に影響を受けたハードコア・テクノに、ダーク・テクノ / アンビエントなどの要素が交わっていき、ドゥームコアというスタイルが生まれていったと見える。PCP 以外でも、Current 909(Pure)、Delta 9、Dr. Macabre、Taciturne もドゥームコアとカテゴライズ出来るレコードをリリースしており、それぞれが自身のサウンドと世界観を持ってドゥームコア的なトラックを作っている。

The Mover & Rave Creator – Rave The Planet

　2014 年にはレーベル Monsters of Doomcore が始動し、インダストリアル・ハードコアの中にドゥームコア的な解釈のトラックを見つける事も増えた。Somniac One のように次世代のハードコア・アーティストがドゥームコアからの影響を公言しており、時を経て様々な解釈によってドゥームコアは作り出されている。オランダの Ketacore Records は Capslock の Tonal Verges 名義や Fifth Era のアルバムをリリースし、ドゥームコアを熱心にサポートしている。2019 年に▲NGST はアルバム『Blinking 00:00』で彼の豊富な音楽ライブラリーが反映されたノスタルジックなアトモスフィアとメロディを用いた斬新なドゥームコアを作り上げた。ドゥームコア・オンリーのパーティーもヨーロッパで行われており、レコードも持続してリリースされ、熱心なファン達によってシーンは支えられている。The Mover がテクノ・シーンで再評価されている現状を見ると、ドゥームコアもテクノやモダンなダンス

ミュージックに取り入れられる日が来るかもしれない。

　ハードコア・テクノ以外でも、特にヴェイパーウェイヴのリスナーにこそ、ドゥームコアをオススメしたい。真逆の様なサウンドのアプローチであるが、フィジカルフォーマットへの思い入れや、音楽とそのビジュアルに求めるある種のノスタルジックさに強い繋がりがあると思える。ドゥームコアが気になった方は、Fifth Era の貴重な発言が残された日本語記事『 "DOOMCORE" この馬鹿げた人間ドラマのサントラ』を是非見てみて欲しい。

ハードコア・テクノと実験音楽を行き来した開拓者

　実験音楽とダンスミュージック / ハードコア・テクノを結びつける存在として、オーストリアの Peter Votava こと Pure は重視すべきだろう。Christopher Just とのユニット Ilsa Gold や Patric Catani とのユニット Violent Shit、ソロプロジェクトである Pure や Current 909 名義でハードコア・テクノやアシッドコア、さらにノイズ、ミニマル・ミュージック、ドローン、アンビエントを制作し、Loop Records、Praxis、Drop Bass Network、dOc recordings、Mego、Holotone といったレーベルから作品を発表。2000 年以降は実験音楽をメインとしたライブパフォーマンスや作品リリースを展開し、エクスペリメンタルな電子音楽を熱心にチェックしている人ならば、一度は彼の作品に触れているだろう。

Ilsa Gold – Euter Of Vienna

　オーストリアのテクノ・シーンを代表するユニットであった Ilsa Gold は、1993 年から 1994 年の短い間に「Silke」や「Up」といった Rave クラシックを生み出し、初期ハードコア・テクノからハッピーハードコアの歴史にも名を残すユニットである。ドイツやイギリス、アメリカとは違ったユニークな作風は今聴いても特殊であり、Ilsa Gold のサイドプロジェクトである Sons of Ilsa でも、当時から実験的な作品を発表していた。Ilsa Gold の活動がストップした後、Christopher Just はテクノやエレクトロのレコードを制作し、Cheap や International Deejay Gigolo Records からヒット作をリリースした。2003 年に Mego からリリースされた Ilsa Gold のベストアルバム『Regretten? Rien!』は、90 年代に残したクラシックと未発表曲で構成され、

Current 909 – Something with Black in the Name

Ilsa Gold の魅力を凝縮した内容であり、オーストリアのテクノ・シーンと初期ハードコア・テクノの歴史を知る上でも重要な作品だ。2010 年以降 Ilsa Gold はライブを再開させ、2011 年には 17 年振りに Mayday に出演。その時の模様が Mayday のオフィシャル・チャンネルにて視聴可能なのだが、Euromasters、The Prodigy、808 State、Underworld などの Rave クラシックをマッシュアップしたトラックが流れる中、ステージ中央に Ilsa Gold の 2 人が椅子に座って新聞を読み続けるというシュールなパフォーマンスが見られる。この様なライブパフォーマンスは他のフェスティバルでも披露しているらしい。最近は Ilsa Gold としての新曲を SoundCloud で公開し、2019 年には Karl Marx Land と aufnahme + wiedergabe から過去曲がレコードでリリースされた。

　Ilsa Gold がリリース拠点としていたオーストリアのレーベル

Mainframe は 1993 年から 1994 年までの一年間しか運営していなかった様だが、Plixx や Kirlian(Abe Duque)、U-Cons-E(Elin) によるハードコア・テクノやテクノ、トランスのレコードをリリースした後、実験音楽にフォーカスしたレーベル Mego を設立。Fennesz、Pita、Tujiko Noriko といった実験電子音楽シーンでカリスマ的な人気を誇るアーティスト達の初期作品や Pure のアルバムを発表している。

　Pure としては、1994 年に Liza 'N' Eliaz とのコラボレーション作『Killerbees on Acid』で、アシッドとガバにハーシュノイズ的な要素を加えた激しいアシッドコアの名作を残しており、Gangstar Toons Industry と Christoph Fringeli とのコラボレーション・シングルでもドラムンベースとノイズミュージックにハードコアをミックスした作品を発表。Pure が 90 年代後半に Praxis とそのサブレーベル Sub/Version からリリースしたレコードは、ブレイクコアの重要作としても認識されている。オーストリアのダンスミュージック・シーンの開拓者としても知られ、Rave シーンから実験音楽へとキャリアを進めた Peter Votava の活動歴はとてもユニークで、ハードコア・テクノと実験音楽を結ぶミーティングポイント的な役割も果たしているのではないだろうか。アーティスティックにダンスミュージックと実験音楽を自由に行き来するその姿勢はとても魅力的である。

ジャパノイズ

　エクスペリメンタル・ハードコアのチャプター以外でも、ノイズミュージックはハードコア・テクノと親和性がある事が様々な角度から証明されている。ハードコア・テクノがエクストリーム化していき、実験的な作品も生まれていった 90 年代中頃、ノイズミュージックを取り巻く環境にも興味深い事が起きていた。

　1994 年、Nirvana の『In Utero』を手掛けた Steve Albini はイギリスのパワーエレクトロニクス・バンド Whitehouse のアルバム『Halogen』のレコーディングとプロデュースを担当し、秋田昌美による Merzbow はデスメタル / グラインドコア・レーベル Relapse Records のサブレーベル Release Entertainment からアルバム『Venereology』をリリース。Release Entertainment は翌年にも日本とアメリカのノイズミュージックを集めたコンピレーション CD『The Japanese / American Noise Treaty』をリリースしており、バンドミュージック側からのアプローチによって、この時期にノイズミュージックが広範囲に紹介されていったのかもしれない。

Merzbow – Venereology

　ハードコア・テクノ・シーンには、デスメタルやグラインドコアを愛聴しているアーティストと DJ は多く、Relapse Records を通してノイズミュージックを知った可能性も十分に考えられる。この頃、DJ Entox が発行していたハードコア・テクノやデジタルハードコアを扱う Zine『Skreem』でも、ノイズミュージックのレビューは記載され、Whitehouse へのインタビューも載せていた。Digital Hardcore Recordings はサブレーベル Geist Records をスタートさせ、She-Satellites/Nic Endo のノイズミュージックのアルバムを発表。インダストリアルやアヴァンギャルドな音楽とダンスミュージックの融合を推し進めていた Praxis は、90 年代後半になるとテックステップに共鳴しながらノイズ色も強めていき、その結果、Society of Unknowns や Base Force One の傑作を生み出した。日本のノイズミュージックからの影響を公言し、自身もノイズ・プロジェクトのアルバムをリリースしていた Delta 9 以外にも、ハードコア / スピードコア・シーンにノイズミュージックを DJ ミックスや作品に使っていたアーティストがいる。Brutal Chud や Head Fuck Records からレコードをリリースしていたアメリカの DJ Tron は、1998 年に Digitalhut Sounds からリリースした『Torture Traxxx Vol. 1』でエクスペリメンタルなスピードコア・スタイルを開拓しており、以降もエクストリームなスピードコアとエクスペ

DJ Tron – Torture Traxxx Vol. 1

Fishead – I Like Noise!!

リメンタルな要素のある作品を制作。DJ Tron のミックス・テープには、日本のノイズミュージックから Revolting Cocks、Skinny Puppy などのインダストリアル・ロックも収録されていた。Venetian Snares とのスプリットもリリースしている DJ Fishead はエクストリームで実験的なハードコア・テクノやスピードコアに、日本のノイズミュージックをミックスしたミックス・テープを発表 (DJ Fishead の Web サイトではこの頃の音源が今も無料公開されている)。意図的にノイズミュージックをハードコア・テクノと合わせてプレイし、ライブパフォーマンス的な DJ セットを開拓していた。ノイズミュージシャン Nomex とのコラボレーション作を発表し、ソロ作品でもハーシュノイズをダンスホールやテックステップとミックスしたハーシュステップというジャンルのパイオニアとしても知られる DJ Scud も忘れられない。DJ Fishead、DJ Tron、Delta 9 によるハードコア / スピードコアとノイズミュージックを掛け合わせるスタイルは、アメリカの Zipper Spy や Darkmatter Soundsystem にも受け継がれ、2000年以降はさらに複雑な電子音楽との融合を深めていく。

　　Kid606 は過去のインタビューで Merzbow によって人生が変わったと発言しており、Alec Empire や Venetian Snares も Merzbow に影響を受けているそうだ。先程も触れたが Release Entertainment からのリリースもあってか、エクストリームなメタル音楽を好む人々にも Merzbow は支持されている。数百を超える作品を発表している Merzbow だが、1996 年に Release Entertainment からリリースされたアルバム『Pulse Demon』は特に人気が高い。国内外で『Pulse Demon』をフェイバリットに挙げる人は多く、現在までに CD と LP で数回再発されている。『Pulse Demon』以前の作品である『Venereology』はデスメタルに影響されて作られたそうで、秋田氏のインタビューでは Morbid Angel や初期の Napalm Death、Carcass をお気に入りのバンドとして挙げられていた。デスメタルの影響は Merzbow 以外にも、秋田氏のバンド Bustmonster と Flying Testicle の結成にまで繋がっていたそうだ。『Venereology』に収録されている「Slave New Desart」は、リズムと捉えられるものがあり、最後にはブラストビート的な音が叩き込まれるのだが、これがスピードコアと非常に似ている。ブラストビート前のタメ部分も高揚感を煽る要素があって、ダンスミュージックのブレイク部分とも言えるし、最後の部分だけ聴けばスピードコアと聴き間違えるかもしれない。2005 年にリリースされた『Merzbuta』ではさらにビートへのアプローチが強く感じられ、リズミックノイズやテクノイズ的な内容であった。拡大解釈になるが、日本のノイズミュージックもエクスペリメンタルなハードコア・テクノやスピードコアのルーツになっているのかもしれない。

アメリカのエクスペリメンタル・ハードコア・テクノ

　　アメリカでは、ノイズミュージックやアヴァンギャルドなバンドミュージックと並行して実験的なハードコア・テクノを取り扱うレーベルやレコードショップ、イベントが昔から存在していた。もちろん、それはヨーロッパや日本でも展開されているが、アメリカには特にユニークな歴史がある。その中でも、1986 年からハードコア・パンクと実験的な電子音楽やノイズミュージックのレコードをリリースしていた Vinyl Communications のカタログはとても興味深い。Gerogerigegege、Hanatarash、K.K. Null、Government Alpha、Merzbow、K2 といった日本のノイズミュージックと Delta 9、Kid606、Electric Company、Bombardier、Lesser などのハードコア・テクノやグリッチ、実験電子音楽を平行して扱っていた。Vinyl Communications が発表したハードコア・テクノの作品で最も知られているのは、Delta 9 のシングルをまとめた『Alpha Decay』と Shadowman 名義での『Force Multiplier』だろう。他にも、Delta 9 はノイズミュージックをメインとした Mix CD『Unequalibrium』も Vinyl Communications から発表している。Vinyl Communications と似た様な方向性を持っていたレーベル

として、同じくアメリカの Wabana Records は Acid Mothers Temple & the Melting Paraiso UFO や Wolf Eyes といったサイケデリック・ロックやノイズロックと並行して DJ Scud、Kid606、Gai/Jin などのブレイクコア系のレコードや Ambush のコンピレーションも制作していた。

Vinyl Communications の功績はノイズミュージックやハードコア・パンクにおいても偉大な歴史があるが、ハードコア・テクノ並びに IDM や電子音楽の歴史においては Kid606 を輩出したのも大きい。Miguel Manuel De Pedro のソロプロジェクトである Kid606 は、90 年代後半から 2000 年中頃に起きた IDM とブレイクコアのムーブメントの発起人の一人であり、その後のポスト・ラガムーブメントやアンビエントのリバイバルにも一足早く関わり、電子音楽のトレンドが移り変わる節目に何度も重要な役割を果たしている。

Throbbing Gristle、Misfits、Swans、Godflesh、Napalm Death、Ministry といったインダストリアルやハードコア / ポスト・パンクなどに影響を受け、14 歳頃から楽曲制作を始めた Miguel が最初にサンプリングしたブレイクビーツが、日本のプログレッシブ・メタルバンド Zeni Geva というバックグラウンドからも分る様に、彼の音楽は非常に多種多様なサウンドとアウトプットを持っており、自主レーベル Tigerbeat6 にもその趣向は強く現れている。当初はテクノにディストーションを掛けたラフでラウドなハードコア・ガバを制作しており、アシッド・テクノ・ユニット Ariel としてもカリフォルニアの Rave シーンを中心にライブパフォーマンスを行い、テクノのオーディエンスにハーシュノイズを聴かせていたそうだ。

Ariel – Starbody EP

当時は Rave シーンに愛憎があったらしく、ドラッグやアルコールを摂取しないストレートエッジだった Miguel は Rave カルチャーとそれに関わる人々に怒りを覚えていたと発言している。当時 17 歳であった Miguel は The Spacewürm というユニットでアヴァンギャルド・ロック・テイストな『Dargot Somori EP』を Vinyl Communications からリリースし、レコード・デビューを飾る。そこからは、Vinyl Communications を拠点に Ariel の『Starbody EP』と、エレクトロニカやアンビエントがガバと交差した The Spacewürm の『Army of God: Experimentations in Intelligent Gabber』、さらに、Drew Daniel、Martin Schmidt(Matmos)、Jason Doerck(Lesser) とのプロジェクト Disc としてもアルバムを発表。この頃からワーカホリックな側面が現れている。

Kid606 - Don't Sweat The Technics

1998 年に Kid606 名義での活動がスタートし、アルバム『Don't Sweat the Technics』と、Disc のメンバーとしても共に活動していた Lesser とのスプリット CD を発表。『Don't Sweat the Technics』は、Miguel が Vinyl Communications のスタッフとして働いていた経験で得たであろう実験的なロックや電子音楽、ノイズなどの知識が活かされ、ハードコア・テクノにアヴァンギャルドな音楽の背景が付け足された名盤である。『Don't Sweat the Technics』を聴いた Mike Patton によって、

Kid606

Kid606 は Ipecac Recordings からリリースのオファーを受ける。アヴァンギャルドなパンクやノイズ、インダストリアルやグラインドコアから得た実験精神と反骨精神がテクノやハウス、Rave シーンからの影響と歪に交じり合い、その集合体として出来上がったのが Kid606 であった。

アイコンと化したKid606

Kid606 の活動が始まった 1998 年を振り返ると、アメリカのヒップホップ・プロデューサー Spencer Bellamy が East Flatbush Project としてリリースした「Tried by 12」が Autechre や Squarepusher、The Herbaliser によって再構築されたリミックス・アルバムがリリースされ、Schematic や Chocolate Industries といったアメリカのレーベルによってヒップホップを拡大解釈した実験的なブロークン・ビーツや、ビートを強調したアブストラクトでフリーフォームな作品が続々と生まれていき、その一部は IDM へと集約されていった。

その頃、Kid606 は IDM シーンの注目の若手としてメディアで紹介されていたが、本人はインタビューで IDM を Industrial Died Midsixteen と称し、IDM はインダストリアルがあった場所に入れ替わった音楽と発言。この発言には、シニカルながらも冷静に音楽業界とリスナーの間にある雰囲気やトレンドを読み解く才能が感じ取れる。V/Vm や Mille Plateaux との邂逅によって電子音楽のアナーキズムを肥大化させながらも、メロディアスな側面も段々と見せていき、本人の望む形とは違ったのかもしれないが、Kid606 は IDM ムーブメントの波に同調する様に自身とレーベル Tigerbeat6 は飛躍的に知名度を上げていた。

アンビエントやグリッチにフォーカスする一方で、アルバム『Kill Sound Before Sound Kills You』や『Who Still Kill Sound?』ではブレイクコアに触発され、エレクトロやジャングルを高速化させたノイズ塗れの Rave サウンドを展開し、Vinyl Communications 時代のパンキッシュなハードコア・スタイルを進化させ、Kid606 のコアなパートにはハードコア・テクノがある事を作品に残した。

エクスペリメンタル・ハードコアとUSブレイクコア

Kid606 と Delta 9 が Vinyl Communications と共に Rave シーンとノイズミュージック、アヴァンギャルド・ロック・シーンをかき混ぜてドロドロにしていた頃、中西部を拠点に Dan Martin こと Doormouse は自主レーベル Distort Records から強力な歪みのあるハードコア・トラックを量産し、Doormouse を中心としたハードコア・シーンを形成していた。Drop Bass Network のハードコア・テクノや US ガバのアッパーなエナジーを継承し、ある意味でアメリカらしい肉体的で暴力的なグルーブと際どいブラックジョークを塗りたくった Doormouse のレコードは、西海岸的なアヴァンギャルドやスカム・カルチャーにも近く、それまでのアメリカのハードコア・テクノには無かったダーティーさを持ち込んできた。初期の頃は、アシッドコアやスピードコアをさらに過剰に歪ませたバッドテイスト的ハードコア・スタイルであったが、ジャングルとハードコアをミックスしたグルービーなトラックも作っており、当時から Doormouse の天才的なビートの組み立てや素材の組み合わせのセンスは開花していた。『Inside out Liver Meat Balloon』や『Your Drugged Future』はハードコアとブレイクコア両方にカテゴライズ出来るレコードであり、特にブレイクコア・ファンから人気だが、『Your Drugged Future』収録の

「Skelechairs」は Hellfish & The DJ Producer にもプレイされていた。

　ジャングルだけではなく、ヒップホップやファンク、ジャズといったブラックミュージックの素材を巧みに操り、ハードコアに落とし込んだ Doormouse のトラックは、ブレイクビーツを重要視する UK ハードコアとも親和性がある。グルーブ感を重視しつつも、ハードコア・テクノを否定した様な構成には Somatic Responses が開拓していった方向性にも通じ、エクスペリメンタル・ハードコアと定義づけられる要素を満たしているが、そこにカテゴライズするのが難しい、本当にストレンジなハードコア・スタイルである。

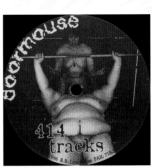
Doormouse - 414 Tracks

　Doormouse は『Massive Magazine』などで執筆活動も行っており、他とは違った特殊なハードコアやジャングルを紹介していたそうだ。執筆活動以外にも、アメリカ以外のハードコアやブレイクコアのレコードの流通と販売もしており、1998 年から 2002 年まで Massive Record Source というレコード・ショップも運営。アーティスト、DJ、ライター、レコード・ショップの経営、そして、Distort Records や Addict Records、CLFST といったレーベルの運営では Mark N のミックス・テープや Venetian Snares のカセット・アルバムをリリースするなど、ユニークなタレントを積極的に紹介し、アメリカのブレイクコア・シーンの土台を作り上げた。2000 年以降は Planet-Mu からのアルバム・リリースと Otto Von Schirach との邂逅によって IDM やグリッチ・シーンにも積極的に参加していくが、Distort Records からハードコア・トラックも並行してリリースし、唯一無二のポジションを築き上げていた。

Doormouse - Soft & Gentle

IDM以降

　2001 年 は Björk『Vespertine』 や Autechre『Confield』、Herbert『Bodily Functions』、Prefuse 73 の『Vocal Studies + Uprock Narratives』が連続してリリースされ、IDM/ グリッチはメジャーな音楽シーンにおいてもトレンドとなっていた。ソフトウェアの進化とシンクロする様に各国から才能豊かな若手アーティストが出現し、Machinedrum, Otto Von Schirach, Jan Jelinek, Deadbeat といった今では電子音楽シーンに欠かせない存在となったアーティストの初期作品が発表され、その実験的で自由な電子音楽のスタイルはハードコア・シーンにも影響を及ぼす。

　ドイツのインダストリアル・ハードコア・アーティスト Noize Creator のレーベル Suburban Trash Industries とサブレーベル Bohnerwachs Tontraeger は IDM テイストのブレイクコアやエクスペリメンタル・ハードコアをリリースしていき、アメリカのコレクティブ Mash Up Soundsystem はハードコア IDM/ アンビエント・ガバというコンセプトを掲げた活動を行っていた。そんな IDM ムーブメントの中で、圧倒的なサウンドデザインと世界観で IDM 並びに実験電子音楽シーンで高い評価を受けていた Richard Devine も初期はハードコア・テクノをクリエイトしていた。1996 年に Drop Bass Network のハードコア専門レーベル Six Sixty Six Limited からリリースされた『Polymorphic EP』は、アシッドコア、ノイズコア、スピードコア、フラッシュコアに近いが、そのどれでもないエクスペリメンタルなハードコア・テクノとなっており、非常に素晴らしい名作である。同時期にハウス・ユニット Wamdue Kids とのスプリット・レコード『The Digital Rawhide EP』をリリースしており、以降は Schematic を拠点に、構造物を作り上げる様な緻密なサウンドデザインを追求した IDM の作品を制作していくが、2005 年に Sublight

Richard Devine – Polymorphic EP

Baseck - Energy Morph

Records からリリースしたアルバム『Cautella』では『Polymorphic EP』の続編的な近未来アシッドコアを完成させた。同年にリリースされた End.User の EP『The End』に収録された「The End (Richard Devine Remix)」は、ブレイクコアを意識したと思われるドリルンベース＋テクノ +IDM を混合させた作りとなっており、それらすべての要素が高速で突っ込んでくるリミックスで、エクスペリメンタル・ハードコア好きにはオススメだ。

　デトロイトで活動していた DJ Adjust のレーベル Low Res Records はエクスペリメンタル・ハードコアがブレイクコア、そして IDM へと変化していくのをレーベルとして表現している。初期 は Davros、Bombardier、Venetian Snares、DJ Tense(F. U.H.D.) といったエクストリームなハードコア・テクノをルーツとしたアーティスト達のレコードをリリースし、2000 年中頃には Detroit Underground の Kero、Christoph De Babalon のユニット Übergang、Ophidian の IDM/ ブレイクコア・プロジェクト Meander のアルバムをリリース。Low Res Records もアメリカのエクスペリメンタル・ハードコアの流れを変えた重要なレーベルだ。

　ブレイクコア、ハードコア・テクノ、ガバ、スカルステップ、ハード・ドラムンベースといったアグレッシブなダンスミュージックに IDM やノイズミュージック、実験音楽をスキルフルなスクラッチを交えて再構築していくターンテーブリスト Baseck は、近年はモジュラーシンセサイザーを中心に多数のアナログ機材を駆使し、即興性を重視したライブパフォーマンスでも人気が高く、Felisha Ledesma(Virgin Blood) とのユニット Cruel World II ではエクスペリメンタル・テクノやニューエイジ系のリスナーから支持を集め、Charli XCX や Limewax の作品に参加し、ブレイクコアやハードコア・シーンと実験音楽を繋ぐ架け橋的な存在になっている。

　2019 年に Baseck が Boysnoize Records からリリースした『Energy Morph』は、アメリカのアンダーグラウンドなアシッドコアやハードコア・シーンとブレイクコアや実験音楽シーン、さらに Dan Hekate 周辺のイギリスのノイジーなエレクトロやブロークン・ビーツからの影響をモダンな機材を通して吐き出した傑作であった。2010 年代に巻き起こったモジュラーシンセやエクスペリメンタル・テクノの流れにありながらも、Baseck がブレイクコアやハードコア・シーンで活躍していた 90 年代後半から 2000 年後半までの過激で独創的なダンスミュージックのエネルギーも感じさせる。また、DJ においては BPM や構成的に DJ ミックスでは扱いづらいレコードをスムーズにミックスしていき、そのレコードの魅力を十二分に引き出している。まだ Baseck の DJ ミックスを聴いた事が無い方は是非聴いてみて欲しい。きっと驚くはずだ。Baseck がクルーとして活動しているレーベル兼パーティー Darkmatter Soundsystem は、2000 年初頭からブレイクコアや実験的なハードコア・テクノをサポートし続けており、DJ Scud、John Wiese、Broken Note、The Flashbulb、Delta 9、Mark N、303 Abuse などをブッキングし、レーベルと連動しながらエクストリームでエクスペリメンタルな電子音楽をサポートしている。

エクスペリメンタル・ハードコアの重要人物Yann Dub

　最後に、フランスのエクスペリメンタル・ハードコア・シーンに深く関わっていた Yann Dub の功績を記録しておきたい。Yann Dub は自主レーベル Reverse Records から数枚のレコードを発

20 Years of Praxis (Praxis 20)

Yann Dub – Pathologie Somatique De La Crise

表しており、スピードコアやリズミックノイズに、インダストリア
ル・ノイズをミックスしたエクスペリメンタル・ハードコアな作
品を残している。Praxis のラジオで放送された Yann Dub のラ
イブ音源をネット上で聴く事が出来るのだが、非常に個性的なサ
ウンドと世界観が広がっていて感動する。Reverse Records は
Mouse、No Name、La Peste といったフランス勢から Nomex
や Hecate のレコードもリリースしており、どれも本当に質の
高い作品ばかりだ。また、Yann Dub はサウンド・エンジニア
としてマスタリング・スタジオを運営しており、Micropoint、
SpeedyQ's、Psykotropp、Mouse などのハードコア系から、ブ
レイクコア・レーベル Peace Off のマスタリングを担当。2000
年後半からは O.B.F. を筆頭に数多くのニュールーツ・レゲエのマ
スタリングも手掛けている。残念ながら、2013 年に逝去された
が、Yann Dub と Reverse Records の残した作品は、そのクオ
リティの高さと独創性によって、これからも素晴らしい音楽体験を
我々に提供してくれる。

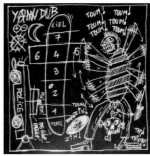

V.A. - Reverse N° 5 Terminal

アシッドサウンドが特徴的でブレイクコア・シーンで尊敬をされる

Somatic Responses

◎ Shockwave Recordings、Hymen Records、Drop Bass Network
🕐 1995　　　　　　　　　　　　　　　　🌐 イギリス
📧 https://somaticresponses.bandcamp.com/

John Healy と Paul Healy による兄弟ユニット。ハードコア・テクノにアシッド・テクノやインダストリアルを配合させた実験的な作風でアンダーグラウンドで熱狂的な支持を受けている。1995 年にShockwave Recordings から『Riot Frequencies』と、Cross Fade Enter Tainment から『Methods of Mutulation』を発表。以降、Agent Orange や IST Records、Drop Bass Network などの人気ハードコア・テクノ・レーベルや、Network23、Praxis、Deadly Systems といったアンダーグラウンド・レーベルから発表した数多くの名作達はハードコア・テクノ・シーン以外からも絶賛され、Current Value や Baseck を筆頭に Somatic Responses をフェイバリットに掲げるアーティストは多い。90年代後半からは、ノイズやドローンまでをも取り込んだディープかつアグレッシブな作風で人気を得ていく。Somatic Responses が開拓した実験的なアシッド・ハードコアやインダストリアル・ハードコアは、後のブレイクコア・シーンに多大な影響を与えており、彼等の存在は度々ブレイクコアのパイオニアとしても紹介される。2000 年以降は、エレクトロニカ /IDM やダウンビートを主体としたメロディアスな作風で新しいファン層を獲得。2009 年にはダブステップに特化したミニアルバム『Reformation』も発表しており、時代と共に様々なジャンルを取り込みながらも、Somatic Responses のコアなサウンドは変わらず、常に進化した作品を作り続けている。現在までに 100 を超える作品を発表。今も定期的にアルバムや EP をリリースしている。

Somatic Responses

Riot Frequencies
Shockwave Recordings Limited イギリス 1995

Shockwave Recordings Limited から 1995 年に発表された LP アル
バム。ローファイでサイケデリックなアシッド・ハードコアをメインとし
た作りとなっており、デビューアルバムながらも Somatic Responses
を象徴する部分が出来上がっている。この頃から、ノイズとアシッドの使
い方にオリジナリティがあり、随所で実験的なアプローチも行っている。
数あるアシッド・ハードコア系の作品の中でもトップレベルの出来だ。現
在は Somatic Responses の Bandcamp にてデジタル版が購入出来る。

Somatic Responses

Agent Orange 4
Agent Orange イギリス 1996

実験的なハードコアをメインにリリースしていたレーベル Agent
Orange から 1996 年に発表された 7" レコード。ハードウェアの太く
力強いサウンドを駆使し、インダストリアルな歪みのあるハードコア・
トラックを収録。今に通じる彼等のスタイルと世界観が完成している。発
狂しそうな程にクールなインダストリアル・アシッドファンクチューン
「Dropsite of the A.C.K.」は、Somatic Responses しか作り出せな
いだろう。危険な高揚感のあるクレイジーなアシッド・ハードコア「Limbic
System」も最高だ。

Somatic Responses

Dark LSD EP
Dark Matter Records イギリス 1996

初期 Somatic Responses を代表する傑作シングル。今作はカルト的
な人気があり、1996 年に Dark Matter Records からオリジナル版
が発表されてから、1999 年と 2016 年に二度も再発されている。ハ
マると抜け出せなくなるサイケデリックなアシッド・ハードコア「Dark
LSD」、現代のインダストリアル・テクノを予見していたかの様な
「Rarefaction」、アシッドとノイズの相性の良さを証明している「Acid
Grunge」など、名曲ばかりだ。今のインダストリアル・テクノ / ハード
コア・シーンにも完全にフィットする。

Somatic Responses

Sub Space Distorters
Drop Bass Network イギリス 1995

アシッド・テクノ / ハードコア好きから絶大な支持を受けているアメ
リカの Drop Bass Network から発表された 4 曲入りの 12" レコー
ド。808 や 303 といった名機の魅力を最大限に活用した「Subspace
Passage」、Somatic Responses の代名詞ともいえるリズミック・
ノイズのプロトタイプ的な「Vendetta」、フロアで完璧に作用するであ
ろう純度の高いアシッド・ハードコア「Nova 166」など、Drop Bass
Network のレーベルカラーにも見事にマッチした傑作である。

Somatic Responses

Axon	イギリス
IST Records	1996

Manu Le Malin、Laura Grabb、Zenith などの実験的な要素を持った
ハードコア・テクノを中心に、トランスやハード・テクノなどもリリース
していた Industrial Strength Records のサブレーベル IST Records
から発表されたシングル。タイトル・トラックの「Axon」はハードコア
のフロアでも、テクノのフロアでも機能する絶妙なバランスを持ったア
シッド・トラックで、今の時代にも非常にフィットするだろう。70 年代
や 80 年代のアヴァンギャルドな電子音楽の影響がハードコア・テクノに
落とし込まれた様な「Gamma Axon」も素晴らしい。

Somatic Responses

Post-Organic EP	イギリス、スイス
Praxis	1996

『ブレイクコア・ガイドブック 上巻』でもレビューした名盤レコード。
1996 年に Praxis から発表されており、ブロークン・ビーツやドローン
も取り入れたブレイクコア的な一枚。Agent Orange からのシングルに
近い内容でもあるが、ノイズの厚みが増しており、カオティックでエクス
ペリメンタルなハードコア・トラックを完成させている。リリース当時、
『DJ Magazine』での Michael Wells のレビューにて高い評価を得て
いた。今作と 1998 年に発表されている『Hellbound』は、実験的なハー
ドコアやブレイクコアのシーンにおいて欠かせない重要なレコードであ
る。

Potere Occulto

Potere Occulto	イギリス
Praxis	1996

Praxis のオーナーである Christoph Fringeli と Somatic Responses
のコラボレーション・ユニット。ハードコア・テクノとノイズを軸に、
Christoph Fringeli のインダストリアルやポストパンク的なエッセンス
が大きく反映された実験的な作品。テクノやエレクトロを飲み込んだアブ
ストラクトでノイジーなマシーン・ビートに、不穏なシンセが揺らめきな
がら交わっていく楽曲は、Caustic Window や Autechre の作風にも近
い。近年、盛り上がりを見せている変則的エレクトロやインダストリアル・
テクノに注目している方にも今作はオススメしたい。

Somatic Responses

Circumflex	イギリス
Hymen Records	1999

1999 年にドイツの老舗インダストリアル / テクノイズ系レーベル
Hymen Records から発表された名盤。ハードコア・テクノ、アシッ
ド、インダストリアル、IDM、エレクトロニカ、ブレイクコアなど、
Somatic Responses がクリエイトしてきた全ての音楽的要素が完璧
なバランスで混ざり合った奇跡的なアルバム。前半の「Umbrella」や
「ivtephx」での、芸術的な歪みは何度聴いても惚れ惚れする。90 年代
の Somatic Responses を代表する一枚であり、間違いなく彼等の最高
傑作の一つ。Apple Music にも入っているのでまずは聴いて欲しい。

Somatic Responses

Neon
Hymen Records イギリス 2010

Sublight Records や Acroplane Recordings といった当時人気のあったエレクトロニカ系レーベルからアルバムをリリースし、新しい世代やジャンルのリスナーからも注目を集めていた Somatic Responses が、2010 年に Hymen Records から発表したアルバム。メロディアスなエレクトロニカやブリープ・テクノ、ダウンビートを主体としているが、アーメン・ブレイクと歪んだキックにアシッドが高速回転しながら迫り来る「Meta Material」や、ハードコアでインダストリアル・ファンクな「Super Conductor」など、アグレッシブな側面も十分活かされている。

Somatic Responses

Concrete Glider
Hymen Records イギリス 2011

2000 年以降、IDM やダウンテンポを中心とした作風がメインとなっていたが、今作では Somatic Responses のカオティックでハードな一面が大きく現れている。アルバム・タイトル「Concrete Glider」での、歪んだ電子音が何層にも重なって生まれる重厚で狂ったハードコア・トラックはフラッシュコアやブレイクコアにも近いが、Somatic Responses にしか作り出せない唯一無二のサウンドを完成させている。このアルバムは、彼等がハードコアやブレイクコア・シーンから再び支持を集めるキッカケとなった一枚だろう。

Somatic Responses

Dark Faith EP
Phosphore Records イギリス 2016

ベルギーのアシッド・テクノ・アーティスト FaSid303 のレーベル Phosphore Records から 2016 年にリリースされた 12" レコード。Agent Orange や Drop Bass Network から発表したアシッド・ハードコアを現代的にアップデートさせた至高のトラックを収録。20 年以上に渡って実験を繰り返して作り出した、彼等独自のアシッド・サウンドは流石の出来である。このシングル以降も、K-os と RAAR から 12" レコードをリリースしており、アンダーグラウンドのアシッド・テクノ / ハードコア・シーンでの Somatic Responses の人気の高さを改めて実感させられた。

Somatic Responses

Quktch Digital EP
イギリス 2018

2018 年に自身の Bandcamp にて発表された 6 曲入り EP。オールドスクールなブリープ・テクノに彼等特有のインダストリアル・ファンクをミックスさせたタイトル・トラック「Quktch」、イントロから無条件に体が動いてしまうエレクトロ・チューン「Quktch (The Exaltics Remix)」、EP の中で最もアグレッシブなサウンドを聴かせるハード・アシッドチューン「Double Dipped」などが収録。90 年代のハードコア・テクノに特化していた頃も 2000 年代の IDM やダウンテンポを取り入れた実験的な頃も素晴らしいが、彼等は常に最新の姿が一番良いと感じる。

Somatic Responses インタビュー

インタビュー：梅ヶ谷雄太
翻訳：長谷部裕介

Q：ご出身はどちらですか？

A：やあ！　僕達は、イギリス南ウェールズのアンマンフォード出身で今も住んでるよ。

Q：音楽に興味を持たれたキッカケは？　影響を受けたアーティストは誰ですか？

A：最初の思い出は、母親がモータウンをよくかけていて父親が Vangelis をかけていた事。変だけど心地よいミックスだった。それから、初期のヒップホップ、イギリスのハードコア・ブレイクビーツ、AFX、Autechre、Giger、そして沢山の SF 映画に影響を受けた。

Q：Somatic Responses にはインダストリアル・ミュージックの要素が大きく反映されていると思いますが、インダストリアル・ミュージックからの影響はありますか？

A：インダストリアル・ミュージックに触れて育った訳ではなく、たまたま見つけて作ったんだ。しかしながら、僕達は 24 時間稼働する炭鉱の近くに住んでいる。無意識に機械的な音が体の中にあるのかもしれないね。

Q：ダンスミュージックを意識され始めたのはいつ頃からですか？

A：80 年代の非常に早い時期にヒップホップを見つけ、それから Kraftwerk に出会い、それが電子音楽を好きになったキッカケだった。

Q：あなた達が音楽制作を開始されたのはいつからですか？　最初に使っていた機材は？

A：1993 年に開始して、最初に購入した機材は当時としては素晴らしい 8 ビットオーディオカードが付いた Commodore Amiga だった。最初に幾つかのレコードをサンプリングしたんだけど、すぐに飽きて Yamaha CS15、Moog Concertmate MG1 Roland MC202、Roland TR606 などのシンセを購入した。CS15 と MG1 は学ぶのに最適な機材だったよ。

Q：あなた達が Rave シーンと関わり始めたのはいつ頃でしたか？

A：John は Somatic Responses で音楽を作り始める前は DJ をしていて、イギリスの初期の Rave シーンには深く関わっていた。彼は Rave、ジャングル、それからテクノとアシッドに移っていき、最終的に Industrial Strength、PCP、Zekt といった、もっとヘヴィーな方面のテクノをプレイするようになった。

Q：1994 年に生まれたクリミナル・ジャスティス法について、あなた達は当時どの様に思われていましたか？

A：僕達は政治なんてものには全く関わりがないし、ほとんどスタジオに篭ってたんで、この動きには全く興味なかったよ。あまりにも馬鹿げてたと思う。

Q：イギリスのアシッド・ハウス / テクノでお気に入りのアーティストやレーベルはありますか？

A：僕達のお気に入りのほとんどはドイツ、ベルギー、アメリカのどれかで、イギリスの物ではなかった。

Q：Somatic Responses が結成されたのはいつですか？　ユニットのコンセプトと名前の由来は？

A：活動を開始する前は学生だった。1993 年に開始して、1994 年に最初の作品をリリースした。妥協せずに自分達のやりたい事をするというのがコンセプトだった。Somatic Response という言葉は生物学的な「反応」という意味。

Q：1995 年に Somatic Responses は Shockwave Recordings から LP アルバム『Riot Frequencies』と、Cross Fade Enter Tainment から EP『Methods of Mutilation』をリリースされています。この二つのレコードが生まれた経緯とレーベルとの出会いを教えてください。

A：それらは 1994 年辺りに録音されたもので、純粋に自分達のやりたい音楽と好きな音を表現したんだ。

当時、僕達はアナログ・シンセサイザーと完全に同期していたような感じで、そのお陰でレコードは今でもユニークに聴こえるサウンドになったのだと感じている。イギリス以外の国での最初のギグの時に、ハンブルクで Christoph De Babalon と会った。彼は知的かつユーモアのある、とても素晴らしい人だ。この時『Methods of Mutilation』はリリースされた後で、やっと彼に会えて嬉しかったよ。『Riot Frequencies LP』をリリースした後、フランスのギグのどこかで Martin Damm と出会った。本当に良いギグだったんだけど、あまりよく思い出せない。彼

はハードコア・テクノに対して似たような考え方をしていて、長年のファンだった僕達にとっては嬉しかった。僕達の精神状態は良好で、音楽の実験を楽しんでた。商業音楽への怒りやフラストレーションもあったけど、それは僕達の創造性を刺激するのに最適なものだったと思う。

Q：その頃（1995 年）、Somatic Responses はハードコア・テクノ・シーン以外からもサポートを受けていましたか？　ご自身達は、ハードコア・テクノ・ユニットとしての意識はありましたか？

A：今でも解らないな！　Somatic Responses がハードコア・ユニットであるかは、特にそうではなく、当時の僕達のライブはもっとハードで実験的なものだった。

Q：その当時、あなた達の活動のモチベーションは何だったのでしょうか？

A：僕達はただ新しい音で曲を作りたかっただけだよ。それはとても難しく、より実験的で良い作品は当時はリリースされなかった。

Q：Somatic Responses はデビュー当時からライブパフォーマンスを行っていたのですか？

A：ああ、ライブで演奏していた。最初の公式ライブはスウォンジーの南ウェールズにあるクラブで、John が DJ をしていた場所。とてもラウドで楽しかった。それに、沢山の人を沸かせたよ。ライブには、スタジオにある機材を全て持っていくのでかなり大変だった。

Q：Drop Bass Network からリリースされた『Sub Space Distorters』は非常に優れた名盤であると思います。『Sub Space Distorters』のコンセプトや作品が生まれた背景を教えてください。

A：テーマはアシッド！　僕達は Drop Bass Network の大ファンで、オーナーの Kurt と一緒にリリース出来たのはとても光栄だ。特にテーマは無く、共に曲を作っただけだよ。

Q：90 年代に Somatic Responses は IST Records、Agent Orange、Six Sixty Six Limited、Deadly Systems、Six Shooter といった伝説的なハードコア・レーベルからレコードをリリースされていました。インターネットが普及していなかった頃は、どの様にして様々な国のレーベルとコンタクトを取っていたのですか？

A：基本的には、Industrial Strength Records や IST などの大好きなレーベルにデモテープを送っていた。彼等の初期のレコードは僕達に大きな影響を与えた。レーベルオーナーでアーティストでもある Lenny Dee が当時、僕等が住んでいた母の家に電話をかけてきたのを覚えている。今まで経験した中で一番シュールな会話をしたのを覚えているよ。僕達は Drop Bass Network も好きで、Kurt にデモテープを送り、とても気に入ってくれて SixSixtySix からもリリース出来た。Agent Orange については、僕達は既に Speed Freak の Martin と Shockwave で共演していた。Agent Orange は Napalm Rec のサブレーベルで、非ハードコア作品や AFX から影響を受けた 4x4 テクノをリリースしていた。Sixshooter はベルギーでのパーティーで繋がった。

Q：特にアメリカのレーベルからのリリースが多かった様ですが、アメリカのハードコア・テクノ・シーンとの関わりはどの様にして生まれたのですか？　また、アメリカのハードコア・テクノ・シーンをどう思われていますか？

A：デモテープを送ったり電話をしたり、古い方法で繋がった。今はそのような古い方法はとても楽しかったと感じている。80 年代初頭から、アメリカの電子音楽は僕達の生活に欠かせない為、とても愛しているんだけど、僕達がリリースしたレーベル以外のアメリカのハードコアはあまり知らないんだ。

Q：Spiral Tribe が運営していた Network 23 から Caustic Visions とのコラボレーション作『Malignant Earth』をリリースされていますが、彼等との出会いについて教えてください。

A：Jeff とはパリで出会い、お酒を飲みながら話した。結果として、Caustic Visions と Tom が僕達のスタジオにやってきて、数日間で曲を作り『Malignant Earth』をリリースする事になったんだ。

Q：Alec Empire は Somatic Responses のレコードをプレイされていましたが、彼や DHR の作品には共感されていましたか？

A：僕達は DHR のファンで、Alec は本当に才能のある人間だと思う。僕達の作品をプレイしてくれたのは光栄だ。

Q：Praxis からも二枚のシングルをリリースされていますが、Christoph Fringeli との出会いや Dead by Dawn について教えてください。

A：ブリクストンで開かれた Dead by Dawn で、レコードを買ったり、喋ったりしたりしていた時に出会ったんだ。すぐに仲良くなり、ライブを何度かした後、Christoph がウェールズに来てくれて、数日間古民家で『Post-Organic EP』をレコーディングした。楽しいひと時だったよ。

Q：Somatic Responses はブレイクコアのパイオニア的な存在としても知られていますが、あなた達はそれについてどう思われていますか？

A：他のシーンや別の種類の音楽から変化してきたので、パイオニア的な存在なのかは分からない。自分達の個人的な視点では、ブレイクコア・シーンの一部だと感じている。僕達は今でも良いブレイクコアは大好きだけど、バカバカしいサンプルばかり使うレコードは好きじゃない。

Q：あなた達がレコードデビューした 1995 年前後にはジャングル、ドラムンベース、トリップホップといったスタイルも人気を得ていましたが、それらのジャンルからの影響は？

A：ドラムンベースは生活の一部のようなもので、かなり影響されている。他のジャンルはそうでもない。

Q：2000 年以降、IDM やグリッチの要素を強めたダウンビートの楽曲を多く作られていますが、スタイルを変化させたのには何か原因があったのでしょうか？

A：いや、僕達はずっとこのスタイルの曲を作っていたんだよ。レーベルが僕達のアイデアに追いつくのに 5 年掛かったんだ（笑）。

Q：音楽制作のプロセスを教えてください。どういった機材を使われていますか？

A：DAW としては、Logic Pro X を使っていて、10 年間 Logic シリーズを使い続けている。ハードウェアに関しては、Make Noise、Mutable Instruments、Noise Engineering、Doepfer、Pittsburgh Modular、Erica Synths、Intellijel、Behringer、2hp、Expert Sleeper などのモジュラーを使用している。他にも Moog Sub Phatty、Korg Monologue、Arturia MicroFreak、Volca Drums、Behringer Deep Mind 12、Prophet Rev2、Korg Arp Odyssey、Waldorf Blofeld も使っている。

Q：音楽制作で一番楽しさを感じる部分は？

A：恐らく、サウンドデザインをしている時だね。モジュラーや新しい機材を使って、常に新しい音を探している。Inear Display のプラグインは

素晴らしいよ。

Q：あなた達も音楽制作で使用されているモジュラーシンセサイザーは近年大きな盛り上がりを見せていますが、モジュラーシンセサイザーがリバイバルした要因は何だったと思いますか？　あなた達にとってモジュラーシンセサイザーの魅力とは？

A：それに戻ったのには幾つか理由がある。一つは、モジュラーシンセサイザーは実際に手で触れて音を作る事が出来るから。自由に調整出来るので、本当に自分だけの音を出すことが可能だ。もう一つは、ソフトウェアを数年間使用した後、僕達の音楽は何にインスパイアされたのか考えた。その結果、ハードウェアに戻る事にしたんだ。

Q：アシッドも Somatic Responses にとって欠かせない要素ですが、アシッドの魅力とは？

A：音だね（笑）。それは初期のテクノと電子音楽の音と根深くて、今でも素晴らしい音で革新的だ。

Q：Somatic Responses として数多くの国でライブパフォーマンスを行っていますが、その中でも特に思い出深いライブなどはありますか？

A：LA の Dark Matter でプレイした時は完璧だった。そこは、エネルギーと愛に溢れ、全員がパーティーを楽しんでいた。サンフランシスコでは、夜はクラブになる葬儀場でプレイしたのは面白かったし、とてもユニークだった。ほとんどのパーティーはある程度ユニークで楽しいんだけど、何度か悪い経験もした。特に、イタリアで行われたイリーガル・ウェアハウスでは、プロモーターが全てのアーティスト（アメリカから来ていた Laura Grabb も）からお金を騙し取り、警察が現場を家宅捜索した時、誰かがドラッグで倒れ、穴に落ちたり（死んだかどうかは分からない）、その責任を僕達に押し付けた。幸運にも、ほとんどの主催者達は正直者だったし、良い人達だったけど、今でもアイツのことは嫌ってるよ。僕達にとって最高のパーティーも、イタリアにはあったんだけどね。

Q：2000 年以降、テクノロジーの進化によって音楽シーンにポジティブな変化が起きています。ですが、過去にあって今にない良い部分などもあると思いますか？

A：ギグをするのにスタジオにある全機材を運ぶ必要がない事。今はノートパソコンだけで簡単過ぎる位に完璧な音を出せる。

Q：最近のハードコア・シーンについて、どう思われますか？

A：ほとんど聴かない。幾つか聴いたんだけど、実験的要素も無く、昔と同じベースドラムとドロップの使い回しでがっかりした。この音楽はパーティーの為のものであることは明らかだけど、プロデューサーとDJ はリスクを恐れているように思う。

Q：あなた達は 25 年に渡って実験的でクリエイティブな活動を続けられていますが、そのメンタリティを保つ秘訣とは？

A：新しい音を追求し、前へと進み続ける事だ。

Q：Somatic Responses として、100 タイトル以上の作品をリリースされていますが、その中でも特別気に入っている作品はありますか？

A：特に思いつかない。リスナーが僕達の曲を気に入ってくれることが一番だ。

Q：Somatic Responses として活動してきた 25 年間で得たものとは？

A：作曲を楽しむと同時に、沢山の素晴らしい人達と出会い、新しい友達を作り、世界中を旅する間に古くからの友人とも連絡を取れた事だね。僕達はとても光栄に思っている。

Q：最後に、読者にメッセージをください。

A：ずっと応援してくれてありがとう。心から感謝し、とても誇りに思うよ。

Experimental Hardcore Disc Review

Scaremonger

Scaremonger EP
Praxis スイス 1993

エクスペリメンタル・ハードコア並びに、ブレイクコアにも多大な影響を与えたレーベル Praxis の第一弾作品。Christoph Fringeli の Scaremonger 名義のデビュー作。収録されているトラックは、1991 年の終わり頃に録音されていたそうであるが、とても斬新でプロダクションのレベルも高い。EBM/ ニュービート寄りのハードコア・テクノを主体としており、後に Praxis が展開していくアヴァンギャルドでインダストリアルなハードコアの方向性が現れている。PCP や UR といった当時のテクノ・シーンからの影響を元にしているが、それらと逆行する為に作られたという姿勢も、Praxis らしい。

Metatron

Speed and Politics EP
Praxis スイス 1993

Christoph Fringeli に よ る Metatron 名 義 の 12" レ コ ー ド。Scaremonger から一年後に発表された今作は、急速に変化していた当時のハードコア・テクノの勢いを吸収し、そこに Christoph Fringeli の非ダンスミュージック的要素と思想を混合させたタイトル通りの内容。サウンド面においては、ハードコア・テクノとインダストリアル・ミュージックが前作よりも深く繋がっている。レーベルの Bandcamp にてデジタル版が購入出来るのと、今作のテーマが Web サイトで詳しく記載されているので、そちらを一度読んでから聴くのをオススメしたい。

The Caustic Window

Joyrex J9 EP
Rephlex イギリス 1993

Richard D James（Aphex Twin）が Caustic Window 名義にて自身主宰レーベル Rephlex から発表した 12" レコード。『Joyrex』シリーズは他にも数枚リリースされているが、今作はハードコア・テクノ的なサウンドが多く含まれている。初期 Aphex Twin のリズミカルなインダストリアル・サウンドを、ハードコア・テクノと融合させた収録曲「We Are the Music Makers (Hardcore Mix)」は、Richard D James の凶暴な側面が全開している。今作も 90 年代のハードコア・テクノ史に残る名作の一つだ。

Rat of Doom

Before the Breakdown
Test ドイツ 1995

実験的なハードコア・テクノにフォーカスした、PCP のサブレーベル Test からリリースされた Miroslav Pajic の Rat of Doom 名義での作品。乱雑に打ち込まれるビートとダーク・アンビエント的なメロディが合わさったトラックは、変則的なデトロイト・テクノやリズミックノイズ的でもある。ハードコア・テクノという枠から外れてしまいそうな程に実験的な作りで、リリースされた時期を考えると、当時としてはかなり挑戦的な内容であったはずだ。Miroslav Pajic の作曲家としての素晴らしい才能も存分に感じられる。

Zenith

The Flowers of Intelligence	イタリア
IST Records	1996

Federico Franchi こと Zenith が 90 年代に残した最高傑作の一つ。実験的なハードコア・テクノに特化した Industrial Strength Records のサブレーベル IST Records からリリースされた。トランスコアのクラシックともいわれているように、トランスの要素とハードコア・テクノの要素が芸術的なバランスでミックスされている。ハードコア・シーンで今作をフェイバリットに挙げるアーティスト /DJ は多く、同業者達にも大きな影響を与えたと思われる。一聴しただけで心を奪われるメロディも素晴らしく、これからも時代を超えて人々を魅了し続けていくだろう。

Xylocaine

Pressure Sores EP	オーストラリア
Strike Records	1997

Xylocaine のエクスペリメンタルなハードコア・テクノ / インダストリアル・ハードコアが存分に堪能出来る一枚。前年にリリースされた『Cluster Bombs』と『The Double One』よりもシンプルな構成になり、電子音に厚みが増している。退廃的なノイズ音がリードする超高速なリズミックノイズ＋スピードコアな「Titration」、無駄が一切無く機能性を重視したインダストリアル・ハードコア「USS Triton」などの名曲が収録。Ant-Zen や Hymen Records といったリズミックノイズやインダストリアル系のファンにもオススメしたい。

Memetic

Still More Fukt Muzak	オーストラリア
Bloody Fist Records	1997

Darren Blayden と Ian Beckwith によるハードコア・ユニットの初単独作品。インダストリアル・ミュージックとノイズミュージックをハードコア・テクノと混合させた作品の中でも、とても理想的なバランスである。インダストリアルの重厚なサウンドとノイズの高揚感を上手く利用しており、ダンスミュージックだけでは作り出せない歪で快楽的な世界観を作り出している。後期 Bloody Fist Records のベストワークに入る作品だろう。DJ プレイで使うのは苦戦するかもしれないだろうが、上手くハマったらフロアに凄まじい爆発を起こすだろう。

DJ Torgull

The Fridge	フランス
IST Records	1997

Manu Le Malin との活動によって、フランスのハードコア・テクノ・シーンに大きな貢献を果たした DJ Torgull の記念すべきデビュー作。インダストリアルな金属音も取り入れたブレイクビーツとアブストラクトでリズミカルなガバキックによって生み出されるグルーヴに、実験的なサウンドエフェクトが合わさったトラックは現代のインダストリアル・テクノやエレクトロにも通じるものがある。ハードコア・テクノの実験精神とサイケデリックな側面が全曲から溢れ出ている。今作はフランスのハードコア・テクノの美学を理解するうえで重要な一枚だろう。

EPC

Haikumputer	フランス
Hangars Liquides	1998

フラッシュコアの代表的なレーベルである La Peste 主宰の Hangars Liquides の記念すべき第一弾作としてリリースされた EPC の 12" レコード。当時のフランス産インダストリアル・ハードコア的な作りであるが、速度感や音の歪み具合が他とはまったく違っている。後に、Hangars Liquides はフラッシュコアを追求していくが、この頃は今も含めてまだダンスミュージックとしての機能性を保ったハードコア・トラックをリリースしていた。EPC は他にも二枚のレコードを Hangars Liquides から残している。

Kid606

Don't Sweat the Technics	アメリカ
Vinyl Communications	1998

Kid606 のハードコア期を代表する一枚。ギークかつパンクでスカムな曲からは、後に Kid606 がメインストリームのポップスやラップをグリッチでマッシュアップしていくラップトップ・ギャングスタの姿勢が垣間見られる。90 年代の US アンダーグラウンド・ハードコア・シーンの血脈も感じられ、ハードコア・パンクとハードコア・テクノ / ガバの理想的な融合の一つともいえる。レフトフィールドなハードコアの重要作であり、ブレイクコア・ムーブメントのキッカケにもなったアルバム『Down With the Scene』と合わせてオススメしたい。

Senical

Dark Organized Incidents	デンマーク
Killing Rate	1998

Skullblower や DJ Choose といった名義でもハードコア・クラシックを残している Senical が Killing Rate から発表した名作。Senical の作品は今作に限らず、ダンスミュージックとしての機能性も優れているが、トラックを構成する様々なサウンドにはストーリー性が感じられる。今作に収録されている曲も全て深みがあり、聞き流せない存在感を放っている。攻撃的なノイズとアシッド、SF 的な重厚な電子音、崩したビートの展開など、知的ながらも肉体的な凶暴性も孕んだハードコア・トラックはフラッシュコアとの相性もいい。1999 年には Hangars Liquides からもレコードを発表している。

Biochip C

Breakdown	ドイツ
Force Inc	1998

Martin Damm（The Speed Freak）が Biochip C 名義で発表したアルバム。元々、Biochip C ではブレイクビーツ・ハードコアやエレクトロを制作していたが、今作ではイルビエントやエレクトロニカ的なサウンドを取り込んだ実験的なスタイルにフォーカスしている。同時期にイルビエントの名盤コンピレーション『Electric Ladyland』にも参加していたのもあり、当時の時代のムードも反映されている。Martin Damm の豊富な知識と音楽的バックグラウンドが現れており、電子音楽の深みを感じさせるアルバムだ。

Unibomber / Doormouse

Distort 4	アメリカ
Distort Records	1999

US ブレイクコアのキーパーソンである Doormouse と Unibomber の スプリット・レコード。この時期はハードコアからブレイクコアへと流 れていく瞬間でもあり、Doormouse の表現方法がさらに広がり始めて いた時でもあった。この頃の彼等のグルービーなハードコア・トラック は UK ハードコアとも通じる部分がある。ブレイクビーツへのアプローチも ヨーロッパのハードコア / ブレイクコアとはまったく違い、レコード全体 を覆っている雰囲気もとても独特だ。Distort Records から発表された レコードには、未だに多くの発見と驚きが隠れている。

Venetian Snares vs Stunt Rock

Fuck Canada // Fuck America	カナダ、アメリカ
CLFST	1999

ブレイクコア・シーンの代表的なアーティストとして知られる Venetian Snares の初期傑作。今作は Venetian Snares の 90 年代のハードコア 期を総括する様な作品。サディスティックなガバキックと不穏なノイズが 重なり、リスナーを危ない世界に誘い込んでいる。この頃から既に、ハー ドコア・シーンでも注目を集めていたようで今作に収録されている曲の幾 つかは、Hangars Liquides からホワイト盤のレコードが制作されてい る。フラッシュコア勢からも支持されるのも頷けるエクスペリメンタルで ストレンジなハードコアの傑作だ。

Noize Creator

Push It!	ドイツ
Active Underground	1999

インダストリアル・ハードコアやスピードコアなどのエクストリームなス タイルをメインに制作していた Noize Creator が、ブロークンビーツや ブレイクコアを取り入れ始めた頃の傑作レコード。リズミカルでユニーク なガバキックの使い方が素晴らしく、ガバキックの無限の可能性が感じら れる。サンプルの使い方も愛嬌があり、アグレッシブであるがダンサブル で、全体的にシリアス過ぎないのも Noize Creator らしい。2000 年に 入ってからは、Active Underground や Ambush からのリリースでハー シュステップを極めていき、そのスタイルに多くのアーティスト達が影響 を受けた。

Aphasia

1981	フランス
Bloc 46	1999

Manu Le Malin と Torgull のレーベル Bloc 46 から多数の作品を発表 していた Aphasia の初期傑作。同時代に活躍していたフランスやイタリ アのエクスペリメンタル・ハードコアのテイストともシンクロしている が、ガバのテイストも強く活かされたトラックを収録。オランダの初期イ ンダストリアル・ハードコアにも通じる部分もあるが、Manu Le Malin に近いシリアスでダークな空気が全体を覆っている。今作以降はフリー キーさが増していき、ハードコアの枠には収まらない実験的な作品を展開 していき、近年は Jean Ferraille 名義で自身の Bandcamp にて作品を 発表している。

Y.Dub

Live Act at Radio Back-Space
Reverse Records — フランス / 2000

Mouse、No Name、La Peste といったフランス勢から Nomex や Hecate もリリースしているエクスペリメンタル・ハードコアの名門レーベル Reverse Records のオーナー Y.Dub のライブ音源。マスタリング・エンジニアとして様々な音楽のマスタリングを担当していた名エンジニアだけあって、音に対する強い拘りと個性が感じられる。90 年代とは思えないような未来的なサウンドが広がっており、フラッシュコアとも違った予測不可能な展開も魅力的だ。ライブならではのスリリングさもあり、繰り返し聴いても飽きがこない。ハードコア・テクノの歴史において、もっと評価されるべきアーティストの一人。

The Wirebug

The Uncontrollable H Disease
Praxis — イギリス / 2000

エクスペリメンタル・ハードコアやエレクトロ / ブロークンビーツ、そしてブレイクコア・シーンにまでも多大な影響を与えた Dan H/Hekate の The Wirebug 名義の 12" レコード。ハードコア・テクノとエレクトロ / ブロークンビーツをサウンドシステム・カルチャーの中で煮詰め、そこにポスト・パンク的なアプローチも加えたイギリスらしいアンダーグラウンド・サウンドが充満している。必要以上に視野を広げず、無駄なものをそぎ落とし、ストイックに実験を繰り返し生み出した正真正銘のアンダーグラウンド・トラックである。

Low Entropy

Acid Massacre
Black Monolith Records — ドイツ / 2002

Blut、Widerstand Records、Praxis からレコードを発表しているドイツの Low Entropy のアシッドコア EP。Cold Rush Records や Test といった PCP 関連のドイツのダークで実験的なハードコアのスタイルを継承しつつ、そこに新たなエッセンスも付け加えた病的ともいえるアシッド・サウンドが広がる。個性を出すのが難しいアシッドコア系の中でも、今作は特別な存在感を放っている。Low Entropy は 2000 年後半からドゥームコアも多く手掛け、スピードコアやブレイクコアなど、様々なジャンルを独自解釈した作品を驚異的なスピードで発表し続けた。

Pure

Bodyhammer
Praxis — オーストリア / 2003

2 枚組でリリースされた Pure のコンピレーション CD。エクスペリメンタル・ハードコアの歴史を語る上でも重要な作品である。Violent Shit や Information:Overload といった名義での曲や、Gangstar Toons Industry とのコラボレーションなど、Pure のハードコア期のほとんどが収められている。ノイズとハードコア・テクノの相性の良さや、その関係性の深さに関して、今作を聴けば考えずとも感覚的に理解出来るはずだ。2000 年代になると、Pure は Mego などのレーベルから実験音楽をメインに制作していくが、今作はその間にある貴重な瞬間を記録している。

De-Koder

Knife	オーストラリア
Bloody Fist Records	2004

80年代から活動を行っている電子音楽家 Justin Wolthers による De-Koder 名義の 10" レコード。2004 年にリリースされているが、原曲は 1995 年に作られているそうだ。重厚なシンセサイザーの音色とノイズを使ったメロディアスなインダストリアル・ハードコア・トラック「Knife」は、Aphex Twin や Caustic Window の作風にも近く、リズミックノイズ的でもある。Paulblackout のリミックスでは、原曲の素材を上手く利用したメロディアスでハードなアーメン・ドラムンベースとなっている。

Le Talium

Etoile Froide	フランス
Zhark Recordings	2006

アンビエント、ハードコア・テクノ、ブレイクコア、ノイズを混ぜ合わせた実験的な楽曲をクリエイトしているフランスの Le Talium の 12" レコード。同じく、フランスの Stella Michelson (Mouse) がフィーチャリングされており、ダークアンビエントやネオクラシカル、ドローン的な要素のある重々しく、どこか妖艶な雰囲気のある楽曲を収録。速度的には差があるが、ドゥームコアのファンにもオススメしたい内容だ。前年にリリースされた『Kiten Tesg』というレコードでは、ディストーション・テクノともいえる歪ませまくったトラックを制作しており、Perc Trax のファンも必聴の一枚である。

Toecutter

We Topia	オーストラリア
System Corrupt	2006

過去に CD でリリースしていた曲に加えて、未発表曲とリミックスを追加して作られた Toecutter のベスト盤的な内容の LP。ヒップホップ〜ディスコ〜ハウス〜トランスをディストーションで歪ませまくったファンキーなカットアップ・ブレイクコアから、オーストラリアの伝統的なハードコア・テクノ / スピードコアをベースにした曲など、Toecutter の魅力が嫌という程ぎっしりと詰まっている。好き嫌いが別れるだろうが、このカオスなカットアップ・ミュージックは他では絶対に聴けないので、まずはチェックしてみて欲しい。

Fifth Era / ▲NGST

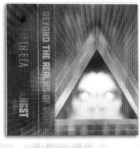

Beyond the Realms of Doom	チェコ、オランダ
Ketacore Records/Orange Socks	2011

90年代から活動しているドゥームコアのパイオニア的存在 Fifth Era と、ブレイクコア / ジャングル・シーンで人気の FFF のドゥームコア / ダークアンビエント・プロジェクト▲NGST のスプリット・カセット。現在はデジタル版も購入出来る。ドゥームコアというジャンルを理解するのに最も適した作品であり、昔からのマニアからビギナーまでも魅了する。この『Beyond the Realms of Doom』シリーズは、2012 年に第二弾が CD でリリースされ、2015 年には Tonal Verges を加えたライブ盤がカセットでリリースされている。

Diagnostic

Repercussions ベルギー
Jezgro 2018

Atomhead と UndaCova としてフラッシュコアの名作を残している Jan Robbe の Diagnostic 名義でのアルバム。以前よりもさらに洗練されたサウンドデザインと曲の構成を披露しており、もはや人間業とは思えない領域に達している。オリジナル曲はどれも段違いに素晴らしいのだが、Ontal のメンバーでもある Katran、フラッシュコアにも影響を与えた KK Null のリミックスもアルバムの世界観にフィットした意味のあるものとなっている。そして、デジタル版にのみ収録されている Krystal Jesus (La Peste) のリミックスは、正直言葉では言い表せない恐ろしい出来だ。

Gabber Eleganza

Never Sleep #1 イタリア
Presto!? 2018

Post Rave シーンの代表的なアーティスト /DJ である鬼才 Gabber Eleganza のデビュー・レコード。ガバキックを使わずにハードコアを表現しようとした実験作であり、それを実現させた力作。表面的なビートがなくても、ハードコアのバイブスが感じられる。2019 年に発表した『Hardcore Soul Mixtape』でも、同じ手法を使い過去の記録を塗り替え、まったく新しい音楽としてハードコアを生まれ変わらせた。こういった作品がメインストリームのハードコア・シーンで受け入れられる事は少ないだろうが、そういった場所で活躍するアーティスト達が気づくべき視点が今作にはある。

Gabber Modus Operandi

HOXXXYA インドネシア
SVBKVLT 2019

Gooooose、Prettybwoy、Osheyack、Howie Lee などをリリースしている上海の SVBKVLT からリリースされたインドネシアの Gabber Modus Operandi のアルバム。今作によって、ヨーロッパや日本でも大きな注目を集め、Post Rave シーンやモダンなハードコア・テクノのムーブメントとも合わさり、Gabber Modus Operandi の存在は世界に広がった。インドネシアの土着的なサウンドとその背景がハードコアやトランスなどと組み合わさり、リチュアルでサイケデリックな曲を生み出している。衝撃的なライブパフォーマンスも必見である。

E-Saggila

My World My Way カナダ
Northern Electronics 2019

Hospital Productions、Opal Tapes、BANK Records NYC からのリリースでクロスオーバーな展開を巻き起こしている E-Saggila の 2019 年作アルバム。パワーエレクトロニクス的とも称される彼女のノイズが、EBM やインダストリアル・テクノを通過した冷酷なマシーン・ビートと合わさり、唯一無二の曲を作り上げている。ブラックメタルやグラインドコアといったアグレッシブなバンドサウンドとも共鳴する凶暴な曲は、ポスト・ハードコア・テクノと呼ぶに相応しい。今作によって E-Saggila のキャリアはステップアップし、ハードコア・テクノに新たな側面を付け足した。

Slave to Society

Path of Self Destruction EP	イギリス
Pure Hate	2020

テクノ・ユニット AnD のメンバーであった Andrew Bowen のソロプ
ロジェクト。ハードコア・テクノにブレイクコアやリズミックノイズ
を暴力的に掛け合わせたトラックは、初期 Aphex Twin や Somatic
Responses を彷彿とさせる。AnD としてテクノ・シーンのトップで活
躍していただけあって、これだけノイズに塗れたトラックでも、確実に人
を踊らせるグルーブと鳴りがある。ある側面では、今作は最も正当なイン
ダストリアル・ハードコアともいえる。Slave to Society は、これから
のハードコア・テクノ・シーンにおいて重要なアーティストとなるはずだ。

La Peste

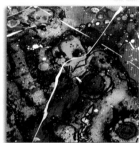

No-Tek 19	フランス
No-Tek Records	2020

フラッシュコアのパイオニアである La Peste が 13 年振りに発表した
12" レコード。Hangars Liquides で表現していたフラッシュコアのブ
ルータリティは抑えられ、マイルドになった部分もあるが、音に八つ裂き
にされる感覚は変わらない。相変わらず、非常に視覚的な音楽であり、眩
しい光を高速で当て続けられるような感覚を味わう。表現力も格段に上
がっており、フラッシュコアの最新形態を体験出来る貴重な一枚。レーベ
ルの Bandcamp にてデジタル版も購入出来るので、フラッシュコア・ファ
ンは必聴である。

Lizzitsky

Molto Crudo	イギリス
Never Sleep	2020

Gabber Eleganza 率いるコレクティブ Never Sleep がリリースしたイ
ギリスの Lizzitsky の 12" レコード。リズミックノイズやインダストリ
アル・ハードコアとも違ったフレキシブルなノイズとガバキックがダンサ
ブルに打ち鳴らされる新種のハードコア・ダンストラックや、レゲトン
とインダストリアルが交わったここ最近のトレンディなスタイルをさら
に捻じ曲げたトラックなど、驚異的なアイディアに溢れている。Dance
Ecstasy 2001 と IST に Halcyon Veil が入り乱れた様な作風で、まさ
に Post Rave な作品である。

Neurocore

Deep Core Oscillations	ポーランド
Love Hz	2020

エクストリームでありながらも実験的でメロディアスなスピードコアでフ
ラッシュコア・シーンでも絶大な人気を誇る Neurocore が久々に発表し
た EP。透き通るような美しいサウンドデザインとメロディに、相反する
様に降り注ぐ超高速ビートが耳を通して体全体に浸透し、高揚感とは違っ
た何か不思議な感覚を得られる。これだけ高速なビートであっても、そこ
に暴力性はなく、無機質でもない。Love Hz からリリースされた前作『The
Magellan Chronicles』でも感じたが、Neurocore の作品は静寂を表現
しているとも感じる。

あとがき

　2018 年から執筆を開始した『ハードコア・テクノ・ガイドブック』シリーズも一旦これにて完結となる。元々、この企画は『ブレイクコア・ガイドブック』の執筆中、記憶が正しければ 2018 年 8 月に濱崎氏と電話で打ち合わせをしている時に、ハードコア・テクノに関しての本を作れないかと提案されたのが始まりであった。最初に打診された時は、自分がハードコア・テクノの本を作るのが想像出来ず、他に書けそうな執筆者を推薦させて頂いたのだが、濱崎氏から自分に執筆の要望が続き、最終的に自分に出来る範囲でならという事で引き受けた。『ブレイクコア・ガイドブック』の執筆中であったので、『ハードコア・テクノ・ガイドブック』に向いているものはレビューやコラムに流用している。もし、『ハードコア・テクノ・ガイドブック』が実現していなければ、『ブレイクコア・ガイドブック』はもっと多くのページ数になっており、バランスが崩れてしまった可能性があるので、結果的に分散させたのは良かった。

　『ハードコア・テクノ・ガイドブック』の企画を始めるにあたって最初に行ったのは、自分の実家に置かせて貰っている 500 枚強のハードコア・テクノ関連のレコードをレーベル / アーティスト順に並べ替え、本で扱う作品をピックアップしていったことだ。CD/Tape/Zine 関係の管理はそこそこ出来ていたが、レコードの管理が雑であった為、レーベル / アーティスト、細かいサブジャンルをバラバラにレコードボックスに入れていたので、この作業で結構な時間が掛かってしまった。その後、ピックアップする作品を決め、その一部を所在地である宮崎県に送り、レコードを聴き込む日々が続く。数十年振りに聴き返すレコードにはリアルタイムでは解らなかった作品の良さや、詳細が謎であったレコードを Discogs で調べたらとても貴重な物であったのを知ったりと驚きが多々あった。

　『ハードコア・テクノ・ガイドブック』の執筆中は、人生の中でも上位に入る厳しい時を過ごした。体調面では軽度の難聴と診断され、以前のような生活が送れなくなったのが辛かった。今は良くなったり悪くなったりを繰り返しているが、幸いな事に音楽は楽しめている。これを読んでいる皆さんも耳のケアには十分気を付けて欲しい。耳の左右のバランスが整っていない状態で音楽や映画を体験するのは非常に不便なので、少しでも調子が悪いと感じたらすぐに対応を。

　さらに、2019 年には家族との別れもあり、正直かなり打ちのめされていた。だが、持ち直せたキッカケも音楽であった。2019 年 9 月に RoughSketch 氏の YATSUZAKI HARDCORE に DJ で呼んで頂き、生まれて初めて北海道に行かせて貰った経験も大きかった。YATSUZAKI HARDCORE のクルーと RoughSketch 氏のプレイやパーティーに向ける姿勢に刺激を受け、『ハードコア・テクノ・ガイドブック』に向ける自分の想いも良い方向に変化した。そして、もう一つが濱崎氏の存在である。『ハードコア・テクノ・ガイドブック』の執筆中、かなり切羽詰まっていた時もあったが濱崎氏は冷静に対処してくれ、とても真摯に向き合ってくれた。本の方向性や表紙に関して何度も議論を重ね、お互い意見を最後まで言い合え、正直ここまで向き合って人と何かを作る経験は稀であった。濱崎氏から依頼を貰うまで、ほとんど本を読まない生活になっていたのもあり、執筆方法など初歩的な所から親切に教えて頂き、かなり手間を取らせてしまったのは大変申し訳なく思う。濱崎氏の仕事への覚悟にはとても感化されたし、一緒に作業を進めていく中で学べる事が多かった。今になって分かったが、『ブレイクコア・ガイドブック』と『ハードコア・テクノ・ガイドブック』の執筆を経て得た経験は、今後の人生において自分に自信と活力を与え続けてくれると思う。本当に素晴らしい経験を濱崎氏には提供して頂き、感謝している。

　そして、実際に本を作る側になって分かったが、本当に価値のある物は本やレコードといった形となって残る事が多いのを過去の記録を探る過程で実感した。ネット上に残される記事も重要性は高いが、それらはある日突然消えてしまったり、情報の質にもある程度の限界もある。自分が扱っているテーマが過去の記録に関する部分が多かったので、現代的な音楽であれば苦労もしなかったかもしれないが、この本を作る為に中古レコード /CD ショップを巡り、Discogsでレコード /CD を買い、国立国会図書館に向かい、当時を知る関係者を探し当て交渉して話を聞かせて貰うなど、フィジカルな動きが必要であった。相当な時間とお金を使ったが、本という形にするのには大きな責任があるので、どれだけやっても十分という事はなかった。『ハードコア・テクノ・ガイドブック』で紹介している作品はサブスクで聴けるものもあるが、レコードや CD でしか残っていない作品も多い。探す時間もお金も掛かってしまうが、その工程にも楽しみはあり、実際に作品を手に取り所有する喜びもあるので、気になったものがあれば是非探して入手して欲しい。

　今回の企画によって生まれた幾つかのサブストーリーとアイディアがあるので、出来るだけ早いうちに何かしらの形で皆さんにお届け出来たらと考えている。これからもマイペースに執筆は続けていくので、思い出した時にでも調べてくれたら幸いだ。

　最後に、『ハードコア・テクノ・ガイドブック』で翻訳を担当してくれた翻訳者の皆さん、貴重な資料を提供してくれて意見をくれた皆さん、執筆のサポートをしてくれた職場の皆さんと家族と友人、これを手に取ってくださっている読者の方に最大限の感謝を。

電子音楽解説 第三巻　ハードコア・テクノ・ガイドブック　オールドスクール編

ISBN　978-4-908468-50-6
C0073 A5 判 272 頁
価格　2,750 円 税込 (本体 2,500 円 + 税)

ブレイクビーツ・ハウス・アシッド
インダストリアル・ノイズ・メタルを飲み込み
ダンスミュージックとして展開した
初期ハードコア・テクノ！
90's ハードコア・UK ハードコア・デジタルハードコア

■ Marc Acardipane　ハードコア・テクノのゴッドファーザーで今も活躍するパイオニア
■ Lenny Dee　キャリア 30 年以上のハードコア・シーンのアイコン的存在
■ Delta 9　メタルとパンクとハードコア・テクノ / ガバ結びつけた先人
■ Hammer Bros　ハードコア・シーンで今も熱狂的なファンがいる伝説的なユニット
■ Hellfish　ヒップホップのメンタリティで制作する UK ハードコアのアイコン
■ The DJ Producer　リアルなプレイを行う UK Rave の歴史に深く名を残す生粋の DJ
■ Atari Teenage Riot　日本で人気が高い世界的に有名なデジタルハードコア・ユニット
■他 Manu Le Malin、Shigetomo Yamamoto、Deadly Buda、Gabber Eleganza 等
●「レーベル解説」「サブジャンル解説」「Post Rave 解説」等の充実したコラムも

『ブレイクコア・ガイドブック』Murder Channel の梅ヶ谷雄太による
Michael Wells(Technohead)、Kurt Eckes　(Drop Bass Network)
Gabber Eleganza 等、本邦初を含む重要人物 16 人へのインタビュー

梅ヶ谷雄太
Yuta Umegatani/Murder Channel

1985 年生まれ、東京都出身。2002 年頃から都内で DJ を始め、2004 年に自身主宰イベント「Murder Channel」をスタート。恵比寿 Milk や中野 heavysick ZERO、吉祥寺 Star Pine's Cafe、渋谷 Lounge Neo、難波 Rockets、名古屋 Cafe Domina、金沢 Manier 等、様々なクラブで回を重ね、2017 年にはブリストル (UK) の The Black Swan にて Murder Channel のイベントも開催。2005 年から海外アーティストも積極的にブッキングし、多くのアーティストの初来日を成功させた。

2007 年からは Murder Channel をレーベルとしてスタートさせ、現在までに 40 タイトル以上の作品を発表。PS3 のゲームソフト『Savage Moon』のサウンド・トラックのリミックス・コンピレーションや、日本の漫画『ドロヘドロ』のオフィシャル・サウンドトラックの監修も務める。その他にも、極端な音楽をメインに紹介する GHz Blog にて不定期にインタビューや特集記事を公開中。

https://SoundCloud.com/murder-channel
https://mxcxtokyo.blogspot.com/
http://ghz.tokyo/

電子音楽解説　第一巻
ブレイクコア・ガイドブック

上巻　オールドスクール・ハードコア・インダストリアル・メタル

A5 判並製 200 ページ　2530 円（税込み）

電子音楽解説　第四巻
ハードコア・テクノ・ガイドブック
インダストリアル編

2021 年 12 月 1 日　初版第 1 刷発行
著者：梅ヶ谷雄太
装幀＆デザイン：合同会社パブリブ
発行人：濱崎誉史朗
発行所：合同会社パブリブ
〒 103-0004
東京都中央区東日本橋 2 丁目 28 番 4 号
日本橋 CET ビル 2 階
03-6383-1810
office@publibjp.com
印刷＆製本：シナノ印刷株式会社

電子音楽解説　第二巻
ブレイクコア・ガイドブック

下巻　ラガコア・ブレイクビーツ・マッシュコア・カットアップ・ジャズ・IDM・エクスペリメンタル・レイブコア・アシッド

A5 判並製 200 ページ　2530 円（税込み）